海外直接投資の
実務シリーズ

クロスボーダー M&A

新興国における投資動向・法律・外資規制

著　久野康成公認会計士事務所
　　株式会社 東京コンサルティングファーム

監修　公認会計士 **久野康成**
　　　GGI国際弁護士法人

TCG出版

はじめに

株式会社東京コンサルティングファーム
代表取締役 / 公認会計士　　久野 康成

　日本企業による海外企業のM&Aは、2012年には史上最多の515件、2013年には史上2番目の499件と、高水準での推移を見せています（レコフ調べ）。

　今後も中期的には、高い内部留保や超低金利政策を好機とし、また将来的な国内市場縮小を見越して、クロスボーダーM&A件数は、継続的に増加することが予想されます。

　特にアジア企業へのM&Aは、2013年に202件と過去最多を更新しました。このうち、中国企業へのM&Aは前年から約50%減少する一方で、ASEANへの投資が一段と活発化しました。ここ数年の日中関係の悪化と併せ、チャイナプラスワンの流れが顕著となっています。

　取引金額から見ると、2012年に約12兆円であった一方、2013年は約8.5兆円と減少しましたが、これは2012年のソフトバンクによるスプリント・ネクステル（アメリカ）買収という、約2兆円の超大型案件等の影響もあります。2013年は1兆円を超える案件がなかったものの、2014年初にはサントリーによる約1.6兆円でのビーム社（アメリカ）買収もあり、先進国市場では断続的に超大型案件が話題となります。

　ただし今後は、継続的に人口増加の見込まれるアジアでのM&Aがますます増えることにより、1件ごとの取引金額は少額化し、プレイヤーの割合も大企業から中堅企業へと移行していくことが予想されます。

M&A先進国のアメリカでは、物言う株主による「使えないキャッシュを留保するなら配当しろ」という圧力も相まって、M&Aに拍車がかかるという背景があります。そうした株主だけでなく、成功報酬目当ての投資銀行やアドバイザーも、案件を増加させる原動力になっていることは、既に日本でも同様だと考えられます。

　しかしながら、M&A、特にクロスボーダー案件においては、内部留保が多い、低金利で資金を集められる、という理由だけで進めるにはリスクの高い選択肢であることを忘れてはなりません。経営者はもちろん、M&Aに関わる者すべてが、M&Aはあくまで売上・利益を上げるための「手段」の1つであり、余剰資金の使い道という「目的」ではない、ということを肝に銘じる必要があります。

　特にアジアでは発展途上国をターゲットとすることが多く、金額の多寡にかかわらず、先進国では考えられないようなリスクを想定しなければなりません。

　最近の例では、第一三共が2008年に46億USドルで買収したインド製薬会社ランバクシーについて、たった6年で実質上売却を決定したことが記憶に新しいところです。あれほどの大型案件であれば、事前調査やデューデリジェンス（DD）とも入念に行ったことは容易に想像がつきますが、それでも買収発表直後に対米輸出禁止措置がなされるなど、大きなリスクが顕在化しました。

　事前調査、DD、と綿密な調査を重ねても、その後の事業が上手く

いく保証はありません。むしろ、上手くいかない例が多いともいわれています。PMI（Post Merger Integration）の不調、政情不安等のよく指摘されるリスクだけではなく、時には現地の気候までもが事業に大きな影響を及ぼします。

　一方で、一般的に「時間を買う」といわれるように、M&Aの最大のメリットは、迅速に事業展開や多角化が可能になることにあります。特にクロスボーダー案件では、現地企業の既存のリソース（施設、従業員、販路等）を用いることにより、理論上は買収の翌日からでも、新たな拠点国において収益を生むことが可能となります。競合に先んじ、安い労働力を利用して価格競争における有利なポジションを取ることや、国際市場におけるシェアを広げることができるのです。

　本書で解説する、各国のM&Aに関わる法・会計・税制度は、各国におけるさまざまなリスクを回避・軽減し、M&Aを成功させるために必要な情報の、ほんの一部でしかありません。

　しかしながら、クロスボーダーM&Aという一見華やかな言葉に踊らされず、不慣れな土地での事業の成功というゴールに至るための道標として、本書が皆様の一助となれば幸いです。

クロスボーダー M&A
新興国における投資動向・法律・外資規制

序　M&A概論

クロスボーダー M&A の目的	12
新興国における M&A の留意点	16
M&A のプロセス	21
M&A の最終契約書	57

I　インド

インドにおける M&A の動向	62
M&A に関する法律・規制	68
M&A スキームの基本	105
企業買収後の諸課題	126

II　中国

中国における M&A の動向	136
M&A に関する法律・規制	141
M&A に関する税務	167
M&A スキームの基本	175
企業買収後の諸課題	180

Ⅲ 香港

香港におけるM&Aの動向	188
M&Aに関する法律・規制	191
M&Aに関する税務	203
企業買収後の諸課題	206

Ⅳ タイ

タイにおけるM&Aの動向	210
M&Aに関する法律・規制	215
M&Aに関する税務	236
M&Aスキームの基本	242

Ⅴ ベトナム

ベトナムにおけるM&Aの動向	250
M&Aに関する法律・規制	254
M&Aに関する税務	287
M&Aスキームの基本	294

Ⅵ ミャンマー

ミャンマーにおけるM&Aの動向	302
M&Aに関する法律・規制	304

Ⅶ インドネシア

インドネシアにおけるM&Aの動向	322
M&Aに関する法律・規制	326
M&Aに関する税務	350

VIII　シンガポール

シンガポールにおけるM&Aの動向	358
M&Aに関する法律・規制	363
M&Aに関する税務	384

IX　フィリピン

フィリピンにおけるM&Aの動向	392
M&Aに関する法律・規制	394
M&Aに関する税務	416
M&Aスキームの基本	420
企業買収後の諸課題	426

X　ロシア

ロシアにおけるM&Aの動向	430
M&Aに関する法律・規制	433
M&Aに関する税務	453

XI　モンゴル

モンゴルにおけるM&Aの動向	462
M&Aに関する法律・規制	464
M&Aに関する税務	478

XII　ブラジル

ブラジルにおけるM&Aの動向	482
M&Aに関する法律・規制	487
M&Aに関する税務	502

| M&A スキームの基本 | 505 |
| その他の論点 | 511 |

XIII　メキシコ

メキシコにおける M&A の動向	514
M&A に関する法律・規制	516
M&A に関する税務	529
M&A スキームの基本	533

XIV　ドバイ・アブダビ

ドバイ・アブダビにおける M&A の動向	538
M&A に関する法律・規制	540
M&A に関する税務	560

XV　トルコ

トルコにおける M&A の動向	566
M&A に関する法律・規制	570
M&A に関する税務	580
M&A スキームの基本	583
企業買収後の諸課題	589

| さくいん | 592 |

凡　例

— 原則として各章末に掲げたウェブサイトは、各サイトのトップページまたはコンテンツ、PDF 化された資料の URL を記載しています。
— キーワード検索によりサイトの所在が明確な場合は、URL の記載を省略しています。
— 日本語サイトは発行元ならびに資料名を日本語で表記しました。
— 海外サイトのうち、英語版がある場合は英語表記により発行元と資料名を挙げたのち、（ ）に日本語表記を挙げています。
— 各章とも 2014 年 12 月現在で閲覧可能なウェブサイトを挙げています。
— 各資料の末尾に記載されている年月日は、その資料が発行、公表された時期を示しています。

M&A 概論

序　M&A概論

クロスボーダーM&Aの目的

　M&Aは「時間を買う」と比喩されるとおり、迅速な事業展開や海外進出が主たる目的です。グローバル競争で優位に立つための有効な戦略の1つです。

　特に、東南アジアやアフリカ地域の発展途上国に対する、中国・韓国企業の影響力の拡大スピードには目を見張るものがあります。彼らは国策の後押し等も得て、機動的に海外へ進出を行っています。

　一方で、日本企業は現地企業から、"NATO"と呼ばれています。"Not Action Talk Only"（口ばかりで行動しない）を略したものです。日本企業はリスク判断や社内検討に時間を費やすことが多く、現地でパートナーとなる企業が苛立ちを募らせる傾向があるようです。

　もちろんリスク判断は重要です。しかし、グローバル経営に不慣れで意思決定権が何段階にも分かれているなど、現在のグローバル・スタンダードから考えると、機動力の劣る組織となっている企業が多く存在します。クロスボーダーM&Aを戦略として取り入れる際には、M&A特有の機動性を生かせる意思決定プロセスを構築しておく等、事前準備が必要です。また、現地ビジネスやそのリスクに明るいアドバイザーを活用することも必要となります。

　日本企業には、M&Aを駆使して迅速に海外展開を行うことが求められています。海外進出は短期的にはリスクがあるかもしれませんが、長期的には世界の市場で競争できる大きなチャンスを生みます。一方、縮小を続ける国内市場の中に留まることは、長期的かつ重大な衰退リスクを孕んでいるからです。

■ **M&Aの形態**

　迅速な事業展開という主目的の他、M&Aの目的によって、水平統合、垂直統合、機能獲得型、地域獲得型という4形態に分類することができます。

[水平統合]

　水平統合とは、同一業種の他社を取り込むM&A形態です。主にスケールメリットによるコスト優位を目的とします。スケールメリットとは、規模が大きくなるに従って、製品1個当たりの生産費用が低下することをいいます。これは、生産費用に固定費が含まれているためです。

　生産費用は変動費と固定費に分けることができます。変動費とは、製品の生産量に従って増える費用のことで、原材料費、販売手数料、運送費などがあります。これに対して、固定費は製品の生産量にかかわらず発生する費用をいいます。たとえば、減価償却費、賃貸料、保険料などがあります。そのため、M&Aによって企業の規模が拡大し、生産量が増えるほど製品1個当たりの固定費が低下するのです。

[垂直統合]

　自社の仕入先や販売先とのM&Aを行うことで事業領域を拡大することを垂直統合といいます。既に、ある程度のグローバルシェアを持っている企業にとっては、競争法上の規制があるため、残されたシェア拡大による事業拡大は困難を伴います。そこで、バリューチェーン（付加価値連鎖）を拡大することによって事業の拡大を図ります。

　また、シナジー効果による経営効率の向上も主な目的として考えられます。たとえば、販売業務と生産業務を同時に行うことで、販売部門の情報がより生産部門に伝わりやすくなります。このため、より顧

 序　M&A概論

客のニーズに合った製品を生産することが可能になります。自動車メーカーが自動車販売会社、部品供給会社をM&Aにより取得することなどが例として挙げられます。

[機能獲得型]

　機能獲得型は、製品やサービスを供給するために、販路やサービス網、生産設備など必要な機能を取り込むM&A形態です。日本企業がグローバル市場でさらなる拡大をする際に、販路やサービス網の確立が問題となり得ます。しかし、一朝一夕で確立することは困難なため、M&Aによってこれらを取り込むことで、迅速に自社製品やサービスの拡大を狙うことができます。

[地域獲得型]

　これまでに進出していない市場や顧客を取り込むM&A形態が地域獲得型です。日本の国内市場を主なターゲットとしてきた企業が、成長性の高い海外市場の獲得を狙う際に見られます。新興国でのM&Aでは、多くがこの形態です。

■ 海外進出方法別メリット・デメリット

　海外への進出方法としては、企業買収（M&A）や100％独資による進出、その中間の一部出資による現地パートナー企業とのジョイント・ベンチャー（JV）の設立の3つがあります。まずは、それぞれの方法のメリット・デメリットを認識しておきましょう（次表参照）。

【M&A・JV※・独資のメリットとデメリット】

	メリット	デメリット
M&A	・買収対象企業を通じて事業のインフラ、ノウハウ、仕入先、顧客などへ容易にアクセスできる（独資で進出した場合よりも）	・買収対象企業には、既に独自の企業文化ができ上がっているため、買収企業と買収対象企業との間で調整する必要が生じ、場合によってはそれに多大な時間・労力を費やす可能性がある ・買収されたことが原因で顧客との関係維持やノウハウの利用にとって不可欠な主要経営陣の辞任というリスクがあり、彼らのリテンション（引き留め）に追加コストが発生することがある
JV	・JVパートナーを通じてインフラ、ノウハウ、仕入先、顧客などへ容易にアクセスできる ・M&Aと比べ、顧客との関係維持やノウハウの利用にとって不可欠な主要経営陣の辞任というリスクが低い ・各国市場に参入するコストをJVパートナーと分担できるので他の手法より割安にすむ	・JVパートナーとの合併会社の進め方について、調整が必要で、パートナーとの信頼関係が築けなかったり、戦略の方向性が合っていなかったりすると各国での事業の足かせになる場合がある ・JVパートナーを通じて先方に提供した知的財産が流出してしまうリスクがある
独資	・進出する企業の独自の企業政策、企業風土を形成することができる。基幹となる会計システムや、情報システムなどの経営管理システムについても新しく独自のシステムを設計することができる	・政府や行政機関との交渉は、外国企業自ら対応していかなければならない ・事前に情報収集・分析を行い戦略を策定しておかないと、経営基盤をつくるまでに、極めて多くの時間とコストがかかる恐れがある

※ JVとは、Joint Venture（合弁）のこと

序　M&A 概論

新興国における M&A の留意点

　クロスボーダー M&A は、国内の M&A と大きく異なるものではありません。M&A というプロジェクトを進めるに当たり必要な心構えや留意点には共通するものが多く、異なる点はテクニカルな部分が中心です。

■ 日本国内のM&Aとの共通点

　M&A の成功とは、M&A にかかわる手続がスムーズに進捗したことを指すのではありません。M&A をすること自体が目的となりがちですが、あくまで1つの過程にすぎません。M&A の目的は、手続後、買収対象企業が買収企業の期待した業績を上げ、買収企業のグループに期待したとおりのシナジーをもたらすことです。

　そこで、クロスボーダー M&A により達成すべき目標を当初から明確にしておく必要があります。

　たとえば、進出国に販売網を構築するための時間を買いたいのか、許認可を得るために現地の認可されている企業を手に入れたいのか、マーケットシェアを取りに行くために低コストで生産できる製造拠点を手に入れたいのか、といった点をはっきりさせる必要があります。期待するシナジーについても定量的に把握しておくとよいでしょう。

　つまり、目標達成のために最も効果的な買収のストラクチャーを考え、適切な買収契約を結ぶことにより、リスクやコストの低減を図るのです。また、当初計画した M&A 後のシナジーを獲得するための統合プロセスとマネジメント（PMI：Post Merger Integration）を着実に実施し、買収前に想定していた事業価値を実現する必要があります。こうした点は日本国内の M&A と共通するところです。

【クロスボーダーM&Aの目標】

■ 日本国内のM&Aとの相違点

国内のM&Aと異なる点は以下のとおりです。

日本の法制度、税制度、会計基準との違い

　日本と異なる法制度、税制度、会計基準に基づいているため、手続を行うのにそれらを斟酌する必要があります。このことが、買収ストラクチャーや契約を締結するための制約になるとともに、買収後の事業活動やPMIにも影響します。

複雑な規制への対応

　国によって規則内容に大きな違いがあります。各国の規制当局から出されているさまざまな規制に準拠しなければなりません。

交渉時間の長期化

　M&Aの契約締結までに、想定以上の時間を要する場合が多くあります。なかなか交渉相手の譲歩を引き出せない等、細かいポイントを解決するのに相当の時間を要すると考えておくべきです。

 序　M&A概論

困難なネゴシエーション

　買収交渉時に、大抵の場合日本側は実務家が担当するのに対し、相手国側は企業トップと弁護士、会計士が当事者となる場合が多いです。日本側にとってはハードネゴシエーションを強いられることを覚悟しておいた方がよいでしょう。

トップの意向による方向性の変化

　実務家同士で交渉してきた場合でも「本当の最終交渉はトップ同士で」と考える現地経営者も多く、実務レベルで決めたことが、トップ同士の会談で簡単に覆され、最終調印の際にも決着済みの事項が変更になることもあります。

内部情報へのアクセスが困難

　契約書など法的に拘束力のあるものにサインするまでは内部情報を提供しない場合がよくあります。双方の信義誠実の原則に基づき、というような日本の商慣行とは大きく隔たりがあります。

曖昧な移転価格ポリシー

　買収対象企業に適切な移転価格ポリシー（海外子会社との取引価格設定の基本方針）が設定されておらず、現地の税務調査で指摘されるリスクがあります。

心理的な抵抗に対する対応

　従業員のリテンションにつき、社会的・文化的背景のギャップが存在します。また、外国の会社に買収されることに対し心理的な抵抗を感じる場合があるため、買収対象企業の経営陣を引続きマネジメントに関わらせる等、特別の対応が必要となります。

買収後の資金調達が困難

融資慣行や規制などが日本と異なるため、資金調達手段が日本と同列で考えられません。買収後、資金が必要になる場合は、あらかじめ対策を立てておいた方がよいでしょう。

透明性の低さ

特に新興国では、情報の管理が不十分で、検討に必要な情報が集まりにくい場合があります。また、財務諸表のクオリティや透明性の水準は日本に比べると低いと考えた方がよいでしょう。

特に新興国では、コーポレート・ガバナンスが脆弱であることが多い

事業評価、企業評価が困難

買収対象企業が作成している事業計画のクオリティが低い場合が多く、ディスカウント・キャッシュ・フロー（DCF）法による事業価値評価が困難です。また、マーケットアプローチを用いた企業評価も、公開情報が限定されているため類似会社情報が少ないといった制約があります。

資産の時価評価が困難

買収対象企業の保有資産として遊休資産や非効率な資産が存在していたり、所有権の不明な資産や、土地使用権の範囲について制限が付

いている不動産があったりするため、資産の時価評価が困難な場合があります。

日本より高いEV/EBITDA倍率

　DCF法などで算定される企業価値には、新興国経済が高い割合で成長することが事前に織り込まれている場合が多く見られます。このことは、買収交渉の過程で時間をかけすぎると、交渉成立までにさらに高い買収価格になる可能性があることを意味しています。なお、現在のEV（企業価値）/EBITDA（利払前税引き前償却前利益）倍率は、日本では4〜5倍程度であるのに対して、成長性の高い新興国市場においては7〜12倍程度になります。

M&Aのプロセス

　M&Aの実行段階においては、「新興国におけるM&Aの留意点」（P.16）で挙げた要素を十分に考慮し、できる限り迅速に取組む必要があります。意思決定に多大な時間を要した結果、経済情勢の変化によって条件の見直しを余儀なくされる事例も散見されます。
　本節では、タイムスケジュール策定の参考になるよう、M&Aの実行プロセスを検証します。

フェーズ	ステップ
意思決定フェーズ	❶ M&A戦略の策定
	❷ 取締役会の承認
	❸ 対象企業の情報収集
初期交渉フェーズ	❹ 買収対象企業／ジョイント・ベンチャー・パートナーとの接触・打診
	❺ プレ・バリュエーション
	❻ 基本合意条件交渉、基本合意書(LOI)の締結
最終交渉フェーズ	❼ デュー・デリジェンス・バリュエーション
	❽ 最終交渉および最終契約書締結

序　M&A概論

プロセスと各フェーズのポイント

■ 意思決定フェーズ

[M&A戦略の策定] …… ❶

トップマネジメントによる新市場への進出の意思決定プロセスにおいては、まず以下の項目を熟慮し、整理する必要があります。

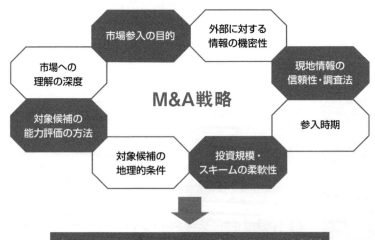

この段階では、目的・評価が定性的になりやすく、関係者の情報共有を阻害しがちです。各人の情報の理解に食い違いが起こると、社内に不要な軋轢が発生し、タイムスケジュールの大幅な見直しを余儀なくされます。できるだけ各項目を定量化して合理的な判断を可能にしていく努力が必要です。

また、外部に対する情報の機密性の観点からもフィージビリティー・スタディー（事前の調査・検討）段階から外部のアドバイザーを活用し、情報を管理することも1つの手段です。

[取締役会の承認] …… ❷

　海外事業担当、プロジェクトメンバーおよび外部アドバイザーの報告を受け、自社の市場参入目的に適う投資額・時期をトップマネジメントが承認します。このとき、自主的進出か、大手取引先等に追随しての進出かにより大きく条件は異なりますが、回収性の評価方法と撤退条件についても共有しておきます。

[対象企業の情報収集] …… ❸

　トップマネジメントの承認を受け、担当者はM&A戦略に沿う買収対象企業／ジョイント・ベンチャーパートナー候補の情報を、広範な情報ソースを利用して入手する段階に入ります。一般的に、経済環境の成熟した欧米や日本国内においては、業界団体・行政等のリストが既にあり、公開されていることも多いのですが、新興国においては社員自らが情報収集にあたる必要があります。また、経済環境の変化が激しいため、既存の情報が判断材料となりにくい例も見受けられます。特に黎明期にある業界においては、対象先を数多く挙げたロングリストが作成できない場合もあるので、リスト自体の情報精度にあまり神経質にならず、一定の割り切りのもとで絞り込みに入る必要があります。こうして対象企業を数社に絞ったショートリストが作成され、これを基にさらに現地情報の収集にあたることになります。

　この際、一次情報の入手には公用語や現地語に堪能な担当者を確保することが必要です。担当者が現地に赴き裏付けを取ることも必要なコストと理解し、投資しなければなりません。

 序　M&A概論

【第一次的情報源】

・既得の情報
・競合他社、顧客、仕入先などへのインタビュー
・アドバイザー／専門家

【第二次的情報源】

・上場企業に関する公開情報
・産業調査報告書
・インターネットの活用
・産業刊行物

　一方で、一定の情報を常にプールしている金融機関からは、多くの候補先の紹介を受けることがあります。ただし、選別が行われていないものも多く、自社の情報咀嚼能力が問われます。

　他方、コンサルティング会社やM&Aアドバイザーの活用は一定のスクリーニングを経た情報のリストが入手できるほか、ローカライズされ判断をしやすい情報になっていることも多く、意思決定プロセスにおいては一定のメリットがあります。

■ 初期交渉フェーズ
[買収対象企業／ジョイント・ベンチャー・パートナーとの接触・打診]
…… ❹

　前述のショートリストを作成後、いよいよリスト上の企業と接触し、候補先の外国企業との買収／ジョイント・ベンチャーについての可能性を企業ごとに確認していきます。

秘密保持契約書

　交渉の初期においては、会社名を伏せて匿名での接触も可能ですが、候補先に買収／ジョイント・ベンチャーに関して交渉の余地がある場合は、秘密保持契約を締結し、公開情報を提示して交渉に当たります。

自社情報の開示

　秘密保持契約締結後は、最低でも会社規模、事業内容、会社の物的基盤、株主構成、沿革、M&Aによる進出の目的を記載したレジュメを用意し、まず自社の意思を相手に表明して打診します。

交渉人の固定

　候補先との交渉に当たっては、十分な語学力に加え、相手に信頼を得られるだけの人間力が求められます。複数回にわたる初期の交渉時点から交渉人を固定し、自社のトップマネジメントからの委任状を提示して信頼関係を丁寧に築いた方が、円滑に交渉が進む場合が多いです。

交渉手順の明示

　一般的に候補先との交渉開始に当たっては、秘密保持契約書の締結に始まって、一連の交渉手順をあらかじめ明示します。これは、交渉

が進むにつれて候補先との手順やタイムスケジュールが合わなくなり、交渉が頓挫するのを避けるためです。

M&Aアドバイザーの存在

交渉フェーズにおいては、機動力のあるM&Aアドバイザーの存在が重要です。一般に日本企業が現地の文化まで理解し、言語能力・交渉能力に長けた人材を保有している例は稀であり、交渉人の選定に苦慮している状況が多く見受けられるからです。さらに、同族企業が多く売却・資本参加に理解のあるオーナーが少ない新興国においては、M&Aアドバイザーはローカル・ルールに精通し、同時に複数の機会を活用して、機会損失を防ぐメリットも提供してくれます。

[プレ・バリュエーション] …… ❺

候補先との接触・交渉において、両者のプロセス進行への意思確認ができれば、買収企業は簡易的なデュー・デリジェンス（DD）を実施し、買収候補先の実態およびM&A後の将来を見極める必要があります。

[基本合意条件交渉、基本合意書（LOI）の締結] …… ❻

プレ・バリュエーション結果を踏まえた買収価格の基本的考え方を双方で確認し、M&A実行の意思合意がされた時点で、その合意内容を基本合意書（LOI：Letter Of Intent）に明示し、文書化します。

記載内容は以下のとおりです。

- 買収価格（Purchase Price）
- 重要な買収条件（Significant Purchase Conditions）
- スケジュール
- 表明・保証（Representations and Warranties）

当該LOI以前に得た情報が事実に反する場合には、提示側の表明・保証違反となり相手側による当該契約の解除や損害賠償などの請求を可能とする補償条項が規定される場合があります。この規定は買収・売却双方に適用されるため、株式交換によるM&Aの場合には、株式の値下がりリスクを回避したい売却側が買収側に現在から将来にわたる事業内容と成長性に関する表明・保証を要求することができます。

　表明・保証の対象となる事項は、株式譲渡契約の場合、買収対象企業の株主関係、財務状況、保証債務、訴訟の係属等があります。

デュー・デリジェンスの範囲

　財務・税務、ビジネス、法務、人事、IT、知的財産、環境等の案件ごとに、着目するポイントはさまざまあるため、案件に応じてデュー・デリジェンスを行う領域を設定しておきます。

公表

　両社間の交渉については、最終契約書の取り交わしまでは交渉の当事者を固定し、他言の禁止を課して交渉を進めます。株主・従業員・金融機関・取引先等のステークホルダーへの情報公開については、その時期・方法・公開内容について、両社間で設定しておきます。

優先交渉権の制定

　M&Aの交渉においてはデュー・デリジェンス等、多くの時間と費用を伴うため、同時期に複数の買収企業が参加すると経済的損失が大きくなります。この交渉期間中の他者参入リスクを回避するため、第三者への条件交渉の禁止を含む優先交渉権の規定を設ける場合があります。

序 M&A 概論

■ 最終交渉フェーズ

[デュー・デリジェンス・バリエーション] …… ❼

　LOIの締結後、デュー・デリジェンスを行い最終条件を作成します。買収／ジョイント・ベンチャー設立の際に一般的にデュー・デリジェンスの対象となる項目を次表のとおりです。

【デュー・デリジェンスの典型的な調査対象リスト（M&A／JVに共通）】

株主	・株主構成はどうなっているか ・株式を保有していない者が実質的に支配力を有している会社ではないか（他の周辺の会社の債務を実質的に負担させられる場合があるので、周辺の会社の調査も必要） ・少数株主であっても実質的には不釣合いな影響力を有している場合がないか
異常な取引等の有無	・関連会社との間で市場価格とは異なる価格で取引しているというような実態がないか ・ノンコアビジネスに多額の資金が使用されていないか
コーポレート・ガバナンス	・中小規模の会社にあっては、内部統制が弱いため財務状況に関する会社の情報が信頼性に欠けていないか ・監査報告書は信頼できるか（対象企業に対する会計サービスと監査サービスとの境界線が不明確で、実質的に自己監査になっている場合には特に注意が必要） ・特定の経営者に過度の権力が集中していないか
内部統制システム	・内部統制システムの環境が脆弱ではないか ・明確な根拠のない将来の業績予測をしていないか ・実際の業績を無視した甘い予算設定をしていないか ・IT環境の不備等により情報収集の質・スピードに問題はないか ・過去のコストデータを利用できる環境にあるか ・信頼性の高いITシステムを導入する必要はないか（SAPの導入など）

収益および収益獲得手法のクオリティ	・現状の収益が持続可能なものか 典型的な調査対象事項 　‐創業者の報酬体系が公式化されているか 　‐法令や会社の内部規則上の従業員に対する支払義務（年金等）が未払になっていないか 　‐市場価格とは異なる価格で関連会社等と取引していないか ・通常では考えられないような単発の大きな収入または支出がないか ・特定の仕入先や顧客に依存していることにより、取引交渉力に問題があるということはないか
資産／負債および運転資金の管理のクオリティ	・過去において設備投資を十分にしてこなかったという事情はないか ・毀損している資産や稼動していない資産が存在しないか ・記帳されていない支出はないか（従業員の退職金、疑義のある債務、前払金、保証債務、租税債務などの支払で記帳されていないものはないか） ・通常、対象企業の営む事業において、どの程度の運転資金が必要か
一般会計原則（GAAP）およびその他の財務事項	・買収対象企業の会計原則（GAAP）と買収会社の会計原則（International GAAP）の違いはあるか ・長期間の間、売掛金等が未回収となっていないか ・通常の調整手続が欠けていないか（たとえば、監査済の財務諸表と会社内部の帳簿の間で顧客と仕入先の残額が一致しているかなど） ・開業前の費用の資本化が適切になされているか
税務上の問題	・積極的かつ適切な税務対策をしているか（適正なタックスプランニングであって、違法な脱税回避となっていないか） ・税務訴訟が生じた場合、最終的解決までにどのくらい時間を要するか ・税務訴訟に勝訴して納めた税金を回収できたとしても、紛争発生時に一旦暫定的に納税する場合、キャッシュ・フローには悪影響とならないか ・買収対象企業において現在享受しているタックス・ベネフィットを買収後も継続して享受できるか
法令整備状況等の環境	・対象企業の事業に関連する分野の法令が十分に整備されているか ・実務上、具体的な規定を設けないために PL に予想外の影響を及ぼす場合はないか

序 M&A概論

【JVの場合に特に必要な追加調査対象リスト】

JVパートナーの略歴	・JVパートナーの事業や株主構成を正確に理解しているか ・創業者や経営陣のバックグラウンドや評判を調査しているか ・JVパートナーに既存のビジネスパートナーがいないか（既存のJVパートナーとのJV契約上、当該JVを終了させる場合に違約金支払義務が発生する場合がある） ・重要なビジネス・リレーションシップが強固なものであるか否かを評価するため、重要な顧客、仕入先、ビジネス・パートナーなどとの関係が長期間継続しているか
フィナンシャル・キャパシティ	・負債割合が高くほとんど借入余力がない場合には、JVへ出資するための資金を十分に調達できない可能性はないか ・既存の事業が収益を生んでおらず、新しい事業へ投資するための資金となるフリー・キャッシュ・フローが圧迫されていないか
資産／負債の価格評価	・JVパートナーの資産や負債の質、とりわけ無形固定資産の価格算定や重大な簿外債務や偶発債務はないか（JVに非常に大きな影響を及ぼす） ・毀損している資産や稼働していない資産はないか
JVパートナーとの企業文化や規模の違いによる問題	・非公式の企業文化 - 経営体系や経営陣の役割が漠然としたものではないか ・JVパートナー側において、会計や経営監督体制等が脆弱であることから、JV契約に基づく必要な報告が十分になされないというようなことはないか ・現在、または将来JVパートナーから提供されるサービスを共有することで追加コストが発生しないか

出所：JETRO編「インドにおけるM&A／JVの現状とその規制内容」

[最終交渉および最終契約書締結] …… ❽

　デュー・デリジェンスに基づき、最終的な詳細条件が双方合意のもと整理されます。このとき買収側が最終契約書（DA：Definitive Agreement）のドラフトを作成し、売却側に提示します。最終契約書とは、株式譲渡がある場合は株式譲渡契約書を指します。M&Aで

の最終契約書の主項目と目次は次のとおりです。

【最終契約書の実例（目次抜粋）】

CONTENTS

1. Interpretation
2. Business of the Company
3. Establishment of Company
4. Conditions Precedent to Closing
5. Closing
6. Representations and Warranties
7. Capital, Further Finance and Dividend
8. Transfer of Shares
9. Directors and Management
10. Reserved Matters
11. Meeting of the Shareholders
12. Exclusivity
13. Ancillary Activities
14. Business Information
15. Intellectual Property
16. Confidentiality
17. Prevalence of Agreement
18. Cost
19. No Partnership or Agency
20. Entire Agreement
21. Notices
22. Assignment
23. Variations
24. Term
25. Termination and Liquidation
26. Force Majeure
27. Disputes
28. Governing Law
29. Survival

【最終契約書の主項目】

- 定義
- 取引対象物の特定
- クロージングの前提条件
- クロージング
- 表明および保証
- 誓約事項
- 補償
- 解除
- 雑則

■ 統合後の人事の重要性

　M&Aには多くの不確定要素が伴います。そして、その不確定要素は社員の職業安定性の問題に結び付き、合併後の社員のモラル低下を導く恐れがあります。一般に、M&Aの8割がM&A後に少しの価値も生み出せず、むしろ合併前の企業価値の半分以上を失っているといわれています。

　こうした状況を避けるために、注意すべき点は次のとおりです。

[人事的要素]

　定量的に評価できる財務分析、経済分析等に注目が集まりがちですが、むしろ、定性的に評価されることが多い人事的要素が、M&Aの成功に重大な影響を与えている場合が多いです。

[心理的要素]

　M&Aに伴う職場環境・仕事の変化、管理体制、同僚との関係、そして、ヒエラルキーの変化は社員に大きなストレスをもたらします。

また、M&Aは社員がこれまで社内で担当し、積み重ねてきた仕事を失い、今後のキャリアプランを再考させられるきっかけにもなり、これらが続くと、社員の会社変革に対する抵抗、会社に対する貢献度合いへの著しい低下等が表面化することになります。

[**文化的要素**]
　文化的なギャップはM&Aを失敗に導く大きな原因の1つです。これは、社員の帰属意識の低下を招き、M&A後の組織作りにおいて大きな障害となります。文化的な違いは双方の会社の文化的多様性に根ざしているので、これらを理解することがM&Aを成功させるための鍵となります。

バリュエーション

　バリュエーション（企業価値評価）とは、「企業または事業の価値を評価し、適正価格を算定する作業」のことです。企業価値評価のアプローチとしては、「マーケットアプローチ」「インカムアプローチ」「コストアプローチ」の3つの方法が一般的に用いられます。企業価値を的確に把握するためには、複数の方法を用いて多面的に評価することが有用であるといえます。

■ 事業価値、企業価値、株主資本価値

　企業には、事業価値、企業価値、株主資本価値の3つの価値が存在します。
　事業価値とは、ある事業から創出される価値のことをいいます。貸借対照表上の純資産価値だけでなく、貸借対照表に計上されない無形資産や知的財産を含めた価値のことです。後述する各種評価法を使用して、評価されるべきものです。

序　M&A概論

　この事業価値に、非事業用資産と非事業用負債を加えたものが企業価値です。非事業用資産と非事業用負債は、事業に直接使用されるものではないため、時価によって評価されます。非事業用資産には、遊休資産や余剰資金などがあります。

　さらに、この企業価値から純有利子負債を除いたものを株主資本価値といいます。純有利子負債は、有利子負債から余剰現預金を除くことによって算定されます。

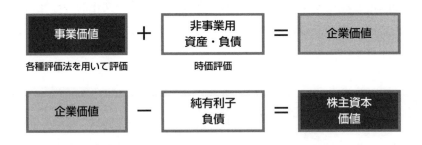

■ マーケットアプローチ

　マーケットアプローチとは、実際のマーケットで取引されている株式の価格を直接または間接的に使用して株主資本価値を評価する方法です。主に市場株価法、類似上場会社法、類似取引法の3つに分けられます。この方法は、後述するDCF法（インカムアプローチ）のように多くの財務分析を必要とせず、ファイナンスの専門知識がなくとも、比較的容易に実施できます。

［市場株価法（株式市価法）］

　市場株価法は、株式上場企業に対して用いる評価方法です。株式市場で取引された株価の一定期間の平均値を使用して、一株当たりの株主資本価値を算定します。

実際のマーケットで取引されている株式の価格は、投資家のさまざまな視点が反映された価格であると考えられるため、一般的に客観性の高い評価方法であるといえます。

[類似上場会社法（倍率法、乗数法、マルチプル法）]
　類似上場会社法とは、上場企業の市場株価を使用して、非上場企業の株主資本価値（または事業価値）を算定する方法です。
　算定手順としては、まず評価対象企業と類似する上場企業を複数選定します。その後、選定企業の株式時価総額（または事業価値）を財務数値（経常利益、売上高など）で除して株価倍率を算定します。そして、その株価倍率を評価対象企業の財務数値に乗じて株主資本価値（または事業価値）を算定します。株価倍率は、株式時価総額に対する株価倍率と、事業価値に対する株価倍率の2つに分けることができます。事業価値は、株式時価総額に少数株主持分と有利子負債を加算して、そこからさらに現預金と非事業用資産を減算することで算定できます。
　株式時価総額に対する株価倍率の算定には、財務数値として経常利益、当期純利益、簿価純資産を使用します。これは、経常利益と当期純利益は、株主資本ではない有利子負債の利息支払を控除した後の利益であり、株主にとっての利益を表しているためです。簿価純資産額は会計上の株主の持分を表しています。
　事業価値に対する株価倍率の算定には、財務数値として売上高、EBIT、EBITDAなどを使用します。これは、売上高、EBIT、EBITDAなどが、営業外損益である支払利息や受取利息を含んでいない、事業が生み出す収益力を表しているためです。
　市場株価法と同様に、実際のマーケットで取引されている株式の価格を使用するため、客観性の高い方法といえます。

[類似取引法(類似取引批准法)]

類似取引法とは、類似する株式取引事例を使用して株価倍率を算定し、その株価倍率を対象企業の財務数値に乗じて株式価値を算定します。M&Aに関するデータを正規に収集する組織・機関が存在しないことから、一般的に利用できる可能性は少ないと考えられます。

■ インカムアプローチ

インカムアプローチとは、将来生み出される利益やキャッシュフローに基づいて企業を評価する方法です。代表的な方法としてエンタープライズDCF（Discounted Cash Flow）法、その他にエクイティ・キャッシュフロー法、収益還元法、配当還元法、調整現在価値法などがあります。

[エンタープライズDCF法]

エンタープライズDCF法とは、事業によって生み出されるフリー・キャッシュフローを株主資本と負債の加重平均資本コスト（WACC：Weighted Average Cost of Capital）で割引くことによって、現在の事業価値を算定する方法です。

フリー・キャッシュフローとは債権者と株主に分配可能なキャッシュフローのことをいい、以下のような式で算定することができます。

フリー・キャッシュフロー
＝ EBIT ×（1 － 法人税率）＋ 減価償却費－（設備）投資等 ± 運転資本増減額

加重平均資本コスト（WACC）とは、債権者と株主が評価対象企業に求める期待投資利回りの加重平均値のことをいい、以下のような式で算定することができます。

WACC
＝ 株主資本比率Ⓐ×株主資本コストⒸ＋負債比率Ⓑ×負債コスト×
（1－実効税率）

　株主資本比率および負債比率はそれぞれ以下のように算定することができます。

Ⓐ 株主資本比率＝株式時価総額／（株式時価総額＋純有利子負債）
Ⓑ 負債比率＝純有利子負債／（株式時価総額＋純有利子負債）

　株主資本コストは一般的にCAPM理論（Capital Asset Pricing Model）を用いて算定することが多いと考えられます。CAPM理論とは数理ファイナンスにおける数理モデルの1つで、リスク資産の均衡市場価格に関する理論です。市場が均衡している状態では、リスク負担に見合うリターンを得ることができることを、理論的に明らかにしたものです。
　株主資本コストはCAPM理論を用いて、以下の式で算定することができます。

Ⓒ 株主資本コスト
＝ リスクフリーレート＋エクイティ・リスクプレミアム×ベータ値

　リスクフリーレートとは、リスクをほとんど負うことなく得ることのできる利回りのことで、長期国債の利回りを用いて推定することが一般的です。エクイティ・リスクプレミアムとは、もし株式市場全体に投資しようとした場合、投資家がリスクフリーレートに追加して求める期待投資利回りです。実務上、日本では4〜6％前後の数値が用いられることが多いようです。ベータ値とは、評価対象企業の株式に

対する投資が、株式市場全体に対する投資と比較して、どれだけリスク（ボラティリティ）があるかを表す係数です。算定方法としては、上場企業の場合は対象企業のベータ値を用いる方法、非上場企業の場合は上場している類似企業のベータ値を用いる方法が考えられます。

また、実務においては、エクイティ・リスクプレミアムとベータ値には反映されていない追加のリスクプレミアムを考慮する場合があります。特に、新興国へのクロスボーダーM&Aにおいては、新興国固有のリスクプレミアムを考慮する必要があります。

エンタープライズDCF法によって算定した事業価値に非事業用資産負債の価値を加算することで、企業価値を算定できます。

[エクイティ・キャッシュフロー法]

エクイティ・キャッシュフロー法とは、株主に帰属するキャッシュフローを株主資本コストで現在価値に割引くことによって、株主資本価値を直接算定する方法です。金融機関など、ファイナンスに関連のある事業を行う企業の価値評価には、原則としてエクイティ・キャッシュフロー法を使用します。

[収益還元法]

収益還元法とは、将来の予想収益を永久還元することによって株主資本価値を算定する方法です。評価対象企業に事業計画がない場合に使用することがあります。

■ コストアプローチ

コストアプローチとは、企業の純資産額を基準に株主資本価値を評価する方法であり、「簿価純資産法」と「時価純資産法（修正純資産法、修正簿価純資産法）」の2つがあります。

[簿価純資産法]

簿価純資産法とは、貸借対照表における簿価純資産額を基準に株主資本価値を評価する方法です。会計上の帳簿価格を基準とするため、客観性に優れています。しかし、各資産の簿価と時価は乖離していることが多いため、簿価純資産法を企業価値評価に使用することは、一般的に少ないと考えられます。

[時価純資産法（修正純資産法、修正簿価純資産法）]

時価純資産法（修正純資産法、修正簿価純資産法）とは、貸借対照表における資産負債を時価で評価し直して純資産額を算定し、株主資本価値を算出する方法です。時価純資産法と修正純資産法、修正簿価純資産法は厳密な定義はありませんが、すべての資産負債を時価評価し直す方法を時価純資産法、主要な資産負債のみを時価評価し直す方法を修正簿価純資産法と呼ぶのが一般的なようです。ただし、すべての資産負債を時価評価することは困難であることから、通常、実務では修正簿価純資産法を使用します。

時価には、主に再調達原価と処分価額があります。時価純資産法では、原則として再調達原価を使用します。再調達原価は、新規に事業を開始した場合と同じ価値を算定するという考え方です。事業が継続するという性質（M&A）を踏まえ、再調達原価を使用することが目的に沿うと考えられます。ただし、解散や売却を前提とする場合や事業の継続に関係のない非事業用資産負債の場合は、処分価額を使用するのが妥当です。

■ 新興国クロスボーダーM&A特有の論点

日本国内と新興国での企業価値評価の方法論は基本的には変わりませんが、新興国特有の論点としては、カントリーリスク、会計基準、割引率の算定方法が考えられます。これらを考慮するため、インカ

序 M&A 概論

ムアプローチにおけるフリー・キャッシュフローやWACCの算定は、国内での企業価値評価と比べて、複雑な作業になると考えられます。

[カントリーリスク]

新興国には、資本市場のボラティリティの高さ、マクロ経済、政治環境などが引き金となる、その国固有のリスクがあります。これらを総称してカントリーリスクと呼びます。カントリーリスクを企業価値に反映する方法として、カントリーリスクが実際に実現することを想定して予想キャッシュフローに反映させる方法とカントリーリスクプレミアムとして割引率（WACC）に上乗せする方法があります。

[会計基準]

クロスボーダー M&Aでは、財務諸表の互換性や信頼性に留意が必要です。必ずしも監査を受けた財務諸表が入手できるとは限らず、また、国によっては会計基準が整備されていないため、たとえば、リース取引やデリバティブ取引などが、簿外に存在する可能性があります。当該国の専門家と協力してデュー・デリジェンスを行うことで、このようなリスクを回避することが重要です。

[割引率の算定方法]

エンタープライズDCF法（P.36参照）によって企業価値評価をする際、まず予測事業計画から将来フリー・キャッシュフローを求め、それをWACCで現在価値に割り引いて企業価値を算定することが一般的です。

株主資本コストを算定する際に用いるCAPMには、主にグローバルCAPMとローカル・マーケットCAPMがあります。グローバルCAPMがグローバル市場の各種データ（リスクフリーレート、株価指数、ベータ値など）を使用するのに対して、ローカル・マーケット

CAPMでは対象企業の所属国のデータを使用します。

通常、予測事業計画は現地通貨建で作成されることが多く、その場合、現地のデータを利用したローカルCAPMに基づくWACCにより割り引けば、現地通貨ベースの企業価値が算定されます。これを自国通貨に換算する場合も、スポットレートに基づく換算でよく、特殊なレートは用いません。

しかし、新興国のデータは、資本市場の未成熟に伴うデータの信頼性の低さやそもそも該当する市場データがない等といった要素から、合理的な資本コストの算定が困難であるという弱点があります。

そのため、グローバルCAPMを基にしたWACCを用いる場合があります。通貨の信頼性の高いUSドルベースのリスクフリーレートやMSCIインデックス等、より信頼性の高い株価指数データにより算定したグローバルCAPMに基づく株主資本コストをベースにしたWACCにより割り引きます。ただし、割引率には対象国のカントリーリスクプレミアムを上乗せする必要がある他、現地通貨建の事業計画をUSドル建に換算する際には、現地通貨の対USドルフォワードレートに基づく等の注意点があります。

デュー・デリジェンス

デュー・デリジェンスの目的は、ターゲット企業について詳細な調査を行うことで、M&A取引にかかわるさまざまなリスク要因を事前に特定・評価し、対応策を考えることです。

通常、M&A取引の初期段階において、買い手は情報量に関して、売り手より不利な立場にあります。しかし、デュー・デリジェンスを通して収集した情報によって、初期調査で算定した企業価値評価の正確性の検証、リスク評価による買収価格低減、交渉上の立場の改善などの利益を得ることができます。ターゲット企業を取り巻くリスク要

序 M&A概論

因は幅広く、財務、税務、法務を中心にその他、環境、ビジネス、人事、ITなどの観点からデュー・デリジェンスは行われます。

■ 財務デュー・デリジェンス

財務デュー・デリジェンス（以下、財務DD）の目的は主に、①財務上のリスクを定量的に把握すること、②企業価値評価の基礎となる情報を取得することにあるといえます。

財務DDを実施するに当たり、通常はチェックリストと呼ばれる調査資料のリストを基に、ターゲット企業から調査資料を入手します。下図はチェックリストの一例です。

項目名		No	資料名
A	会社概要	1	会社案内資料
		2	年次報告書
		3	会社組織図
		4	従業員配置図
		5	経営陣および主要社員の経歴
		6	労使関係の状況
		7	主要顧客リストおよび各社との取引状況および契約書
		8	主要顧客との間で、特殊な取引条件の取り決め、インセンティブ、リベート等があればその詳細がわかる資料
		9	主要仕入先リストおよび各社との取引状況および契約書（特に、価格改定の考え方がわかる情報）
		10	長期購入契約、大量値引き等の取り決めがある場合には、その詳細がわかる資料
		11	主要業務委託先リストおよび各社との取引状況および契約書
		12	外部との技術提携・業務提携の状況および契約書
		13	定款
		14	登記簿謄本
		15	会社規則類（就業規則、給与賞与規程、退職金規程、その他主要なもの）
		16	株主総会議事録
		17	取締役会議事録

		18	会計士による監査報告書
		19	税務監査報告書
		20	株式および株主の状況に関する資料
B	事業戦略・財務情報	1	最新の事業戦略の説明資料
		2	財務情報
			a 損益計算書
			b 貸借対照表
			c キャッシュフロー計算書
			d 設備投資・減価償却スケジュール
			e 借入・返済スケジュール
			f 資金調達計画
			g 営業推進計画
			h 人員計画
			i その他の関連する予測
		3	上記財務情報の詳細な前提・説明資料（特に、原材料価格・販売価格見通しとその根拠等）
		4	設備投資計画の詳細
C	会計・税務	1	主要な会計方針
		2	実績財務諸表
			a 損益計算書
			b 貸借対照表
			c キャッシュフロー計算書
			d 勘定科目明細
			e 製造原価明細（原価計算規程とも）
			f 販管費明細
			g 営業外損益・特別損益項目の内容が把握できる資料
			h 事業・部門別の売上高、原価、販管費内訳、減価償却費
			i 売上高の明細
			j 売上値引、返品、支払リベート、受取リベート等の発生金額
			k 従業員の役職別平均賃金
			l 計画（予算）・実績比較分析資料
			m 月次試算表もしくは月次決算書

序 M&A 概論

C	売掛金	3	売上債権の明細
		a	事業別、主要取引先別、販売チャネル別、品目別、回収期日別等
		b	滞留債権の相手先別明細、滞留年齢調べ表、滞留売掛金の回収可能性検討資料
		c	主な得意先の回収条件等の一覧（締日、起算日、サイト）および各社との年間取引高、取引内容
		d	貸倒引当金の計算資料および過去の貸倒実績の明細
		e	債権譲渡・ファクタリングを実施している場合、残高推移、割引料、契約書およびその他関連資料
	関係企業間取引	4	株主、役員および株主・役員が支配する会社との取引内容・取引条件・取引高・債権債務の一覧
		5	関係会社との取引内容・取引条件・取引高・債権債務の一覧
	在庫	6	棚卸資産の明細（事業別、製品別等）
		7	滞留在庫の定義、評価損および除却損の計上ルールがわかる資料
		8	滞留在庫の品目等別の処分実績
	貸倒引当金	9	引当金の計上基準
		10	過去の債権種類別の貸倒実績
	固定資産	11	有形固定資産明細（事業所別、事業部門別）
		12	建物および土地の時価評価資料
		13	（該当事項がある場合）担保提供の状況
		14	近年実施した再評価または減損に関する資料
	投資有価証券など	15	有価証券、投資有価証券、関係会社株式、出資金の明細
		16	購入が義務付けられる契約（長期購入契約等）の内容（相手先、期間、金額等）および契約書原本
	有利子負債	17	すべての借入金について、金融機関、元本、利率、返済日、担保、財務制限条項等
		18	すべての融資契約書および返済スケジュール
	リース契約	19	すべてのリース契約明細および返済スケジュール
	その他	20	（該当事項がある場合）簿外債務の内容・額
		21	未収金、差入保証金、預り保証金の明細
		22	（該当事項がある場合）保証債務明細

退職金制度	23	退職給付制度の概要が把握できる資料
	24	退職給付引当金の計算資料(未認識項目の償却スケジュールも含む)
	25	年金資産の時価評価書
税金関連	26	税務申告書および関連・添付資料一式
	27	申告書作成の基礎資料、税務調整項目算定のワーキングペーパー
	28	未納の税金の有無、ある場合には金額と未納理由
	29	繰越欠損金の有無、ある場合にはその内訳
	30	税務当局と訴訟、審査請求または討議中の問題点の有無、ある場合はその内容
	31	税務当局と税務上特別の取扱を合意した事項の有無、ある場合はその内容
	32	節税スキームを採用または過去にしていた場合にはその内容

[財務リスクに関連する調査項目]

　財務リスクに関連する主な調査項目としては、貸借対照表、損益計算書、キャッシュフロー計算書の3つが挙げられます。

貸借対照表分析

　貸借対照表に関連するリスクとしては、純資産が実態を表していないリスク、コベナンツ(資金調達時に出資者から課される契約上の義務・制限等の特約)に抵触している場合や、債務超過に陥っている場合は財務安定性に関するリスクが挙げられます。調査項目としては、資産の過大計上(含み損益、回収可能性の低い債権など)、負債の過小計上、簿外債務、偶発債務などがあります。

損益計算書分析

　損益計算書の分析は主に、企業価値評価の基礎となる情報を入手するために行います。そのために、事業別損益構造などの詳細を把握

し、策定している事業計画と過去の損益計算書の情報との間に一連の合理性があることを確認します。

キャッシュフロー計算書分析

キャッシュフロー計算書では、資金繰りが間に合わなくなるリスクを回避するために、事業に必要な資金を把握します。調査項目としては、過去の資金収支実績、運転資本の月次推移、過去の設備投資および将来の設備投資計画、借入金・社債の返済条件の把握などが挙げられます。

[企業価値評価の基本情報に関する調査項目]

主要な調査項目としては、企業価値に関連するエンタープライズDCF法で使用するキャッシュフロー（収益力、運転資本、設備投資）、ネットデット、時価純資産法に関連する時価純資産があります。

収益力分析

財務DDにおける収益力分析では、過去実績（閉鎖事業や異常値など）に調整を加えることによって、ターゲット企業本来の実力を把握し、エンタープライズDCF法で使用する事業計画のベースとなる数字を明らかにします。さらに、ターゲット企業の管理会計資料をベースに収益性について、事業別、製品別、顧客別、地域別など多角的な視点から分析します。

その後、上記分析をもとに、単独で事業を行った場合の調整、M&A後の統合効果（シナジー）の検討を行います。

運転資本分析

エンタープライズDCF法に使用するフリー・キャッシュフローはEBITDAに運転資本の増減を加算して、設備投資額を除くことによっ

て算定するため、運転資本は企業価値に影響を及ぼす項目となります。対象企業のビジネス環境等に応じた、正常な運転資本水準を把握することが目的です。

分析項目には、貸倒懸念債権、過剰・陳腐化在庫、季節性、資金繰り、手元現預金などが挙げられます。

設備投資分析

設備投資は、収益拡大のために新たな工場や店舗に投資する成長投資と、設備の老朽化を防ぐために行う更新投資の2つに分類することができます。

たとえば、買収後に多額の更新投資が必要となる場合は、事業計画に加えることによって、エンタープライズDCF法によって算定される企業価値に反映させます。

ネットデット分析

エンタープライズDCF法では、フリー・キャッシュフローを現在価値に割り引いて算定した事業価値に、余剰現金と非事業用資産を加えて、有利子負債を除いて買収価格を算定します。

ネットデット分析では、非事業用資産の時価情報を入手し、有利子負債と同等のもの（流動化債権、リース債務、退職給付債務など）を特定します。また、偶発債務や臨時損失を特定し、将来キャッシュフローに反映させます。

時価純資産分析

時価純資産法で企業価値評価を行う場合、貸借対照表の資産・負債項目の時価評価を行います。分析では、有価証券、不動産、債権、棚卸資産などの時価情報を入手します。

■ 税務デュー・デリジェンス

　税務デュー・デリジェンス（以下、税務DD）の目的は、①潜在的な税務リスクの把握、②税効果の高い買収スキームの策定、③買収後の統合戦略の策定の3つに大きく分けられます。

　税務DDの実施によって事前に税務リスクを把握することで、リスクをヘッジすることが可能となります。税務リスクがM&Aを中止するほど大きなものでなければ、買収価格への反映や買収条件の変更によってリスクヘッジするのが一般的です。

　リスクが金額で定量化できる場合は買収価格へ反映します。リスクの定量化が難しい場合や交渉上の理由でリスクの買収価格への反映が難しい場合は、契約書の中に、売り手による表明・保証条項を入れることを検討します。これにより、買収後に潜在的な税務リスクが顕在化した場合は、売り手に顕在化した額の賠償を求めることができます。

　また、ターゲットの詳細な税務情報を入手することは、買収スキーム、買収後の統合戦略を考える上で重要な情報となります。特に買収価格が高ければ高いほど、税務インパクトは無視できないものになり、投資資金の回収に大きな影響を与えます。

[調査範囲・項目]

　税務DDの調査範囲を決定する際は、税目、事業年度、子会社を含むかどうか、金額の重要性基準、調査手続などを考慮します。

　調査対象税目は、影響額の大きい法人税や消費税を主な対象とするのが一般的です。事業年度については、直近以前3～5年など一定の期間を定めてDDを行いますが、期間については必要に応じて決定します。

　クロスボーダーのM&Aの場合、各国の税制について深い専門知識を持つ税務プロフェッショナルのサポートが不可欠となります。仮に

グループ会社が各国に存在する場合は、国ごとに調査範囲・項目を検討することが重要です。

[調査に必要な資料]

税務DDでは主に以下のような資料が必要となります。

- 有価証券報告書、適時開示書類、企業調査会社の報告書など
- 税務申告書と申告書の添付書類
- 直近の税務調査にかかる更正通知書
- 過去に課税当局に対して提出した書類一式
- 株主総会議事録、取締役会議事録など

[クロスボーダー M&A 特有の留意点]

クロスボーダー M&A 特有の留意点としては、主に次の4つがあります。

①移転価格税制

移転価格税制とは、国外関連者との取引に伴う他国への所得の移転を防止することを目的とする税制です。ターゲットが関連会社との間で関係会社間取引を行っている場合には、その取引に関する移転価格ポリシーが適正であるかを検討します。ターゲットが所在する国が、取引価格の設定に関する文書を作成することを義務付けている場合は、ペナルティが課される可能性があります。

②タックス・ヘイブン税制

タックス・ヘイブン税制とは、特定外国子会社が留保した利益のうち、内国法人が保有するその子会社株式の保有割合に対応する部分の金額を、日本で合算課税しようとする制度です。M&A後に、ターゲ

序　M&A概論

ットが特定外国子会社に該当するか否かによって、適応される実効税率が変動し、投資資金の回収に影響を与えるため、留意が必要となります。

③キャピタル・ゲイン課税

キャピタル・ゲイン課税とは、M&A後にターゲットの株主が変更された場合、ターゲットの子会社株式が譲渡されたものとみなされ、ターゲット子会社が所在する国で所得税が課税される制度です。

④繰越欠損金の利用制限

M&A後において、繰越欠損金の利用の可否は、投資資金の回収に大きな影響を与えます。クロスボーダーM&Aにおいて、国によっては所得の種類が異なる場合に損益通算ができない国や、支配株主が変更することによって繰越欠損金の利用を認めない国があります。

■ 法務デュー・デリジェンス

[目的]
法的リスクの把握

法務デュー・デリジェンス（以下、法務DD）を行う主な目的は、対象企業において、M&A取引自体の障害となる法的問題が存在しないか、M&A後の事業に支障をきたす法的問題が存在しないかなどの法的リスクを洗い出し、その重大性を評価し、改善点を指摘することにあります。

法的リスクには、当該国の事情等に即して取るに足らないと評価されるもの、定量的評価が可能で買収価格に織り込むことが可能なもの、定量的評価が困難なため当事者の契約により負担者を定めるべきものなどさまざまありますが、修復不可能かつ重大な問題が発見された場合には、M&A取引自体を打ち切らざるを得ない場合もあります。

必要な手続の押握

 想定するスキームごとに必要となる手続が異なるため、問題となる書面や規定を確認する必要があります。たとえば、株式譲渡を想定している場合には定款における株式譲渡制限や株券発行の規定など、事業譲渡を想定している場合には対象となる資産や重要な契約、許認可の有無などが主な確認事項となります。

 また、M&A後の手続がスムーズに行われるよう、現状で足りない許認可、新たに必要となる許認可などを把握しておかなければなりません。

 さらに、前述した法的リスクの把握により判明した修復可能な法的問題についても、M&A後、速やかに改善できるよう、手続を把握しておくことも必要となります。

[スケジュール]

 財務DDおよびその他のDDとほぼ同様のスケジュールで並行して行われます。ただし、財務DD実施機関などが主導して行う企業価値算定に関しては、法務DD独自の手続は置かれないことが多く、法務DDの結果判明した法的リスクや必要な手続を財務DD実施機関等と共有し、これらの重大性や修復困難性などを考慮して行われるのが一般的です。

 主に法務DD特有の問題を有する手続については次のとおりです。

事前協議

 買収側と弁護士等の法務DD実施機関の事前協議により、法務DDの対象となる事項を明確化しておく必要があります。対象企業の国籍、企業形態、および買収側が特に関心を有している対象企業の事業などにより、重点的に検討すべき点が異なってくるからです。

 また、クロスボーダーM&Aの法務DDにおいて最も重要なポイン

トは、対象企業の所在国法令に沿った調査が必須であるという点です。当該調査を軽視した場合、特有の規制などによりそもそも対象企業の株式や資産を獲得できない場合もある他、M&A成立後数年経過してから、許認可の不備や人事労務トラブルなど思わぬ形で法的リスクが顕在化する危険があります。

さらに、対象企業が海外子会社を保有するような場合には、子会社の所在国法令に基づいた法務DDも必要となります。特にアジア地域においては、シンガポールや香港等に地域統括会社（Regional Headquarter）を置くことも多く、子会社・孫会社が諸国に分散しているケースも珍しくありません。親会社が実質的に株式を保有するだけのペーパーカンパニーという場合も散見されます。グループ会社相互の関係性を把握した上で、いずれの国における法務DDを重点的に行うかは、買収側が法務DDにかけるコストを検討する上でも重要な要素となります。

また、買収側の関心事項については、たとえば、主に対象企業の資産獲得に関心を有している場合には、不動産などの適法な登記や担保設定の有無等につき重点的に協議が必要ですが、主に知的財産権の獲得に関心を有している場合には、知的財産権の申立状況や紛争の有無等を中心に協議することになります。

なお、大型案件やニッチ市場におけるM&Aでは、各国の独占禁止法に抵触する可能性についても、事前に協議しておく必要があります。さらに、インサイダー取引の禁止等についても、各国において刑事罰が定められている場合が多く、早い時期から関係者に周知しておく必要があります。

キックオフミーティング

法務DDの対象と方針が決定し次第、買収側と対象企業、DD実施機関の三者でキックオフミーティングを行うのが通例です。

DDの実施計画等につき情報共有を行うとともに、対象企業側の心理的抵抗感を軽減するという目的もあります。

　効率的な法務DD実現のため、対象企業に対して開示請求を行う資料のうち、特に重要かつ開示に時間がかかる、もしくは開示漏れが多くなると予想されるものについては、キックオフミーティングの段階で対象企業に対して簡単な聞き取りを行う必要があります。

　たとえば、量の膨大性や保管部署が複数にわたることを理由とする、各種契約書の開示漏れなどは容易に予想可能なため、対象企業に対し、事前に資料整理を依頼しておくことができます。

情報開示

　法務DDにおいては、取締役会議事録など、対象企業の意思決定にかかわる機密情報も多数開示されます。買収側は、秘密保持契約書や基本合意書の秘密保持条項に基づき、機密情報の管理には特に注意を払う必要があります。

　また、財務DDに比べ、対象企業に開示を求める資料が包括的にならざるを得ないことから、資料が膨大になることが多く、対象企業が業務多忙や機密性を言い訳として開示を躊躇、懈怠することがあります。したがって、法務DD実施機関は、なるべく具体的に開示資料を想定して基本合意書を締結した後、できる限り早い段階で開示請求する必要があります。

　一方売却側も、開示した情報に誤りがないことおよび重要事実をすべて開示したことを保証する、いわゆる「表明保証」を求められることがあります。最終契約において、情報の誤り等により買収側に損害が発生した場合、表明保証違反となり、売却側に補償義務が課せられる場合が多く見られるため、買収側は当該国における規定の有無を確認しておく必要があります。

序 M&A概論

開示情報のレビュー

ここでは、調査項目とその代表的な資料、および主な検討事項を例示します。

	項目	資料	検討事項
1	組織に関する資料	定款、登記簿謄本 有価証券報告書	定款所定の手続 必置役職の任命状況
		各種会議体議事録	各種決議の瑕疵 株式譲渡における瑕疵
		株主名簿など	自己株式保有状況 種類株式、新株予約権発行状況
		株主間契約書	先買権、優先交渉権、売却参加権、売却強制権等の主要条件
2	関連会社に関する資料	組織図	関連会社等の存在
		各種契約書	グループ間取引
		過去のM&A資料	表明保証責任 法定手続の遵守状況
3	不動産に関する資料	登記簿謄本 登記事項証明書	所有権の所在、担保権の有無
		賃貸借契約書、地上権設定契約書等	契約当事者および諸条件
		不動産所有規制	不動産所有に関する外資規制
4	動産に関する資料	動産リスト	事業上重要な動産 残存価値の特に高い動産
		売買契約書	継続的取引の把握
		保険証券	動産使用不能リスクヘッジ状況
5	流動資産に関する資料	貸付書面	条件の適法性、妥当性等
		投資有価証券	関連会社株式、国債、投資信託等

6	知的財産権関連の資料	産業財産権	特許権、実用新案権、意匠権および商標権の利用権
		著作権	権利の所在
		知財に関する各種契約	ライセンス契約、譲渡契約、共同研究開発契約等
		知財に関する紛争	権利侵害リスク、紛争の有無
7	財務に関する資料	借入証書、社債原簿等	債務の詳細
		デリバティブ取引契約書	先物取引、オプション取引の詳細
8	各種契約に関する資料	契約書ひな型、業界標準契約、取引慣行等	一般的法務リスク、業界特有リスク等
		各種契約書（仕入・販売、代理店、業務委託等）	契約当事者、権利義務、債務不履行事由、解約条件、Change of Control 条項等
		その他現地法令	現地特有リスク
9	人事に関する資料	就業規則	労働法規遵守状況、未払賃金等
		雇用契約書	保険加入状況、福利厚生等
		労使協定、労働協約	集団的就労条件、監督官庁への届出状況 労働組合の活動状況
		リストラ計画	過去のリストラの違法状況
		その他	行政からの指導・勧告
10	訴訟に関する資料	係属中の訴訟資料	敗訴リスク、債権回収可能性
		過去の訴訟・トラブルに関する資料	クレーム対応体制、遵法意識
11	行政による規制等	許認可リスト等	許認可条件
		法令遵守体制についてのレポート	事業継続上重要な法令の遵守体制

 序　M&A概論

マネジメントインタビュー

　開示情報のレビューの後、まだなお不明瞭な事項については、対象企業の責任者や担当者に直接インタビューをして確認します。したがって、インタビュー対象者は、開示された資料について詳細に把握している者でなくてはなりません。

　たとえば、株主総会・取締役会議事録などの資料は総務部、報酬関連の資料は人事・労務部、契約書などの資料は法務部が管理している場合が多いと考えられるため、その担当者にインタビューします。顧問弁護士や会計士等と面談を設けることもあります。役職名のみにとらわれず適切な対象者を選択することにより、時間・人的コストを節約することが可能です。

最終報告

　主に法務DDレポートという形で、上記各レビューにおいて明らかとなった法的リスクが実施機関から報告されます。報告を基に、最終契約においていかなるリスクヘッジを行うのか、または取引を打ち切るのか判断することとなります。

M&Aの最終契約書

　各DDの結果を受けて、最終契約書を作成します。法務DD実施機関が併せて契約書ドラフティングを行う場合も多いため、ここでは、最も多く用いられる株式譲渡や株式引受、株主間に必要な契約書を例に、重要なポイントを解説します。

■ 株式譲渡契約書

　株式譲渡契約書（SPA：Share Purchase Agreement）は、M&Aにおける最も主要な契約書です。対象企業株主から買収側への株式譲渡に用いられ、譲渡当事者や譲渡株式数、金額を明らかにするだけでなく、株式譲渡に際しての条件なども記載します。

[譲渡当事者]

　法務DDにおける登記、定款や株主間契約書等の精査から明らかとなった対象企業の株主と、企業の経営陣が把握している株主が異なる場合に、当該国法においていずれが法的に真正な株主であるかを判断し、契約当事者として明記します。

[条件]

　買収側のリスクヘッジとして、対象企業の抱える法的リスクについて、その重要度に応じて、前提・後行条件として規定します。

前提条件

　最重要条件については、契約締結の前提条件として明示すべきです。

序 M&A 概論

たとえば、取締役会の承認が必要とされるにもかかわらず承認を経ていない取締役の行為につき承認決議を得ておくこと、未取得の許認可を取得しておくこと、未払いの罰金を支払っておくことなどが挙げられます。これらは、M&A後の事業継続の根幹にかかわるものや、M&A後に買収側が現地で行うことが煩雑であるような性質のものであり、事前に対象企業に対策を講じさせることが適切です。

場合によっては、譲渡代金を分割して支払うこととし、前払金の中から罰金支払など必要な費用に充てさせる方法も考えられます。

後行条件

致命的とまでいえない条件については、契約締結後の後行条件として規定します。たとえば、管理職や優秀な社員との契約更新など、個々の契約更新にやや時間のかかるものなどは、契約締結後何日以内に成就しなければ譲渡は行わない、という形で規定します。

■ 株式(新株)引受契約書

株式(新株)引受契約書(SSA:Share Subscription Agreement)は、対象企業が新株発行を行い、買収側が株式を引受ける場合に作成されます。主に、既存株式譲渡に加えて新株を引受けることにより、買収側が希望する株式保有割合を獲得する場合に用いられます。

定める条件等についてはSPAと大きく異なりませんが、新株発行は既存株主の持分割合に影響を与えるため、交渉段階や次に記載する株主間契約(協定)書において、既存株主との関係性に配慮する必要があります。

■ 株主間契約(協定)書

株主間契約(協定)書(SHA:Shareholders Agreement)は、既存株主と新株主間での取り決めを明文化するものです。

マジョリティを獲得できないような場合や、特別決議に必要な持分割合を獲得できない場合、とりわけ、広義のM&Aにあたる合弁契約を締結するような場合に重要な契約書となります。デッドロックやイグジットに関する規定は特に重要です。

　たとえば、取締役会や株主総会において既存株主と買収側の意見が対立し、デッドロックが生じた場合に、買収側がさらに株式を購入できるというオプションや、売り抜けてしまうというオプションを定めます（Call / Put Option）。また、既存株主が第三者に株式を譲渡して、株主の望まない株主構成になることを防ぐために既存株主が株式を譲渡しようとした場合、買収側が優先的に購入できる先買権などを定めることもあります（Right of First Refusalなど）。

序　M&A 概論

［参考資料・ウェブサイト］

- The Institute of Company Secretaries of India 編 "Handbook on Mergers Amalgamations and Takeovers Law and Practice" Jain Book Agency, 2010
- 『M&A 専門誌 MARR』レコフデータ、2012 年 4 月
- あずさ監査法人・KPMG 編『インドの投資・会計・税務ガイドブック第 2 版』中央経済社、2008 年
- 東京青山青木狛法律事務所ベーカー＆マッケンジー外国法事務弁護士事務所（外国法共同事業）編『クロスボーダー M&A の実務』中央経済社、2008 年
- 新日本アーンストアンドヤング税理士法人編『クロスボーダー M&A の税務戦略』中央経済社、2009 年
- プライスウォーターハウスクーパース株式会社・税理士法人プライスウォーターハウスクーパース編『アジア M&A ガイドブック』中央経済社、2010 年
- デロイトトーマツ FAS 株式会社編『M&A 統合型財務デューデリジェンス』清文社、2010 年

インド

Ⅰ　インド

インドにおけるM&Aの動向

　1947年にイギリスから独立したインドは、長い間植民地支配を受けていたという歴史的背景から外国資本に対しての警戒心が強く、国内への外国資本の流入について厳格な規制が課されていました。その頑なな外国資本排除の政策は国際的な孤立を招き、長期間にわたって経済的に低迷することとなりました。1991年以降、外国資本に市場を開放する動きが出てから、近年ではM&Aの件数が増加の傾向にあります。

　次のグラフは、1999～2013年の間に、インドで行われたM&Aのうち、公表されているM&Aの件数と金額の推移を表しています。

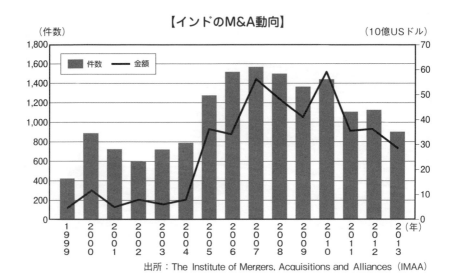

【インドのM&A動向】

出所：The Institute of Mergers, Acquisitions and Alliances（IMAA）

■ 日本企業のM&A事例

　日本企業によるアジア企業の買収（In-Out）の件数は2012年に189件、2013年に202件あり、そのうちインドに対するM&Aはそれぞれ22件です（レコフ調べ）。次表は、2012年、2013年に行われた日本からインドに対するM&Aの事例です。

【日本からインドへのM&A（2012年）】

No.	日本	インド	出資比率（%）	業種	投資金額（百万円）
1	国際石油開発帝石	インド石油天然ガス公社	事業譲渡	鉱業	—
2	サントリー食品アジア	ナラン・コネクト	51	食品卸	—
3	巴川製紙所	オーラペーパーインダストリーズ	40	紙、パルプ	300
4	エス・ディー・エスバイオテック	ラムサイズ	65	化学	1,495
5	大塚製薬工場、三井物産	クラリス大塚	60、20	医薬品	16,000
6	神戸製鋼所	マン・インダストリーズ	—	鉄鋼	555
7	山陽特殊製鋼、三井物産	マヒンドラ・サンヨー・スペシャル・スチール	29、20	鉄鋼	—
8	東芝機械	L&Tプラスチックス・マシナリー	100	機械	—
9	パナソニック、アンカー エレクトリカルズ	ファイアプロ・システムズ	76.2	ソフト、情報	—
10	ホシザキ電機	ウエスタン・リフリジレーション	50.01	電機	2,300
11	矢崎総業	タタ矢崎オートコンプ	50	輸送用機器	—
12	三菱エレクトリック・インド社	メサンググループ	—	機械	1,000

63

I インド

13	日本紙パルプ商事	KCT	49	その他販売、卸	—
14	日本生命保険	リライアンス・キャピタル・アセットマネジメント	26	その他金融	21,000
15	三井住友海上火災保険	マックス・ニューヨーク生命	26	生保、損保	45,000
16	近鉄エクスプレス	Gati-Kintetsu Express Private Ltd.	30	運輸、倉庫	4,600
17	SGホールディングス	シンズー・カーゴ・サービス	26	運輸、倉庫	882
18	NTTコミュニケーションズ	ネットマジック・ソリューションズ	74	ソフト、情報	—
19	NRIシンガポール	アンシンソフト	100	ソフト、情報	100
20	アドウェイズ	VC Internet Media Private Limited	66	ソフト、情報	198
21	トライステージ	Hotbrands India Private Limited	26.4	通信、放送	680
22	電通	タプルート	51	サービス	—

『M&A専門誌MARR』をもとに作成

【日本からインドへのM&A（2013年）】

No.	日本	インド	出資比率(%)	業種	投資金額(百万円)
1	カゴメ、三井物産	ルチ カゴメ フーズ	60	食品	307
2	エア・ウォーター	エレンバリー・インダストリアル・ガシズ	51	電力、ガス	—
3	ロート製薬	ディープケア・ヘルス	40	医薬品	100
4	住友ゴム工業	アポロ南アフリカ	100	ゴム	6,101
5	YKKAP	ボルーカアルミニウム	事業譲渡	非鉄、金属製品	1,881
6	LIXIL ASEAN PTE. LTD.	スターアルビルド	70	非鉄、金属製品	—
7	三菱日立製鉄機械	コンキャスト	100	機械	—

8	大森機械工業、日本政策投資銀行	マルチパック・システムズ	—	機械	1,500、1,800
9	キッツアジアパシフィック、キッツ	マイクロ ニューマティックス	99、1	機械	—
10	東芝	ヴィジャイエレクトリカル	事業譲渡	電機	20,000
11	日立製作所	プリズムペイメントサービス	100	ソフト、情報	—
12	デンソー	プリコール・コンポーネント	51	輸送用機器	1,068
13	コクヨS&T	リッディ・エンタープライジーズ	—	その他製造	899
14	三井物産	アーチ・ファーマラボズ	5.25	医薬品	5,900
15	三井住友信託銀行、日本生命保険	リライアンス・キャピタル	5未満	銀行	—
16	クロス・マーケティンググループ	Markelytics Solutions India Private Limited、MedePanel Online Inc.	51	ソフト、情報	392
17	ノムラ・リサーチ・インスティテュート・アジアパシフィック	マーケット・エクセル・データ・マトリックス	25.1	サービス	—
18	シーエーシー	Accel Frontline Limited	40以上	ソフト、情報	1,568
19	イーコンテクストアジア、Beenos Asia Pte. Ltd.	Citrus Payment Solutions Pte. Ltd.	—	ソフト、情報	474
20	電通メディア・アンド・ホールディングス・インディア	ウェブチャットニー・スタジオ	80	サービス	—
21	RGF Hong Kong Ltd.、RGF HR Agent Singapore Pte. Ltd.	ニューグリッドコンサルティング	100	サービス	1,000
22	ベネッセホールディングス	インオープンテクノロジーズ	10	ソフト、情報	100

『M&A専門誌MARR』をもとに作成

I インド

【インドのM&A小史】

インドのM&Aの歴史は、大きく3つに分けられます。
① 社会主義型経済政策を採用していた段階から徐々に経済開放が進んだ「独立〜1991年」
② 経済開放が急速に進み、M&A環境が整備された「1992〜2003年」
③ インド国内企業の対外投資に活発に動き出した「2004年〜現在」
①〜③について、以下簡単に説明します。

[独立〜1991年]……①

独立後、社会主義型経済政策を採用したインド政府は、第二次五カ年計画(1956〜1961年)で、基幹産業の大部分を国有化しました。貿易政策では輸入を規制し、国内産業を保護育成する輸入代替工業化政策を導入しました。その一方で、産業ライセンス制度を採用し、外国からの直接投資を厳格に規制しました。

その後、インド経済が社会主義型経済政策の影響で長期間にわたり低迷する中、インディラ・ガンディー政権は世界銀行の協力を得て、経済危機からの脱却を試みました。しかし、インド・パキスタン戦争やベトナム戦争問題をめぐり、欧米資本主義諸国と対立、ソビエト連邦と急接近し、1969年には商業銀行の国有化や外国為替規制を強化して、経済統制を強めていきました。

1984年インディラ・ガンディー暗殺により政権を引き継いだラジブ・ガンディーは、経済再建のために、民間電子産業における近代化や外国資本の導入、輸入規制の緩和といった経済自由化を進めました。しかし、それは社会主義型社会の枠組みを維持したままの段階的で部分的な自由化でした。

この時期には、インド国内企業に企業再編の動きが見られました。1981年インド政府とスズキの合弁企業マルチ・ウドヨグ社(現、マルチ・スズキ・インディア社)が設立されて以降、自動車産業では外国企業との資本・技術提携が徐々に緩和され、インド国内の自動車生産台数が飛躍的に増大したのです。

しかし一方で、多くの企業が事業分野を拡大するための産業ライセンスを取得するのが非常に難しい状況が続いていました。企業成長の方法として、既に産業ライセンスを取得している企業の買収がクローズアップされ、カパログループやジャンボグループ等のインドの有名財閥がインド国内企業の買収を始めました。

[1992～2003年] …… ②
　インド政府は、1991年7月新産業政策声明を発表し、特定の取引分野における外国直接投資（FDI）および技術協力を承認し、公共事業会社の株式売却が認められました。これを機に、外国企業がインドへ進出するための環境が整っていきました。多国籍企業のインドへの直接投資が大幅に増加する一方で、インド国内企業では、競争に耐えられないノン・コアビジネスを売却して、コアビジネスに経営資源を集中する動きが見られるようになりました。タタ財閥がヒンドゥスタン・リーバに石鹸部門を売却したり、グジャラート・アンブジャ・セメントにセメント企業のエシシを売却するなど、企業再編による大幅な事業ポートフォリオの見直しが図られました。
　ソフトウェア、通信産業等の分野でM&Aが積極的に行われる一方で、ベンチャー・キャピタルによるテクノロジーとITサービス分野への積極的投資が行われるなど、外国資本の流入が進んでいきました。

[2004年～現在まで] …… ③
　2008年のリーマン・ショックによる市場の縮小など一時的な異変はあったものの、現在までM&Aの市場は順調に拡大を続けています。景気後退から業績の悪化やリストラクチャリングの対象となった欧米企業をインド企業が買収するといった、インド系多国籍企業による国外投資が増大し、タタ・スチールによる鉄鋼大手コーラスグループの買収やタタ・モーターズによるアメリカフォード傘下のジャガーやランドローバーの買収など、大型買収が見られるようになりました。
　一方、近年の日本企業によるインド国内企業の買収については、松下電器（当時）によるアンカーエレクトリカルズの買収や第一三共よるランバクシー・ラボラトリーズの買収など、いくつか目立った事例があります。
　直近の日本企業の対インド企業M&A実績は2008年13件、2009年9件、2010年14件、2011年21件、2012年と2013年はそれぞれ22件と増加傾向にあります。
　この傾向は今後も続くと考えられ、インドの製薬会社や消費関連企業等にインド国外からの注目が集まる一方、インド多国籍企業が国外の天然資源獲得を目指す買収や投資案件も増えると予想されます。

I インド

M&Aに関する法律・規制

　日本企業が現地法人や支店、ジョイント・ベンチャーなどを立ち上げてインド国内でビジネスを開始する場合、すべての投資は外国直接投資（FDI：Foreign Direct Investment）に分類され、以下の複数の法令と通知によって規制されています。

　1947年に独立して以来、国内産業の保護を続けてきましたが、1991年以降、外国資本に市場を開放する動きが出てきました。徐々にではありますが、外国投資規制は緩和されています。

【M&Aに関連する規制】

投資規制	外国直接投資に対し、一定の事業分野について出資比率の上限を規定する
資金調達に関する規制	増資、優先株式の発行、親会社から借入、インド国内からの借入に関する各種規制
ダウンストリーム・インベストメント規制	ダウンストーリーム・インベストメントに対する一定の規制

　上記のように規制を決定、施行する法律や機関が複数あり、新しい通達が頻繁に発表されています。最新情報の入手に努め、規制の内容を十分に考慮する必要があります。最新の内容はインド商工省の産業政策促進局（DIPP：Department of Industrial Policy and Promotion）のウェブサイト内の統合FDI政策通達に掲載されています。

投資規制

　事業分野とその活動によって、FDIに対する規制内容は異なります。全体のイメージとしては、FDIが規制されている事業分野と許容され

る事業分野に分かれます（P.74〜94参照）。

FDIが許容される事業分野は、さらに次の2つに分かれます。

・インド政府の事前承認が必要な事業分野
・自動承認ルートでインド進出が可能な事業分野

事前承認が必要な事業分野については、ネガティブリストに列挙されており、そのリストに含まれない事業分野に関しては、インド外国投資促進委員会（FIPB：Foreign Investment Promotion Board）の事前承認を得る必要はなく、100％のFDIが認められています。

【外国直接投資（FDI）のフローチャート】

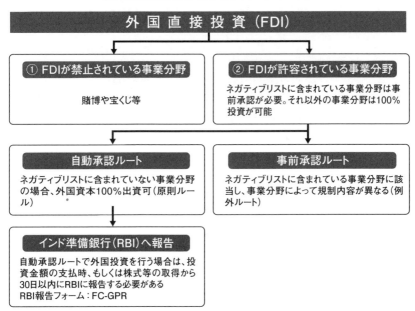

I　インド

■ ネガティブリスト

インドへのFDIは、事業分野ごとに出資比率など複数の規制が存在しています。当該規制の適用を受けるFDIはネガティブリストに規定され、個々のケースについて規制内容が設定されています。2010年3月までは、FDIの規制については、包括的な原則と随時追加されたプレス・ノートにより規制されていたため、過去のプレス・ノートを調べる必要がありました。

しかし、2010年4月、統合FDI政策通達というFDIの規制を統合した文書が発表され、現在は半年に一度更新される当該通達により規制されています。

プレス・ノートとは？

プレス・ノートとは、インド商工省より発表される、外国投資に対する規制事項を示した発行物を意味しています。

プレス・ノートの発表は不定期に行われ、年間を通じて多くの規制が変更、追加されておりました。現在は統合FDI政策通達（Consolidated FDI Policy Circular）によりFDIは規制されますが、FDI政策通達は過去のプレス・ノートを統合したものとなっています。

[国有企業に留保される事業分野]

- 原子力に関する事業
- 鉄道に関する事業

[外国投資が禁止されている事業分野]

- 賭博に関する事業
- 宝くじに関する事業
- 2008年プレス・ノート3号で認められた不動産開発、建設業以

外の不動産関連事業
- 小売業（単一ブランド以外）
- チットファンド業
- ニディカンパニー
- 譲渡可能な開発権の取引業
- 葉巻および紙巻タバコ、タバコ代用品

[産業ライセンス取得が義務付けられている事業分野]
強制ライセンス指定事業分野
- 航空用、宇宙用および防衛用のあらゆる電子機器
- 起爆装置、ヒューズ、火薬、ニトロセルロース、マッチなどを含む産業用起爆物
- 危険性のある化学製品
- ライセンス取得が義務付けられる一部の薬品、医薬品

小規模企業への24％を超える出資、および小規模企業に留保される特定20品目の製造活動

　原則的には小規模企業への24％を超える外国出資は認められませんが、24％を超えている場合には、小規模企業が受けている恩典事項が適用されなくなります。

　また、小規模企業に留保されている20品目の製造に関しては、産業ライセンスの取得および50％以上の輸出が義務付けられています。

I インド

【小規模企業に留保される特定品目】

整理番号	製品コード	製品
	20～21	食品および関連産業
3	202501	ピクルスおよびキャツネ
7	205101	パン
11	21100102	マスタード油（溶出されたものを除く）
13	21100104	挽きナッツ油（溶出されたものを除く）
	27	木材および木材製品
47	276001	木製家具および木製器具
	28	紙製品
79	285002	筆記帳および記録帳
		その他の化学薬品および化学製品
253	305301	ロウソク
308	314201	洗濯用石鹸
313	317001	安全マッチ
314	318401	花火
319	319902	線香
		ガラスおよびセラミック
335	321701	ガラス製バングル
	33～35	輸送用機器を除く機器
364	340101	スチール製戸棚
394	341004	ロール・シャッター
402	34200602	スチール製イス（全種）
404	34200702	スチール製テーブル（その他全種）
409	342099	スチール製家具（その他全種）
428	343302	南京鍵
447A	345207	ステンレス製器具
474	345202	家庭用器具（アルミニウムによるもの）

出所：Development Commissioner－ Ministry of Micro, Small & Medium Enterprises（MSME）

指定 23 都市の中心部から 25 km 以内への工場設立

　ムンバイ、コルカタ、デリー、チェンナイ、ハイデラバード、バンガロール、アーメダバード、プーネ、カーンプル、ナーグプル、ラクナウ、スーラト、ジャイプル、コッチ、コインバトール、ヴァドーダラ、インドール、パトナ、マドゥライ、ボパール、ヴィシャカパトナム、ヴァラナシ、ルーディアーナ

［NOC 規制撤廃］

　2005年プレス・ノート1号では、2005年1月12日の通達日の時点で既にインド企業と合弁などの資本提携、技術提携契約などを締結している外国企業が、同一事業分野で新たな会社を設立する場合、もしくは他社と資本・技術提携契約を別途締結する場合に、政府の事前承認が義務付けられていました。

　政府の手続が煩雑化し、迅速な事業編成ができなくなることから、外国企業から不満が上がっていましたが、2010年4月にインド政府はこの既存提携先合意書（NOC：No Objection Certificate）規制の撤廃を行いました。

［事業分野別の FDI 規制］

　次表の「事業分野／活動」については、一定の条件下において、記載されている上限値までFDIが認められます。

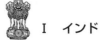

I インド

	事業分野／活動	外国直接投資（FDI）による上限持分	投資ルート

[農業]

6.2.1　農業・畜産業

6.2.1	a) 草花栽培、園芸、養蜂と管理された状況下での野菜・キノコの栽培 b) 種子と植林材の開発と生産 c) 畜産業（犬の繁殖を含む）、魚類の養殖 d) 農業および関連分野に関連するサービス 注：上記以外の農業分野についてのFDIは認められない	100%	自動承認
6.2.1.1	その他条件 I. 遺伝子組み換え種子や野菜の開発を扱う企業に対して次の条件が適用される。 　(ⅰ) 遺伝子組み換え種子を取扱う際、遺伝子組み換え生物の環境（保護）法に基づき制定された法律に従った安全要件を遵守すること 　(ⅱ) 遺伝子組み換え物質の輸入が必要な場合は、外国貿易（開発と規制）法に基づいて発行された通知の定める条件に従うこと 　(ⅲ) 他の法律における遺伝子組み換え物質を規制する方針を遵守すること 　(ⅳ) 遺伝子組み換え細胞や物質の使用を含む事業活動は遺伝子操作評価委員会（RCGM）と遺伝子工学承認委員会（GEAC）に従うこと 　(ⅴ) 材料の輸入は、国立種子方針に従うこと II. 管理された状況とは以下のとおりである。 ・栽培、園芸、野菜、キノコの栽培が人為的に制御されること。これらの栽培条件のコントロールは、グリーンハウス、ネットハウス、ポリ住宅のインフラ設備等で人為的に調節されること ・管理された状況の下での畜産 ・家畜小屋を用いた集約農業システムにおける動物の飼育（集約農業システムとは、換気、温室管理などの気候管理システムや機械を使用することをいう）。また、家禽や人工孵化における温度管理はインキュベーターや換気システムなどの先進技術を介して制御されること ・養魚の場合における制御条件 ・卵は人工的に受精し、稚魚は人工的に調整された環境で管理されること ・養蜂の場合における制御条件 ・野生の場合を除く養蜂の生産は、季節に沿った温度や湿度で管理維持されること		

6.2.2　茶畑

6.2.2.1	紅茶事業（紅茶農園を含む） 注：上記以外の農園分野や活動については、外国直接投資は認められない	100%	事前承認
6.2.2.2	その他条件 土地の利用を変更する場合は関係州政府の事前確認を取得すること		

[資源・鉱業]

6.2.3 鉱業・石油・天然ガス

6.2.3.1	ダイヤモンド、宝石、金、銀その他鉱物の調査および採掘 1957年鉱山および鉱物開発規制法に従うこと	100%	自動承認
6.2.3.2	石炭と褐炭		
	(1) 1973年の炭鉱国営化法に基づき認められた。電力プロジェクト、鉄および鉄鋼生産、セメント生産、他の適格とされる活動に必要な自家消費用の石炭および褐炭の採掘事業	100%	自動承認
	(2) 石炭加工工場の設立。ただし以下の条件を満たす必要がある。 ・採炭をしない。 ・公開市場においてその石炭加工プラントからの不純物除去済み石炭もしくは大きさを均一化した石炭を販売しない。 ・不純物除去もしくは大きさを均一化させるための石炭加工プラントに未加工の石炭を供給するものに対して、不純物除去済みまたは大きさを均一化させる石炭を供給する。	100%	自動承認
6.2.3.3	チタニウム鉱物・鉱石の採掘および鉱物分離、価値の付加・統合活動		
6.2.3.3.1	チタニウム鉱物および鉱石の採掘および鉱物分離、価値の付加および統合活動は分野別の規制と鉱山と鉱物における1957年開発規制法に従うこと	100%	事前承認
6.2.3.3.2	その他条件 チタン鉱石と濃縮物とジルコンを含むジルコニウム、合金や化合物や鉱物は、リストから削除された。 (i) チタン鉱物・鉱石の分離のFDIは、次の条件が追加となる。 　(A) 施設は、インド国内で設立されていること 　(B) 鉱物分離の処分は、原子力（放射線防護）規則、原子力（放射性廃棄物の安全な廃棄）規則に従うこと (ii) 原子力エネルギー省によって発行されたSO 61(E)に記載された所定の物質の採掘は許可されない。 説明：(1) チタンベアリングの製造が付加価値を構成すること 　　　(2) 国内で利用可能な原材料が利用されていること。国際的な技術が利用されていること。技術移転があった場合には(i)(A)の要件を満たしたものとすること		

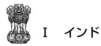

I インド

6.2.4 石油・天然ガス

6.2.4.1	石油や天然ガス田、石油製品の販売、天然ガスに関連したインフラや天然ガス、石油製品の市場取引、石油製品パイプライン、天然ガス／パイプライン、LNG再ガス化インフラ、市場調査および製剤のマーケティング、石油精製の探鉱活動民間部門は、既存の分野別の政策および規制の枠組み、石油経営部門と石油探査、国営石油会社によって開発された分野での民間投資に関する政府政策に従う。	100%	自動承認
6.2.4.2	公共部門引受による石油精製(既存の公共部門引受への負の投資、または国内株式の希薄化を除く)	49%	自動承認

[製造業]

6.2.5 零細および小企業(MSEs)における商品の製造

6.2.5.1	零細および小企業のFDIは、部門別の上限、その他関連部門の規制に従う。なお、MSEではなくてもMSE部門用の製品を製造する場合、外国投資が24%以上であれば政府の承認が必要になる。このような事業は工業ライセンスを取得する必要がある。工業ライセンスは最長3年以内に年間の生産量の50%以上を輸出する条件がある。輸出義務は生産開始日から適用される(1951年開発規制法11条)。

6.2.6 防衛

6.2.6.1	1951年開発規制法に基づく産業ライセンスに従う	26%	政府により国家に近代的かつ最新技術が導入される可能性がある場合には、案件ごとに内閣安全保障委員会(CCS：Cabinet Committee on Security)の承認があれば最大26%超の投資が可能

6.2.6.2	その他条件
	(i) ライセンス申請は、産業政策促進局（Department of Industrial Policy and Promotion）によって許可される。
	(ii) 申請人はインド企業／パートナーシップ企業でなければならない。
	(iii) 申請会社・パートナーシップの管理は、企業・パートナーシップ企業である居住者のチーフ・エグゼクティブかつインド人でなければならない。
	(iv) 取締役とチーフ・エグゼクティブの明細は、申請と同時に提出する必要がある。
	(v) 元の機器メーカーや設計所、および軍隊、宇宙と原子力エネルギーのセクションに過去の記録を有し、R&D拠点を持つ企業には政府の先例を確認する権利が与えられる。
	(vi) 適切なアセスメントは、製品および技術に応じて申請者の会社の経営陣によって行われる必要がある。
	(vii) 株式の譲渡には3年間の保有期間が必要であり、政府の事前承認が必要となる。
	(viii) 防衛省は製造製品の購入や保証を提供するものではない。
	(ix) 生産規範は、防衛省の勧告に基づいたライセンスが提供される。
	(x) 申請会社による製品開発などの機器の輸入は許可される。
	(xi) 適切な安全セキュリティ手順は所定の位置に備え置く必要がある。
	(xii) 外国人共同研究者、あるいは生来の研究開発によるライセンスの下で生産される機器の規格やテスト手順は、政府によって指名され、品質保証機関が許可したライセンス所有者によって行わなければならない。品質保証機関が品質保証手順に従い、完成した製品の検査を行う。また、防衛省により自己認証が個別に許可されるが、許可は一定期間での更新が必要である。
	(xiii) 公営企業組合による仕入や価格の設定は、公共企業局のガイドラインに従って行わなければならない。
	(xiv) 民間メーカーによって作られた武器や弾薬は、主に防衛省に売却される。これらは、防衛省の事前承認によって政府機関に販売されることがあるが、個人または法人には国内で販売されない。製造品目の輸出は、ガイドラインに従うことになる。非致死的な品目は、防衛省の事前承認で州政府への販売を許される。また、ライセンス保持者は、工場での物品除去の検証システムを構築する必要がある。これらの規定に違反した場合は、ライセンスが取り消されることがある。
	(xv) 防衛産業へのFDIにおいて、政府許可を求める申請は経済局のFIPB事務局に提出する。
	(xvi) 26％までのFDIの申請は、現行手続に従う。120億ルピー超の資本流入に関する計画は、内閣経済対策委員会の承認を受ける必要がある。26％を超えるFDIに関する政府の許可を求める申請は、いずれの場合においても、特に近代的かつ最新の技術の導入という観点から、防衛製造局による追加審査が行われる。
	(xvii) 防衛製造局およびFIPBの勧告に基づき、防衛製造局は、国家に近代的かつ最新の技術が導入される可能性がある事案について、内閣安全保障委員会の承認を求める必要がある。

I インド

	(xviii) 120億ルピー超の資金流入が予定されていてかつ26%を超えるFDIの計画で、内閣安全保障委員会による承認が予定されているものについては、内閣経済対策委員会の追加承認を必要としない。 (xix) FIPBに対して行われる防衛事業分野へのFDIの申請に関する政府決定は、通常は申請受理日から10週間以内に通知される。

[サービス業]

6.2.7　放送

6.2.7.1	放送キャリッジサービス		
6.2.7.1.1	(1) 通信ネットワーク拠点 (2) 家庭向け直接放送 (3) ケーブル・ネットワーク (4) モバイルテレビ (5) ヘッドエンド・イン・ザ・スカイ放送事業	74%	自動承認で最大49%、事前承認で49%超74%まで
6.2.7.1.2	ケーブル・ネットワーク	49%	自動承認
6.2.7.2	放送コンテンツ事業		
6.2.7.2.1	FM地上波放送（FMラジオ）	26%	事前承認
6.2.7.2.2	ニュースと時事問題を扱うテレビチャンネルのアップリンキング事業	26%	事前承認
6.2.7.2.3	ニュースと時事問題以外を扱うテレビチャンネルのアップリンキング事業およびテレビチャンネルのダウンリンキング事業	100%	事前承認
6.2.7.3	テレビチャンネルのアップリンキング／ダウンリンキングに関するFDIは、情報放送省によりその時々に通達されるアップリンキング／ダウンリンキングポリシーの遵守が条件となる。		
6.2.7.4	上記の事業すべてに従事する会社への外国投資（FI）は、関係する規制および情報放送省がその時々に定める条件に従う。		
6.2.7.5	上記の活動に従事する会社への外国投資の上限には、FDIに加えて、外国機関投資家、外国ポートフォリオ投資家、適格機関投資家および非居住インド人による投資、ならびに外国事業体が保有する外国建転換社債、アメリカ預託証券、グローバル預託証券および転換優先株式を含む。		
6.2.7.6	上記の放送キャリッジサービスへの外国投資は、以下の国家安全保障条件に従う。 会社の主要役員に関する必須条件 (i) 会社の取締役会における取締役の過半数はインド国民 (ii) CEO、技術ネットワーク運用担当、チーフ・オフィサーおよびチーフ・セキュリティ・オフィサーは、居住インド国民		

社員の安全性確認
(iii) 主要役員、会社の10%以上の払込資本を個人で保有する株主、ならびに情報放送省がその時々に定めるその他の区分は、安全性の確認を受ける。
(iv) 外国人社員の安全性確認を取得しなければならず、安全性確認は2年ごとに受ける。

安全性確認と引き換えの承認
(v) 承認は、承認取得者（ライセンシー）が承認の有効期間中において安全性確認を維持することを条件とする。
(vi) 承認取得者または外国人社員に関係する者の安全性確認が、理由の如何にかかわらず拒否または撤回された場合には、承認取得者は、政府から命令を受けて直ちに当該関係者が辞任するか、または当該関係者の業務が終了するようにする。これを怠った場合には、付与された承認は取り消され、会社は、以後5年間にわたり当該承認を有することができなくなる。

インフラ、ネットワーク、ソフトウェアに関する要件
(vii) 事業にかかる適法な傍受を行うライセンス取得会社の役員、職員は居住インド国民であること。
(viii) インフラ、ネットワーク・ダイヤグラムの詳細は、必要がある場合に限り機器供給者、製造者、およびライセンス取得会社の関連会社に提供することができる。これら以外の者に当該情報を提供する場合には、承認取得者の承認を要する。
(ix) 会社は、関係する法律により許可されない限り、契約者に関するデータベースをインド国外の者、場所に移転してはならない。
(x) 会社は、契約者に関する追跡可能な身元情報を提供しなければならない。

情報のモニタリング、検査および提出
(xi) 会社は、政府が要求した場合に集約された場所から適法な傍受およびモニタリングを行うために、必要な供給（ハードウェア、ソフトウェア）が行われる。
(xii) 会社は、政府またはその権限ある代表者からの要求があり次第、その監督下での継続的なモニタリングまたは放送事業のために、指定された場所において、必要な機器サービスおよび施設を自らの費用負担にて提供する。
(xiii) 情報放送省またはその権限ある代表者は、放送施設を検査することができる。
(xiv) 検査は、通常は情報放送省またはその権限ある代表者が合理的な通知をした上で実施する。
(xv) 会社は、政府またはその権限ある代表者が要求する会社の事業に関する情報を、その時々に要求されるフォーマットにより提出する。
(xvi) 承認取得者は、要求される報告書、明細書、見積書、申告書またはその他の関係情報を、要求される周期および時期においてインド政府もしくはその権限ある代表者またはインド電気通信監理局もしくはその権限ある代表者に提供する責任を負う。
(xvii) サービスプロバイダは、システムの運用、特色に関して、指定された職員、政府、インド電気通信監理局の職員またはその権限ある代表者に習熟させ、研修を行わなければならない。

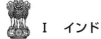

I インド

	国家安全保障上の条件 (xviii) 国家安全保障上、承認者（ライセンサー）は、ライセンス取得会社が機密性の高い領域において業務を営むことを制限することができる。 (xix) 会社は、違法と認識されているか、またはネットワークのセキュリティーを脆弱にする機器を輸入および使用してはならない。 その他の条件 (xx) 承認者は、上記の条件を変更するか、または国家安全保障および公益のために、または放送事業の適正な提供のために必要と認める新たな条件を組み入れる権利を留保する。 (xxi) 承認取得者は、自らが行う放送事業のための設備が安全上の危険とならず、法律、規則または規制および公序良俗に反しないようにする。

6.2.8	印刷出版業		
6.2.8.1	新聞と外国ニュース・時事を扱う定期刊行物の出版業	26% （FDIと非居住インド人（NRIs)、インド出身者（PIOs)、外国機関投資家（FII）による投資）	事前承認
6.2.8.2	外国ニュースと時事を扱う雑誌および定期刊行物の出版業	100% （FDIとNRIs、PIOs、FIIによる投資）	事前承認
6.2.8.2.1	その他条件 (i) 雑誌は、非日常的な公共のニュースやコメントを含んだ定期刊行物として定義される。 (ii) 外国投資についても、ニュースを扱う外国雑誌のインド版の公開ガイドラインに従うこと。		
6.2.8.3	科学関連の雑誌、専門雑誌および定期刊行物の出版業	100%	事前承認
6.2.8.4	外国新聞のファクシミリ版発行	100%	事前承認
6.2.8.4.1	その他条件 (i) 外国新聞のファクシミリ版をインドで発行する元の外国新聞の所有者によってFDIを行うこと。 (ii) 外国新聞のファクシミリ版の発行は、1956年会社法に従い、インドに登録された事業体によって実施すること。 (iii) 外国新聞のファクシミリ版の公開は、2006年3月31日の情報放送省が発行した外国新聞のファクシミリ版と外国ニュースと時事を扱う定期刊行物の出版のためのガイドラインに従うこと。		

6.2.9	航空関係		
6.2.9.1	航空会社とは定期、不定期の国内旅客航空会社、ヘリコプターサービスおよびグランドハンドリングサービス等を含む。 民間航空部門において (i) 空港とは、航空機の離着陸領域をいう。 (ii) 飛行場とは、航空機の着陸や出発のために使用することを目的とし、限定された地面や水面積をいう。 (iii) 航空輸送サービスとは、人や手紙などを飛行機で輸送するサービスをいう。 (iv) 航空輸送事業とは、旅客や貨物の航空運送を含む事業をいう。 (v) 定期航空輸送サービスとは、公開タイムテーブルに従って運営するため、定期的にまたはそれらが認識できる程度に運営される航空輸送サービスをいう。 (vi) 不定期航空輸送サービスとは、貨物航空会社が含まれているサービスをいう。 (vii) 貨物航空とは、民間航空の条件を満たすような航空会社をいう。 (viii) 水上飛行機とは、水上から単独で離陸および飛行が可能である飛行機をいう。 (ix) グランドハンドリングとは、中央政府によって(1)ランプサービスか(2)貨物サービスかに指定された業務をいう。(1)と(2)の業務は、航空情報通達を通じて民間航空総局がその時々に指定する業務を含むものとする。		
6.2.9.2	空港		
	(a) 未開発地域のプロジェクト	100%	自動承認
	(b) 既存のプロジェクト	100%	74%まで自動承認 74%〜事前承認
6.2.9.3	航空輸送サービス事業		
	(1) 定期航空輸送サービス事業、国内定期旅客航空事業	FDIの場合は49%、非居住インド人の場合は100%	自動承認
	(2) 不定期航空輸送サービス事業	FDIの場合は74%、非居住インド人の場合は100%	49%まで自動承認 49%〜最大74% 事前承認
	(3) ヘリコプターサービス事業、民間航空総局(DGCA:Directorate General of Civil Aviation)の承認が必要な水上飛行機サービス業	100%	自動承認

I インド

6.2.9.3.1	その他条件
	(a) 航空輸送サービス事業には、国内定期旅客航空事業、不定期航空輸送サービス事業、ヘリコプターおよび水上飛行機サービス事業を含む。
	(b) 外国航空会社は、上記の投資上限および参入ルートに従うことにより、貨物航空事業、ヘリコプターおよび水上飛行機サービス事業を運営する会社に資本参加することができる。
	(c) 外国航空会社は、払込資本の49%を上限として、定期航空輸送サービス事業および不定期航空輸送サービス事業を運営するインド内国会社に出資することもできる。この出資は、以下の条件に従う。
	(i) 事前承認ルートにより行われる。
	(ii) 49%の上限は、FDIおよび外国機関投資家(FII)による投資を包含する。
	(iii) この出資は、資本の発行および開示要件(ICDR)規制、株式の大量取得および買収(SAST)規制等のインド証券取引委員会(SEBI)の関係する規制ならびにその他の適用のある規則および規制を遵守する必要がある。
	(iv) 定期事業者ライセンスは、以下に該当する会社にのみ付与することができる。
	a) 登録を受けており、かつインド国内に本店を置く会社
	b) 会長および取締役の少なくとも3分の2がインド国民である会社
	c) 実質的所有権および実効的支配がインド国民に帰属する会社
	(v) この出資に伴いインドの定期航空輸送サービス事業および不定期航空輸送サービス事業に従事する可能性のあるすべての外国人は、国家安全保障の観点から配属前に承認を受けなければならない。
	(vi) この出資に伴いインドに輸入される可能性のあるすべての技術機器は、民間航空総局の関係当局者の承認を要する。

6.2.9.4	民間航空分野のその他のサービス事業		
	(1) 地上業務取扱サービス	FDIの場合は74%、非居住インド人の場合は100%	49%まで自動承認 49%～最大74%事前承認
	(2) 維持修理機関、飛行訓練機関および技術訓練機関	100%	自動承認

6.2.10	荷物等の宅配便サービス		
6.2.10	1898年インド郵便局法の適用対象とならない荷物、小包その他の物を運ぶための国際宅配便	100%	事前承認

6.2.11	建設開発（居住区、住宅、既成のインフラ）		
6.2.11.1	住宅、商店街、リゾート、教育機関、レクリエーション施設、都市・地域レベルのインフラ、郡区を含む建設開発プロジェクト事業	100%	自動承認

6.2.11.2	投資条件
	(1) 開発最小面積
	    (i) サービス住宅開発プロジェクトの場合、プロジェクトごとの開発予定最小面積が10ヘクタールであること
	    (ii) 建設開発プロジェクトの場合、最小面積が5万平方メートルであること
	    (iii) 両プロジェクトが組み合わされている場合、上記のうちいずれかの基準を満たすこと
	(2) 完全子会社に対して1,000万USドルの資本金が、また合弁会社に対して500万USドルの資本金が支払われること。この資本金は、事業開始の6カ月前までに払込まれなければならない。
	(3) 投資は最低資本金の出資完了から3年間払戻することはできない。投資家は、FIPBを通じて事前承認を得てから事業を終了することができる。
	(4) プロジェクトの少なくとも50%は5年以内に進行すること。投資家は関係地方公共団体から修了証明書を取得しなければならず、未完成の段階で販売をすることは認められない。
	(5) プロジェクトは、コミュニティ施設や共用施設の土地利用の要件、規範と基準に適合しなければならない。
	(6) 投資家／投資会社が開発、構築／レイアウトプランを含め、必要な承認を得て、責任をもたなければならず、法律や規制で定めるところにより、他のすべての要件を遵守する。
	(7) 州政府、地方自治体および地方団体関係は、開発者による上記条件の遵守を監視する。
	    注：(i) (1)〜(4) は、ホテル、病院、経済特別区、教育施設、老人ホームには適用されない。
	       (ii) FDIは、不動産事業においては認められない。		

6.2.12	工業地域		
6.2.12	設立中、設立済の工業地域を含む。	100%	自動承認

6.2.12.1	(i) 工業地域とは質の高いインフラを構築し、割付エリア単位で利用できる地域である。
	(ii) インフラとは工業地域に位置するユニットが機能するために必要な設備を指し、道路、上下水道、一般的な排水処理施設、電気通信ネットワーク、電力の発電と供給、流通、空調が含まれる。
	(iii) 共用施設には、工業地域に位置するユニットのために施設を提供し、電力、道路、上下水道、排水処理、通信サービス、空調、一般的な施設がある。
	(iv) 工業地域内の割付エリアとは、以下を意味する。
	    (a) 一般施設のエリアを除き、土地単位で割付が可能となるように開発されたプロット
	    (b) 一般設備を提供するために構築された空間		

I インド

	(c) 土地や建物など割当可能な床面積を組み合わせ、共通の設備を提供するために構築された空間 (v) 産業活動とは製造、電気、ガス、水道、郵便、電気通信、電子コンテンツのデータ処理等の活動をいい、薬学、自然科学、工学、ビジネス、経営コンサルティング活動、および建築その他専門的な活動を含む。		
6.2.12.2	建設開発プロジェクトに適用されるプレス・ノート2005年第2号の条件は、工業地域が下記要件を満たす場合には適用されない。 工業地域は下記条件を満たす必要がある。 (i) 10を最小構成単位とし、単一のユニットには割当可能な領域の50%以上を占めてはならない。 (ii) 産業活動に割当てられる領域の最小割合は、総割当可能面積の66%以上でなければならない。		

6.2.13	衛星設備の設置および運営		
6.2.13.1	宇宙開発局およびインド宇宙研究組織の定める当該分野に適用されるガイドラインに従う。	74%	事前承認

6.2.14	民間警備会社		
6.2.14	民間警備会社	49%	事前承認

6.2.15	通信サービス業		
6.2.15	通信サービス業	100%	49%まで自動承認 49%〜事前承認
6.2.15.1	その他条件 FDIは最大100%まで(49%までは自動承認ルート、49%超は事前承認ルート)。ただし、通信省によりその時々に通達されるライセンス条件およびセキュリティー要件を承認取得者および投資家が遵守することを条件とする。ただし、「その他のサービスプロバイダ(Other Service Providers)」は、自動承認ルートにより100%のFDIが認められる。		

6.2.16	取引業		
6.2.16.1	現金払いの卸売業／輸出取引業	100%	自動承認
6.2.16.1.1	現金払いの卸売業／輸出取引業は、小売業、工業、商業、機関または専門のビジネス・ユーザーや他の卸売業者および関連するサービスプロバイダへの商品の販売をいう。卸取引は、それに応じて、個人消費の目的のため貿易、ビジネスや職業の目的のための販売になる。販売または卸売であるかどうかを判断する尺度は先に決められていなければならない。販売または卸売の判断は、再販、加工し、その後の売却なども含む。		

6.2.16.1.2	現金払いの卸売業／輸出取引業のガイドライン（WT） (a) WTを実施するためには、政府機関や地方自治体が定める法律や規則、命令により指定されたライセンス等を取得する必要がある。 (b) 政府への販売を除いて、卸売業者が次の法人に売上を支払った場合は、現金払いの卸売業／輸出取引業とみなされる。 　(i) 売上税、VAT 登録、サービス税、物品税の登録をしている企業 　(ii) 登録ライセンス（ライセンス、登録証明書、会員証明書、政府当局等によって発行された店舗登録、貿易のライセンスを有する証明書、自身が商業活動を伴う事業に従事していることの証明書など）を保持している企業 　(iii) 政府機関／地方自治の政府機関から小売業を実施するための許可／ライセンス等を保持している企業 　(iv) 定款または登録証明書を有する企業 　注：WT が行われるためには、上の 4 つの条件のうちいずれかを満たすこと (c) 企業名、企業の種類、登録／ライセンス／許可証等の数、売上高といった、販売の詳細を示すすべての記録が日常的に保存されること (d) 物品のWTは、同じグループ企業間で許可されるが、卸売会社の総売上高の25％を超えないこと (e) 通常の事業慣行に従って実施可能 (f) 直接消費者に販売する小売店を開くことができない		
6.2.16.2	電子商取引活動	100%	自動承認
6.2.16.2.1	電子商取引活動は、電子商取引プラットフォームを介して会社が売買の活動をすることをいう。企業は、ビジネス間電子商取引事業のみに従事し小売取引には従事してはならない。国内取引におけるFDIに関する制限と同様に適用される。		
6.2.16.3	単一ブランド小売業	100%	49% まで 自動承認 49% 〜 事前承認
	(1) 単一ブランド製品の貿易における外国投資は、消費者のために商品の入手可能性を向上し、インドからの物品の調達を奨励し、世界的なデザインや技術、経営慣行へのアクセスを通じてインド企業の競争力を強化するため、生産やマーケティングへの投資誘致が行われている。 (2) 単一ブランド製品の小売業におけるFDIは以下の要件がある。 　(a) 販売される製品は単一ブランドのみであること 　(b) 製品は国際的に同じブランド名で販売されること 　(c) 製造時にブランド化された製品のみを扱うこと 　(d) ブランドの所有者であるか否かを問わず、非居住事業体は、直接にまたは単独ブランド製品小売業を営むための当該ブランドの所有者との法的保護の対象となる契約に基づいて、インド国内において単独ブランド製品小売業を営むことができる。 　(e) 51％を超える FDI の計画については、すべての事業分野において、購入品の価値の 30％はインド国内で行われる必要があり、かつ小規模企業、農村工、熟練工、手工業従事者から調達されることが望ましい。		

I インド

	(f) 単独ブランド小売業を営む FDI を受けた会社については、E コマースによる小売業はいかなる形態であれ認められない。 (3) インドにおいて単独ブランド小売業を営む予定である会社への 49% を超える FDI につき政府の許可を求める申請は、産業政策促進局の産業支援事務課（SIA）に対して行う。 (4) 事前承認のための FIPB による検討の前に、産業政策促進局において提案された製品がガイドラインを満たしているかどうかの決定が行われる。		
6.2.16.4	複数ブランド小売業	51%	事前承認
	(1) すべての製品に関する複数ブランド小売業への FDI は、以下の条件に従って許可される。 　(i) 果物、野菜、花、穀物、豆類、生鳥肉、水産品および肉製品を含めた生鮮農産物は、ブランドなしとすることができる。 　(ii) 外国人投資家により、FDI として持ち込まれる最低額は 1 億 US ドルとする。 　(iii) 1 億 US ドルのうちの最初の投資額として持ち込まれた FDI の総額のうち少なくとも 50% は、3 年以内にバックエンドインフラに投資されなければならない。 　(iv) 製品・加工品の調達額の少なくとも 30% は、工場および機械に対する総投資が 200 万 US ドル以下であるインドの零細・小企業から調達されなければならない。 　(v) 上記 (ii)、(iii) および (iv) の条件の遵守を保証するために企業が行う自己認証は、必要な場合には、当局によるチェックを受けることがある。 　(vi) 小売店舗は、2011 年の人口調査に基づく 100 万以上の人口を擁する都市または州政府の決定に基づくその他の都市にのみ設置することができ、また当該都市の周囲 10 ㎞の地域もカバーすることができる。 　(vii) 政府は、農業生産物を調達する優先権を持つ。 　(viii) 上記複数ブランド小売業に関する方針は、複数ブランド小売業に対する FDI を認める中央政府の方針の導入を、任意で承認した州および連邦直轄領においてのみ適用される。 　(ix) 複数ブランド小売業を営む FDI を受けた会社については、E コマースによる小売業はいかなる形態であれ認められない。 　(x) 申請は、政府の承認を受けるために、インド外国投資促進委員会（FIPB）の審査に先立って、インド政府商工省産業政策促進局により行われ、告示された条件が遵守されているかどうかが審査される。 (2) 6.2.16.4 (1) (viii) 項にいう州および連邦直轄領のリスト 　1. アンドラ・プラデシュ州（Andhra Pradesh） 　2. アッサム州（Assam） 　3. デリー準州（Delhi） 　4. ハリヤナ州（Haryana） 　5. ヒマーチャル・プラデシュ州（Himachal Pradesh） 　6. ジャンム・カシミール州（Jammu & Kashmir）		

7. カルナータカ州（Karnataka）
8. マハーラーシュトラ州（Maharashtra）
9. マニプール州（Manipur）
10. ラジャスタン州（Rajasthan）
11. ウッタラカンド州（Uttarakhand）
12. ダマン・ディウ、ダドラおよびナガル・ハベリ連邦直轄領（Daman & Diu and Dadra and Nagar Haveli / Union Territories）

［金融サービス］
6.2.17　　　金融サービス

6.2.17	金融サービス 下記以外のその他の金融サービスへの外国投資は、政府の事前承認を要する。		事前承認
6.2.17.1	資産管理会社		
6.2.17.1.1	資産管理会社とは、2002年金融資産の証券化および再建ならびに担保権の実行法の3条に基づいて、インド準備銀行（RBI）に登記された会社をいう。	100% （FDIとFII、FPI）	49%まで 自動承認 49%～ 事前承認
6.2.17.1.2	その他条件 (i) インド非居住者は、準備銀行に登録された資産管理会社（ARC）に対して自動承認ルートにより最大49%まで、また、事前承認ルートにより49%超の出資をすることができる。 (ii) 出資者は、FDIにより、または単一の出資者が支配する外国機関投資家（FII）／外国ポートフォリオ投資家（FPI）を通じた迂回投資により、ARCの50%超の株式保有高を維持することはできない。 (iii) 各FII／FPIの総株式保有高は、合計払込資本の10%未満とする。 (iv) FII／FPIは、準備銀行に登録されているARCが発行する担保証券（SR：Security Receipts）に投資することができる。 (v) すべての投資は、2002年金融資産の証券化および再建ならびに担保権の実行法3条(3)(f)項の規定に従う。		
6.2.17.2	民間銀行		
6.2.17.2.1	民間銀行	74% （FII、FPIによる投資を含む）	49%まで 自動承認 49%～最大74% 事前承認

I インド

6.2.17.2.2	その他条件 (1) この74%という制限にはFII、FPI、非居住インド人（NRI）とかつて旧海外法人（OCB）が2003年9月16日以前に取得した株式によるポートフォリオ投資スキーム（PIS）の下での投資が含まれ、さらに、株式公開、私募や既存株主からの買収も含まれる。 (2) すべてのソースからの民間銀行の外国投資総額は、銀行の払込資本金の最大74%まで許可される。外国銀行の完全子会社にかかる場合を除き、払込資本金の少なくとも26%は常に居住者が保持する必要がある。 (3) 上記のような規定は、既存の民間銀行が行うすべての投資にも適用される。 (4) FIIsとFPI、NRIsの株式交換を通じ、ポートフォリオ投資スキームの下で許容される制限は次のようになる。 　（i）FIIsとFPIの場合にはこれまで、個々のFII、FPI持株は総払込資本金の10%に制限されていた。FIIs、FPIに対する制限は総払込資本金の24%を超えることはできない。ただし関連銀行は取締役会決議およびこの後に行われる株主総会の特別決議により、その制限を総払込資本金の49%に引き上げることができる。 　　(a) FII、FPIの投資上限は、総払込資本金の49%以内となる。 　　(b) NRIsの場合はこれまで、個々の保持は利益回収・非回収のいずれの場合も総払込資本金の5%に制限され、制限の総計が10%を超えることはできなかった。しかし、銀行が株主総会の特別決議を経た場合、NRI持株は総払込資本金の24%まで許可される。 　　(c) 保険部門に合弁事業／子会社を持つ民間銀行におけるFDIの申請は、保険部門に適用される外国株式の26%制限が超えないよう、保険規制開発庁（IRDA）と協議の上、インド準備銀行（RBI）により決定 　　(d) 居住者から非居住者へのFDIに基づく株式の譲渡は6.2.17.1.2（ⅴ）に基づきRBIと政府の承認が必要である。 　　(e) これらの事項にRBIやD/O、IRDAやインド証券取引委員会（SEBI）のような他の機関が随時定める方針および手続を適用する。 　　(f) 民間銀行の株式の購入などによる買収に関連したRBIのガイドラインは、民間銀行の払込資本金の5%以上を保有または管理するすべての人について非居住者投資家と同様に適用される。 　（ⅱ）外国銀行による子会社の設立 　　(a) 外国銀行は支店や子会社のいずれかを設立することができる。 　　(b) 本国の銀行監督当局により規制されRBIのライセンス基準に合致する外国銀行は、インドに完全子会社を設定するため100%払込資本金を保持することができる。 　　(c) 外国銀行は、次の3つのうちいずれかを介してインドで営業することができる。（ⅰ）支店（ⅱ）完全子会社（ⅲ）民間銀行で最大74%の外国資本を持つ子会社

	(d) 外国銀行は既存の支店を子会社に転換するか、新たに銀行業のライセンスを取ることで子会社を設立することができる。外国銀行は、上記（i）(b) に基づき居住者が払込資本金の少なくとも26%を保持する場合、既存の民間銀行の株式取得により子会社を設立可能 (e) 外国銀行の子会社は新しい民間銀行と広く一貫性のあるライセンスの要件と条件に従うものとする。 (f) 外国銀行の子会社を設立するためのガイドラインは、RBIによって個別に発行される。 (g) 子会社の設立、もしくはインドの支店を子会社に変更する場合は、RBIに申請しなければならない。		
	(iii) 銀行の企業に関して議決権の10%という制限があり、最終的な政策決定と議会の承認後にのみ変更可能		
6.2.17.3	公的銀行		
6.2.17.3.1	公的銀行は、1970 / 80年銀行法に従うものとする。20%の上限は、インド国内銀行との関連銀行に適用される。	20% (FDI およびポートフォリオ投資)	事前承認
6.2.17.4	商品取引所		

6.2.17.4.1	(1) 先物取引は1952年先渡契約（規制）法の下に規制されている。証券取引所のような商品取引所は、商品先物市場のインフラ企業をいう。世界的に許容されるベストプラクティスや近代的な経営スキル、および最新の技術を注入するため、商品取引所における外国投資が許可された。
	(2) 本章の目的
	   (i) 商品取引所は商品先物取引のための交換プラットフォームを提供するため、随時改正されている先渡契約（規制）法により認められた団体である。
	   (ii) 認可された団体は先渡契約（規制）法の6章の下で中央政府により認可されているとみなされる。
	   (iii) 団体は、法人格の有無にかかわらず、すべての商品デリバティブの販売または購入事業を規制・管理する目的で組織された人々の組織を指す。
	   (iv) 先渡契約とは納品契約を指し、直渡契約ではない。
	   (v) 商品デリバティブとは直渡契約ではなく、納品契約または基本財や活動、サービス、権利利益、イベントの価格または価格指数から価格を計算する差額契約をいう。これは中央政府が先物市場委員会と協議の上で通知されるが、有価証券は含まれていない。		

I インド

6.2.17.4.2	FDI商品交換ポリシー	49%（FDI および FII、FPI）ポートフォリオ投資スキームによりFII、FPIが行う投資は 23%に制限され、また、FDI スキームに基づく投資は 26%まで	自動承認
6.2.17.4.3	その他条件 (i) FII、FPIの購入は、流通市場に限定 (ii) 非居住者は、これらの企業の株式の5%以上を保持できない。 (iii) 商品取引所への外国投資は、中央政府、先物市場委員会のその時々のガイドラインに従う。		
6.2.17.5	信用情報会社（CIC）		
6.2.17.5.1	信用情報会社	74%（FDI および FII、FPI）	自動承認
6.2.17.5.2	その他条件 (1) 信用情報会社への外国投資は、2005年信用情報会社（規制）法に従う。 (2) RBIの規制に基づく承認に従い、外国投資が認められる。 (3) ポートフォリオ投資スキームに基づくFII、FPIによる投資は、証券取引所に上場されている信用情報会社のみが対象である場合には、外国投資に対する74%という全体の制限のうち、最大24%まで認められる。 (4) 上記のFII、FPIによる投資は、以下を条件として認められる。 　(a) 一事業体が直接または間接に 10% 未満の持分を保有する。 　(b) 1%を超える取得については、強制的義務として、RBIに報告しなければならない。 　(c) CIC に投資する FII、FPI は、株式保有を理由として当該会社の取締役会に利益代弁者としての取締役の派遣を求めない。		
6.2.17.6	インフラ・サービス分野の会社		
6.2.17.6.1	SEBI規則に準拠した証券市場のインフラ企業	49%（FDI および FII）払込資本金制限 26%（FDI）、23%（FII、FPI）	自動承認
6.2.17.6.2	その他条件 FII、FPIは流通市場での購入を介してのみ投資可能		

6.2.17.7	保険業		
6.2.17.7.1	(i) 保険会社 (ii) 保険ブローカー (iii) 第三者管理機関 (iv) 損害鑑定人	26% (FDIおよびFII、FPI、非居住インド人)	自動承認
6.2.17.7.2	その他条件 (1) 保険分野(1938年保険法に規定される)へのFDIは、自動承認ルートにより認められる。 (2) 本項は、FDIを受け入れる会社が、保険活動を実施するために保険規制開発庁から必要な認可を取得することを条件とする。 (3) 銀行が設立した保険会社については、「民間銀行事業」に関する6.2.17.2.2(4)(i)(c)および(e)の規定が適用される。 (4) インド保険会社は、以下の要件をすべて満たす会社として定義される。 　　(a) 1956年会社法に基づき設立・登記されている。 　　(b) 外国会社が自らまたは子会社もしくはノミニーを通じて保有する資本株式の合計が、当該インド保険会社の払込株式資本の26%を超えない。 　　(c) 生命保険事業もしくは損害保険事業または再保険事業を営むことのみを目的とする。 (5) 2002年保険規制開発庁(保険ブローカー)規則により、「保険ブローカー」とは、規則11に基づき当該開発局から当分の間認可を受けており、報酬を対価として顧客のために保険会社および/または再保険会社との保険契約を手配する者をいう。 (6) 2001年保険規制開発庁(第三者管理機関－医療サービス)規制により、「第三者管理機関(TPA)」とは、当該開発庁から当分の間認可を受けており、手数料または報酬(保険会社との契約に記載される名称の如何を問わない)を対価として医療サービスを提供するために任用される第三者管理機関をいう。 (7) 損害鑑定人は、2000年保険規制開発庁保険損害鑑定人(認可、専門要件および行動規範)規則により規定される。		
6.2.17.8	ノンバンク金融会社		
6.2.17.8.1	ノンバンク金融会社(NBFC)への外国投資は、以下の業務の場合には自動承認される。 (i) 商業銀行業 (ii) 株式引受業 (iii) ポートフォリオ運用業 (iv) 投資顧問業 (v) 金融コンサルタント業 (vi) 株式取引仲介業 (vii) 資産運用業	100%	自動承認

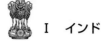

I インド

	(viii) ベンチャー・キャピタル業 (ix) カストディアン業 (x) ファクタリング業 (xi) 信用格付機関業 (xii) リースおよび金融業 (xiii) 住宅金融業 (xiv) 国為替取引仲介業 (xv) クレジットカード事業 (xvi) 両替業 (xvii) マイクロクレジット事業 (xviii) ルーラルクレジット事業	100%	自動承認

6.2.17.8.2	その他条件
	(1) 投資は、次の最低資本金の基準に従ってなされる。
	   (i) 外国投資が51%までの場合、50万USドルを先行投資
	   (ii) 外国投資が51～75%未満の場合、500万USドルを先行投資
	   (iii) 外国投資が75%以上の場合、750万USドルを先行投資し、残りを24カ月以内に出資
	   (iv) 外国投資を75%超100%まで受けており、最低資本金が5,000万USドルであるNBFCは、その特定の活動のために、子会社を設立することができる。この場合、子会社数に制限はなく、また追加資本の投下も要求されない。したがって、3.10.4.1項により課せられる最低資本金要件は、ダウンストリームに係る子会社には適用されない。
	   (v) 外国投資が75%以下の合弁NBFCも、上記(i)～(iv)に記載されている最低資本金基準の下、他の事業を行うための子会社を設定できる。
	   (vi) 非基金活動（外国投資レベル）に関係なく、許可された非基金NBFCは50万USドルが先行投資される。ただし、そのような会社は、他分野の子会社を設立することはできない。また、NBFC開催・運営会社の出資に参加することができる。
	     次の活動は非基金活動として分類される。
	       (a) 投資アドバイザリー・サービス
	       (b) 財務コンサルティング
	       (c) 外為ブローキング
	       (d) 両替ビジネス
	       (e) 信用格付機関
	   (vii) 投資はRBIのガイドラインに準拠してなされるクレジットカード事業には、クレジットカード、チャージカード、デビットカード、ストアドバリューカード、スマートカードなど、さまざまな支払製品の発行、販売、マーケティングおよびデザイン等が含まれる。
	(2) NBFCは、必要に応じて、関連するガイドラインに準拠する必要がある。		

[その他]

6.2.18	製薬業		
6.2.18.1	グリーンフィールド（新規法人や製造施設の設立など）	100%	自動承認
6.2.18.2	ブラウンフィールド（既存の企業の買収など）	100%	事前承認
6.2.18.3	その他条件 (i) インド外国投資促進委員会（FIPB）の承認を得た特別な状況を除き、「競業避止」条項は認められない。 (ii) 投資を行う予定の者および投資を受ける予定の者は、別紙11によるFIPB宛ての申請書に加えて、証明書を提出しなければならない。 (iii) 既存会社への投資に際して、政府は承認を与える際に、FDIに関する適切な条件を付すことができる。		

6.2.19	電力取引所		
6.2.19.1	2010年中央電気規制委員会（電力市場）規制による登録を受けた電力取引所	49%（FDI）および（FII、FPI）	自動承認
6.2.19.2	その他の条件 (i) この外国投資は、払込資本の26%のFDI上限、および23%の外国機関投資家（FII）、外国ポートフォリオ投資家（FPI）投資上限に服する。 (ii) FII、FPIによる購入は、流通市場におけるものに限られる。 (iii) 非居住投資家、事業体（共同保有者を含む）による当該会社の株式保有高は、5%を超えることができない。 (iv) 外国投資は、インド証券取引委員会（SEBI）の規制、その他の適用のある法令、国家安全保障上の条件等のその他の制約条件を遵守する。		

出所：Department of Industrial Policy and Promotion 'Consolidated FDI Policy' 2014.04.17

　2013年8月21日に閣議決定された外資規制緩和内容は次表のとおりです。

I インド

【閣議決定された外資規制緩和内容】

(単位：％)

	分野	出資上限	承認方法
1	石油・天然ガス (石油精製公社への投資)	49	自動承認
2	商品取引	49	自動承認
3	電力取引	49	自動承認
4	株取引、証券管理会社	49	自動承認
5	資産管理会社	100	自動承認（49以下） FIPB[※1] 個別承認（49超）
6	信用情報会社	74	自動承認
7	茶業[※2] (プランテーション含む)	100	FIPB 個別承認
8	単一ブランド小売業	100	自動承認（49以下） FIPB 個別承認（49超）
9	テストマーケティング[※2]	FDI 規制の該当部分削除	
10	通信	100	自動承認（49以下） FIPB 個別承認（49超）
11	クーリエサービス	100	自動承認
12	防衛	設けず	FIPB 個別承認（26以下） CCS 個別承認（26超）

※1 FIPB：外国投資促進委員会、CCS：内閣安全保障委員会
※2 今般の閣議決定で新たに追加された分野

出所：商工省発表資料を基に作成、JETRO『通商弘報』2013年8月21日

この外資規制緩和に関するポイントは以下のとおりです。

インフラ整備への投資

規制緩和前は、総合小売業の投資額は1億USドル以上で、その投資額の50％以上を3年以内にインフラ整備にあてることが義務付けられていました。しかし、今回の規制緩和でインフラ整備については個々の企業の判断に任せることになりました。

ローカル小規模企業からの製品調達

規制緩和前は、製品調達額の30％を、工場・設備投資額が100万USドル以下のローカル小規模企業から調達する必要がありました。今回の規制緩和で、対象となるローカル小規模企業が工場・設備投資額100万USドル以下から200万USドル以下に引き上げられました。さらに、農業協同組合からの調達も可能となりました。

店舗の立地選定

今回の規制緩和によって、総合小売業の店舗は100万人未満の都市であっても、その都市の州政府から許可が下りれば店舗開設が可能となりました。

通信、茶葉、テストマーケティングへの規制緩和

通信への出資上限が100％への引き上げられ、さらに茶業とテストマーケティングへの投資の規制緩和策が追加されました（P.94表参照）。

茶業については、以前から外資出資は100％まで投資可能でしたが、投資額の26％を5年以内にインドの提携相手企業に売却するという条件が付いていました。今回の規制緩和でこの条件が撤廃されました。

また、テストマーケティングを目的とする投資については、従来FIPBの個別承認の下で、100％まで外国企業による投資が可能でしたが、今回の規制緩和により個別承認が必要なくなりました。

I　インド

資金調達に関する規制

　インドに進出する外国企業の資金調達方法を大別すると、増資（資本株式の発行）、優先株式の発行、親会社からの借入、インド国内での借入の4つの方法があります。企業は金利や資金使途制限などについて検討し、適切な資金調達方法を選択する必要があります。

■ 増資（資本株式の発行）

　インド子会社の資金調達の最も一般的な方法は、増資（資本株式の発行）です。増資を行うためには、インド会社法の定める手続が必要です。株主総会の決議が必要となる場合がありますが、100％子会社であれば株主総会の決議を得ることは容易なため、特に問題はありません。

　インド会社が100％子会社の場合、事業分野別のFDIの規制もなく、資本株式の発行による資金調達にそれほどデメリットもありません。他の方法に比べて金利の負担や使途に制限もありませんので、資金調達としては最もよい方法といえます。

■ 優先株式の発行

　優先株式とは、普通株式に比べ配当金を優先的に受取ることができる株式のことをいいます。その代わりに株主総会での議決権がないことが多く、資金調達によく利用されます。

　ただし、インド子会社の場合はFDIの規制により、優先株式の発行により調達した資金を運転資金として使用することはできません。基本的にFDIには該当せず外貨借入（ECB：External Commercial Borrowing）に適応されるのです。

　ECBは、一般の事業目的や既存のインド国内での借入の返済などのために資金を使用することができないなど、一定の条件を満たさな

い限り調達した資金の使途に制限があります。インド国内の産業部門、インフラ部門、ホテル、ソフトウェアなどの特定のサービス部門への投資など一部の目的のみに資金を使用することができます。

優先株式は、金利の負担もなく、FDIの規制を受けずに済みますが、ECBの規制により資金の使途について制限がある点に注意が必要です。

■ 親会社からの借入

関連会社間で、運転資金を補填するために親会社からの借入がよく行われていますが、インドでこうした借入は認められていません。したがって、インドの子会社で資金が必要な場合は、増資などの方法により送金することになります。外国為替管理法（FEMA）上、ECBとして資金使途や金額、期間が制限されているためです。具体的には以下のような規制があります。

[資金使途制限]

従来、ECBローンの資金使途は設備資金使途に限られており、運転資金目的での利用は認められていませんでした。しかし、2013年9月4日の通達によって、一定の要件を満たすことで、運転資金目的での利用が認められるようになりました。一定の要件とは以下の3要件をすべて満たす必要があります。

(1) インド国外に居住している貸付人が借入人の株式を25％以上保有している
(2) グループ会社への又貸しの禁止などECBの定める禁止事項に抵触しない
(3) ECBの最低平均貸出期間の平均残存期間は7年以上で、返済はそれ以降に行う

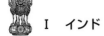
I インド

運転資金目的での利用が認められてしばらくの間は、承認ルートによる申請が必要であったため、実際のところ承認にかかる期間が不透明であり、ECBローンの使用が控えられていました。しかし、2014年5月16日の通達によって、特定のECBローンについては、2週間程度で取得が可能なECBローン番号取得手続のみで完了する自動承認ルートでの適用が可能となりました。これにより資金使途による制限は実質的になくなったものと考えられており、今後の活用が見込まれています。

自動承認ルートが認められている特定のECBローンは以下の3つです。

(1) 製造業、インフラ、ホテル、病院、ソフトウェアの各産業に属する企業が、間接株主やグループ企業からECBを行う場合
(2) 一部のサービス業者※が、直接株主、間接株主、グループ企業からECBを行う場合

   ※ 一部のサービス業者とは、人材開発（教育機関を除く）や研究開発、インフラ周辺産業を指す。貿易業、運輸業、金融業、コンサルタント業は含まれない

(3) 製造業、インフラ、ホテル、病院、ソフトウェアの各産業に属する企業が、直接株主から運転資金目的でECBを行う場合

[ECBの貸主の資格]

ECBの貸主が間接保有をしている株主やその他関連法人の場合には、上記運転資金目的による投資を行うことができず、従来通り設備投資目的に限定されています。

[借入期間]

借入期間は、金額によって次のように定められています。

- 2,000USドル以下：平均借入期間3〜5年
- 2,000万〜7.5億USドル：平均借入期間5年以上

■ インド国内での借入

インド国内の銀行から借入を行うことも可能で、FDI規制や外貨借入のような規制もありません。ただし、急激な発展によるインフレが要因となり、金利が非常に高くなるというデメリットがあります。2014年における定期預金の利率は10%を超えています。

ダウンストリーム・インベストメント規制

外国企業がインド企業に投資をすることを直接的投資、外国企業がインド国内の現地法人や合弁会社を通じて他のインド企業に投資することを間接的投資といいます。このうち、後者の間接的投資による投資方法のことをダウンストリーム・インベストメント（Downstream Investment）と呼び、一定の規制が設けられています。

【ダウンストリーム・インベストメント】

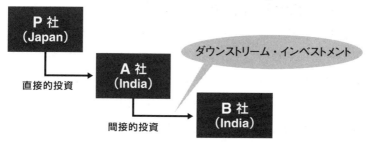

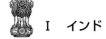

I インド

ダウンストリーム・インベストメントに関する規定は、プレス・ノート2009年2号と4号に記載され、不明確だった1997年3号と1999年9号の規定が明確化されました。

それまでは、必ずインド外国投資促進委員会（FIPB）の事前承認が必要とされていました。1999年9号の規定では、投資手続を単純化するべく例外を定め、要件を満たしている場合に限り、自動承認が可能となったのです。しかし、その例外にどのような会社が該当するのかが曖昧であったため、その点を再定義する目的で2009年2号と4号が発行されました。

さらに、実際にダウンストリーム・インベストメントが行われた場合のFDIの計算方法も規定されました。

■ 純粋事業会社に投資する場合

純粋事業会社（Only Operating Company）に投資を行う場合、直接投資であるか間接投資であるかにかかわらず、通常のFDIの投資上限規制に従っている限り、FIPBへの事前承認等は不要となります。

たとえば、日本企業のインド現地法人または日本企業が過半数を保有する合弁会社が、他のインド内国法人の株式を取得する場合、その法人が純粋事業会社であれば、原則FIPBの事前承認を得る必要はないのです。

■ 事業会社兼投資会社に投資する場合

事業会社兼投資会社（Operating-Cum-Investing Company）とは、インド会社法に基づいてインド国内に設立された会社であるため、インド居住者扱いになります。したがって、外資規制は関係ないという見解もありますが、その会社が外国資本により所有または支配されている場合、実質的には外国資本となり、他のインド内国法人への投資は、FDIの規制が課されます。

■ **純投資会社に投資する場合**

　外国企業が投資のみを行う投資会社、すなわち純投資会社（Investing Company）に外国投資をする場合、外国投資の額や範囲に関係なく、FIPBの事前承認を得る必要があります。これは外国投資がインド国内の投資会社を通じて他のインド内国会社に投資することを、FIPBが把握しておきたいという姿勢の表れといえます。また、事業会社兼投資会社と同様に他のインド内国会社に投資する段階で、FDIの規制が課されます。

■ **非事業・非投資会社に投資する場合**

　非事業・非投資会社（Nonbusiness, Non-Investment Company）とは、事業も投資も行っていない会社のことです。なぜ事業も投資も行っていない会社に投資をし、さらに規制されるのでしょうか。たとえば、外資系投資会社が事業も投資を行っていない会社をインド国内に設立した場合、現状は休眠状態であっても、投資後に事業を開始し、投資を行うことでFIPBの規制を潜脱することが可能となります。これを防ぐために、非事業・非投資会社に対する投資に関しても純投資会社と同様の規制が設けられているのです。

　今回の規定で共通している点は、誰に投資するのかに焦点を当てていることです。従来は、誰が投資するのかに焦点が当たっていましたが、投資先となる会社に着目したのです。

■ **外国投資比率の計算方法**

　プレス・ノート2009年2号と4号では、実際にダウンストリーム・インベストメントが行われた場合のFDIの計算方法も規定されました。

　ここでは、孫会社に対する外国資本の出資比率をどのように算定す

I インド

るかがポイントとなります。外国企業が投資しているインドの子会社から孫会社に投資する場合、一定の要件に従って外国投資比率が計算されます。

　原則として、次のいずれかの要件を満たす場合は、孫会社を「所有(Owned)」または「支配（Controlled）」しているとみなし、子会社から孫会社への外国投資比率は、子会社から孫会社への投資比率と、親会社から孫会社への投資比率の合計で算定されます。

・インドの子会社の株式の51％超を保有する
・インドの子会社の取締役の過半数を指名する権利を有する

　ただし、例外として子会社から孫会社への出資比率が100％の場合には、「100％子会社への再投資」という例外規定が設けられており、親会社から子会社への出資比率が孫会社の外国投資比率として計算されます。

　以下、ケース別に外国投資比率を検証します。

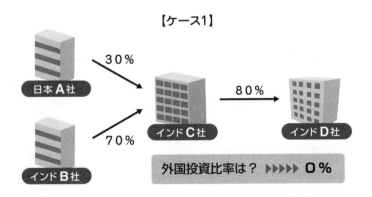

日本企業A社がインド企業B社（インド居住者が100%出資で設立した会社）とA社30%、B社70%の出費比率で合弁会社C社を設立したとします。さらに、C社はインド会社法に基づき他のインド企業D社に80%投資したとします。

この場合、合弁会社D社は本来インド居住者と区分されるために外国投資とはみなされません。

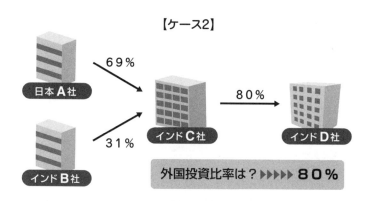

日本企業A社がインド企業B社（インド居住者が100%出資で設立した会社）とA社69%、B社31%で合弁会社C社を設立したとします。さらに、C社はインド会社法に基づき他のインド企業D社に80%投資したとします。

この場合、C社は外国企業として扱われるため、C社がインド企業D社に投資した比率がそのまま外国投資比率になります。したがって、外国投資比率は80%となります。

I インド

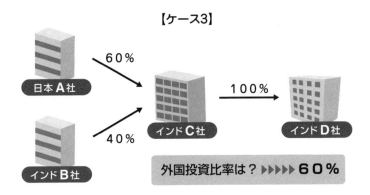

【ケース3】

　日本企業A社がインド企業B社（インド居住者が100%出資で設立した会社）とA社60%、B社40%で合弁会社C社を設立したとします。さらに、C社はインド会社法に基づき他のインド企業D社に100%投資したとします。

　この場合、例外規定によりインド企業D社の外国投資比率は、親会社であるインド内国投資会社の外国投資比率と同じになります。したがって、この場合は、60%が外国投資比率となります。

　この例外規定を利用すれば、外資規制による投資上限のある事業分野を設立したい場合でも、100%子会社とすることで外資規制による投資上限を超えることができます。

　たとえば、外資規制上の投資上限が74%である電子通信事業の場合、通常のケース2で投資をすると、74%までしか株式が取得できませんが、D社を100%子会社にすることで、例外規定が適用され、D社の外資比率は60%となりD社の100%の株式を保有することができます。

M&Aスキームの基本

【インド国内でのM&Aスキーム】

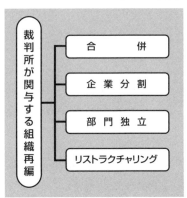
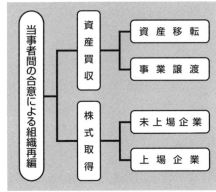

■ インド進出の留意点

　インドへの投資は原則自由となっているものの、実際は規制が多く、しかも複数の機関から発行されるさまざまな法、規制、ガイドラインに従わなければなりません。加えて上場企業への投資は登録やプライシング等についても規制を受けるので、事前にしっかり計画することが重要です。対象企業の株式を取得する場合と対象企業の資産を取得する場合に分けて、それぞれ概略と留意点を解説します。

　インドへの進出を考える際に、進出方法としては、企業買収や100％独資による進出や、一部出資によるインド企業とのジョイント・ベンチャーの設立などの方法があります。

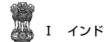

I インド

外国投資家がインド法人へ投資する形態

現在の外国直接投資政策(FDI Policy)の下では、外国人投資家は次の金融商品を通してインド法人に投資を行うことができます。

- 普通株式
- 強制転換優先株式(CCPS)
- 強制転換社債(FCD)

なお、強制的に全部が資本株式に転換されない、優先株式、転換社債は外貨借入(ECB)に該当するため、FDI規制の対象とはなりません。

ただし、投資が完全に自由というわけではなく、FDI規制により定められている出資上限に関して一部に規制が残っています。

この規制に該当しない限り、原則外資出資比率が100%まで、政府による事前承認の手続は必要なく、自動で認可されます。

規制がある事業分野についての詳細は、統合FDI政策に明記されています。たとえば、通信サービス業、放送業、保険業、防衛産業、小売業等は外資の直接投資に上限が設けられているか禁止されています。

また、2011年までは、2005年1月12日以前にインド企業と同一事業分野でジョイント・ベンチャーや技術提携を行っている分野で新たな投資を行う場合なども事前承認が必要でした。しかし、2011年4月1日に適用された統合FDI政策(Consolidated FDI Policy effective from April 1, 2011)では、この規制は削除されています。

普通株式、強制転換優先株式、強制転換社債発行の形で外国資本に投資を受けるインド法人は、送金を受けた日から30日以内に外国為替取扱指定金融機関(AD Bank)を通じて、インド準備銀行(RBI)

に報告する必要があります。報告は所定の事前報告フォーム、外国対内送金証明書（FIRC）のコピー、当該資金を送ってきた海外銀行からの海外投資家に関する顧客確認（KYC）報告書を使用して、対価額の詳細を報告します。

また、株式発行から30日間以内に、AD Bankを通じて、所定のFC-GPR（Foreign Collaboration - General Permission Route）Part A様式に、①会社法の全要件を満たしており自動承認による株式発行に適格であることを証明する書類と、②株式の価格算定方法を示す勅許会計士の証明書を添え、インド準備銀行に報告しなければなりません。

さらに、毎年7月31日までに最終事業年度末までになされた直接投資、ポートフォリオ投資等の全投資に関する外国投資の年次報告をFC-GPR Part B様式で提出する必要があります。

株式買収による企業買収

非居住者がインド居住者であるインド法人から株式を取得する場合、統合FDI政策に準拠する必要があります。買収対象の会社は、統合FDI政策で決められた事業分野に限定されます。事業分野によっては、外国人持株比率が規制されている場合があり、買収後の持株比率が投資上限を超えない必要があります。

さらに、インド証券取引委員会（SEBI：Securities and Exchange Board of India）やインド準備銀行が定めるガイドラインに従って譲渡価格が決定されていることが必要です。すなわちインド居住者と非居住者の間で外国からの直接投資または株式の譲渡が行われる場合、当事者同士で自由に価格は決定できず、一定の規制に従わなければなりません。

概略は次のとおりです。

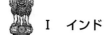

I インド

インド居住者から非居住者が株式を譲り受けるとき、上場株式の場合はSEBIのガイドラインに従って行われる株式の第三者割当（Preferential Allotment）の割当価格を下回らない価格で取引しなければなりません。非上場株式の場合は、SEBIに登録しているカテゴリーIのマーチャント・バンカー（SEBI registered Category-I-Marchant Banker）または勅許会計士が、DCF法に基づき決定した適正価格（Fair Value）を下回らない価格で取引することが原則となります。万一、下回る場合はインド準備銀行への事前承認が必要です。

逆に、非居住者がインド居住者に株式を譲渡する場合は、SEBIのガイドラインに従って行われる株式の第三者割当の割当価格を上回らない価格で、非上場株式の場合はSEBIに登録しているマーチャント・バンカーまたは勅許会計士がDCF法に基づき決定した適正価格を上回らない価格で取引をすることが原則となります。万一、上回る場合には、インド準備銀行への事前承認が必要となります。

すなわち、インド居住者から非居住者への株式譲渡と非居住者からインド居住者の株式譲渡が表裏一体で規制されており、いずれにしてもインド居住者に有利になるように規定されているのです（RBI／2009-10／445 A.P.（DIR Series）Circular No.49）。

1995年SEBI外国機関投資家規則に従ってインド証券取引委員会に登録した外国機関投資家（FII）は、上場・非上場の株式を自由に売買できます。ただし、外国機関投資家が既発行証券市場で株式の売買を行う場合、原則としてSEBIに登録された証券会社を通して行う必要があります。さらにベンチャー・ファンドを通じた株式譲渡も認められます。インド投資を行う外国ベンチャー・キャピタル・ファンドはインド証券取引所に登録することにより、税務などのメリットを受けられます。

■ 上場株式の取得による企業買収（非居住者がインド居住者から株式譲渡を受ける場合）

証券取引所に上場されている株式の取得には、既存株式の売買による譲受と新株式の引受による譲受があります。売買により譲り受ける株式の価格が、第三者割当をした場合の株式発行価格を下回る場合は、インド準備銀行の事前承認が必要です。

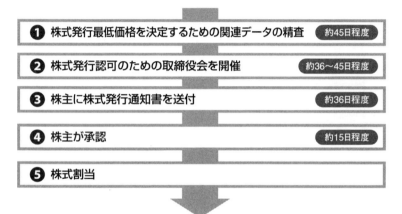

この基準となる発行価格は、上場株式と非上場株式で異なり、上場株式の場合はインド証券取引委員会ガイドライン（SEBI（DIP）ガイドライン13章1条1項）に従って、次のように定められています。

- 株式割当日から起算して過去26週間の株価の終値の週ごとの最高値および最安値の平均
- 株式割当日から起算して過去2週間の株価の終値の週ごとの最高値および最安値の平均のいずれかの価格のうち高い方を下回らない価格

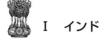
I　インド

　また、インドの証券取引所に上場しているインド内国会社の株式を株式譲渡により、一定割合以上取得する場合には、公開買付が要求されます（2011年公開買付規則）。

【公開買付の要件および規則】

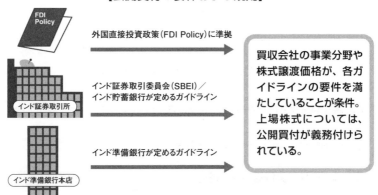

【公開買付による株式取得が必要な場合】

- 単独または共同保有者と併せて、上場企業の議決権のある株式の25％以上を取得することになる新株第三者割当を受け、または既存株式の市場内取得もしくは相対取引を行う場合
- 単独または共同保有者と併せて、上場企業の議決権のある株式を25％以上75％未満保有している者が、さらに1事業年度内に5％を超える議決権を取得することになる新株第三者割当を受け、または既存株式の市場内取得もしくは相対取引を行う場合

　　※上記数値基準を満たすような議決権ある株式の取得が行われない場合であっても、対象企業の実質的支配権が取得されるような取引が行われる場合には、当該取引により実質的に支配権を取得する者は公開買付の義務が生じる

　上記、公開買付規制のトリガーとなる、取得には2種類の場合が想定されています。インド公開買付規制では、いわゆる取得を直接取得と定義する一方で、ある会社の取得を通じてインド上場企業を取得す

る場合も間接取得として、同規制を適用しています。この「ある会社」はインド法に準拠した会社か、上場か非上場かを問いませんので、たとえば、買収対象がインドの会社でない場合も、その会社の子会社がインドで上場している場合は、当該規制が関係してきます。

　また、公募増資、株式引受契約に基づく株式引受、合併や企業分割などの組織再編による株式割当などにより株式を取得する場合などは、公開買付義務は免除されます。

［2011年公開買付規則］

　2011年公開買付規則上、公開買付に当たり、買付者は株式の取得予定数を設定できます。取得予定数は全株式（または議決権）の26％以上である必要があります。これは、プロモーター（インド法上の概念で創業者支配株主のイメージ）から直接25％以上の株式の取得を行う場合には、最低でも26％以上を予定取得とする公開買付を行わなければなりません。したがって、プロモーターからの株式の取得と合わせると51％以上の株式取得を行う取引となります。

　また、公開買付に対する最低応募数を、公開買付成立のための条件として付すことができます。このとき、公開買付の応募数が最低応募数に満たない場合は、買付者は公開買付を撤回することができます。ただし、撤回する場合は、最低応募数の買付に必要な金額の半額以上を、公開買付のために開設されたエスクロー口座に現金で保有しておかなければなりません。

　1997年公開買付規則において認められていたプロモーターに対する最高25％の競業避止報酬（Non-Compete Fee）の支払は、2011年公開買付規則では認められないことになりました。したがって、今後はすべての株主からの公開買付による株価の買取価格が、この25％の分を織り込む形で上乗せされる可能性が高くなると思われます。

I インド

公開買付規則上、公開買付価格は次のうち最も高い価格となります。

[直接取得または直接取得とみなされる間接取得の場合]

- 当事者間で合意した価格
- 公開買付開始公告に先立つ過去52週に買付者または共同保有者により対象企業株式の取得に支払われた取引高加重平均価格
- 公開買付公告日の前日から起算して過去26週間の間に買付者または共同買付者（いる場合）より対象株式の取得に支払われた最高価格
- 公開買付公告に先立つ過去60取引日の取引高加重平均市場価格（取引が頻繁にある場合）
- 対象上場株式の証券取引所での売買高が低調な場合、純資産利益率、純資産簿価、EPS（1株当たり利益）等のかかる会社の株式評価に慣習的に用いられている要素を考慮に入れて、買付者および公開買付の幹事であるマーチャント・バンクにより決定された価格
- 直接取引とみなされた間接取引について、一定の方式で計算、開示された対象企業の価格

[間接取得の場合]

- 当事者間で合意した価格（ある場合）
- 主要取引の契約締結日または公表日のいずれか早い日に先立つ過去52週に買付者または共同保有者により対象企業株式の取得に支払われた取引高加重平均価格
- 主要取引の契約締結日または公表日のいずれか早い日に先立つ過去26週間の間に買付者または共同保有者（いる場合）より対象株式の取得に支払われた最高価格

- 主要取引の契約締結日または公表日のいずれか早い日と、公開買付開始公告日の間に、買付者または共同保有者により対象企業株式の取得に支払われた最高価格
- 主要取引の契約締結日または公表日のいずれか早い日に先立つ過去60取引日の取引高加重平均市場価格（取引が頻繁にある場合）
- 直接取引とみなされた間接取引について、一定の方式で計算、開示された対象企業の価格

■ 非上場株式の取得による企業買収（非居住者がインド居住者から株式譲渡を受ける場合）

　株式が証券取引所に上場されていない場合には、P.108と同様の手続で売買により譲り受ける株式の価格は、SEBIに登録しているマーチャント・バンカーまたは勅許会計士がDCF法に基づき決定した適正価格を原則下回ってはなりません。

　下回る場合には、当該取引につきインド準備銀行の事前承認が必要になります。また、当該株価については、上記マーチャント・バンクまたは勅許会計士の証明を受ける必要があります。新株式の発行を引受ける場合も同様です。

　適正価格を下回らない限りインド準備銀行の事前承認は不要です。ただし、インド準備銀行に対する事後届出の際に譲渡価格を記載する必要があります。

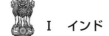

I インド

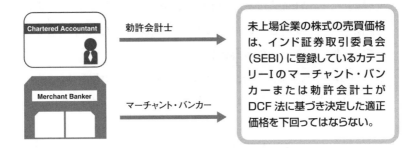

事業譲渡による事業取得

　所得税法では、事業譲渡（Slump Sale）を「当該事業譲渡において価値が個々の資産や負債に個別に割付けられることなく、事業全体に対する対価が支払われる売買の結果としての、1つまたは複数の事業の移転」（同法2条42C項）と定義しています。

　事業譲渡には、当事者間の契約による方法と譲受会社の登記上の住所を管轄する高等裁判所（High Court）に対して事業譲渡に関する組織再編計画を提出し認可を受ける方法があり、どちらかを選択できます。事業譲渡には合併や企業分割で受けるような税務メリットがほとんどないため、多くの場合、裁判所の許可を得ずに当事者同士で行う方法が採用されています。

　公開会社が事業譲渡を行う場合、譲渡会社は取締役会決議および株主総会普通決議を経る必要があります（インド会社法293条1項(a)）。さらに、譲渡会社が上場企業である場合は、株主総会決議は郵便投票（Postal Ballot）で行われる必要があります。非上場企業が事業譲渡を行う場合、株主総会決議は不要であり、取締役会決議で決定できます。また、旧会社が保有していた許認可関係や事業ライセンス関係は事業譲渡に伴って移転しませんので、別途それぞれの監督官庁に事業譲渡による移転を申請しなければなりません。

事業譲渡の対価は、事業評価額相当の現金となります。

■ 譲受会社における事業譲渡により移転された各資産の税務上の簿価

所得税法上、事業譲渡においては、事業を構成する個々の資産や負債を個別に割付けていないので、譲り受けた事業を構成する各資産の税務上の簿価を決定する際の具体的な規定は存在しません。実務上は、適正な手法（専門家による適正評価額のレポートなど）により各資産の価値を評価して、譲受会社はその価格を当該資産の税務上の簿価として認識します。

■ 繰越欠損金、未吸収減価償却費の承継

単なる資産の譲渡にすぎないので、事業譲渡の方法で移転される事業に関する繰越欠損金（Carryforward Losses）や未吸収減価償却費（Unabsorbed Depreciation）については、譲受会社には承継されません。

■ 印紙税

印紙税は、1899年インド印紙税法（Indian Stamp Act, 1899）以外にも、譲渡会社および譲受会社の本店所在地（登録住所）の州法、および事業譲渡により移転される資産の存在する州の法律の適用を受ける可能性があります。このため各州の規定内容に留意する必要があります。

■ 付加価値税および中央販売税

事業譲渡を行う当事者間で動産が譲渡される場合は、付加価値税（VAT：Value Added Tax）や中央販売税（CST：Central Sales Tax）が課されますが、事業譲渡の場合、動産が不可分一体となって

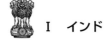

I インド

事業となり譲渡されるものなので、個々の動産には、それらの税は課されないと規定されています。

■ 勅許会計士からの純資産額の証明書（3CEA）

譲渡会社は税務申告の際、譲渡した事業の税務上の純資産額が適切に算出されていることを証明する3CEAと呼ばれる報告書を提出する必要があります。

事業譲渡による事業取得

事業譲渡（Asset Transfer）による事業取得は、事業を構成する個別の資産・負債の譲受とみなされます。動産の譲受には、1972年動産売買法が適用されます。株式・社債の譲受については会社法で手続を定めています。また、不動産の譲受には、1882年不動産譲渡法が適用されます。著作権、特許権、商標権等の無体財産権の取得は、それぞれの無体財産権の種類に応じた法令で規定されます。債務の引受に関しては1872年インド契約法が適用されます。

事業譲渡については会社法の附属定款（AOA：Articles of Association）により、取締役会および株主総会による承認を原則とします。特に公開会社の場合、事業譲渡には株主総会における過半数の承認を要します。また、外国企業がインド国内の営業を譲り受ける場合は、FDI規制に従い、インド準備銀行の事前承認が必要とされます。その他、登録税、印紙税、キャピタル・ゲイン課税および譲渡税を含む取引コスト等の検討が必要です。

■ 資産の税務上の簿価

資産譲渡に伴い各資産の対価として支払われた価格が、譲受会社における当該資産の税務上の簿価となります。

■ 繰越欠損金、未吸収減価償却費の承継

単なる資産の売買にすぎないため、繰越欠損金や未吸収減価償却費については、譲受会社には承継されません。

■ 印紙税

印紙税は、事業譲渡の場合と同じです（P.115参照）。

■ 付加価値税および中央販売税

事業譲渡と異なり、単なる資産の売買とみなされるため、同一州内における資産譲渡に伴い、動産が売買された場合には州付加価値税（州VAT）が、州をまたいで動産が売買された場合には中央販売税が課されます。

合併

合併（Amalgamation）とは「1つ、もしくは複数の会社が別の会社と合併し当該別の会社に吸収されること、または2つ以上の会社が合併し新しい会社が設立されることであるが、すべての資産および負債が消滅会社から存続会社に引継がれ、かつ原則として消滅会社の資本総額の4分の3以上を保有する株主は存続会社の株主となること」と、インドでは定義されています（1961年所得税法2条1B項）。

I インド

【合併の手順】

1. 合併計画の作成
2. 各取締役会における合併経過の承認
3. 各会社が株主総会、債権者集会招集の届出書を管轄高等裁判所に提出
4. 株主総会における合併計画の承認（議決権総数の75%かつ出席株主数の過半数の株主による賛成）
5. 債権者集会における合併計画の承認（債権総額75%かつ出席債権者数の過半数の債権者による賛成）
6. 上場企業の場合には、合併計画を証券取引所に提出
7. 管轄高等裁判所に対する合併計画承認請求
8. 企業省の地方監督官および消滅会社の場合は公的清算人の意見取得（株主および公共の利益を害しないことを確認）

■ 裁判所の関与

合併の要件として、基本定款（MOA）上、合併が認められていることが必要であり、さらに合併存続会社の本店登記場所を管轄する州の高等裁判所による許可が必要です。

承認等の手続を終えるのに通常6～8カ月はかかるとされています。また、合併の法的枠組みは会社法391～394条に定められています。

具体的には、以下のように手続が進みます（1956年インド会社法391条）。

①当該高等裁判所（High Court）に対して合併に関する組織再編計画を提出します。

②裁判所は申請受理後、合併存続会社と合併消滅会社のそれぞれの株主総会およびそれぞれの債権者集会を招集します。
③これらの株主総会および債権者集会において、それぞれ4分の3以上の賛成が得られれば、合併決議が成立します。

■ 合併の対価

存続会社は合併の対価として、株式を発行し、消滅会社の株主に割当てます。また、合併対価については株式のみであり、日本のような対価の柔軟化は認められません。

■債権債務

存続会社は消滅会社の債権債務をすべて承継します。

■ 資産の税務上の簿価

存続会社は、消滅会社から税務上の簿価で資産を承継することができます。

■ ワークマンの承継

消滅会社のワークマンは、特段の手続なしに、存続会社に承継されます。ノンワークマンはインド労働法上の保護の対象にはなっていません。ワークマンとノンワークマンの定義は次のとおりです。

　ワークマン：原則的に事業主に雇用されている者
　ノンワークマン：以下の規定に該当する者
　　　　　　・空軍、陸軍、海軍に所属する者
　　　　　　・警察または刑務所で雇用されている者
　　　　　　・経営者または経営管理者的な立場にある者
　　　　　　・賃金が月額1万ルピー以上の監督的な立場

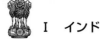
I インド

ただし、自動的に承継できる要件として、次の3つをすべて満たしている必要があります。

- 消滅会社の労働者の業務が、合併により阻害されないこと
- 当該労働者の労働条件が合併される前よりも不利になっていないこと
- 存続会社が合併契約上で、合併がなければ消滅会社が支給したであろう退職金と同額程度の退職金の支払義務を引受けていること

承継が認められない場合は、消滅会社は労働者に対して退職金を支払う必要があります（1947年産業紛争法25条）。

■ 印紙税

完全親子会社で行われた合併や資産譲渡の場合などのような一定の条件を満たす場合は免税等を受けられることがあります。

■ 付加価値税および中央販売税

合併に係る資産の譲渡は個別の資産の譲渡とはみなされません。したがって、州VATや中央販売税は通常課されません。

■ 登録、許認可、事業ライセンス等

原則として合併消滅会社の登録、許認可、事業ライセンスなどは、すべて合併存続会社に移転します。ただし、それぞれの根拠法に基づく届出や手続があるときは、合併消滅会社がそれを行う必要があります。通常、組織再編の申請を受けた裁判所の下で行います。

■ 合併消滅会社のキャピタル・ゲイン課税

　所得税法上、合併存続会社がインド内国会社の場合、資産の移転に関して、合併消滅会社にキャピタル・ゲイン課税は発生しません（1882年資産譲渡法47条4項）。

　また、合併消滅会社の株主が処分することになる株式について、合併存続会社の株式が合併消滅会社の株主に対価として割当てられます。合併存続会社がインド内国会社である場合は、合併消滅会社の株主にキャピタル・ゲイン課税は発生しません。キャピタル・ゲイン課税回避要件はこの後述べる繰越欠損金引継の要件とほぼ同じです。

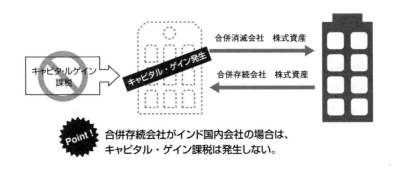

Point! 合併存続会社がインド国内会社の場合は、キャピタル・ゲイン課税は発生しない。

■ 繰越欠損金、未吸収減価償却費の承継

　所得税法上、合併消滅会社が一定の事業を営んでいる場合には、以下の要件を満たす限り、合併消滅会社の繰越欠損金、未吸収減価償却費を合併存続会社に承継することが認められます。

I インド

【所得税法72条A項】

- 合併消滅会社が繰越欠損金、未吸収減価償却費の発生している事業を3年以上営んでいること
- 合併消滅会社が、合併前2年間、承継される固定資産の簿価4分の3以上を保有し続けていること
- 合併存続会社が、合併から5年以上承継した事業を営むこと
- 合併存続会社が、合併から5年以上、承継した固定資産の簿価4分の3以上を保有し続けること
- 合併が真正事業目的であることなど、その他一定の条件

■ 合併関連費用の償却・損金算入

インド内国会社が合併のために負担した費用については、合併のあった課税年度から5年間に均等償却し、損金算入することができます。

■ 外国為替規制

高等裁判所で合併計画が承認された場合には、一定の条件を満たす限り、合併存続会社のインド居住者から合併消滅会社のインド非居住者への株式発行につきインド外国投資促進委員会（FIPB）やインド準備銀行の承認は不要となります。

■ 証券取引所規制

合併当事者の少なくとも1社が上場企業である場合、証券取引所の事前承認が必要です。ただし、このケースは上場が前提となり、合併存続会社が合併後も取引所に上場しない限り、証券取引所は承認しません。

2013年インド会社法改正について

　2013年8月29日、インド会社法の新法案が成立しました。これは、約半世紀ぶりの全面改正になります。M&Aに深くかかわる改正項目として、株式取得、組織再編、スクイーズ・アウトがあります。

■ 株式取得についての改正

　新会社法では、公開会社の株式譲渡制限について、当事者間の合意が法的に有効であることが明記されました。以前の会社法では、明記がなく疑問が残っていたため、注目に値する改正点です。

　また、以前は取締役の承認を得れば公開会社による新株発行（有利発行は除く）は可能でしたが、新会社法では、第三者割当増資を行う場合、公開・非公開会社にかかわらず、株主総会の特別決議を得る必要があります。さらに、功労株式（Sweat Equity Shares）を発行する場合を除き株式の有利発行は禁止されました。功労株式とは、取締役や従業員に対して発行される株式で、ノウハウや知的財産などの提供を対価とするものか、通常より安い価格で発行されるものをいいます。

■ 組織再編についての改正

　新会社法では、インド中央銀行の事前の許可を得れば、インド法上の会社とインド中央政府が指定する国の法律に従って設立された外国会社との間で合併ができるようになりました。ただし、日本の会社法では、日本法人と外国法人との合併は認められていません。

　スキーム・オブ・アレンジメント（SOA：Scheme of Arrangement）については、以前の会社法では、実行のために裁判所の許可が必要とされていました。しかし、新会社法では、許可を得るところが国家会社法審判所（National Company Law Tribunal）に変更されました。

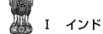
I インド

　また、小規模会社同士の合併、親会社間の合併および別途指定される会社間の合併については、認可が不要とされました。

　また、上場企業を合併消滅会社、非上場企業を合併存続会社とする合併を実行する場合、その合併に反対する上場企業の株主に対して、国家会社法審判所の命令に従って、当該株主が保有する株式を合併にかかわる会社に対して売却する機会を提供しなければなりません。株式の売却価格については、SEBIの定める基準に従って算定される価格を下回ってはいけません。

■ スクイーズ・アウトについての改正

　会社法395条に従って、少数株主をスクイーズ・アウトするために、次のような要件があります。

①全株主の株式価値の10分の9を構成する株式を保有する株主の承認を得る必要があります。
②買収者もしくはその子会社、またはそれらの名義人が、スクイーズ・アウト時にターゲット企業の株式価値の10分の1超を構成する株式を保有している場合には1に加えて、買収者もしくはその子会社またはそれらの名義人以外の全株主の頭数の4分の3以上の承認が必要となります。

新会社法では、これらの要件が廃止されました。

■ 登録評価人制度

　新会社法では、登録評価人制度が新たに定められました。第三者割当増資を行う場合、スキーム・オブ・アレンジメントを行う場合、合併や株式移転などにより、その会社の資本株式の90％以上を保有することになった株主が、残りの株主の請求によって、株式を買取る場

合、その他会社法上で会社財産の必要とされる場合などにおいて、登録評価人による評価を行うことが義務付けられました。監査委員会もしくは取締役会が登録評価人を選任します。

■ インサイダー取引

　インサイダー取引規制とは、株式を発行している企業のインサイダーかつ内部情報を握っている者は、その企業の株式を売買することが禁止されるというものです。またそうした者は、内部情報を他人に提供して、株式の売買を誘導する行為を行うことも禁じられています。

　以前の会社法においてもインサイダー取引は禁止されていましたが、新会社法では、従来は曖昧であったインサイダーの定義が、「全ての関連当事者」および「外部者であり、かつ公表されていない情報を保有しているもの」と新たに規定されました。規制の適用される範囲が上場企業の株式のみならず非上場企業の株式にも拡張されました。

I　インド

企業買収後の諸課題

会社運営に係る注意点

■ 株主総会決議

　会社法上、株主総会決議の定足数が株主の頭数になっている点は、総会成立のために留意する必要があります。また、特別決議においては日本と異なり4分の3以上の賛成が必要となります。総会の決議は原則挙手による場合、挙手人数（頭数）で決まるので、日本と同様に議決権によって決定したい場合はその旨を定款に定めておかなければなりません。

■ 役員報酬（インドの会社が公開会社である場合）

　インドの公開会社は、税引後利益の11％までしか役員報酬を払ってはいけないという規定があります（会社法198条）。日本から派遣する現地での責任者や日本人社員はそれなりの給与水準と考えられるため、十分な利益をあげられる会社以外は、枠内に収めるためにさまざまな調整が必要でしょう。

■ 会社秘書役

　資本金5,000万ルピー以上の会社には常勤の会社秘書役（Company Secretary）を置くことが義務付けられています。しかし、会社秘書役として登録されている人数は企業数より圧倒的に少ないという状況です。したがって、日本企業の中には秘書役を採用せず、常勤以外の採用形態で秘書役のサービスを受けているのが現状です。

　現在、インド政府も外国資本の呼び込みに積極的なため、違反があ

っても目をつぶることが多いようですが、未来永劫状況が変化しないわけではありませんので、潮目が変わったときにも対応できるような整備は必要です。

外国会社へ送金する際の要点

■ 配当による回収

普通株の場合、企業は株主に対して、分配可能利益（年間の減価償却費、繰越欠損金または減価償却額のうち低い方について準備金に振替える金額を基に計算）のうち所定の割合を準備金に組み込んだ後、配当を実行できます。また、外国為替規則上、配当税を納税済みである旨を明記した送金人からの証明書および勅許会計士からの証明書が銀行に提出され、配当税の支払がなされたことが明らかになれば、配当を自由に外国会社株主に送金することができます。インド法人の配当には16.2225％の配当分配税（DDT）が課税されます。

配当と準備金に組み入れが必要な利益の割合は、次のとおりです。

払込資本金額のうち配当の占める割合	準備金への組み入れが要求される配当可能利益の割合
10％以下	0％
10％超12.5％以下	2.5％
12.5％超15％以下	5.0％
15％超20％以下	7.5％
20％超	10.0％

強制転換優先株式（CCPS）の場合、配当額は優先株式の利率に基づくものになります。会社が当期利益を計上した年は、配当の支払が実行されます。当期損失を計上した年については配当が得られませんが、累積ベースのCCPSであれば損失を計上した年の配当金は翌期に

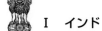
I インド

繰越され、当期利益を計上した年に累積分も配当が行われます。利率による配当の場合は、利率の上限（インドステイト銀行の最優遇貸出金利＋3％）が決められています。

また、優先株式に利率を設定する以外にも、優先株式を利益配当付きにする方法があります。この場合、利益配当を約束された一定額が普通株主に優先して支払われ、株主に一定の配当金が支払われた後に、残余利益に対し追加配当を得ることが認められます。

強制転換社債（FCD）の利率については、CCPSと同等に取扱われるため、CCPSの配当と同様に、インドステイト銀行の最優遇貸出金利＋3％が利率の上限となります。

■ 海外からの借入の利息による回収

外貨借入（ECB）に基づく利息の支払については、インド外国為替管理法上、利息に一定の上限が付されています。金銭消費貸借契約が2010年1月1日以降に締結された場合、ECBの事前承認ルートにおける支払可能な利息（費用含む）の上限は次のとおりです。

[平均満期期間最高利率]

3〜5年	6Month LIBOR[※]＋3％
5年以上	6Month LIBOR＋5％

※ LIBOR（London Interbank Offered Rate）：銀行間取引の際の金利

■ 株式の償還による投資元本の回収

インド会社法上、インド内国会社に株式として投資された資金は、原則として、会社が清算されるまでの間償還されることはありません。償還が容認されるのは、会社による自己株式の買い取り、または減資（資本減少）の場合（ただし、高等裁判所から事前に許可を得ておくこと）です。

■ **被買収のインド内国会社が自己株式を取得することによる投資元本の回収（インド会社法77条A）**

　外国会社（インド非居住者）からインド内国会社（インド居住者）への株式の譲渡を伴うことから、譲渡価格の規制に該当します。また、自己株式の取得に関しては、財源規制が定められています。

　インド内国会社が自己株式を買い取ることができる要件は、次の3つです。

- 任意準備金（Free Reserves）、証券プレミアム勘定（Securities Premium Account）、株式その他証券から生じた利益（Proceed of Any Shares / Other Specified Securities）のいずれかの資金を用います。
- 自己株式を買い取る資金額の上限は、任意準備金および払込資本金の合計金額の25％であり、自己株式取得の1年間の上限は、払込資本金の25％とされています。
- 自己株式の取得後、会社の負担する負債の割合が払込資本金および任意準備金の2倍を超えない場合に限られます。

　なお、取得した自己株式は、7日以内に償却しなければなりません。また、自己株式の取得を行った後6カ月間は、同種株式の発行が禁止されています。

■ **減資による投資元本の回収**

　インド内国会社が自己株式の取得の要件を満たさず、これを実行できない場合、インド会社法の規定に従って、裁判所の手続を経て、資本減少することにより、資本金を株主に償還することができます。

　減資の要件は、次のとおりです。

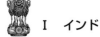

I インド

- 附属定款に減資をなすことができる定めがあること
- 株主総会の特別決議を経ること
- 裁判所の許可を得ること（会社法101～105条）

なお、減資については債権者の同意が必要であり、債権者の異議申立がある限り、裁判所の許可は出ません。債権者が多数存在する場合や、資本減少に反対しそうな債権者が存在する場合は、減資による回収はあまり現実的ではありません。

出口戦略（エグジット・ストラテジー）

外国会社がインド内国会社へ行った投資から、完全に撤退する場合に生じる問題点について解説します。

外国会社が投資から撤退する場合の具体的な出口戦略としては、株式の売却、会社の清算、事業譲渡等による事業の売却などがあります。

■ 株式の売却

[非居住者からインド居住者への株式の売却]

「株式買収による企業買収」（P.107参照）のところで述べたように、非居住者がインド居住者に株式を譲渡する場合は、インド証券取引所（SEBI）のガイドラインに従って行われる株式の第三者割当の割当価格を上回らない価格となります。

非上場株式の場合はSEBIに登録しているマーチャント・バンカーまたは勅許会計士がDCF法に基づき決定した適正価格（Fair Value）を上回らない価格で取引することが原則となります（RBI／2009-10／445 A. P.（DIR Series）Circular No.49）。

[**外国会社(インド非居住者)からインド非居住者への株式の譲渡**]

　外国会社(インド非居住者)からインド非居住者への株式売買については、具体的なガイドラインはなく、特段の規制はありません。たとえば、日本の居住者同士でインドの内国会社を譲渡することも可能です。

　所得税法上、株式の譲渡会社が株式譲渡により取得した対価が株式の取得原価を上回る場合には、株式の譲渡会社にキャピタル・ゲイン課税が発生します。キャピタル・ゲイン課税が発生する場合には、株式の譲受会社はこれを源泉徴収しなければなりません。また、証券取引所を通じて上場企業の株式を売却する場合には証券取引税が課されます。

■ 会社の清算

　会社の清算とは、会社の資産負債を清算し、会社の法人格を消滅させる手続です。インドでの清算手続は、通常終了までに1年以上の期間を要し、非常に煩雑です。

　インド所得税法制上、会社の清算により残余財産が株主に返還される場合には、当該財産が清算手続開始前の会社の累積利益に関連するものである限り、会社からの配当とみなされます。インド内国会社は、かかるみなし配当を行う場合には、配当分配税(実効税率16.2225%)を納税する必要があります。

　一方、株主の得た超過利益部分(=清算により株主が得た金銭その他財産の金額-株式の取得原価-みなし配当相当額)については、キャピタル・ゲインとして、株主に課税されます。株主にキャピタル・ゲイン課税が発生する場合には、インド内国会社はこれを源泉徴収しなければなりません。

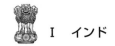

I インド

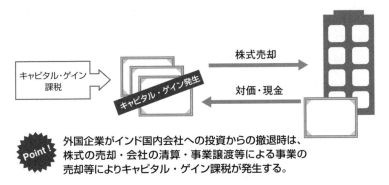

■ 事業譲渡等による事業の売却

　事業譲渡や合併によって、投資先のインド内国会社の事業を他社に売却するという方法も選択できます。ただし、事業譲渡の場合は売却した事業の対価が出資先のインド内国会社に支払われるので、結局、この資金を外国会社株主が回収するためには、当該インド内国会社を清算するなど、さらに手続が必要となります。

　また、合併の場合にも合併存続会社の株式が割当てられるので、これを処分するための手続が必要となります。

[参考資料・ウェブサイト]

- インド会社法
  http://www.mca.gov.in/Ministry/pdf/Companies_Act_1956_13jun2011.pdf
- Department of Industrial Policy and Promotion 'Consolidated FDI Policy' 2014.04.17　http://dipp.nic.in/English/Policies/FDI_Circular_2014.pdf
- SEBI（DIP）GUIDELINES, 2000 CHAPTER XIII
  http://www.sebi.gov.in/commreport/rep245a1.html
- The Institute of Company Secretaries of India "Handbook on Mergers Amalgamations and Takeovers-Law and Practice" CCH
- 日本貿易振興機構（JETRO）　http://www.jetro.go.jp/indexj.html
- KPMG India「インドにおけるM&A/JVの現状とその規制内容」2010年3月
  https://www.jetro.go.jp/jfile/report/07000432/india_m-a_final.pdf
- 『M&A専門誌MARR』レコフデータ
  「特集 2013年の日本経済とM&A動向」2013年2月
  「特集 2014年の日本経済とM&A動向」2014年2月
- あずさ監査法人、KPMG編『インドの投資・会計・税務ガイドブック』中央経済社、2008年
- 東京青山・青木・狛法律事務所、ベーカー＆マッケンジー外国法事弁護士事務所（外国法共同事業）編『クロスボーダーM&Aの実務』中央経済社、2008年
- 新日本アーンストアンドヤング税理士法人編『クロスボーダーM&Aの税務戦略』中央経済社、2009年
- プライスウォーターハウスクーパース株式会社、税理士法人プライスウォーターハウスクーパース編『アジアM&Aガイドブック』中央経済社、2010年
- デロイトトーマツFAS株式会社編『M&A統合型財務デューデリジェンス』清文社、2010年
- 新日本有限責任監査法人、新日本アーンストアンドヤング税理士法人編『インドの会計・税務・法務Q&A』税務経理協会、2011年

Ⅱ

中国

Ⅱ 中国

中国におけるM&Aの動向

　中華人民共和国における実質GDP成長率は金融危機の影響により、2008〜2009年にかけて落ち込み、また2012年上半期が8％、7％水準へと再び下落しているものの、高い成長率を維持しております。中国にとって日本は外国資本全体の約10％を占めるトップレベルの投資国です。さらに日本の対中直接投資額も、低迷していた2000年頃と比較すると10倍以上増加しており、日本と中国の関係はとても密接なものといえます。

　2006年以降、中国は他のASEAN諸国と同様に外国資本に対して厳しい規制をしたため、中国への投資は合弁企業や中国国内の会社へのマイノリティ出資がメインとなっていました。しかし、2011年に発表された中国政府の第12次五カ年計画によって外資規制が緩和しました。そこで、日本企業はさらなる支配権の獲得を目指し、M&Aを活発に行っています。

　実際に、中国における2012〜2013年のM&Aの総数は、3,500件を上回っています。外資規制が緩和された2011年と比べると少々減少していますが、取引額推移を見ると、2012年時点ではおよそ2,000億USドルであったものが2013年には2,500億USドル以上と堅調に上昇しています。

　このように、中国はASEAN5（タイ、マレーシア、インドネシア、フィリピン、ベトナム）、NIES（韓国、台湾、香港、シンガポール）と同様に投資注目度が高く、さらにさまざまな産業分野が解放されていく中で、今後いっそう、活発な投資が期待されています。

　中国の賃金ベースアップ率は年々高くなっていますが、それでも先進国に比べるとまだまだ低調です。さらに、多くの国民が英語を公用

語と認識しているので、英語ができる優秀な人材が数多くいます。発展途上国への投資を試みる場合、文化や言葉の壁が大きな課題となります。その点、中国では、その他のASEAN諸国に比べて言葉の障害もなくスムーズに投資が行えます。こうした理由からも、日本をはじめ多くの外国企業が注目しています。

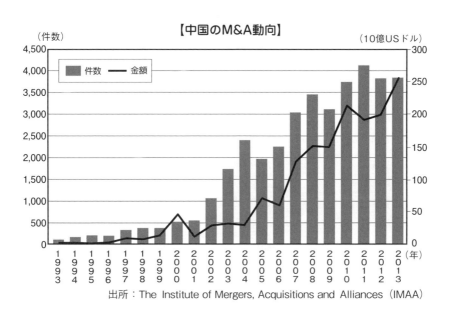

出所：The Institute of Mergers, Acquisitions and Alliances（IMAA）

■ 日本企業のM&A事例

　日本企業によるアジア企業の買収（In-Out）の件数は、2012年に189件、2013年に202件あり、そのうち中国に対するM&Aはそれぞれ47件、15件です（レコフ調べ）。次表は、2012年、2013年に行われた日本から中国に対するM&Aの事例です。

Ⅱ 中国

【日本から中国へのM&A（2012年）】

No.	日本	中国	出資比率(%)	業種	投資金額(百万円)
1	日立プラントテクノロジー	成都沱源自来水	10	建設	558
2	日清ホールディングス	今麦朗日清食品	14.93	食品	13,170
3	ダイドードリンコ	上海米源飲料	21.06	食品	—
4	三菱レイヨン、豊田通商	奉新金達莱環保	51、9	繊維	210
5	昭和電工	中鋼集団四川炭素	67	化学	—
6	イハラケミカル工業	上海群力化工	20.18	化学	—
7	三洋化成工業	聖大諾象国際貿易	—	化学	—
8	第一三共	上海欣生源医療集団薬品販売	100	医療品	—
9	新日鐵住金	WSPヒューストンOCTG	—	鉄鋼	3,400
10	大豊工業	常州恒業軸瓦材料	100	機械	570
11	日本精工	公主嶺軸承	10	機械	—
12	野村マイクロ・サイエンス	銅仁市栄盛興環保科技工程	35	機械	—
13	オイレス工業	大連三環複合材料技術開発	37	機械	474
14	アズビル	北京銀泰永輝智能科技	60	電機	—
15	日本電産	江蘇凱宇汽車電器	51	電機	—
16	シーシーエス	CST Automation Technology Co.,Ltd.	—	電機	—
17	日本電産コパル電子	嘉興金利精密電子	33.4	電機	—
18	三井物産	北大荒糧食物流	40	総合商社	2,600
19	川崎重工業	大連中遠造船工業	34	輸送用機器	—
20	住友商事	富士和機械工業	18	輸送用機器	400
21	いすゞ自動車	江西五十鈴発動機	50	輸送用機器	—
22	住友商事	吉林糧食集団米業	25～30	総合商社	—
23	双日	中蒙煤炭	10	総合商社	375

24	三菱商事	金地集団子会社	40	総合商社	5,000
25	三井物産、三井物産グローバル投資	上海奕尚網絡信息	26	総合商社	1,000
26	アルコニックス	上海龍陽精密複合銅管	25	その他販売、卸	1,190
27	蝶理	呉江飛楽電子元件	30	その他販売、卸	330
28	アルコニックス	恒基創冨金属製造	15	その他販売、卸	280
29	江守商事	瓊海置基医薬	100	その他販売、卸	—
30	中部薬品	百信薬業国際	—	医薬品	382
31	サハダイヤモンド	上海欧宝麗実業	51	その他販売	13
32	三井住友銀行	中郵創業基金管理	24	その他金融	—
33	東京海上日動火災保険	中国人民保険集団	0.25	生保、損保	4,000
34	アジア・アライアンス・ホールディングス	Extra Earn Holdings Limited	3.42	その他金融	500
35	SBIホールディングス	蘇州益安生物科技	40	証券	—
36	SBIホールディングス	海通証券	—	証券	3,221
37	CA-JAIC チャイナ・インターネットファンドⅡ	Hoolai Game Ltd.	—	情報	—
38	NTTデータ	上海インフォーテック	—	情報	—
39	サイバーエージェント・ベンチャーズ・チャイナ	BTS Healthcare Holding Limited	—	情報	—
40	日新	上海高信国際物流	80	運輸、倉庫	—
41	マクロミル	上海聯都実業	6.9	ソフト、情報	550
42	NTTデータ	上海聯金融服務	12	ソフト、情報	—
43	全国農業協同組合連合会	瓮福紫金化工	10	化学	700

Ⅱ 中国

44	イオンディライト	蘇州市蘇房物業管理	51	サービス	382
45	イーピーエス	益通医療技術	50	精密	516
46	フューチャーアーキテクト	北京中諾博爾信息技術	30.2	その他小売	—
47	テルモ	上海安通医療技術	20	精密	13

『M&A専門誌MARR』をもとに作成

【日本から中国へのM&A（2013年）】

No.	日本	中国	出資比率(%)	業種	投資金額(百万円)
1	わらべや日洋	北京旺洋食品	40	食品	—
2	中村屋	山東豊龍食品	15	食品	—
3	大塚テクノ、南京大塚泰邦科技	常州怡康薬用包装	55	化学	800
4	鬼怒川ゴム工業	河南科威	35	ゴム	300
5	T.F.カンパニーリミテッド	浙江茉織華印刷	20	出版、印刷	531
6	ノリタケカンパニーリミテド	江蘇鋒芒複合材料科技集団	10	窯業	350
7	日本軽金属	華鋒アルミ	33.4	非鉄、金属製品	3,000
8	ネツレン	天津豊東熱処理	25	非鉄、金属製品	380
9	日本精工	中国寧波摩士集団	25	機械	約1,000
10	メディパルホールディングス、三菱商事	国薬控股北京天星普信生物医薬	20、20	医療品卸	8,000
11	北京伊藤忠華糖綜合加工	寧波市宝敏瑞貿易、寧波新爪浦経貿	85	その他販売、卸	—
12	安川電機	カイエルダーロボット	20	その他販売、卸、機械	—
13	大戸屋ホールディングス	大戸屋餐飲管理	47.4	外食	117

『M&A専門誌MARR』をもとに作成

M&A に関する法律・規制

　中国においてM&Aを行う場合、複数の法規が関連するため、各法律を横断的に理解しておく必要があります。関連する法規は以下のとおりです。このうち主要な法規を本節で解説します。

【M&A に関連する法規】

外商投資方向の指導規定	一定の業種について出資比率の上限、資本金最低限度額を規定する
会社法	株式譲渡、新株発行等の基本的事項を規定する
証券法	公開買付規制、開示規制、インサイダー取引規制を規定する
独占禁止法	市場独占的な企業結合を規制する

投資規制

　原則として、中国への外国直接投資は自由とされていますが、外商投資方向の指導規定により、一定の業種については出資比率の上限、資本金最低限度額などが規定されています。

　そのためM&Aによる投資を行った結果、出資比率が外資規制を超えるような取引は認められません。さらに、2012年1月30日に施行された外商投資産業指導目録では、各産業の事業ごとに、制限産業・禁止産業を詳細に定めて、外国企業の参入に一定の制限を設けています。

　したがって、対象業種が外資規制に該当するかどうかを確認することが、中国におけるM&Aの第一歩となります。

　外商投資産業指導目録は、1989年に外商投資の奨励・制限・禁止

Ⅱ 中国

目録という名称で初めて公表されました。当初は、外商投資導入の産業別政策として業種と製品品目ごとに優先度で区分されていました。

1989 年	外商投資の奨励・制限・禁止目録制定
1995 年	外商投資方向指導暫定規定（旧規定）制定 外商投資産業指導目録制定
2002 年 2 月	外商投資方向指導規定（新規定）制定
2002 年 3 月	外商投資産業指導目録改定
2004 年	外商投資産業指導目録改定
2007 年	外商投資産業指導目録改定
2011 年	外商投資産業指導目録改定（新目録）

新目録を2007年度版と比較すると、奨励類は351項目から354項目に、制限類は87項目から80項目に、禁止類は40項目から39項目に変更されています（P.142〜P.145参照）。なお、奨励類・制限類・禁止類のいずれにも該当しないものを許可類と呼びます。このような奨励類の増加、制限類と禁止類の減少は、産業の対外開放の促進のために行われたものといわれています。

■ 規制業種・禁止業種
［禁止類］

禁止類に該当するプロジェクトに投資をすることは禁止されます。

- 国家の安全に危害を及ぼす、または社会・公共の利益を損なうもの
- 環境を汚染し、自然環境を破壊し、または人体の健康を害するもの
- 耕地を大量に占有し、土地資源の保護・開発に不利、または軍事施設の安全と機能を害するもの

・国の特有の製造プロセスまたは技術により生産する製品
・国の法律・行政法規の規定で禁止されるその他のプロジェクト

なお先物取引会社の設立など旧目録で禁止類に属していたものの一部が、新目録では制限類、許可類になりました。

具体的には、別荘の建設および経営が制限類から禁止類に変更、書簡の国内郵送業務が禁止類へ追加されました。一方、書籍・新聞・定期刊行物・オーディオ製品・電子出版物の輸入業部が禁止類から削除されました。

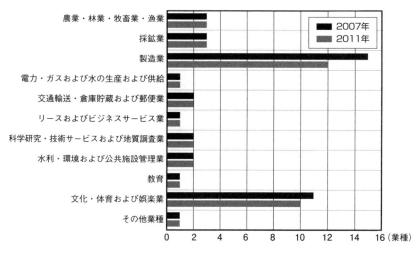

【2007年・2011年外商投資産業指導目録比較(禁止)】

みずほ銀行「みずほ中国ビジネス・エクスプレス(第209号)」を参考に作成

Ⅱ 中国

[制限類]

　制限類に該当するプロジェクトに投資をする場合は、外資100%は認められず、投資に制限がかかります。ただし、中国側投資者の外商投資プロジェクトにおける出資比率の合計が51%以上であれば、中外合弁企業等の形態で当該制限業種に投資することができます。

- 技術レベルの立ち遅れているもの
- 資源の節約および生態環境の改善に不利なもの
- 国が規定する保護採掘をするもので特定鉱産物の探査、採掘に従事するもの
- 国が段階的に開放する産業に属するもの
- 法律、行政法規で規定するその他の状況

　製造業については、2007年の段階で、化学原料や化学薬品製造業、非鉄金属関連等で品目の拡大が見られます。一方、サービス業は、WTO加盟による市場開放がサービス分野へ浸透したことを反映し、(通信やネット販売などを除く)卸・小売業や、商品リース、貨物運輸代理等が制限類から外れました。
　2011年外商投資産業指導目録の改定で製造業の外資参入が緩和され、天然食品添加物・食品添加物の生産、新エネルギー発電プラントもしくは主要設備の製造については合弁・合作に限定という制限がなくなりました。水利・環境および公共施設管理業や衛生・社会保障および福祉業に関しては、制限がなくなりました。

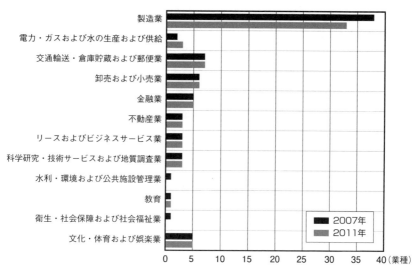

【2007年・2011年外商投資産業指導目録比較（制限）】

みずほ銀行「みずほ中国ビジネス・エクスプレス（第209号）」を参考に作成

■ 土地所有に関する規制

　中国では、土地の概念を所有権と使用権の2つに区別しています。中国に進出する際には、土地の制度についてしっかりと認識することが重要です。

　中華人民共和国憲法1章10条で、土地の所有権は全人民所有と集団所有のいずれかとされています。全人民所有権とは、国家の所有を意味します。後者の集団所有権とは、農民集団の所有を意味します。基本的に都市の土地は国が所有し、社会主義を色濃く反映していることがうかがえます。

　また、土地の使用権限には、国有土地使用権と集団土地使用権の2つがあります。さらに、国有土地使用権は、割当土地使用権と払下土地使用権の2つに分類されます。

 Ⅱ　中国

【土地の使用権限】

国有土地使用権	割当土地使用権	国が企業に対して土地の割当を行い、無償で使用を認めるもので、権利を売却・賃貸することや担保に供することはできない。
	払下土地使用権	譲渡条例により定められたもので、有償で一定の期限付きの土地使用権を取得するもの。この場合、土地管理局から土地の払下げを受けるときに払下金を土地使用譲料として納付し、その後、使用期間中は土地使用税を支払うことになる。
集団土地使用権		土地使用契約により毎年、賃借料を支払うもの。当該賃借料は、用地開発料土地使用税等で構成される。用地開発料は最初に払い、土地使用税等は毎年納付する。また、開発区内の投資会社や管理会社が外商投資企業の入居者のために標準工場をつくり、賃貸するケースもある。

　払下土地使用権取得のためには、2007年から入札・競売・公示方式を採用しています。以前は協議、入札、競売の3つの方法がありましたが、農地保護、無計画な投資や低水準の重複建設を防止するために変更されました。土地使用権を取得すれば賃貸・担保設定・譲渡も可能になります。ただし土地使用年数の上限は、用途別に次のように定められています。

工業用地	50年
居住用地	70年
商業、観光、娯楽用地	40年
教育、科学技術、文化、衛生、スポーツ用地	50年
その他の用地	50年

中国の土地の使用は、厳格な管理がなされています。土地の用途を農業用地、建設用地、未利用地に分け、決められた土地の利用以外で使用する場合には用途転換手続をとらなければいけません。しかし、用途ごとに土地の総量が厳密に定められているため、安易に用途変更することができません。

【土地の種類・具体例】

土地の種類	具体例
国有土地 （土地管理法実施条例2条）	都市部の土地
	農村および都市郊外地域において、既に法により没収され、徴収され、または強制購入されて国有となった土地
	国が法により収容した土地
	法により集団所有に属しない林地、草地、荒地、干潟およびその他の土地
	都市・鎮の住民となった農村集団経済組織の全部の構成員が従来集団所有していた土地
	国による住民移動または自然災害等の事由により、農民が集団的に移転した後に使用しなくなった土地で、従来は移転した農民の集団所有に属していたもの
集団所有地 （土地管理法8条）	農村および都市郊外地域の土地で、法律の規定により国有となる場合を除くもの
	宅地・自留地および自留山
農業用地 （土地管理法4条3項）	農業生産に直接用いられる土地。耕地、林業地、草地、農田水利用地、養殖池
建設用地 （土地管理法4条3項）	建設物・構築物を建造する土地。都市住宅および公共設備用地、工業鉱業用地、交通水利設備用地、観光地、軍事施設用地
未利用地 （土地管理法4条3項）	農業用地および建設用地以外の土地

JETRO「中国の土地制度及びトラブル事例」「知っておこう中国の土地使用権」を参考に作成

Ⅱ 中国

　また、2年以上の遊休土地については、従来から「遊休土地処理規則」（国土資源部令第5号）に「土地取得後1年以上を経ても建設工事を始められない場合、土地代金の20％以下に相当する土地遊休費を支払わなければならず、2年連続して土地を利用しない場合、政府は土地を無償で回収する」等の規定がされています。土地管理の強化により、国家から権限を委ねられた地方政府から回収を求められた実例もあります。

　さらに2004年8月に改正された「土地管理法」（主席令第28号）等に「公共の利益や都市計画等に基づく国による収用」を認める規定がありますが、創業後に収用・移転を余儀なくされたケースがあるなど、近年、規定の運用が厳格化されつつある点に留意が必要です。

　日本企業が中国の土地を使用する場合は、国家から土地の使用権限を与えられているにすぎないことを忘れてはなりません。日本では土地の私有が認められていますが、中国では全人民所有権と集団所有権の2つの所有権しか認められていません。制度を理解せずに日本企業の立退き騒動が勃発したことも多々あります。

新会社法

　中国会社法は、中国内の内資企業に適用されるだけでなく、外商投資企業（いわゆる外国企業）にも適用されます。さらに外商投資企業には、中外合弁企業法、中外合作企業法、外商投資企業法等の特別法も適用されます。

　M&Aの手法として一般的に広く利用されている株式譲渡、新株発行等に関する基本的事項は、中国新会社法に規定されています。

　ただし、改正されたとはいえ、明文の規定があまりにも少ないため、実務の規定や動向には注意を払う必要があります。具体的な実務

上の対応については、弁護士などの専門家による適切なアドバイスが必要です。

■ 株式・持分譲渡

新株を発行する場合、株主総会決議が必要です（会社法134条）。新株の公開発行を行う場合は、新株目論見書、財務諸表の公告、かつ株式引受書の作成が必要です（135条）。

また適切に払込ませるため、設立時と同様、銀行と株式払込金取扱契約を締結する必要があります（88条）。契約した銀行は払込証明書を交付する義務が生じます（89条）。

日本と同様中国でも、新株発行の対価について現物出資が認められています（27条）。具体的に出資が認められる資産としては、知的財産や土地使用権等の通貨により評価可能な資産で、かつ法に従い譲渡可能な非通貨財産ということになります。

[新株引受権]

中国会社法には明文規定がないため詳細は不明ですが、実務上は行われている場合があります。

■ 合併

中国会社法は、日本と同様に吸収合併、新設合併の両方を認めています（173条）。吸収合併とは、1つの会社がその他の会社を吸収することをいい、新設合併とは2つ以上の会社が合併して1つの新会社を設立することをいいます。中国では吸収合併が一般的です。

合併の効果も日本と同様であり、被合併会社は消滅し、被合併会社の資産や負債等すべての権利義務は、個別の移転契約なしに包括的承継として存続会社へ引き継がれます。ただし、債権者保護手続が必要となります。

 Ⅱ　中国

　合併を行う会社は、合併当事者の資産評価を行い、取締役会決議において合併計画を承認します。合併計画には、合併条件や合併方法、定款の変更などを定めます。しかし合併の対価については明文の定めがないため、合併交付金（金銭）や転換社債型新株予約権付き社債、存続会社の親会社の株式（三角合併）等を対価とすることも考えられます。

　その後、株主総会において、出席した株主の議決権の3分の2以上の賛成による決議を行います（104条）。その際、当該株主総会の決議において合併に反対する株主には、自己の保有する株式の買い取り請求権の行使が認められます。

　また当該株主総会での定足数については明確に規定されていません。定足数を設けたい場合には、いわゆる任意的記載事項として定款に記載する必要があります。

　合併の各当事者は合併協議書を締結し、貸借対照表と財産明細書を作成します。また、企業合併は債権者にとって特に重要な事項のため、債権者保護手続をしなければなりません。債権者保護手続は、合併決議を行った日から10日以内に債権者に通知し、かつ30日以内に新聞上で公告する必要があります（174条）。

　ただし、日本とは異なり「知れている債権者」（789条）についての例外規定は定められていません。法に従わず、通知または公告を行わない場合、1万元以上10万元以下の過料に処される可能性がありますので注意が必要です。

　一般的な合併の手順は、以下のとおりです。

```
合併当事者の資産評価(登録資本の決定)
          ▼
合併契約書・貸借対照表・財産明細表の作成
          ▼
合併後公司にかかわる定款の作成
          ▼
合併各当事者の董事会(株主会)決議
          ▼
公司合併の批准申請
          ▼
消滅公司の解散
          ▼
債権者に対する決議後10日以内の通知・30日以内に3回公告
          ▼
債権者保護手続完了等の報告
          ▼
合併認可
          ▼
合併認可後の手続(外商投資企業認可証書の変更)
```

■ 分割

　企業分割とは、事業に関して有する権利義務の全部または一部を、分割により、他の会社(分割承継会社)に包括的に承継させる組織法上の行為をいいます。分割承継会社が分割により新しく設立される場合を新設分割といい、既存の会社が分割承継会社となる場合を吸収分割といいます。

　会社を分割する場合は、貸借対照表と財産明細書を作成する必要があります。また企業合併と同様に、債権者保護手続を行います(会社

 **Ⅱ 中国**

法176条)。

　会社が分割する前の債務については、分割後の会社が連帯責任を負います。ただし、事前に書面によって別途合意した場合はその限りではありません (177条)。

　株主総会の決議において反対した株主は、会社に適正な価格でその持分を買い取るように請求することができます (75条2号)。

　なお、企業分割の一般的な手順は、解散申請が不要であることを除けば、合併の手順 (P.151参照) とほぼ同じです。

■ 資産譲渡

　資産譲渡の対象となる資産には、棚卸資産、機械・土地等の有形資産、のれん、ノウハウ等の無形資産が含まれると考えられます。しかし、中国の資産譲渡は、日本と異なり会社法に規定がありません。実務上では事業譲渡といいますが、中国会社法上では資産、負債等を個別譲渡するという各個別取引の集合体となっています。実務上の運用面では、許認可制となっている合併、分割を利用せず、手続が簡易な事業譲渡を利用した組織再編が多く見受けられます。

　ただし、上場企業が1年以内に重大な資産の購入や売却を行う場合は、会社にとって重要な事項であることから、速やかに株主総会を招集し、出席した株主の議決権の3分の2以上の賛成が必要となります (会社法105条、122条)。株主総会の決議において、反対した株主は、会社に適正な価格でその持分を買い取るように請求することができます (75条2号)。

証券法

　中国証券法は、2005年に改正され2006年1月1日に施行されました。当該法律は公開会社に対して適用され、広く存在する利害関

係者の平等な権利を保護するための法律です（証券法1条、2条、10条）。

公開会社のM&Aについては、公開買付規制、開示規制、インサイダー取引規制などが関連してきます。

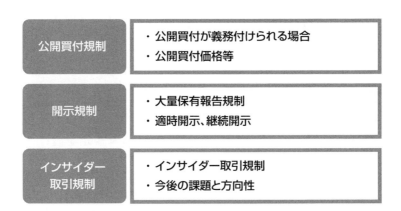

■ 公開買付規制

公開買付とは、ある会社の株式を買付価格、買付期間などを公告したうえで、不特定多数の株主から株式を買い集める制度をいい、上場企業の買収には日本でもよく利用されています。これを義務付けることにより、一部の株主に好条件で取引され、他の株主との公正性を害しないことを制度の趣旨としています。

[公開買付が義務付けられる場合]

公開会社の株式を取得する場合には、同法に定められている公開買い付けの規制に従わなければなりません。以下のいずれかの要件を満たす場合、原則として公開買付が義務付けられています。

・証券取引所での証券取引を通して投資者が保有する、または協

Ⅱ　中国

議、その他の取決めにより他人と共同で保有する1つの上場企業の発行済株式が30％に達した場合で、買付を継続するとき（証券法88条）
- 協議買収方式を採用する場合、買収者が買収する、または協議、その他の取決めにより他人と共同で買収する1つの上場企業の発行済株式が30％に達した場合において、買収を継続するとき（96条）

[公開買付価格]

　公開買付を行う場合、自由な価格で取引が可能になると、さまざまな問題が生じるため、証券法では、以下のような規定を設けています。

- 買付価格はすべての株主に対して均一でなければならない（証券法89条、91条）。
- 買収者は、買付期限内における買収対象企業の株式の売却を禁止される。また、申込に規定する以外の形式または申込条件を超える条件での買収対象企業の株式の買付も禁止される（93条）。
- 買収後、買収対象企業の株主構成が上場条件に合致しなくなった場合、買収対象企業の株式を保有する株主は、買収者に対し買付申込と同等の条件にて当該株式を売却する権利を有し、買収者はこれを買付けなければならない。すなわち、当該規定は買収者に買受義務を負わせることで、株主に株式譲渡の機会を与え、さらに、買付価格を買付申込と同等と規定することで株主の経済的利益も保護し、もって買収により株主に不測の損害を与えないようにする（97条）。

[公開買付の撤回]

　公開買付が一度開始された後に、公開買付の撤回が行われると、相場操縦に利用され、株主や株式市場に多大な影響を与える可能性があるため、日本では、自由に撤回をすることはできません。

　中国においても、公開買付の買付申込承諾期間内においては原則として公開買付の撤回は認められません。ただし、買付申込を変更する必要がある場合には、必ず事前に国務院証券監督管理機構および証券取引所に報告し、認可を経た後、公告する必要があります（証券法91条）。

【公開買付の手順】

- 国務院証券監督管理機構と証券取引所に買付報告書を提出
- 対象上場企業の全株主に公開買付する旨の申込
- 買付報告書提出後15日以内に公開買付する旨を公示
- 上記買付期間は30日以上60日以内とする
- 買付申込を変更する場合には事前に国務院証券監督管理機構と証券取引所に報告書を提出し認可を受けた後、公示が必要

■ 開示規制

[大量保有報告規制]

　大量保有報告規制とは、市場の透明性と公正性を保つことで、投資者保護を図るための規制です。特定の人が株式を大量保有すると、大量保有者は会社の支配関係や株式の市場価格に大きな影響を与え、意図的な株価の乱高下が可能になってしまいます。その結果、一般投資

II 中国

家が想定外の損害を被ることがあります。このようなことがないようにするために当該規制が導入されました。

規制の対象は、株式取得により対象企業の株式の5％以上を保有する場合です（証券法86条前段）。保有した日より3日以内に国務院証券監督管理機構、証券取引所に書面で報告し、当該上場企業に通知し、さらに公告を行う必要があります。報告内容は、下記の3つです（87条）。

・株式保有者の名称および住所
・保有する株式の名称および数
・持株が法定の割合に達した、または持株の増減が法定の割合に達した日時

他方、証券取引所を通さない協議買収によって5％以上の株式を保有した場合、証券法上、大量保有報告規制に係る規定は明記されていないため、対象にはなりません。協議買収は非流通株の相対取引を想定して規定されたもので、この取引では市場の一般投資家が想定外の損害を被る可能性は少ないと考えられます。

[適時開示]
臨時報告書

上場企業の株式取引価格に比較的大きな影響を生じさせる可能性がある重要な事実が発生し、投資者が未だこれを知らない場合には、企業は臨時報告書を国務院証券監督管理機構および証券取引所に提出し、公告する必要があります（証券法67条）。「重要な事実」とは、次の12の事象です。

・会社の経営方針および経営範囲の著しい変化

- 会社の重大な投資行為および重大な財産購入の決定
- 会社が重要な契約を締結し、会社の資産、負債、権益ならびに経営成果に重大な影響を生じさせる可能性がある場合
- 会社に重大な債務または未弁済かつ期限到来済の重大債務に関し違約状況が発生した場合
- 会社に重大な損失が発生しまたは重大な損害を被った場合
- 会社の生産経営の外的条件に重大な変化が生じた場合
- 会社の董事、3分の1以上の監事またはマネージャー(中国語でいう「経理」)に変動が生じた場合
- 会社の5%以上の株式を保有する株主または実質支配者の株式保有状況または会社支配の状況に比較的大きな変動が生じた場合
- 会社の減資、合併、分立、解散および破産申請が決定した場合
- 会社にかかわる重大な訴訟により、株主総会または董事会決議が法により抹消され、または無効を宣言された場合
- 会社に犯罪の疑いがあり司法機関から立件調査されている場合、または会社の董事、監事、高級管理職に犯罪の疑いがあり司法機関から強制措置を受けている場合
- 国務院証券監督管理機構が規定するその他の事項

大量変動報告書

　証券法86条2項では大量保有報告規制(P.155参照)と同様の規定があります。この規定の趣旨も、投資者保護にあります。

　大量保有報告規制の規定(証券法86条2項)は5%以上の株式を取得した時点での報告・公告を要求する規定であり、その後の報告・公告を強制するものではありません。しかし、5%以上の株式取得後も大量保有者は企業の支配関係や、株式の市場価格に大きな影響を与えることを通じて、依然一般投資家に想定外の損害を与える可能性があります。そのため、保有する上場企業の発行済株式が5%に達した

Ⅱ 中国

後においても、その保有する上場企業の発行済株式の割合が5％増加または5％減少するごとに、大量保有報告規制と同様の報告および公告を行う必要があります。

さらに、報告期限内および報告、公告を行った後2日以内は、市場価格の変動が大きいと想定されるため、新たに当該上場企業の株式売買を行うことを禁止しています。

[継続開示]

上場企業は、各会計年度の第1四半期と第3四半期終了後30日以内に四半期報告書を、上半期の終了日より2カ月以内に半期報告書を、各会計年度の終了日より4カ月以内に年度報告書を、それぞれ国務院証券監督管理機構および証券取引所に送付し、かつこれを公告することが要求されています（証券法65条、66条、四半期報告と株式に関する特別規定4項）。

年度報告、半期報告の記載内容は証券法65条、66条で列挙されており、半期報告書の記載内容は年度のものより簡易になっています。年度報告書には注冊会計師事務所による会計監査が必要となります。

これらの情報により、投資家は定期的に適切な情報を入手することができ、適切な経済的意思決定が可能となります。また、企業にとっても効率的な資金調達を可能にします。

上場企業は、自社の情報開示に関する管理規則を制定して、これを董事会において審議した上で、会社登記地の証監局および証券取引所に届出をする必要があります。

■ インサイダー取引規制

インサイダー取引とは、インサイダー（証券法74条）がインサイダー情報（75条）を用い、自己または第三者の利益を図る行為を指します。この取引が行われると、株式取引の不公正や、株主の不平

等、ひいては証券巾場に対する不信感をもたらし、経済の基盤である資本市場の前提を崩す結果となるため、証券法ではインサイダー取引を禁止しています（73条）。

しかし、現状の中国においてはインサイダー取引に係る詳細な規定は存在しません。2012年に中国証券監督管理委員会（証監会）が、インサイダー情報の取締りを強化すると発表したため、今後明確になると思われます。厳しい法的監視体制におかれ、国際社会との調整が図られると予想されます。

独占禁止法

中国では中華人民共和国独占禁止法（以下、独禁法）が施行されています。

この独禁法の規制対象は、独占的合意、市場支配的地位の濫用、企業結合、行政権限濫用による競争力排除および制限の4種類に分けられます。特にM&Aにおいては、事業者集中といわれる企業結合規定について、中国国内に子会社を持っていなくても申告が求められる場合もあるため注意が必要です。また、曖昧な規定も多いので、事前に国務院独占禁止法執行機関と協議する必要があります。

■ 独占的合意

独占的合意は、以下の2つの場合に禁じられています。

 Ⅱ 中国

【独占的合意の禁止事項】

種類	内容
競争相手が存在する事業者による場合	・商品価格を固定し、または変更する ・商品の生産量または売却数量の制限 ・売却市場または原材料購買市場の分割 ・新技術、新設備の購入制限、または新技術、新製品の開発制限 ・共同して取引を押しのける
取引相手との場合	・他者に対する商品の再販売価格の固定 ・他者に対する商品の再販売最低価の限定

独占的合意禁止の適用除外については、以下のように規定されています。

- 技術改良や新製品研究開発
- 品質向上、原価低減、効率化、製品規格基準の統一や専業化による分業
- 中小企業の経営効率を高め、競争力を高める
- エネルギー節約、環境保護、災害救助等の公共の利益の実現化
- 経済不景気のため、売却数の著しい低下、生産過剰の緩和
- 対外貿易や経済協力の正当な利益補償

■ 市場支配的地位の濫用

独禁法には、市場支配的地位の事業者による濫用行為を禁止する規定があります。特に、支配的地位の判断基準が重要です。

【支配的地位の判断基準と各種濫用行為】

判断基準 (どのような基準で支配的地位にある事業者として認定されるのか)	・当該事業者関連市場の市場占有率、および競争状況 ・当該事業者が販売市場または原材料購買市場の維持能力 ・当該事業者の財力、技術条件 ・他の事業者の当該事業者取引における依存度 ・他の事業者の関連する市場への参入難易度 (推定規定) ・1つの事業者の関連市場占有率が1/2以上 ・2つの事業者の関連市場占有率が合計で2/3以上 ・3つの事業者の関連市場占有率が合計で3/4以上 ただし2つ以上の事業者のうち、ある事業者市場占有率が1/10に満たない場合、当該事業者の支配的地位があるとは推定できません。支配的地位を有しないことを当該事業者により証明できた場合も、支配的地位を有すると認定することはできません。
具体的な濫用行為	・不公平な高価格による商品販売、または不公平な低価格での商品購入 (下記は正当な理由がない場合に濫用行為に該当) ・原価より低い価格での商品販売 ・取引相手との取引の拒否 ・取引相手が当該事業者または指定事業者のように限定する取引 ・商品抱き合わせ販売、または不合理な取引条件の付加 ・条件が同じ取引相手に対し、取引条件に不合理な条件設定

■ 企業結合

　独禁法は、企業結合取引（合併、持分または資産の取得による支配権の取得、契約等による支配権取得または他の事業者に決定的な影響を与える取引）が申告基準を満たした場合、事前に国務院独占禁止法執行機関に申告する必要が生じているにもかかわらず申告していない場合は企業結合できないと定めています。

　また、国外の独占的行為が、国内市場に排除的影響を与える際は、独禁法が適用されます。

［申告基準］

　以下の申告基準のいずれかを満たす場合には申告が必要です。

Ⅱ 中国

- 企業結合する全事業者の前会計年度の全世界売上合計高が100億元を超え、かつ、少なくとも当該2つの事業者の前会計年度の国内売上高が、すべて4億元を超える場合
- 企業結合する全事業者の前会計年度の国内売上合計高が20億元を超え、かつ少なくとも当該2つの事業者の前会計年度の国内売上高が、すべて4億元を超える場合

　国内売上高の「国内」とは、事業がサービスする商品または買主所在地が中国の国内にあることを指します。そのため企業結合する事業者が、中国に子会社等を持っていなくても申告が必要な場合があります。しかし申告基準を満たしても、グループ内の企業再編は申告対象外です。これは外部に対する影響力が低いためであり、適用除外となります。

[申告手続]

　審査の開始から決定までに、事業者から申告書類を受領した日から最長で180日を要します。企業結合を計画する際は審査期間について留意する必要があります。申告が必要な事業者は、まず申告書類等を国務院独占禁止法執行機関に提出します。当該事業者から書類を受領した日から30日以内（一定の場合、90日以内）に初回審査し、二次審査をするかどうかについて、書面で通知があります。当該事業者は、決定前の企業結合は実施できません。しかし、二次審査をしないと決定されるか、または期限に到来しても通知がない場合は、企業結合を実施することができます。

　二次審査の場合、決定日から90日以内に二次審査が終わり、当該企業結合を中止させるかどうかの結果と理由が書面で報告されます。実務上、多くは再延長なしで二次審査が終了します。

　なお、承認を得た事業者の企業結合に対し、国内競争に与えるマイ

ナス影響を減少させるような制限的条件を付加する場合もあります。しかし、無条件で承認される場合が圧倒的に多いのが現状です。

■ 行政権限濫用による競争力排除および制限

行政権限濫用による競争の排除・制限は、日本やアメリカの独禁法には存在しない規制のため、中国の特徴的な規定といえます。事業者の行政機関等による強制や指定、授権等を理由に、独占行為をしてはならないと定めています。当該行為をした場合は、調査処理規定に基づいて処理されるため、行政機関等に強制されたとしても免責されない可能性があり、注意が必要です。

独禁法に違反した場合、以下の罰則が科されます。

【独禁法の罰則規定】

種類	内容
独占的合意	・業界の協会 業界の協会が事業体を組織し、独占的協定を締結した場合は、50万元以下の罰金が科される。また悪質な場合は、当該業界協会の登記が取り消されるおそれがある。 協会に対しては、罰則の軽減および免除規定はなし。 ・その他 上記以外の事業者が独占的協定を締結し実行された場合には、当該事業者に対し違法行為停止命令を行い、違法所得の没収、前年度売上高の1％以上10％以下の罰金が科される。なお、締結のみの場合は、50万元以下の罰金が科される。 (軽減・免除) 事業体が自ら国務院独占禁止法執行機関に報告および証拠提供した場合、処罰の軽減または免除される可能性がある。
市場支配的地位の濫用	市場支配的地位の濫用をした事業者に対して、違法行為停止命令を行い、違法所得の没収、前年度売上高の1％以上10％以下の罰金が科される。
企業結合※	企業結合を実施した場合、当該企業結合実施の停止命令や、指定期間内に株式持分や資産売却、事業譲渡等を実施され、当該企業結合前の状態に戻される。また、当該事業者に50万元以下の過料に処される可能性がある。

※事業体の企業結合に関して、競争の排除・制限（おそれも含む）により禁止決定された場合や限定された場合は、行政再議の申請ならびに行政訴訟の提起ができる

Ⅱ 中国

また、独占的行為を行った結果、他人に不利益を被らせた場合、民事責任を負うことになります。

■ 企業評価制度

中国では、企業価値評価指導意見（試行）や固有資産評価管理規則等によって企業評価手続が定められています。中国の企業評価制度の最も重要な趣旨は、中国国有資産の不当な低価格評価による海外流出を防ぐことなので、実際は、中国側に有利な企業評価が行われる場合がある点に注意する必要があります。また、中国における企業評価プロセスは、しばしば日本側にとって不透明な場合があります。

中国で主に使用される企業評価方法は以下のとおりです。

評価方法	概要
再調達価格法	対象企業の資産と負債の再調達価格を基に純資産を計算する方法。コストアプローチの代表格で、中国においては古くからこの方法が用いられる。
市場価格法	上場企業の場合は株価、中古資産の場合は中古市場の情報により価格を決める。ただし、中国においては、中古市場の情報を入手するのは困難な場合が多い。
収益還元法	将来キャッシュ・フローを現在価値に割り引いた価格を、会社の価値とする方法。日本での割引キャッシュ・フロー法に該当するもの。近年、中国においては、利益の出ている企業でよく使われている。
類似企業倍率法・類似取引事例倍率法	類似の公開会社やベンチマーク企業等との比較分析から、企業価値を計算する方法。中国においては、法規で明確に定められている方法ではないため、適用事例は少ない。

評価プロセスについては、中国側に一方的に任せるのではなく、評価者の任命、企業評価方法の決定、企業価値決定の方法、会社の調査権や評価ドラフト書面の査閲権の明確化などについて日本側も意見し、決定することが重要です。

　たとえば、企業価値決定の方法について、中国では2つの方法があります。1つは、企業価値のレンジを決めず、法定評価結果に委ねる方法。もう1つは、あらかじめ企業価値のレンジを決めておき、法定評価結果を参考にして、企業価値を決定する方法です。中国の法規上は前者が原則とされていますが、実務上後者を採用することも可能ですから、どちらがお互いに納得のいく方法なのかを議論した上で、選択する必要があります。

　政府からの認可においては、たとえ日中両社がお互いに合意している価格であっても、その合意価格が法定評価価格よりも10％以上乖離している場合には、認可されないことがあります。特に中国側に不利な場合は、認可されないリスクが高いです。

　法定評価価格を計算する評価者は、あくまで客観的な評価を行うため、日本および中国側が個別に同意した事項について柔軟な対応を望むことは難しいです。ただし、比較的小規模な評価事務所や個人事務所では、当事者間で企業価格のレンジがあらかじめ定められている場合は、柔軟な対応をしてくれるところがあります。また、一般的に、評価者が一度決定した評価内容について、大幅に修正することは評価者の面子にかかわるため困難です。

Ⅱ 中国

会計基準

　M&Aを行う場合には、一般的に対象企業のデュー・デリジェンスを行い、企業価値の算定を行います。また中国に限らず他国でM&Aを行う際は、会計基準が各国で異なる場合が多いので、把握しておく必要があります。

　中国の会計基準は国際財務報告基準（IFRS：International Financial Reporting Standards）を完全適用しておらず、また将来完全適用するかどうかの採択も不明です。しかし、2007年からIFRSを基礎とした新会計準則に基づく会計処理が行われているため、整備の基準は国際的な水準と変わらないといえます。実際の運用面では新興国特有の不正な処理が行われているケースもあるため、注意が必要です。

M&A に関する税務

　M&Aを行った場合、それに伴いさまざまな税務上の規定が関係してくるため、注意が必要となります。

　すなわち買収前には、株式の売却取引に係る税務規定、買収後には繰越欠損金に係る税務規定など、M&Aを取り巻く税務の影響は広範に及びます。

　一方で、税制優遇措置等の恩恵を享受できるか否かという点についても、留意が必要です。

■ 株式譲渡
[株式の譲渡時に係る税金]
株式の譲渡益

　売り手が株式を譲渡したときに生じた利益は、その利益に対して課税されます。また当該売却代金を外国人投資家の居住国に送付し、その居住国の法律で課税される国際的な二重課税が生じるおそれもあります。中国と各国との間で租税条約が締結されているかどうかによっていずれの一方の国での課税が免除される可能性もあるため、事前に調べておく必要があります。

　中国税務上、各投資家の株式譲渡益の取扱は、以下のとおりです。

Ⅱ 中国

株式	適格機関外国投資家	外国法人(適格外国機関投資家以外)	外国人(個人)	国内投資者(外国系企業も含む)	中国人(個人)
非上場株式	適用なし(源泉税)	売却益×10%(源泉税)	適用なし(源泉税)	売却益×25%(企業所得税)	売却益×20%(個人所得税)
A株式※1(上場)	規定ないが、譲渡益×10%と考えられる(源泉税)	適用なし(源泉税)	適用なし(源泉税)	売却益×25%(企業所得税)	免税(個人所得税)
B株式※2(上場)	適用なし(源泉税)	免税(源泉税)	免税(源泉税)	適用なし(企業所得税)	免税(個人所得税)
非流通株式	適用なし(源泉税)	規定ないが、譲渡益×10%と考えられる(源泉税)	適用なし(源泉税)	譲渡益×25%(企業所得税)	適用なし(個人所得税)

※1 中国本土居住者等向け
※2 外国投資家向け

増値税（中国の付加価値税の一種）

株式の譲渡には、増値税は課税されません。

印花税（Stamp Tax）

印花税は日本の印紙税に非常に類似したものです。大きく異なる点は2つです。まず、日本の印紙税は累進税率であるのに対し、中国は比例税率（課税標準と税額の割合が常に一定）を採用しています。また、日本の印紙税に比べ、徴収範囲が狭い点が挙げられます。

課税対象金額は、証明書類の金額です。当該税率については契約により異なりますが、売買契約であれば売買代金の0.03％、金銭貸借契約であれば借金金額の0.05％、財産権移転証明書であれば、0.05％が課税されます。また権利証明書であれば、一件当たり5元です。

さらに、中国印紙税法上、中国以外の国で作成された文書であっても中国内で法的効力を有し、法律の保護を受ける文書については、条

例の規定に従って印紙を貼付しなければならないとされています。

[株式買収後に係る税務規定]
繰越欠損金の継続

　繰越欠損金の継続を適用するためには、下記の5要件をすべて満たす必要があります。

- 合理的な商業目的を有し、納税の減算、回避・遅延を目的にしないこと
- 持分または資産譲渡の場合、買取か、買収資産のいずれかの比率が全持分、または全資産の75%を下回らないこと
- 企業再編後12カ月以内は移転した資産の経営活動を変えないこと
- 企業再編取引対価額が、取引総額の85%を下回らない
- 企業再編において新たに持分の交付を受けた主要出資者は、再編後の12カ月内に当該取得持分を譲渡しないこと

　上記の規定を満たした場合、毎年の上限を限度とし、繰越欠損金（5年間）を引き継ぐことが認められています。

優遇措置

　企業再編後に適用される、優遇措置がいくつか規定されています。外国投資比率が25%を下回った場合、中国企業と同様に取扱われます。外資系企業の出資の絶対額の変動がない場合、過去に受けた外国企業所得税の免税、減税の追加納付はありません。免税優遇措置の規定はまだ不明確な点も多いですが、これから補足通達が公布されると予想されます。

　また、株式買収等で企業の適格資産の一部もしくは全部を、その関

Ⅱ 中国

連する債権、債務、労働力と併せて譲渡する場合は、資産再編として次のように増値税、営業税の優遇措置が受けられます。

【優遇措置】

適格資産	すべての有形資産	不動産、土地使用権
優遇税制	増値税（通常6〜17%）	営業税（通常3〜5%）
優遇措置	課税対象外（課税されません）	課税対象外（課税されません）

株式取得に要した費用の取得原価算入

株式取引の際、専門家への支払や、買い手が負担するべき税金等について新企業取得税法には明確な規定がないため、原則として損金に算入することができません。しかし、取得原価として計上しておき、当該株式を売却する際の源泉税の取得費用に算入することができます（ただし、買い手が負担するべき費用は除く）。

■ 資産譲渡

[資産譲渡に係る税金]

資産の譲渡益に対する課税

資産譲渡の際、譲渡益に対して通常の所得税（25%）が課されます。ただし、取得した資産の一部に増値税等の不払が生じた場合は、中国税関による追跡調査が行われるなどのリスクが存在する点に注意が必要です。

営業税

売り手に対して、特許等の無形資産、土地使用権および建物に対して営業税が5%課されます。なお、土地利用権に関しては、別途土地増値税が課されますので、注意が必要です。

増値税

売り手に対して、棚卸資産（増値税課税仕入れ対象外）、中古固定資産（2009年以降取得）の売却価額に17%の増値税が課されます。また中古固定資産（2008年以前取得）に対する増値税は2%です。

印花税（ST：Stamp Tax）

資産譲渡契約書についても印花税は発生します（P.168参照）。

売り手と買い手の双方の契約額の0.03%（所有権移転証明書については0.05%）が課税されます。

消費税（CT：Consumption Tax）

中国の消費税は奢侈性の高い物品や環境汚染品に対して課されます。具体的には酒類・たばこ・宝飾品・乗用車・化粧品・爆竹・燃料油などです。各種品目別に税率が定められていますが、タバコなどは最大45%の税率を課される場合もあります。

[資産譲渡後に係る税務]

のれん

のれんの償却費は、損金に算入することはできません。

繰越欠損金の継続

売り手および買い手の繰越欠損金は、引き継ぐことはできません。

優遇措置

株式買収と同じく企業の適格資産の一部もしくは全部を、その関連する債権、債務、労働力と併せて譲渡する場合、増値税、営業税の優遇措置が受けられる可能性があります。具体的には株式買収における優遇措置と同様です（P.169参照）。

Ⅱ 中国

■ 合併

繰越欠損金の継続

合併における繰越欠損金の継続は、株式買収後における繰越欠損金の場合と同じです（P.169参照）。

ただし、分割会社に関しては、分割資産の全資産に占める割合で案分した繰越欠損金額のみを引き継ぐことになります。

優遇措置

吸収合併および存続分割に関しては、減免税の優遇措置規定があります。ただし、不明確な点が非常に多いため、これから補足通達が公布されると考えられます。あらかじめ中国税務当局に確認を取る必要があります。

また、企業の適格資産の一部もしくは全部を、その関連する債権、債務、労働力と併せて譲渡する場合は、増値税、営業税の優遇措置が受けられる可能性があります。具体的には株式買収における優遇措置と同様です（P.169参照）。

■ その他の関連する税務

[過少資本税制]

過少資本税制とは、資本に係る配当と負債に係る利子との課税上の相違点を利用した租税回避行為を規制するために設けられた税制です。外資系の現地法人が本国親会社から資金調達を行う際に適用されます。以下の2通りの方法が考えられます。

・出資を受け資本とする方法
・資金の貸付を受け借入金とする方法

前者により発生する支払配当金は、課税所得計算上、損金として扱

われません。後者により発生する支払利息は損金として扱われ、法人の課税所得を減額させる効果を生むため、現地外資系法人においては、資本金を少なくして、借入金を多くする傾向があります。

　これは税収確保の観点からすれば決して好ましい傾向ではなく、現地政府は資本と債務のバランスのあり方について規制し、過度の租税回避を防止しています。そして、当該税制は2008年中国新所得税法に取込まれました。原則として外資系企業は投資総額によって、ある一定の負債比率を維持する必要があります。

総投資金額（USドル）	最低資本金額
300万以下	総投資金額の70%の金額
301万以上1,000万以下	210万USドルと総投資金額の50%の金額を比較して大きい方の金額
1,001万以上3,000万以下	500万USドルと総投資金額の40%の金額を比較して大きい方の金額
3,001万以上	1200万USドルと総投資金額の33.3%の金額を比較して大きい方の金額

　中国投資の足掛かりとして、多くの企業が資本金の出資を考慮していますが、中途半端な出資にはリスクがあります。すなわち中国での合併では、中国での少数株主は出資額までは責任を負いますが、日本と異なり、経営権がない場合があり、決定権や拒否権は乏しく、撤退も容易ではありません。中国において、少数株主はあまり保護されないのが現状です。リスクを最大化させたスキームを作ってしまう可能性があります。100%支配なら確実ではありますが、51%や70%では、必ずしも支配ができるとはいえない状況です。

　中国のパートナー企業との関係を適切に構築していくことが重要です。

II　中国

■ 買収対象企業の税務状況

　毎期納税していても、正式な納税額は税務調査が入るまで確定しません。しかも、中国では、なかなか税務調査が入らない場合や、買収時点で税額が確定していない場合もあります。特に、第12次五カ年税収発展計画の概要では、税務調査の増強が明示され、税務コンプライアンスの強化も求められていますので注意が必要です。

M&Aスキームの基本

　中国の会社の経営権を取得する方法としては、以下のような方法が考えられます。

株式（持分）取得	公開買付	買付の価格、数量、期間等を公表し、買付
	株式の譲渡	公表等は行わずに、既存株主から株式を取得
新株発行	第三者割当	対象企業の新規株式を発行、株式の引受
資産譲渡	全部譲渡	すべてまたは実質的にすべての事業の譲渡
	一部譲渡	会社のうち、特定の事業を譲渡する方法
合併	新設合併	2社以上の会社がする合併であって、合併により消滅する会社の権利義務のすべてを合併により設立する会社が承継
	吸収合併	会社が他の会社と合併する合併であって、合併により消滅する会社の権利義務のすべてを合併後存続会社が承継
分割	事業分割を前提とした合弁会社の設立	対象企業の既存事業等を事業分割として現物出資し、外国企業は現金出資した合弁会社の設立

■ 外資によるM&Aの対象となる中国企業

　外資によるM&Aの対象となる中国企業は、以下のとおりです。

・国有企業
・集団所有制企業
・民営企業
・外資系企業（合弁・合作・独資）

　中国経済の中でも重要なのは、国有企業です。国有企業には狭義の

Ⅱ　中国

国有企業と広義の国有企業があり、外資によるM&Aの対象となる国有企業は広義の国有企業とされています。狭義の国有企業とは、中国政府が100％出資している独立法人ですが、有限会社・株式会社にも該当しない企業を指します。中国では、こうした企業が現実として多く存在しています。広義の国有企業とは、中国政府が直接出資しているか否かを問わず、有限会社・株式会社の形態をとり、当該持分や株式に対して国の保有割合が高く、実質的に国が支配している企業を指します。

国有企業を買収することは、中国において大きな影響力と存在感を手にすることになります。さらに、電気などさまざまな免許は国有企業がその責を担っているため、外資として直接参入することは現実として難しい問題でしたが、国有企業の買収により免許取得そのものを不要とさせることが可能になります。

■ 買収の方法

外国企業が中国の国有企業を買収するには、株式・持分の買収か資産の買収のいずれかを選択することができます（外国投資者の国内企業買収に関する規定2条）。

［株式・持分の買収］

株式・持分の買収とは、外国投資者が株式・持分を買い取り、または増資を引受けて、当該企業を外商投資企業に変更させる手法です。

［資産の買収］

資産の買収とは、外国投資者が外商投資企業を設立し、当該企業を通じて国内企業の資産を買って資産運用すること、または外国投資者が国内企業の資産を買い取り、その資産で外商投資企業を設立し、資産を運用するという手法です。

重要分野の買収については制限が規定されています。対象企業が重要業種等で、国家の安全に悪影響を及ぼすと判断された場合や、著名な商標等を有する国内企業の支配が移転するとされる場合は、当事者双方による商務部への申告が必要になります。

万一、申告を怠った場合で、当該取引が国家経済の安全に重要な影響を与えると商務部等の関係機関が判断した場合、当該取引は中止となる可能性があります（外国投資者の国内企業買収に関する規定12条）。

ただし、「重要業種」の詳細等に関しては、明確な基準が存在しないため、最新の法令や規則、政治動向などを把握して、常に注意する必要があります。

■ 国有財産の法定評価

国有企業の買収の際、国有財産の法定評価について留意しなければなりません。これは、中国の資産が不当な価格で外国企業に売却されることを防ぐための制度であり、国有資産の支配が非国有となる際に強制適用される制度です。資産の譲渡のみならず、合併や分割といった企業再編の際にも該当する可能性があるので、取引の対象に国有財産が含まれていないか細心の注意が必要です。

通常、M&Aの対象企業に対してデュー・デリジェンスなどの財務調査・評価等を行いますが、中国では財産の評価まで法で定めている点に大きな特徴です。

ここでいう国有財産とは、国家が企業に対して投入して形成した権利や利益、国有企業による投資が形成して享受すべき権利や利益、法に基づき国家が所有すると認定したその他の権益を指します。

具体的には下記のとおりです（国有財産権譲渡規則2条3項）。

・国有企業における国有株式・持分

Ⅱ　中国

- 国有企業が投資している合弁・合作・外商投資株式会社における当該国有企業の株式・持分
- その他の形式で国有資産を占用・使用する企業における当該国有資産に相当する財産権

■ 国有企業の買収に係る一般的な手続

[買収先の決定]

　外商投資産業指導目録の禁止産業は買収することができません。また、上場企業を買収する場合は国務院証券監督管理機構への申請が必要です。

[評価事務所による評価方法の決定]

　評価事務所は、中国国内の法律に基づき設立された評価機構から選定できる評価結果よりも、明らかに低い価格での譲渡を禁止しています。

[買収金額の決定]

　国有資産を売却する国内企業は、投資者が審査承認機関へ申請書を提出する15日前までに、省級以上の全国紙で買収金額を公告しなくてはなりません。

[買収金額の支払]

　買収金額を人民元で支払う場合には、外貨管理部門の許可が必要です。

[関連資料の提出]

　株主総会決議書、外商投資企業への変更申請書、外商投資企業設立申請書などを政府関連機関へ提出しなくてはなりません。

[営業許可証取得]

　外国投資者が国内企業を買収して外商投資企業を設立する場合、審査機関は申請書を受領した30日以内にその結果について回答し、承認の場合には承認証書が発行されます。

■ 国有企業以外の買収に係る一般的な手続

- 買収先企業に対するデュー・デリジェンス
- 買収条件の交渉
- 買収協議書の締結
- 企業名称・企業形態の変更申請
- 買収に対する許可回答書と批准証書の入手
- 外商投資企業設立申請
- 営業許可証取得
- 出資対価の支払

 II 中国

企業買収後の諸課題

出口戦略（エグジット・ストラテジー）

　中国内国会社への投資の後に外国会社に生じるリスクと、当該投資から完全に撤退する方策について、以下に解説します。

　投資の後の外国会社に生じるリスクとしては、政治リスクや人事労務リスク等があり、外国会社が投資から撤退する場合の具体的な出口戦略としては、株式の売却、会社の清算、事業譲渡等による事業の売却などがあります。

■ 外国会社に生じるリスク

[政治リスク]

　中国における最大のリスクは、政治の透明度と予測可能性が低いことです。いうまでもなく、政府の政策の動向は企業買収時のみならず買収後にも大きな影響を与えます。2010年9月の尖閣諸島中国漁船衝突事件後に中国が行った事実上の輸出規制等、法律が都合のいいように整備・運用される傾向のある中国では、企業買収時の計画を全うできない可能性も大いにあります。

　これは2012年9月の尖閣諸島国有化の際にも顕著に現われました。具体的には日本からの輸入品の通関の厳格化や遅滞、日系商品の不買運動や日本企業への発注キャンセルや取引停止など、政治の状況により中国はさまざまな報復措置を講じる可能性があります。

　さらに、中央政府と地方政府機関の足並みの不揃いや、改善されつつあるものの経済法制度の遅れなど、政治に起因するリスクは依然大きく、買収後も政府の動向、最新の法規、特に各種許認可・審査機関

の動向については、常に注目する必要があります。

[**人事労務リスク**]

　企業買収後に直面する実務面での問題として、人事労務リスクがあります。経営の有効性と効率化を図って企業買収を行い、その後、人員削減を必要とする企業もでてきますが、中国においては人員削減は特に注意が必要です。

　中国には労働者の権利を保護強化するための労働契約法があります。企業に対して、従業員の雇用の延長を図るなどの規定が含まれます。

　さらに、中国では法定解雇事由がなければ解雇できません（労働契約法39条～41条）。

　たとえば労働契約法41条では、人員削減（整理解雇）について次の4つの状況に該当し、かつ削減人員が20人以上、または20人未満だが総従業員総数の10％以上の場合には、使用者には労働組合または従業員全体に対して説明責任が課されています。

・企業破産法の規定での企業再編を行う場合
・生産・経営に著しい困難が生じた場合
・製品業種の変更や、重大な技術革新や経営方式の調整があり、労働契約変更後においても人員削減が必要な場合
・その他の労働契約の締結時に依拠していた客観的な経済状況に重大な変化が生じ、労働契約を履行することができなくなった場合

　実際に人員を削減する際は、労働組合または従業員の意見聴取後に人員削減案を労働行政部門に報告することが要求されています。このように、不当な理由による人員削減を規制し、労働者の権利の保護を

Ⅱ 中国

図っています。

当該削減の人選についても労働者の権利の保護を図っています。具体的には、比較的長期間の期間の定めのある労働契約を締結している労働者、期間の定めのない労働契約を締結している労働者、世帯に他の就業者がおらず高齢者や未成年者を扶養する必要がある者は、解雇してはならないと規定されています。

このように中国においては機動的な人員削減が困難となることが予想されるため、アウトソーシングを積極的に利用したり、労働契約期間の調整等で対応したりすることを視野に入れる必要があります。

また、整理解雇や破産による解雇等の場合にも、原則として勤続年数に応じた経済補償金の支払が義務付けられる点にも注意が必要です。

2008年1月1日施行の新労働法は、旧労働法と異なり、労働契約期間満了時に従業員が労働契約更新を希望しているにもかかわらず、企業側が労働契約を更新しない場合でも、原則として経済補償金を支給する必要があります。

ただし、企業側が従前と同等以上の条件で労働契約の更新を希望したにもかかわらず、従業員側が退職する場合には経済補償金を支払う必要はありません。

■ 会社の清算
[株式の売却]

所得税法上、株式譲渡により取得した対価が株式の取得原価を上回る場合、株式の譲渡会社に対してキャピタル・ゲイン課税がなされます。キャピタル・ゲイン課税が発生する場合、株式の譲受会社はこれを源泉徴収しなければなりません。また、証券取引所を通じて上場企業の株式を売却する場合には、証券取引税が課されます。

[会社の解散]

　会社の解散とは、会社の資産負債を清算し、会社の法人格を消滅させる手続です。会社解散手続は、以下のとおりです。

- 外商投資企業を意図的に解散する場合、原則として当該企業の最高議決機関が解散決議を行い、所轄商務部門の認可を受ける（会社法104条）。
- 外商投資企業は、その解散につき所轄商務部門の解散の認可を受領した日から15日以内に、清算委員会を成立させ、清算手続を開始する（184条）。
- 清算委員会は成立日から10日以内に構成員のリストを工商部門に提出する（186条）。
- 清算委員会は、債権者に債権の届出を催告し、貸借対照表および財産明細表を作成した後、清算計画を立て、会社の最高権力機関または人民法院に報告し、審査を求める（185～187条）。

　また、会社の財産で清算費用、従業員の賃金、法定補償金等を支払い、未納の税金も納付し、会社の債務を完済した後の残余財産は、出資者の出資比率に従い分配することになります。

- 清算が完了した後、清算委員会は清算報告を作成し、会社の最高議決機関または人民法院の確認を得た後、工商部門で抹消登記を行い、会社終了の公告をする（189条）。

なお、抹消登記に必要な書類には以下のものがあります。

- 清算チーム責任者が署名した「外商投資企業抹消登記申請書」
- 審査許可機関の抹消に同意する許可書類

Ⅱ　中国

- 法律に基づいて作成された決議または決定
- 企業権力機構または裁判所に確認された清算報告書
- 分公司の抹消登記証明
- 営業許可書の正本と副本

■ 事業譲渡等による事業の売却

　事業譲渡や合併によって、投資先の中国内国会社の事業を他社に売却するという方法も選択できます。

　事業譲渡の場合は、売却した事業の対価が出資先の中国内国会社に支払われるので、結局この資金を外国会社株主が回収するためには、当該中国内国会社を清算するなど、さらに手続が必要となります。

　合併の場合も、合併存続会社の株式が割当てられるので、これを処分するための手続が必要です。統合後の人事の重要性などM&Aにはたくさんの不確定要素が伴います。そして、その不確定要素は社員の職業安定性の問題につながるため、合併後の社員のモラル低下を導く恐れがあります。

　一般的に、M&Aを行った企業の8割が、M&A後に何の価値も生み出せず、むしろ合併前の企業価値の半分以上を失うといわれています。そのためM&Aを行う際は、計画の早い段階から適切な法律・会計の専門家と協力体制を築くなど、手段を講じる必要があります。M&A終了後も継続して当該専門家等と協力していくことが重要です。特に、中国のように法が不透明かつ未整備の国においては、M&Aの前後において、リスク管理を入念に行うことに留意する必要があります。

[参考資料・ウェブサイト]

- 趙彩虹「各種雑税に起因する税問題——印紙税」KANAN MONTHLY 2008 AUG/SEP No.64
  http://stakachi.com/upload/news/20110426091636_fc3cf452d3da8402bebb765225ce8c0e.pdf
- 日本貿易振興機構（JETRO）
  「中国における M&A マニュアル」2007 年 8 月
  https://www.jetro.go.jp/jfile/report/05001481/05001481_001_BUP_0.pdf
  国家工商行政管理総局「外商投資企業解散登記抹消管理事項についての通知」2008 年 10 月
  http://www.jetro.go.jp/world/asia/cn/law/pdf/invest_047.pdf
  「国税・地方税分類表」2014 年
  http://www.jetro.go.jp/jfile/country/cn/invest_04/pdfs/cn_corporatetax.pdf
- 山下昇「中国労働契約法の内容とその意義」日本労働研究雑誌 No. 576、2008 年 7 月
  www.jil.go.jp/institute/zassi/backnumber/2008/07/pdf/035-044.pdf
- 『M&A 専門誌 MARR』レコフデータ
  「特集 2013 年の日本経済と M&A 動向」、2013 年 2 月
  「特集 2014 年の日本経済と M&A 動向」、2014 年 2 月
- 谷山邦彦「新興国を中心としたクロスボーダーの評価：検討すべき 3 種類のリスク」『M&A Review 219』MIDC GROUP、2011 年 3 月
- SCS 国際会計事務所 中国事務所　http://www.scsglobal.co.jp/
- 熊琳、梶田幸雄著『中国の M&A——その理論と実務』日本評論社、2008 年

香港

Ⅲ 香港

香港におけるM&Aの動向

1997年に香港は中国に返還され、「香港特別行政区」と名付けられました。返還後も一国二制度により、独自の通貨（香港ドル）、関税制度、法制度など中国本土とは異なる制度の下にあります。香港証券取引所は香港で唯一の証券取引所です。上場企業は約1,500銘柄存在し、そのうち48銘柄は香港ハンセン指数の構成銘柄となっています。

■ 日本企業のM&A事例

日本企業によるアジア企業の買収（In-Out）の件数は、2012年に189件、2013年に202件あり、そのうち香港に対するM&Aはそれぞれ9件、6件です（レコフ調べ）。2011年は12件行われているので、近年は減少傾向にあります。

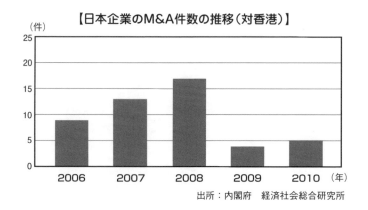

【日本企業のM&A件数の推移（対香港）】

出所：内閣府　経済社会総合研究所

次表は、2012年、2013年に行われた日本から香港に対するM&Aの事例です。

【日本から香港へのM&A（2012年）】

No.	日本	香港	出資比率(%)	業種	投資金額(百万円)
1	日本電工、神鋼商事、中央電気工業	パータマ・フェロアロイ	20、7、5	鉄鋼	―
2	岡村製作所	サロットグループ	100	その他製造	―
3	丸紅	GCFLホールディングス	22	その他金融	797
4	三井住友銀行	東亜銀行	9.5	銀行	35,023
5	日本生命保険	AIAグループ・リミテッド	1	生保、損保	―
6	センワマリタイムエージェンシー	ウォーレムシッピングリミテッド	事業譲渡	運輸、倉庫	―
7	香港日本通運	APC Asia Pacific Cargo Limited	100	運輸、倉庫	―
8	EMCOMエンタテイメント	K-1 Global Holdings Limited	51	アミューズメント	548
9	SJI Limited	SinoCom Software Group Ltd.	77.1	ソフト、情報	9,953

『M&A専門誌MARR』をもとに作成

III 香港

【日本から香港へのM&A（2013年）】

No.	日本	香港	出資比率(%)	業種	投資金額（百万円）
1	トーア紡コーポレーション	正豊五金塑交	14.91	電機	18
2	伊藤忠商事、ITOCHU Textile Prominent Ltd.	ASF Limited	25、5	その他販売、卸	―
3	日立物流	CDS Freight Holding Ltd.	85	運輸、倉庫	1,000
4	ビリングシステム	MPayMe Limited	2.66	ソフト、情報	199
5	インテージ	Consumer Search Hong Kong Limited	51	サービス	―
6	RGF Hong Kong Limited	ボーレ・アソシエイツグループ	100	サービス	―

『M&A専門誌MARR』をもとに作成

M&Aに関する法律・規制

香港において、M&Aを行う場合には、関連する複数の法規を横断的に理解しておく必要があります。M&Aに関連する法規は、以下のとおりです。

【M&Aに関連する法規】

会社条例	この条例に基づき設立・登録されたすべての法人およびその事業活動について定める
上場規制	証券取引所が株式が市場に流通しているか調査する際に用いる
証券先物条例	金融商品取引に関する各種事項を規制する
買収・合併・自己株式取得コード	株式の取得手続について定める
事業譲渡（債権者保護）条例	事業譲渡の際に譲渡者と買収者が、当該事業に関する税債務を共同して負担することを定める
印紙条例	株式の売買証明書の作成時について定める

上記の他にも、銀行業、保険業、通信業といった特定の業種、または公害をもたらす恐れのある危険業種については、各種業法による規制があります。

投資規制

■ 会社条例による規制

会社条例は、設立・登録されたすべての法人およびその事業活動について規定しています。

香港会社条例は、以前統治下にあったイギリス法制度の影響を色濃く残しており、外国法人や投資家に対する制限もほとんどなく、自由

Ⅲ 香港

で活発な取引を奨励するものです。

香港のほとんどの企業は有限会社です。有限会社には公開会社と非公開会社とがあり、会社条例では次の事項を定款に定める会社が非公開会社であると規定しています（会社条例11条）。

- 株式譲渡の制限
- 株主の数を50名以下に制限
- 会社の株式または社債の公募の禁止

上記の事項を定款に含めない公開会社の多くは香港証券取引所に上場しています。上場企業には、上場規制が適用されます（上場規制14条：以下、規制）。

上場規制

■ 証券取引所の役割

一般的に、証券取引所は上場企業の株式売買や買収活動に際して主要な役割はありませんが、合併または買収後に、上場企業として維持されるものかどうかに関する調査は行います。証券取引所は、上場企業の発行済株式総数の25%以上が、当該取引後においても、市場に流通しているかどうかを調査します。

また、上場企業やそのグループ企業による買収活動、上場企業の関係者が行う取引に関する上場規制が遵守されているかどうかも、証券取引所は監視しています。

■ 取引の種類

複数の取引を1つの取引として捉える場合、企業が子会社になる、または子会社ではなくなる場合の要件を定めた以下のような規定があ

ります（規制14条6項等）。

[株式取引（Share Transaction）]
　株式取引とは、すべての取得比率が5%未満の取引です。対価として上場株式となることが予想される有価証券を含む資産の取得を含みます。株式取引は、株主総会において承認を受ける必要はありません。

[開示取引（Disclosable Transaction）]
　開示取引とは、すべての取引比率が5%以上25%未満の取引のことです。開示取引は、株主総会において承認を受ける必要はありません。

[重大取引（Major Transaction）]
　重大取引とは、自己資本比率を除くすべての取得比率が25%以上となる資産の買収または売却をいいます。売却の場合はその売却割合が75%未満で、買収の場合はその買収割合が100%未満であるものが該当します。この場合、当該取引は株主総会において承認を受けなければなりません。

[重大売却（Very Substantial Disposal）]
　重大売却とは、自己資本比率を除くP.194の4つの取得比率すべてが75%以上の売却です。この場合、当該取引は株主総会において承認を受けなければなりません。

[重大買収（Very Substantial Acquisition）]
　重大買収とは、すべての取得比率が100%の買収です。この場合、当該取引は株主総会において承認を受けなければなりません。

 Ⅲ 香港

[逆さ買収（Reverse Takeover）]

　逆さ買収とは、未上場企業による上場企業の買収です。買収が行われた場合、証券取引所は、買収を提案した未上場企業を新規上場申請企業と同様に扱います。この場合、当該取引は株主総会において承認を受けなければなりません。

[関連取引（Connected Transaction）]

　関連取引とは、株式売買の関連当事者間における取引です（企業、個人含む）。当該取引は内容に応じて、情報開示や株主総会における承認を必要とする場合があります（規制14条A）。

■ 取得比率

[取引の種類の区分け]

　上記取引の種類は下記各種の比率によって分類されます（規制14条7項）。

- 資産比率：取引の対象となっている総資産が上場企業のグループの総資産に対して占める割合
- 利益比率：取引の対象となっている純利益が上場グループの純利益に対して占める割合
- 収益比率：取引の対象となっている収益が上場グループの総収益に対して占める割合
- 対価比率：支払ったまたは受取った対価の総額が、上場グループの時価総額に対して占める割合
- 自己資本比率：上場企業によって買収された企業によって支払われた当該取引の対価としての自己資本が、当該上場企業の自己資本の価値に対して占める割合

買収・合併・自己株主取得コード

■ コードの目的

　買収・合併・自己株式取得コード（以下、コード）は、証券先物委員会（SFC：Securities and Futures Commission）によって制定され、規制対象は公開会社です。コードは買収、合併、自己株式取得により影響を受ける株主が、公正に処遇されるように、企業に対し情報開示を要求し、適正な取引のための枠組みとして機能しています。

　コードは主に株式の取得手続について規定していますが、法的強制力を持つものではありません。しかし、違反があった場合には、違反をした者の公表、行政処分、市場参加者に対して違反者との取引を行わないよう要請するといった制裁があります。

[一般原則]

　株式取得にかかわる者は、前述のコードの中で定められている一般原則、規定を理解しなければなりません。

　たとえば、ある企業の支配が取得、統合される場合、通常、すべての株主に対して株式公開買付が必要となります。また、そのオファーが実施可能であるかどうかについても保証しなければなりません（コード一般原則2条）。

　また、オファーが実施される場合、オファーをする側と受ける側、またそれらにかかわるアドバイザーは、株主が知り得ない情報を株主に提供してはいけません。ただし、この原則は、オファーを受けた企業がオファーをする側に機密情報を株主に提供する場合は当てはまりません（3条）。

　当該取引に係るすべての当事者は、買収合併パネル（Takeovers and Mergers Panel）、SFCの企業財務部門の委員長もしくは代表者、公開買付訴訟委員会（Takeovers Appeal Committee）で協力し、関

III 香港

連するすべての情報提供を要求されます（10条）。

■ 公開買付

公開買付は主にコードにより管理され、香港の公開会社に影響を与える買収や合併に適用されます。公開買付には、任意公開買付（Voluntary Offers）、部分的公開買付（Partial Offers：対象企業議決権の100%に満たない買付）、および義務的公開買付（Mandatory Offers）があります。

[任意・部分的公開買付]

一般的に、公開買付は買収企業側から対象企業への申込により行われます。義務的公開買付とは異なり、任意公開買付は任意の条件を付すことが可能です。ただし、買収企業側が一方的に左右できるような条件は認められません（コード一般原則30条1項）。

[義務的公開買付]

次の要件に該当する場合、公開買付によって株式を強制的に取得することが認められます（コード一般原則26条1項、2項）。

- 株式の取得取引により議決権の保有割合が30%以上になる場合
- 既に議決権の30%以上50%未満の株式を有している者が、買収から12カ月以内で、最も持分割合の低い時点を基準に、さらに2%以上の追加取得をしようとする場合

[公開買付手順]

日程	詳細
公表	買付希望者による公表（コード一般原則1条1項）
1日目	買付書面の公示（コード一般原則8条2項） キャッシュによる買付の場合：公表から21日以内 有価証券による買付の場合：公表から35日以内
14日目	対象企業が株主に買付書面を回覧させる期限（コード一般原則8条4項）
21／28日目	最初の買付受付期間の締め切り（コード一般原則15条1項） 21日：買付・返答書面が同じ日に発送される場合 28日：返答書面が買付書面より後に発送される場合
39日目	同日以降、対象企業は取引結果、利益や配当の見通し、資産評価や配当金支払提案、または重要な取得・処分や重要な取引の提案などの新たな重要情報を公表できない。ただし、一般的に後述する46日目および60日目の期間は、SFC委員長により延長される（コード一般原則15条4項）。
42／49日目	引受人は、買付が無条件となっていない場合、最初の買付受付期間の締め切りから21日後に引受を撤回する権利を得る。ただし、撤回は60日目の午後4時までに行う必要がある（コード一般原則17条）。
46日目	買付過程で買付者が条件を変更した場合、対象企業の全株主は、彼らが買付に同意したか否かにかかわらず、条件を変更できなくなる。変更された買付文書の公示日から14日以内は、変更を受付けなくてはならない（コード一般原則16条1項）
60日目	SFC委員長の同意がない限り、同日午後7時以降、無条件に買付は承諾される（コード一般原則15条5項）。

※ 競合的買付の場合、上記タイムテーブルは調整され、SFC委員長に諮問する必要がある（コード一般原則15条5項）

■ スキーム・オブ・アレンジメント

　スキーム・オブ・アレンジメントとは、買収企業が、対象企業の株主のうち買収企業に協力的な株主からその保有株式を取得し、自らの保有株式との合計により、買収を成立させる方法です。株式の取得がスキーム・オブ・アレンジメントによる場合には、以下の要件を満たす必要があります（コード一般原則2条10項）。

III 香港

- 株主総会において当該スキーム・オブ・アレンジメントに関係しない株主（以下、非利害関係株主）の過半数、または非利害関係株主が保有する株式のうち、その適正価格の75％以上を有する株主の承認を受けること
- 非利害関係株主の保有する株式の適正価格の10％以上を有する株主から反対を受けないこと
- 裁判所などから認可を受けること

これらの要件を満たすのは困難なため、通常の株式所得によるM&Aが一般的です。

証券先物条例

証券先物条例は金融商品取引に関する各種事項の規制と、投資家の保護を目的として、証券や先物商品に関する法律を統合してSFCにより制定されました。主に、インサイダー取引、不公正取引、価格談合、市場価格・株式価格操作および公開買付書類などの開示書類に関する虚偽、または誤解をもたらす記載についての情報開示などを規制します（日本の金融商品取引法における規制に相当）。

■ 株式・ショートポジションの開示

条例では香港上場企業の取締役、CEO（Chief Executive Officer）およびその総議決権の5％以上の株式を保有する株主に対し、株式の保有状況などの開示を要求しています。

取締役、CEOは、保有株式数やショートポジション※に変更が生じた場合、その都度、情報開示をする必要があります。また、香港上場企業の総議決権の5％以上を保有する株主は、保有株式数が整数％レベルを超えて変動した場合（たとえば、5.9％から6.1％など）や、

5%を下回った場合など、それらの事実を開示しなければなりません。

※株式を空売りしている状態を示す

事業譲渡（債権者保護）条例

事業譲渡とは、対象企業の資産・負債を買収側が譲り受け、一部の事業を承継する方法です。特徴は、買収者が自らの裁量により選択して対象企業の特定の事業に関してのみ取得できる点です。したがって、買収者は一般的に、この方法により買収者は支払金額を制限することができるため、株式取得に比べて金銭面での負担は軽くなります。

事業譲渡条例は、買収者が承継しない債務に関し、債権者保護を目的として制定されました。そのため、譲渡者と買収者は、当該事業に関する税債務を共同して負担することが規定されています。この責任は契約により排除できません（会社条例3条）。この責任を免れるためには、事業譲渡の日の4カ月前から1カ月前までの期間に、官報や新聞に事業譲渡を行う旨の公告を行うなど、本条例所定の手続が必要です（4条、5条）。

印紙条例

印紙税は株式の売買証明書などの作成に伴って生じるもので、課税文書の作成者が納税義務者となります。香港では印紙税は貴重な税収源となっており、法人所得税に次ぐ割合です。印紙税の支払が行われなかった場合には一定の罰金が科される他、当該書面が裁判上の証拠として認められなくなるなどの不利益が生じます。

印紙税の対象となるものは限られており、主に不動産売買契約書、不動産賃貸借契約書および香港法人株式の売買契約書などです。

Ⅲ　香港

[不動産売買契約書]

香港の不動産売買契約に係る印紙税の税率は、次表のとおりです。

【不動産売買契約に係る税額および税率】

(単位：HKドル)

資産の価額	税額および税率
〜　2,000,000	1.00%
2,000,001 〜　2,351,760	100＋2,000,000を超える部分の金額×10%
2,351,761 〜　3,000,000	1.50%
3,000,001 〜　3,290,320	45,000＋3,000,000を超える部分の金額×10%
3,290,321 〜　4,000,000	2.25%
4,000,001 〜　4,428,570	90,000＋4,000,000を超える部分の金額×10%
4,428,571 〜　6,000,000	3.00%
6,000,001 〜　6,720,000	180,000＋6,000,000を超える部分の金額×10%
6,720,001 〜 20,000,000	3.75%
20,000,001 〜 21,739,120	750,000＋20,000,000を超える部分の金額×10%
21,739,121 〜	4.25%

出所：Inland Revenue Department

[不動産賃貸借契約書]

不動産賃貸借契約に係る印紙税の税率は次表のとおりです。

【不動産賃貸借契約に係る税率】

期間	税率
1年未満	リース期間に支払われる賃貸料の合計額　×　0.25%
1年以上3年未満	各年の賃貸料もしくは年間平均賃貸料　×　0.50%
3年以上	各年の賃貸料もしくは年間平均賃貸料　×　1.00%
期間が決まっていないまたは不確実	各年の賃貸料もしくは年間平均賃貸料　×　0.25%
礼金、工事費などのリース契約に記載されているもの	家賃もリース契約に従って支払うべきものである場合、支払う金額の4.25%。そうでない場合は売買契約と同じ税額

出所：Inland Revenue Department

[香港法人株式の売買契約書]

香港法人株式の売買契約に係る印紙税の税額は、次のとおり計算します。

【香港法人株式の売買契約に係る税額】

文書の性質	税額
香港法人株式の売買契約書	売買価格もしくは売買した株式の価値の0.1%
事業譲渡	5HKドル＋ 株式の売買価格の0.2%
その他の譲渡	5HKドル

出所：Inland Revenue Department

会計基準

香港財務報告基準（HKFRS：Hong Kong Financial Reporting Standards）は、2005年1月1日より国際財務報告基準（IFRS）を全面的に取り入れ、実質的にはIFRSとほぼ同一の基準となっています。

ただし、一部発効日や移行日が異なる点や、IAS第27号10項（連結および個別財務諸表）の連結財務諸表作成免除に関して、香港の会社条例にも準拠する必要性がある点（HKAS第27号10項脚注）など差異があります。

IFRSをすべての会社に適用することは負担が大きいため、一定の要件を満たす小規模な会社については、中小企業財務報告基準（SME-FRF&FRS：SME Financial Reporting Framework and Financial Reporting Standard）を適用することができます。

中小企業財務報告基準とは別に、「中小企業（SME）向けのIFRS（IFRS for SMEs）」を一部香港向けに修正を加えた「私的会社香港財務報告基準（HKFRSs for PE）」が、2010年4月30日に発行され、即時適用されています。HKFRSs for PEは、キャッシュ・フロー計

III　香港

算書と株主持分変動計算書の作成が要求される等の点においてSME-FRF&FRSよりも要求される項目が多くなっています。ただし、中小企業に関連の少ないトピックスや開示要件を除外したり、認識や測定の要件の簡素化、開示内容の大幅な削減など、HKFRSより会計上の要件は1割程度と簡便なものです。

M&Aに関する税務

■ 資産取得

[資産譲渡]

香港では、資産譲渡益に対する課税はありません。

[のれん]

税務上、のれんの償却費は損金算入することができません。ただし、税務条例（IRO：Inland Revenue Ordinance）によると、特定の条件を満たすことによって、次の無形資産に関する支払費用を、税務上、控除することが認められています。

- 収益を生む事業や取引に使用する商標、デザイン、特許のための登録費、研究開発費
- 香港内で使用する商標権およびノウハウの権利の取得費（関連者からの取得は除く）
- 著作権、登録デザイン、登録商標権の取得にかかわる支出の5年にわたる償却費

[物品サービス税・付加価値税]

香港では現在のところ、物品サービス税（GST）および付加価値税（VAT）はありません。

■ 株式取得

株式取得によって、香港企業の株主が変わることで発生する税金はありません。

III 香港

[免税規定]

　グループ内における株式譲渡の場合には、免税規定が設けられています。適用要件は、売買当事者が取引日現在および以後2年以上にわたって、90％以上の資本関係にあることです。たとえば、日本親会社（A社）が香港子会社（B社）の株式のすべてをグループ内の日本子会社（C社）に譲渡する場合のA社とC社の資本関係の要件となります。ただし香港子会社（B社）に対する持株比率自体は要件とされていません。

　なお、仮に2年以内に90％以上の資本関係が崩れた場合は、免税は無効となります。また、2年経過後に90％以上の資本関係が崩れることが当初から予定されている場合も免税の適用はありません。

[税務保証]

　ターゲット企業が税金滞納や税務規定違反をしているかどうかについて、香港の歳入局から助言はありませんので、株式取得契約の中に税務に関する保証について明記する必要があります。

[繰越欠損金]

　通常、繰越欠損金は将来の課税収益と相殺します。香港には、グループ法人税制は存在しないため、それぞれの法人が課税主体と見なされます。事業取得や資産取得によって、繰越欠損金が買収企業に移転することはありません。また、株式取得によって当該企業の株主が変わる場合、繰越欠損金の残高に変更を及ぼすことはありません。

[印紙税]

　香港株式の移転には印紙税が発生します。香港法人株式の売買を行う場合、売買証書（Contract Note）を作成する必要があり、印紙税は売買代金と株式時価のいずれか高い方に対して0.1％です。売買証

書には売付証（Sold Note）と買付証（Bought Note）があるため、合計で0.2%となります（通常は売り手と買い手がそれぞれ0.1%ずつ負担します）。

Ⅲ 香港

企業買収後の諸課題

出口戦略（エグジット・ストラテジー）

　外国会社が香港内国会社へ行った投資から完全に撤退する場合、さまざまな問題点が発生します。主な出口戦略としては、株式の売却、会社の清算、事業譲渡等による売却があります。

■ 株式の売却
［非居住者から香港居住者への株式の売却］
　非居住者が香港居住者に株式を譲渡する場合、譲渡価格は香港の証券取引委員会（SEC：Securities and Exchange Commission）のガイドラインに従って行われる株式の第三者割当の割当価格以内でなければなりません。

［外国会社（香港非居住者）から香港非居住者への株式の譲渡］
　外国会社（香港非居住者）から香港非居住者への株式譲渡についての具体的なガイドラインや、特段の規制はありません。たとえば、日本の居住者同士で香港の内国会社を、何の規制もなく譲渡することができます。
　所得税法上、株式の譲渡会社が株式譲渡により取得した対価が株式の取得原価を上回る場合には、株式の譲渡会社にキャピタル・ゲイン課税が発生します。この場合、株式の譲受会社はこれを源泉徴収しなければなりません。また、証券取引所を通じて上場企業の株式を売却する場合には証券取引税が課されます。

■ 会社の清算

会社の清算とは、会社の資産負債を清算し、法人格を消滅させる手続のことです。概要は、以下のとおりです（会社条例14条）。

- 会社清算決議の実施（取締役会の過半数、株主総会の3分の2以上による決議）
- 新聞への公告の掲載（週1回の掲載を3週間）
- 清算日
- 清算監査（会社の清算日における財務諸表を作成し、香港税務局に届出る）
- 納税番号（TIN番号）の抹消を香港税務局に申請
- 過去3年間の税務監査
- 税務クリアランス（Tax Clearance）の発行
- SEC用最終財務諸表の作成（SEC申請時は、提出日前60日以内に作成された財務諸表を添付する必要がある）
- SECへの法人登記抹消申請

■ 事業譲渡等による事業の売却

事業譲渡や合併によって、投資先の香港内国会社の事業を他社に売却するという方法も選択できます。ただし、事業譲渡の場合は売却した事業の対価が出資先の香港内国会社に支払われるので、この資金を外国会社株主が回収するためには、当該香港内国会社を清算する等、さらに手続が必要です。

また、合併の場合にも合併存続会社の株式が割当てられるので、これを処分するための手続が必要となります。統合後の人事の重要性などM&Aにはたくさんの不確定要素が伴います。その不確定要素は社員の職業安定性の問題に結び付き、合併後の社員のモラル低下を導く恐れがあるので、判断には慎重さを要します。

Ⅲ 香港

[参考資料・ウェブサイト]

- Inland Revenue Department 'Stamp Duty'
  http://www.ird.gov.hk/eng/tax/sdu.htm#a20e
- Deacons
  http://www.deacons.com.hk/eng/knowledge/knowledge_106.htm
- PwC 'Opportunities rediscovered, Understanding Mergers and Acquisitions Tax in Asia — 2012'
  http://www.pwc.com/en_GX/gx/tax/mergers-and-acquisitions/assets/pdf/ma-asian-tax-guide.pdf
- 啓源公認会計士事務所株式会社「香港ビジネスサービス――香港のビジネス七：はっきりして公正な法律保障」
  http://www.bycpa.com/jp/html/news/200811/109.html
- 山中政人「香港企業を買収する際に注意すべき法規制」法と経済のジャーナル、2012年2月22日
  http://astand.asahi.com/magazine/judiciary/outlook/2012020700010.html
- 森・濱田松本法律事務所アジアプラクティスグループ編『アジア新興国の上場会社買収法制』商事法務、2012年

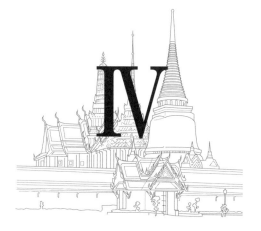

IV

タイ

 Ⅳ　タイ

タイにおけるM&Aの動向

　タイは周辺諸国と比較し、インフラ、労働力等の投資環境が整備されていることに加え、自動車産業、電気・エレクトロニクス分野を中心に産業集積も進んでいるため、東南アジアにおける日本企業の一大集積地となっています。さらに最近では所得水準の向上により中間層が拡大したため、サービス業の進出も目立つようになりました。

　一方で、日本企業によるタイ企業の買収はこれまでほとんどみられませんでした。日本企業のタイ進出は製造業が中心であり、自らの技術で生産した製品を、タイ国内または東南アジアや日本に輸出することが目的であるため、企業を買収する必要がなく、タイに子会社を設立して事業展開するのが一般的でした。

　しかし最近では、タイのローカル企業を日本企業が買収しようという動きが出ています。日本の自動車部品企業を買収したタイ企業が現れたことからもわかるように、日本企業が興味を覚えるような力のあるタイのローカル企業が増加してきているのです。また、マーケットが成熟し、小売業やサービス業等、製造業以外の事業規模が大きくなってきたことも要因として挙げられます。

　2011年、タイは政権交代や、50年に一度といわれる大洪水の困難に直面しました。しかし、日本企業のタイに対する投資意欲は依然として強く、タイ人の日本企業に対する信頼も厚いため、今後も買収増加傾向が続くのは間違いありません。競合する他国の企業も続々と参入している現在、M&Aも含めたスピーディな事業展開の重要性が増していくと考えられます。

次のグラフは1997～2013年の間に、タイで行われたM&Aのうち、公表されているM&Aの件数と金額の推移を表したものです。

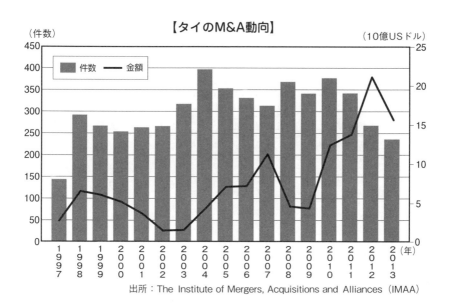

出所：The Institute of Mergers, Acquisitions and Alliances（IMAA）

　金額ベースで見ると、2008年のリーマンショック時は低い水準にありましたが、その後2012年まで右肩上がりで増加しており、各国におけるタイへの投資意欲の高さがうかがえます。

■ 日本企業のM&A事例

　日本企業によるアジア企業の買収（In-Out）の件数は、2012年に189件、2013年に202件あり、そのうちタイに対するM&Aはそれぞれ11件、30件です（レコフ調べ）。次表は、2012年、2013年に行われた日本からタイに対するM&Aの事例です。

IV タイ

【日本からタイへのM&A (2012年)】

No.	日本	タイ	出資比率(%)	業種	投資金額(百万円)
1	JXホールディングス	PTTEP International Limited	15	鉱業	—
2	王子ホールディングス	ボックス・アジア・グループ・インターナショナル	100	紙、パルプ	—
3	王子ホールディングス	S.Pack&Print Public Company Limited	27	紙、パルプ	800
4	富士製薬工業	OLIC Limited	99.91	医薬品	4,200
5	JFEスチール、伊藤忠丸紅鉄鋼	タイコールドロールドスチール	59.57	鉄鋼	4,000
6	JFEスチール、伊藤忠丸紅鉄鋼	サハビリヤスチールインダストリー	6.2	鉄鋼	3,973
7	大同工業	Interface Solutions Co., Ltd.	52	機械	380
8	三井物産、三井製糖	Khonburi Sugar Public Company Limited	11.1、5.6	総合商社	1,990、1,000
9	メタルワン	Pacific Sheet and Coil Co., Ltd.	49	その他販売、卸	—
10	大正製薬ホールディングス	オソサパ社	60	その他小売	125
11	伊藤忠テクノソリューションズ	ネットバンド・コンサルティング	45	ソフト、上場	—

『M&A専門誌MARR』をもとに作成

【日本からタイへのM&A（2013年）】

No.	日本	タイ	出資比率（%）	業種	投資金額（百万円）
1	フジックス	Fujix International Co., Ltd.	70	その他販売、卸	178
2	レンゴー	ダイナ・パックス、オリエント・コンテナーズ	75	紙、パルプ	—
3	日本製紙	SCGペーパー	30	紙、パルプ	11,000
4	セメダイン	セメダイン	50.5	化学	15
5	日本モリマー	TIK Manufacturing	50以上	化学	—
6	ファミリーグローブ	Shaldan Co., Ltd.	100?	化学	—
7	ニチリン	Nichirin Co., Ltd.	40	ゴム	—
8	ベンカン・ジャパン	タイベンカン	100	鉄鋼	—
9	アルファグループ	C.I.Technology Co., Ltd.	90	非鉄、金属製品	540
10	GSユアサ	サイアムジーエスバッテリー	49→60	電機	3,600
11	富士電機	タスコトラフォ	67.7	電機	—
12	シンフォニアテクノロジー	SSRFID	25	電機	80
13	三菱電機	エフエーテック	—	その他販売、卸	—
14	いすゞ自動車	タイのノックダウン部品梱包会社	100	輸送用機器、運輸、倉庫	—
15	共進	タイの空圧部品メーカー	10→49（将来）	輸送用機器	15
16	住友商事、日清製糖	カセタイ持株会社	25（予定）	総合商社、食品	8,102
17	昭光通商	昭光通商タイランド	49	その他販売、卸	20
18	トリドール	ノドゥ・フーズ	40	外食	—
19	三菱東京UFJ銀行	アユタヤ銀行	約76（最大見込み）	銀行	536,000

Ⅳ　タイ

20	明治安田生命保険	タイ・ライフ・インシュアランス	15	生保、損保	70,000
21	CA Asia Internet Fund I, L.P	Priceza Co., Ltd.	—	その他金融、ソフト、情報	—
22	中部電力	Gunkul Powergen Company Limited	49	電力、ガス	1,000
23	Moeco Asia Pte. Ltd.	PTTEP International Limited	20	電力、ガス、鉱業	—
24	NTTコミュニケーションズ	デジタル・ポート	74	通信、放送、ソフト、情報	—
25	エン・ジャパン、en-Asia holdings Ltd.、En Holdings	The Capstone Group Recruitment and Consulting	49→73.99	ソフト、情報、サービス	215
26	NTTファシリティーズ	Unitrio Technology Limited	51	サービス	900
27	電通プラス	ブランドスケープ	特定資産取得	サービス	—
28	D2C	マックフィーバー	49	サービス	470
29	アクティオ	サイアム・イクイップメント・マシナリー	40	サービス	200

『M&A専門誌MARR』をもとに作成

M&A に関する法律・規制

M&Aに関連する主要な法令は、外国人事業法に基づく外資規制、タイの会社法である民商法典および公開株式会社法、公開買付や開示などに関する証券取引法、独占禁止法に該当する取引競争法等、非常に多岐に渡るため、横断的に理解しておく必要があります。

【M&A に関連する法規】

外国人事業法	外国人の事業活動を制限。規制業種を定める
民商法典	パートナーシップおよび非公開会社について規定
公開株式会社法	公開会社について規定。非公開会社に比べてコーポレートガバナンスの要請が強くなっている
証券取引法	株式の取引について規定。投資家の保護を目的とする
取引競争法	市場における公正な取引の維持を目的として制定。独占や寡占の制限について規定
労働法	労働者保護のための規定

投資規制

タイでは、自国資本の保護・育成のために、外国人事業法（FBA）により規制を設けています。

タイ政府は、外資誘致政策と自国資本保護政策の相反する2つの目的を、「投資奨励法」と「外国人事業法」という2つの法律を使い分けることで実現し、経済発展を遂げています。

■ 外国人事業法

外国人事業法は、1972年に軍事政権下で外国人の営む事業を規制する目的で制定されました。その後、外国の資本・技術の導入を促進

Ⅳ　タイ

すべく1999年に抜本的に改正され、2000年3月から施行されています。同法では、規制業種を3種43業種に分け、それらの業種に対する「外国人」(外国人の定義についてはP.220参照)の参入を規制しており、タイへ進出する際の出資比率に大きな影響を与える非常に重要な法律です。

【外国人事業法の概要】

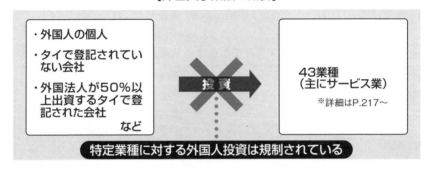

■ 外国人事業法における規制業種

外国人事業法においては、規制業種を第1種、第2種、第3種の3つのグループに分けています。

製造業は基本的に規制の対象とはなりませんが、サービス業については、第3種のリストにおいて「その他のサービス業」とされていることから、すべてのサービス業が同法の規制対象になります。これは現地法人の場合だけではなく、支店、駐在員事務所にも適用されます。

タイで展開しようとする事業が規制業種に該当する場合は、原則として、外国資本を50％以上所有する会社は、事業を行うことはできません。ただし、第2種、第3種に該当する場合には、商務省の外国人事業許可証を取得するか、タイ投資委員会（BOI）の認可を取得すれば、外国資本50％以上の会社をタイに設立することも可能です。

[第1種]

　第1種は、特別な理由により「外国人」に対し禁止された業種となっており、原則として「外国人」が参入することはできません。

- 新聞事業、ラジオ放送局事業、テレビジョン放送局事業
- 畜産
- 稲作、畑作、園芸
- 営林および自然林の木材加工
- タイ国の領海および経済水域における漁業
- タイ薬草の加工
- タイ国の古美術品またはタイ国の歴史価値のあるものの販売および競売
- 仏像および鉢の製造
- 土地取引

[第2種]

　第2種は、国の安全または保安に関する事業、またはタイの伝統文化、工芸、自然遺産、環境に影響を及ぼす業種です。これらは外国事業委員会の承認を伴う商務大臣の許可、またはBOIの許可を取得すれば「外国人」が事業を行うことができるとされていますが、参入障壁は高いといえます。

国家の安全、安定に関する業種
- 以下の製造、販売および修理
    - 銃、銃弾、火薬、爆発物
    - 銃、銃弾、爆発物の部分品
    - 戦闘用の武器、軍用航空機および車両
    - 各種戦場用機器、部分品

 **Ⅳ　タイ**

・国内における陸上、海上、航空機輸送ならびに国内航空業

芸術、伝統、工芸に影響を与える業種
- タイ国の芸術、工芸品の取引
- 木製彫刻の製造
- 養蚕、タイシルクの製造、タイシルクの織物またはタイシルク布の捺染
- タイ楽器の製造
- 金製品、銀製品、細工品、象眼金製品、漆器の製造
- タイの伝統工芸である椀、皿または陶磁器の製造

天然資源または環境に影響を与える業種
- サトウキビからの製糖
- 塩田での製塩
- 岩塩からの製塩
- 爆破、砕石を含む鉱業
- 家具、道具を製造するための木材加工

[第3種]

　第3種は「外国人」との競争力がまだついていない業種で、外国人事業委員会の承認を得て事業開発局の局長より認可を受けるか、BOIの奨励を受けることで、「外国人」が事業を行うことができます。

- 精米、米および穀物からの製粉
- 養魚
- 植林
- 合板、ベニヤ板、チップボード、ハードボードの製造
- 石灰の製造

- 会計事務所
- 法律事務所
- 建築事務所
- 技術事務所
- 建設（以下を除く）
    - 外国人の最低資本金額が5億バーツ以上で、特別の機器、機械、技術、専門性を要するもので、公共施設または通信運輸に関する国民に基礎的なサービスを提供する建設業
    - 省令で定めるその他の建設業
- 仲介業、代理業（以下を除く）
    - 証券売買仲介、代理業。農産物または金融証券の先物取引
    - 同一企業内における製造に必要な売買、商品発掘の仲介、代理、または、製造に必要なサービス、技術サービス
    - 外国人の最低資本金額が1億バーツで、タイ国内で製造されたか外国から輸入された製品を売買するための仲介または代理業、国内、国外の市場開拓、販売業
    - 省令で定めるその他の仲介、代理業
- 競売業（以下を除く）
    - タイの美術、工芸、遺物で、タイ国の歴史的価値のある古物、古美術品、または美術品の国際的入札による競売
    - 省令で定めるその他の競売
- 法律で禁止されていない地場農産物の国内取引
- すべてを含む最低資本金額が1億バーツ未満、または1店舗当たりの最低資本金額が2,000万バーツ未満の全種類の小売業
- 1店舗当たりの最低資本金額が1億バーツ未満の全商品の卸売業
- 広告業
- ホテル業（ホテルに対するサービス※を除く）
    ※ホテルコンサルティング、ホテルマネジメントなど

IV タイ

- 観光業
- 飲食店
- 種苗、育種業
- その他のサービス業（省令で定める業種を除く）

■ 規制対象となる「外国人」の定義

規制の対象になる「外国人」の定義を理解することは最も重要です。外国人事業法では「外国人（コン・ターンダーオ）」の定義を以下のように規定しています（外国人事業法4条）。

- タイ国籍を有していない自然人 ……………………………… ①
- タイ国内で登記していない法人 ……………………………… ②
- タイ国内で登記している法人であるが以下の形態に該当するもの
  …………………………………… ③
    - ①または②に該当する者が、資本である株式を半数以上保有する法人、あるいは①または②に該当する者が、全資本の半分以上を投資した法人
    - ①に該当する者が業務執行社員または支配人として登録された合資会社または合名会社
- ①②または③に該当する者がタイ国内で登記し、資本である株式を半数以上保有する法人、あるいは①②または③に該当する者が全資本の半分以上を投資した法人 …………………… ④

つまり、総資本のうち50％以上を外国資本が占める場合は、「外国法人」とみなされます。一方、タイ51％、日本49％の出資比率で合弁企業を設立した場合は「タイ法人」となり、「外国法人」に該当しないため、外国人事業法の規制を受けることはありません。

タイで展開する予定の事業が規制業種に該当する場合、50％以上

の出資形態で進出する場合には当該規制を受けることになるため、事前の確認が必要です。また、規制業種のほとんどは製造業以外の業種ですので、製造業以外で進出する場合は、特に慎重に検討しなければなりません。

タイの規制業種の範囲は非常に広範となっており、サービス業に関しては、ほとんどの業種が対象となりますので、経営権をいかに取得するかが重要なポイントとなります。

なお、規制を回避する方法としては、以下の方法が考えられます。

[友好的な株主を利用する方法]

外資の出資比率が制限される場合、日本企業49％、タイ企業51％の合弁会社を作る方法が最も一般的です。この場合には、過半数の議決権をタイ企業側が保有することになるため、意見が対立するときには事業運営が円滑に進まない可能性があります。これを回避するために、日本企業と合弁先のタイ企業が49％ずつ出資を行い、残り2％を日系のコンサルティング会社や投資会社など、友好的な株主に出資してもらいます。実質的に議決権の過半数を占めることができます。

[優先株式を利用する方法]

投資規制の対象となるのは、あくまで「出資比率」です。この点に着目して、1株当たりの議決権を株式の種類ごとに変えれば、議決権ベースで過半数を獲得することができます。タイでは優先株式の発行が認められているため、この方法を採用することができると考えられます。たとえば、日本企業49株、タイ企業51株の合弁会社の場合、両者の交渉により日本企業の保有する株式の1株当たりの議決権を10株とする旨を定めた優先株式を発行したとします。その結果、議決権ベースでは、日本企業490に対してタイ企業51となり、出資比率規制を遵守したまま、経営権を支配することができます。

Ⅳ　タイ

ただし、これは本来の外資規制を潜脱する方法であるとして、タイ政府が規制を強める動きを見せています。実際の利用については、事前に最新情報を確認する必要があります。

Q&A ①

Q

日本法人 A 社が 49%、タイ法人 B 社が 51% ずつを出資する合弁会社 C 社をタイに設立する場合、C 社は外国人事業法の規制対象となるでしょうか？

A

外国人事業法では、総資本の 50% 以上を外国資本が占める場合、当該会社を「外国法人」と定義し、規制の対象としています。本ケースでは C 社の外国資本比率は 50% 未満であるため「外国法人」の定義に該当せず、C 社は外国人事業法の規制対象にはなりません。

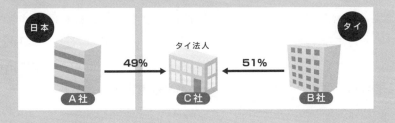

Q&A ②

Q

日本 A 社 51%、タイ B 社 49% 出資の合弁会社 C 社をタイに設立しようと考えています。この場合、C 社は外国人事業法の規制対象となるのでしょうか？

A

Q&A ①で解説したとおり、50% 以上の外資参入は規制対象となります。本ケースでは外国資本が 50% 以上となりますので「外国法人」とみなされ、C 社は外国人事業法の規制対象となります。

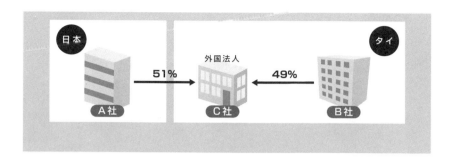

Q&A ③

Q

Q&A ①のスキームで合弁会社 C 社を設立しました。さらに C 社は、タイ国内に(1) C 社 51%、日本 A 社 49% の合弁会社 D 社、(2) C 社 100% 出資の会社 E 社の 2 社を新たに設立したいと考えています。上記(1)、(2)の場合において D 社および E 社は外国人事業法の規制対象になるのでしょうか？

A

まず(1)の場合についてですが、C 社は Q&A ①にあるように「タイ法人」とみなされます。したがって、D 社は日本 A 社 49% タイ C 社 51% の合弁企業となり、外国法人定義に該当しないので規制対象にはなりません。

また(2)の場合についても、E 社は「タイ法人」とみなされる C 社による100% 出資で設立されているので、D 社と同様に規制対象にはなりません。

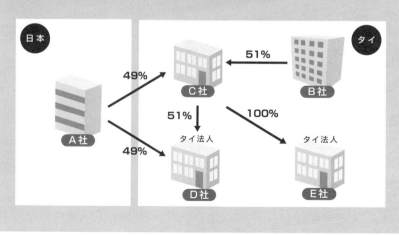

IV タイ

Q&A ④

Q

Q&A ②のスキームで合弁会社 C 社を設立しました。さらに C 社は、タイ国内に(1) C 社 51％、日本 A 社 49％ の合弁会社 D 社、(2) C 社 100％ 出資の E 社の 2 社を新たに設立したいと考えています。上記(1)、(2)の場合においては外国人事業法の規制対象になるのでしょうか？

A

まず(1)の場合についてですが、C 社は Q&A ②にあるように「外国法人」とみなされます。したがって、D 社は日本 A 社 49％ 日本 C 社 51％ の合弁企業となり、「100％ 外国法人」とみなされ規制対象となります。

また(2)の場合についても、E 社は「外国法人」とみなされる C 社による100％ 出資で設立されているので、「100％ 外国法人」とみなされ規制対象となります。

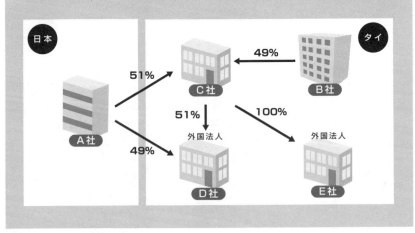

■ 資本金に関する規制

外国人事業法では、外国企業が上述の規制業種に対する特別の認可を取得して事業を行う場合、原則として、300万バーツ以上の最低資本金が必要です。

ただし、規制業種に該当しない場合の外国企業の最低資本金は200万バーツ以上となっています。また、外国法人、タイ法人問わ

ずに外国人1名の労働許可を取得するには200万バーツが必要となります。

なお、BOIの奨励を受ける法人に関しては別途最低資本金の要件が加わり、土地代、運転資金を除き100万バーツが必要となります。

【最低資本金に関する規制】

	外国法人[※1]		タイ法人[※2]
	規制業種	規制業種以外	
外国人事業法による最低資本金	300万バーツ	200万バーツ	なし
労働省規定による資本金 （外国人1名につき）	200万バーツ		

[※1] 外国法人とは、外国人事業法上で定義される外国法人のことであり、総資本の50％以上を外国資本が占めている場合やタイ国内で登記されていない法人などのことをいう（P.220参照）
[※2] タイ法人とは、外国資本が総資本の50％未満である法人をいう

会社法

民商法典22編はパートナーシップおよび非公開会社について規定し、公開株式会社法が公開会社について規定しています。これらを合わせたものが、タイの会社法ということになります。

日本の会社法では、M&Aの手法として利用される新株発行や合併など、組織再編に関する意思決定の方法や債権者保護などの手続が規定されていますが、タイも同様です。

日本との違いは、非公開会社に関する規定が民商法典のうち、わずか180条ほどという点です。日本の会社法は法律だけで1,000条ほどあり、規則も合わせるとかなりの数になります。それに比べると、いかに少ないかがわかります。買収手続やその後の会社運営については、タイには明文化された規定がないために、実務的な取扱が不透明であるという問題があります。

Ⅳ　タイ

■ **新株発行**

　非公開会社は、附属定款で定めることにより、株式に譲渡制限を付すことが可能である一方で、株式の第三者割当や社債の発行が不可能であることが定められています（民商法典1129条、1222条1項、1229条）。

　一方、公開会社は、非公開会社と異なり、第三者割当増資を行うことができます（公開株式会社法136条）。

[非公開会社における新株の発行]

　非公開会社の新株発行手続について民商法典1220～1228条に規定があります。

　新株を発行する場合、株主総会の特別決議により意思決定しなければなりません（民商法典1220条）。タイの民商法典では、株主割当による新株発行のみが規定されているため、既存の株主に対して新株を割当てる旨を文書で通知します（1222条1項）。当該通知には、割当てる株式数、申込期限、期限までに申込がない場合は引受けないとみなすことを記載します（1222条2項）。申込期限までに申込の意思表示がない場合や、新株の引受を拒否する旨の意思表示がある場合には、取締役は株主以外の第三者もしくは取締役自身で引受けることができます（1222条3項）。その後、株主総会の決議後14日以内に、商務省へ増資決議を行った旨を登記します（1228条）。

　非公開会社の新株発行によってM&Aを実施する場合には、定款で排除されている場合を除き、既存の株主に新株引受を拒否してもらうことで、実質的な第三者割当の形で行うことができるという点に留意が必要です。

[公開会社における新株の発行]

タイの公開株式会社法における資本金の概念は登録資本金と引受済資本金、払込資本金に分けて把握する必要があります。

【公開株式会社法における資本金の定義】

登録資本金	会社定款に記載する資本金（18条1項）
引受済資本金	発起人が登録資本金の50%以上を引受けた資本金（27条）
払込資本金	引受済の株式に対して全額払込まれた資本金（37条2項）

公開株式会社法136〜138条では、登録資本金の増額について規定しています。

登録資本金自体の増額については、株主総会の特別決議において、株主の4分の3以上の賛成によって意思決定されます（公開株式会社法136条）。その決議の日から14日以内に登記官に対し登録資本金の変更登記を行わなければなりません（同条2項2号、3号）。また発行する株式の割当方法については、株主割当による方法か、第三者割当で行うかを選択することが認められています（137条）。

一方、登録資本金内での株式発行の場合は、明文規定がないことから、原則どおり、取締役会で意思決定が可能と解釈されています。

【新株発行における意思決定方法】

登録資本金の増加を伴う場合	株主総会特別決議
登録資本金内の増資の場合	取締役会決議

■ 合併

合併に関する規定は、民商法典1238〜1243条に定められています。同法典1241条によると、「合併によって成立した株式会社は新しい会社として登記されなければならない」とされているため、日

Ⅳ　タイ

本と異なりタイでは吸収合併は認められません。したがって、すべて新設合併となります。

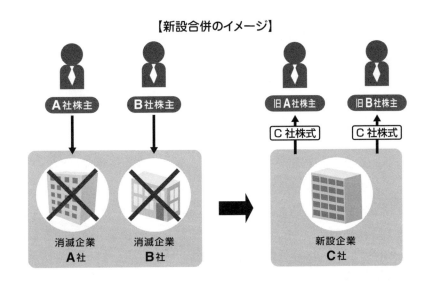

【新設合併のイメージ】

　吸収合併と同様の効果を得るためには、事業の全部譲渡とその後の清算という手法も考えられますが、実務上、新設合併が多く行われています。

　たとえば、スズキと宇部興産などが挙げられます。スズキは、タイにおける自動車の生産、販売の効率化を図るため、宇部興産は営業部門の強化や間接部門の合理化などのため、つまり2社ともに現状の生産、販売能力の増強を目的として新設合併を行いました。手続については、以下のようになります。

［新設合併の手続］

　合併の意思決定は、株主総会の4分の3以上の賛成（特別決議）により決定しなければなりません（民商法典1238条）。また、総会決議後14日以内に登記を行います（1239条）。

次に債権者の保護を図るため、地方紙に最低1回公告するとともに、会社が把握しているすべての債権者に文書で合併の意図を通知し、当該合併に異議がある場合は、通知日から60日以内に異議申立を行うよう要求します。期間中に異議が申立てられなかった場合、異議はないものとみなされます。異議が申立てられた場合は、会社はその要求を満たすか、またはその保証を与えない限り合併を実行することはできません（1240条）。

合併が実行された場合は、合併前の会社ごとに14日以内に合併を登記する必要があります。さらに、成立した株式会社は新しい会社として登記します（1241条）。

新会社の資本金は、消滅した会社の資本金の合計額に等しくなければなりません（1242条）。また新会社は、合併前の旧会社の権利、義務を新たに負うことになります（1243条）。

■ 事業譲渡

タイにおけるM&Aにおいて、株式取得や合併以外の方法としては事業譲渡の手法があります。前述のとおり、タイでは吸収合併が認められていないため、事業の全部譲渡（EBT：Entire Business Transfer）と清算により、吸収合併と同様の効果をもたらす取引を採用することができるのです。

[公開会社における事業譲渡]

公開株式会社法では、事業の全部譲渡および重要な一部を譲渡するためには、株主総会の特別決議が必要であると規定しています。

公開株式会社法107条2項（イ）にて、会社の営業の全部または主要部分の第三者への売却もしくは譲渡については、株主総会に出席した議決権のある株主の得票総数の4分の3以上の賛成が必要であると規定しています。

Ⅳ　タイ

■ **企業分割**

　タイの会社法上、企業分割に関しては規定されていません。また、一般的なスキームも利用できないため、事業の一部を他の会社に移したい場合には、分割事業を受入れる会社を新設するか、または既存の会社に事業譲渡する必要があります。

　なお、株式交換と株式移転に関しても、会社法に定めはありません。

証券取引法

　証券取引法は、有価証券の発行主体や投資家が自由に参加できる公正な市場を作ることを目的とした法律です。日本の金融商品取引法に該当します。同法で規定されている公開買付規制、開示規制、インサイダー取引規制などが上場企業のM&Aを行う際に関連してきます。

■ **公開買付規制**

　公開買付規制とは、上場企業の株式を取得する場合に、買付の価格、数量、期間を公表した上で、株式の買付を行うことを義務付け、当該義務により一部の株主のみが利益を得ることがないよう公正性の維持を目的とした規制です。

[公開買付の義務]

　上場企業の株式を取得した結果、議決権総数の25％以上、50％以上、75％以上を保有した場合、公開買付が義務付けられます（証券取引法247条、上場会社買収規則第12号〔法律第2554号〕4条）。

　たとえば、もともと15％の議決権を有する株式を持っている企業が、さらに10％の株式を取得した場合、247条に記載されている25％以上という条件に当てはまり、公開買付が義務付けられます。

【公開買付の手続が義務付けられる場合】

公開買付前の保有株式（議決権を有する）	公開買付後の保有株式（議決権を有する）
25%未満	25%以上
25%以上50%未満	50%以上
50%以上75%未満	75%以上

　公開買付を行う者だけではなく、配偶者や取得者の議決権の30％以上を保有する株主など、買付者の関係者による株式の保有数も取得総数の対象となる点に注意が必要です。

[公開買付の対価]
　公開買付の対価の価格と種類について、以下のように定められています。

対価の種類
　買付の対価を支払う場合、金銭以外の対価のみを使用することは禁止されています。以下のうちいずれかを選択する必要があります。

・金銭のみ
・金銭と現物の併用

対価の価格
　買付の対価をいくらにするかは、非常に重要な事項です。以下の3つの条件のいずれも下回らない価格としなければなりません。

・公開買付届出書の提出日前90日間のうち、公開買付者もしくはその関係者が、対象企業の株式を取得する最高値
・当該株式取得日前5営業日の加重平均市場価格

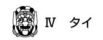 **Ⅳ　タイ**

・フィナンシャル・アドバイザーによる評価額

[公開買付の撤回]

　公開買付を開始したのちに、それを撤回することは、原則として不可能です。相場操縦される可能性があり、株主等に多大な損害を与える影響があるためです。

　ただし、公開買付届出書の提出後に、被買収会社に悪影響を与える重大な事象もしくは事実が発生した場合、買付の条件、期間の変更（上場会社買収規則第12号〔法律第2554号〕24条、26条、29条）、もしくは買付自体を撤回することが認められています（45条）。しかし、重大な事象が何かということは、具体的に明文化されていないため、実際の運用については留意が必要です。

[公開買付実施後の注意点]

　公開買付者は、当該取引の成否にかかわらず、公開買付期間終了日から1年間は対象企業について新たな公開買付を行うことができません（証券取引法255条）。

　また、議決権総数が25％、50％、75％に達する株式を取得した買付者は、公開買付期間終了後6カ月間は、原則公開買付価格よりも高い価格で対象企業の発行済株式を取得することができません。さらに、公開買付期間終了後1年間は、対象企業の株主総会において出席株主の議決権の4分の3以上を有する株主の承認を得られない場合、公開買付届出書の記載事項と異なる行為をすることは禁止されています（上場会社買収規則第12号〔法律第2554号〕48条）。

■ 開示規制

[大量保有報告規制]

　特定の株主が株式を大量保有すると、経営権への影響や株価の変動要因となり、会社の利害関係者へ影響を及ぼす可能性があります。そのような利害から一般投資家を保護する目的で、大量保有報告規制が定められています。

　上場企業の株式を取得し、その議決権割合が総議決権の5の倍数（％）に達した場合、変動があった日から3営業日以内に取得についての報告書を証券取引委員会に提出しなければなりません。

　なお、議決権割合の判定に当たっては、単独の者だけではなく、その親族など、関係者全体で保有する議決権で判断される点に注意が必要です（証券取引法258条）。

[適時開示規制]

　投資家の意思決定に重大な影響を及ぼす可能性のある事象が生じた場合、タイ証券取引所（SET）の規則に基づき適時開示が義務付けられます。

　たとえば、新株発行による資本の変動、自己株式の取得または処分の決定、買収、既存株主の利益に影響を与える第三者による投資、などが該当します。

■ インサイダー取引規制

　インサイダー取引は、株式市場の公正性を脅かす結果につながるため、タイにおいても規制が設けられています。

　日本では平成25年金融商品取引法の改正により、会社関係者による情報伝達行為を禁止する規制が導入されましたが、タイにおいても伝達等の行為自体が規制対象となっていることに注意が必要です。規制の対象者は、取締役、マネージャー、監査人、資本金の5％以上の

Ⅳ　タイ

株式を保有する者、公務員、証券取引にかかわる者などです（証券規制法241条）。

インサイダー取引規制に違反した場合、以下のような罰則が科されます。

- 2年以下の禁錮刑
- 当該取引により得た、もしくは得たであろう利益の2倍以下（下限50万バーツ）の罰金
- 上記禁錮刑、罰金の併科

取引競争法

タイにおける取引競争法（Trade Competition Act）は1999年に施行され、日本でいう独占禁止法に当たります。不当な取引制限により不公正に市場を独占することを禁ずるものであり（取引競争法25条）、事業譲渡、株式買収、合併などの組織再編行為を規制の対象としています（取引競争法26条3項）。

取引競争法では、市場支配者（market-dominating business operators）という定義を設け、これに該当する企業に対して、一定の制限を課しています。

市場支配者とは、①特定の製品・サービスのシェア50%以上を有し、過去1年間の売上高が10億バーツ以上の者、もしくは②特定事業上位3社のシェア率の合計が75%以上であり、過去1年間の売上高が10億バーツ以上の者、のいずれかを指します。

取引競争法は、最近までは厳密な運用は行われていませんでした。しかし、2011年には、取引競争法の改正が行われるなど、政府は実効的に取締りを強化する方針を明らかにしています。違反する場合には、3年以下の懲役、もしくは600万バーツ以下の罰金が役員等に科

される可能性があるため、当該法令についての最新の運用状況を確認しておく必要があります。

会計基準

M&Aを行う際、対象企業の企業価値の算定を正しく行い、買収価額を決定する必要があります。その場合に計算根拠となるのは、対象企業の財務諸表です。財務諸表作成に当たっては、国によって会計基準が異なるため、現地の会計基準を把握しておくことが重要です。

タイの場合、2011年より国際財務報告基準（IFRS）をほぼ全面的に取り入れた、タイ財務報告基準（TFRS）の適用が開始されました。この財務報告基準は公開会社だけでなく、原則としてすべての会社に適用されます。ただし、非公開会社については、一部の基準が適用除外となっています。

TFRSは、基本的にはIFRSに類似していますが、一部異なる点もあること、また実務慣行的に実施されていないものもある可能性があり、その点は注意する必要があります。

Ⅳ　タイ

M&Aに関する税務

　買収を行う場合、税務上のリスクが伴います。買収対象企業の権利を取得できる一方、責任を承継するため対象企業について慎重に検討する必要があります。たとえば、買収前に対象企業が納税義務を怠っていた場合やコンプライアンス違反をしていた場合、その責任も買収を行う会社が負わなければならないため、税金および罰金を負担することになります。これを十分に留意して、買収後に起こり得る債務コストや税務上のリスクを考慮するなど買収対象企業の財務状況をよく見極めて評価分析しなければなりません。

■ 株式取得
　株式を取得する場合、譲渡価額の合理性が問われます。税務上の譲渡価額は実際の売買価額とは関係なく、取引時点の時価で譲渡が行われたものとみなします。ただし、第三者により作成された評価報告書によって証明することができれば、時価を超える価額を採用することができます。

[株式売却時に発生する税金]
　株式取得の手法でM&Aを行う場合、取引関連者が居住者または非居住者、タイ国内または国外などの違いにより課税が異なります。

非居住者間によるタイ国外で行う株式譲渡

タイの国外において、非居住者同士がタイ国内法人の株式譲渡取引を行った場合、歳入法の規定（70条）により、譲渡で得た所得に対しては、タイ国内で課税されません。

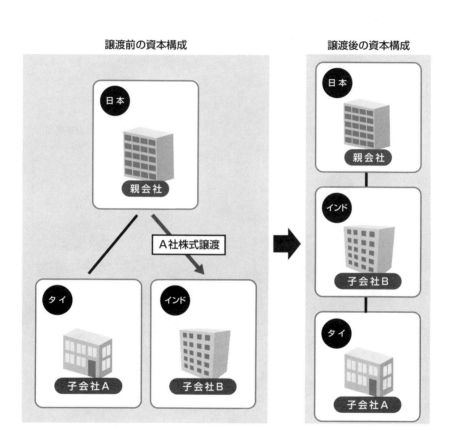

Ⅳ タイ

非居住者からタイ国内の会社への株式譲渡

　日本とタイは租税条約を締結しており、その中で、タイで発生する所得についてはタイで課税するという規定があります（日タイ租税条約13条）。そのため、たとえば日本企業がタイ国内の会社に対して株式を譲渡した場合、譲渡された株式に対して対価を支払う際に、タイ側で源泉所得税が課されます。この場合の源泉所得税は、譲渡株式の譲渡価額から取得価額を控除した金額を課税対象所得として、15%が課税されます。

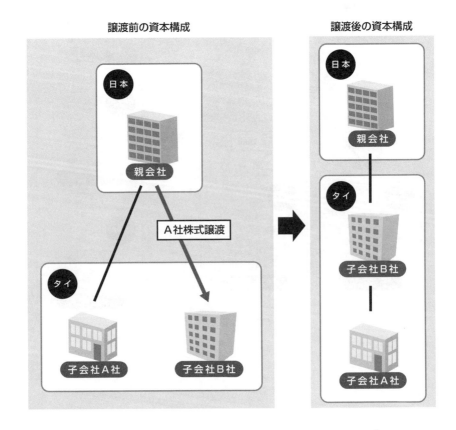

タイ国法人、個人が行う株式譲渡

　タイ国法人が株式の譲渡者の場合、国内外の会社を問わず、譲渡により得た利益に対して通常の法人税率20%が課税されます。また、譲渡者がタイ国個人の場合には、通常の個人所得税率（0～35%の累進課税）が課されます。

　なお、印紙税に関しては、株式譲渡が海外で行われ、かつそれに関する原文書が国外に保管されている場合のみ非課税となっています。したがって、非住居者間、かつタイ国外で譲渡取引が行われる場合には印紙税が非課税となる可能性もあります。

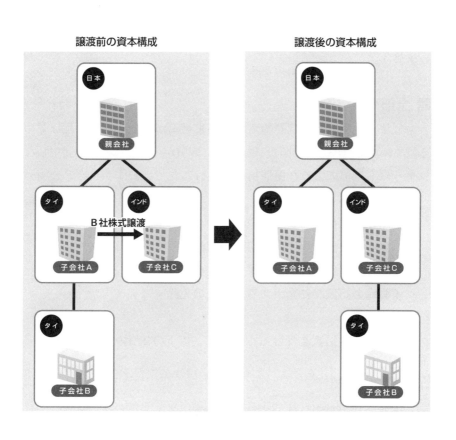

Ⅳ タイ

■ 合併

　民商法典では、新設合併のみが認められています（P.227参照）。取引により発生した税金に対しては、税務上の優遇措置が定められています。

- 資産の譲渡益に対する課税の免除
- 不動産等を除く資産の移転に係る付加価値税（VAT）の免除
- 不動産等の移転に係る特定事業税の免除
- 不動産の譲渡に係る源泉税の免除
- 不動産名義変更登記手数料（不動産評価額の2%）の免除

　ただし、被合併法人に生じていた繰越欠損金の引継ぎは認められていません。

■ 全部事業譲渡

　会社法上、吸収合併は認められていませんが、全部事業譲渡は認められています（P.229参照）。税務上も、取引から生じる税金が発生しないように、以下のような優遇措置が設けられています。

- 資産の譲渡益に対する課税は免除
- 不動産等、貸付金以外の資産の譲渡に対するVATの免除
- 不動産や貸付金の譲渡に係る特定事業税の免除
- 不動産の譲渡時に発生する源泉税の免除

　税務上の優遇措置を受けるためには、以下の2つの要件を満たす必要があります。

- 譲渡会社の資産負債のすべてを譲渡すること
- 譲渡会社を解散し、清算手続に入ること

民商法典上、債務超過である会社は任意清算手続を行うことはできず、裁判所を介した破産手続を行うことが要求されるため、事前に債務超過を解消しておく必要がある点に注意が必要です。

　また、合併との大きく異なる点として、不動産の名義変更登記に係る登記手数料の免除がないため、譲渡資産に不動産が含まれる場合には、当該コストを勘案する必要があります。

■ 一部事業譲渡

　一部の資産負債のみを譲渡する場合は、全部事業譲渡とは異なり、税制上の優遇措置が原則として与えられていません。ただし、2011年4月に公布された勅令第516号によると、グループ内で行われる一部事業譲渡については、譲渡された資産に対するVATと特定事業税、印紙税について免税措置を受けることができます。

 **Ⅳ　タイ**

M&Aスキームの基本

タイにおけるM&A取引としては、以下のような方法が考えられます。

株式取得	公開買付	上場企業の株式を取得する場合、買付の価格、数量、期間を公表して行う買付
	株式の譲渡	公開買付の要件に該当しない場合や非公開会社の株式を取得する場合に、既存株主から直接株式を取得
新株発行	第三者割当	対象企業の新規発行株式の引受（公開会社のみ）
事業譲渡	全部譲渡	対象企業のすべてまたは実質的にすべての事業の譲渡
	一部譲渡	対象企業の特定の事業のみ譲渡
合併	新設合併	2社以上の会社がする合併であり、合併により消滅する会社の権利、義務のすべてを新設する会社が承継

■ 公開買付

公開買付は、取得する上場企業の株式の数量、価格、期間などを事前に公表してから株式を取得します。公開買付の手続は買付開始日に先立ち、さまざまな段階を踏む必要があります。

```
❶ 保有株式報告書、株式公開買付意向書をSECに提出
         ▼
❷ 公開買付届出書および公開買付応募申込フォームの提出
   (❶+7営業日以内)
         ▼
❸ 公開買付届出書のコピーおよび公開買付応募申込フォームの
   交付および新聞公告
         ▼
❹ 公開買付期間開始(❷+3営業日後)
         ▼
❺ 公開買付の終了(❹+25~45営業日の間で設定した期間)
         ▼
❻ 公開買付報告書を、証券取引法に基づき証券取引委員会
   (SEC)へ提出。そのコピーをタイ証券取引所(SET)へ提出
```

保有株式報告書、株式公開買付意向書をSECに提出 … ❶

　公開買付者はまず、議決権総数が25%、50%、75%に達する株式取得の翌営業日までに、証券取引委員会(SEC)に対して、保有株式報告書を提出しなければなりません(上場会社買収規則第12号〔法律第2554号〕17条)。また発行済株式の取得の場合にはSECおよびタイ証券取引所(SET)にそれぞれ株式公開買付意向書を提出しなければなりません。

公開買付届出書および公開買付応募申込フォームの提出 … ❷

　保有株式報告書および株式公開買付意向書の提出から7営業日以内に、SECに対して、SECのリストに掲載されているフィナンシャルアドバイザーによって作成された公開買付届出書および公開買付応募申込フォームを提出します。その際には、SECに対して手数料を支払います(上場会社買収規則第12号〔法律第2554号〕18条)。

Ⅳ タイ

公開買付届出書のコピーおよび公開買付応募申込フォームの交付および新聞公告 … ❸

対象企業、対象企業の株主およびSETに対し、公開買付届出書のコピーおよび公開買付応募申込フォームを交付します。また、タイ語日刊新聞2紙以上および英字日刊新聞1紙以上において公告することが義務付けられています。

なお、対象企業は、公開買付届出書のコピーを受取ってから15営業日以内に公開買付に対する意見書をSECに提出し、そのコピーを全株主およびSETに交付します。

公開買付期間開始 … ❹

公開買付届出書の提出から3営業日後に、公開買付期間が開始されます（上場会社買収規則第12号〔法律第2554号〕23条）。公開買付の期間は25営業日から45営業日の間で設定します。

公開買付の期間は最大45日間まで延長することが可能ですが、公開買付届出書において、期間延長はしない、もしくは最終的な期間として記載している場合には延長することはできません（24条）。

公開買付の終了と公開買付報告書の提出 … ❺ ❻

公開買付期間の終了後5営業日以内に、公開買付者は公開買付報告書をSECに提出し、そのコピーをSETに提出しなければなりません（上場会社買収規則第12号〔法律第2554号〕34条）。

■ 公開買付後に非上場化する場合

公開買付者は公開買付により支配権を獲得し、その後、非上場化を行う場合もあります。上場廃止するメリットとしては、上場維持に係る費用の削減や、財務情報の公開義務の免除などが挙げられます。したがって、第三者から買収されることもなくなります。

公開買付手続を行う前に、対象企業の取締役会において非上場の決議を行い、同日中（または翌営業日のSET取引開始時間の1時間前まで）に、SETに通知をします。

　その後、非上場化についての株主総会を招集し、4分の3以上の賛成が得られ、かつ発行済株式の総議決権の10%以上の反対株主がいないことが非上場化の要件となります。

　株主総会の決議後、対象企業はSETに上場廃止申請を行い、SETがそれを承認した後に、公開買付者は、公開買付の手続を行います。手続は前述のとおりであり、公開買付期間終了後、SETが上場廃止の旨を公表し、公表7日後に上場廃止となります。

■ 第三者割当増資による新株の取得

　前述の公開買付は、発行済の株式を他の株主から買付けることにより支配権を獲得する方法ですが、対象企業が新たに新株を発行し、これを引受けることで支配権を獲得する第三者割当増資も利用されています（P.226参照）。

[第三者割当増資の手続]

　新株発行による増資を行うためには、まず株主総会にて、出席株主の議決権のうち4分の3以上の承認を得なければなりません。また、決議の日から14日以内に登録資本金の変更登記を行う必要があります（公開株式会社法136条2項2号、3号）。

[公開買付規制の適用免除]

　株主総会決議による承認など一定の要件を満たすと、公開買付の義務が免除されます。

Ⅳ　タイ

【公開買付規制の適用免除を受けるための要件】

新株発行後の保有議決権割合	要件
議決権総数の25%以上50%未満となる場合	1 取得される株式が発行済株式ではなく新株であること 2 対象企業の株主総会において出席株主の議決権（当該取得者およびその関係者は除く）の4分の3以上を有する株主による承認を得ること 3 取得者が、対象企業の取締役会が発行決議を行った後、前記の株主総会決議までの期間、対象企業株式を取得しないこと
議決権総数の50%以上となる場合	前記1～3に加え 4 前記2と同じ株主総会における決議において、既存株主に持株比率に応じた新株引受権を付与する旨の決議がなされたが、係る新株引受権が行使されなかったこと

【適用免除の手続】

❶ 対象企業に対し新株取得の意思表明

❷ 対象企業の取締役会にて承認

❸ 対象企業に株主総会決議申請書の提出

❹ SECに公開買付規制の書類A※のコピーを提出

❺ 株主およびSETに書類B※のコピーを送付（❹＋7営業日以内）

❻ 対象企業の株主総会決議（❷＋90日以内）

❼ ❻の議事録のコピーをSECへ提出（❻の翌営業日まで）

※書類A：適用免除申請書、株主総会決議申請書、株主総会招集通知
　書類B：株主総会決議申請書、株主総会招集通知

公開買付の適用免除を行うには、まず買付者は、対象企業の取締役会に対して新株取得の意思を伝え（❶）、株式取得の意向について対象企業の取締役会の承認を得た後（❷）、対象企業に対して株主総会決議申告書を提出します（❸）。その後、買付者はSECに対して、公開買付規制の適用免除申請書、株主総会決議申告書のコピーおよびフィナンシャルアドバイザーの意見書等が添付された株主総会招集通知のコピーを提出し（❹）、さらに提出日から7営業日以内に株主総会決議申請書および株主総会招集通知が各株主およびSETに送付されるよう手配します（❺）。

　対象企業の株主総会決議は、取締役会決議から90日以内に行われなければならないとされており（❻）、取得者は、株主総会決議の翌営業日までに議事録のコピーをSECに提出します（❼）。

　これらの手続が完了すると、株主総会の承認を得た日から公開買付義務の適用が免除されます。

■ 全部事業譲渡

　全部事業譲渡に関しては、簿価譲渡することができるなど税制上の優遇措置（P.240参照）を受けることができます。ただし、この適用を受けるためには、譲渡側および譲受側が租税を滞納していないことや、譲渡が行われるのと同一の会計年度内に清算を行うことなどの要件が定められています。

　なお、譲受側が留意しなくてはいけない点として、外国人労働者の事業許可等の許認可の承継と、従業員の承継が挙げられます。

- 外国人事業許可等の許認可は自動的に承継できない。
- 従業員の承継には、個々に同意を得る必要があり、得られない場合、労働者保護法もしくは就業規則等に基づき解雇保証金を支払うことになる。

Ⅳ　タイ

[**参考資料・ウェブサイト**]

・ 日本貿易振興機構（JETRO）「タイ進出に関する基本的なタイの制度——外資に関する規制」http://www.jetro.go.jp/world/asia/th/invest_02/

ベトナム

Ⅴ　ベトナム

ベトナムにおける M&A の動向

　2012年、日本の国有化によって再燃した尖閣諸島問題を契機にチャイナリスクが顕在化し、中国一極集中を回避するため、チャイナプラスワンの筆頭としてベトナムが注目されています。日本企業の進出件数としては、2011年208社で過去最高、2012年は270社で前年度の記録を更新しました。2013年も291件と前年を上回る過去最高ペースの進出となりました（M&A以外の進出企業も含む）。

　次のグラフは1999〜2013年（第1四半期）の間に、ベトナムで行われたM&Aのうち、公表されているすべてのM&Aの件数と金額の推移を表しています。件数、金額ともに増加傾向にあり、ベトナムの経済成長が盛んであることがうかがえます。

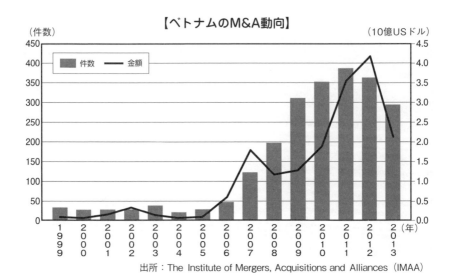

【ベトナムのM&A動向】

出所：The Institute of Mergers, Acquisitions and Alliances（IMAA）

■ 日本企業のM&A事例

　日本企業によるアジア企業の買収（In-Out）の件数は2011年に198件、2012年に189件、2013年に202件あり、そのうちベトナムに対するM&Aはそれぞれ18件、17件、20件です（レコフ調べ）。次表は、2012年（一部、2011年）、2013年に行われたベトナムに対するM&Aの事例です。

【日本からベトナムへのM&A（2012年）】

No.	日本	ベトナム	出資比率(%)	業種	投資金額(百万円)
1	ユニ・チャーム	Diana	95	衛生品	12,800
2	キリンホールディングス	Interfood	80.37	食品、飲料	—
3	サントリー	PepsiCo	51	飲料	—
4	双日	Huong Thuy Co	51	食品卸	—
5	大王製紙、日本政策投資銀行	Saigon Paper	48	紙製造	—
6	SBIホールディングス	FPT Capital	49	金融	—
7	NTT DATA Italia S.p.A.	IFI Solution	100	ソフト、情報	—
8	三菱東京UFJ銀行	Vietinbank	20	銀行	63,100
9	みずほ銀行	Vietcombank	15	銀行	57,600
10	住友生命	Bao Viet	18	保険	28,000
11	ニチレイ食品	Cholimex	19	食品	625
12	江崎グリコ	Kinh Do Corporate	10	食品	—
13	東神開発	ケッペルランド	33.4	不動産	1,000
14	藤田エンジニアリング	タンユー	30	建設	—
15	昭和産業、伊藤忠商事	インターミックス	30、5	食品	100、10
16	Kyoei Steel Vietnam Company	タム・ディエップ・ローリング・ミル	事業譲渡	鉄鋼	15,500
17	阪和興業	SMCトレーディングインベストメント	5	鉄鋼	100

V ベトナム

No.					
18	CA Asia Internet Fund I, L.P.	NCTコーポレーション	—	アミューズメント	—
19	CA Asia Internet Fund I, L.P.	カラーボックス・ソフトウェア	—	ソフト、情報	—
20	CA Asia Internet Fund I, L.P.	Tiki Corporation	—	小売	—
21	CA Asia Internet Fund I, L.P.	Foody Corporation	—	ソフト、情報	—
22	DIアジア産業ファンド	ジャパン・ベトナム・メディカル・インストゥルメント	約31.1	販売、卸	—
23	DIアジア産業ファンド	Don Tam Nutrition	25	食品	—
24	エス・エム・エス	ルビナソフトウェア	21.5	ソフト、情報	—

※ No.1、No.2、No.5、No.6、No.9、No.12、No.23は2011年のデータ
『M&A専門誌MARR』をもとに作成

【日本からベトナムへのM&A（2013年）】

No.	日本	ベトナム	出資比率(%)	業種	投資金額（百万円）
1	JESCOホールディングス	ホアビン・エンジニアリング	51.2	建設	89
2	大成温調	シープロデックス冷蔵工業	16.45	建設	245
3	王子ホールディングス	ユナイテッド・パッケージング・ジョイント・ベンチャー	75	紙、パルプ	100
4	ジャパンパイル	Phan Vu Investment Corporation	49	窯業	397
5	旭硝子、三菱商事	フーミー・プラスチック・アンド・ケミカルズ	78、15	窯業	—
6	ジャパンパイル	Phan Vu Investment Corporation	52.4	窯業	120
7	三菱電機グループ、三菱商事	メルコエレベーターベトナム	75、25	その他販売、卸	—
8	お仏壇のやまき	ベトナムの木工製品製造会社	20	その他製造	—

9	兼松	ダラットミルク	5	食品	—
10	住友商事、ベトナム住友商事	ティキ	30	その他小売	—
11	三井物産	ミンフー・ハウジャン・シーフード・プロセッシング・リミテッド・ライアビリティー・カンパニー	31	食品	—
12	ノジマ	チャンアインデジタルワールド	10	家電量販店	350
13	ディノス・セシール	ベトファッション	3.33	繊維	—
14	CA Asia Internet Fund I, L.P.	Foody Corporation	—	ソフト、情報	—
15	DIアジア産業ファンド	サンテド	約25	その他販売、卸	1,000
16	両備ホールディングス	サイゴン運輸	24.9	運輸、倉庫	—
17	Nextop.Asia	ベトナムのシステム開発会社	100	ソフト、情報	—
18	エン・ジャパン	ナビゴス・グループ	89.8	サービス	2,202
19	シダックス	ギャラクシー	35	サービス	—
20	SMSシンガポール	Viet Nam High Technology Services and Solutions Providing Joint Stock Company	33.4	ソフト、情報	149

『M&A専門誌MARR』をもとに作成

 Ⅴ ベトナム

M&Aに関する法律・規制

M&Aに関する法整備の状況

　ベトナムは、2007年に世界貿易機構（WTO）に加盟したことに伴い旧外国投資法に代わって、共通投資法と統一企業法を施行し、法体系が整備されました。外国資本企業もベトナム国内企業と同様の法律の下に規制されることになり、従来に比べ投資の自由度が高まり、外資の参入が制限されていた多くの業種に対して、段階的に市場開放が行われています。

　ただし、現時点でM&Aを専門的に規定している法律は存在せず、下記法規に規定されるに留まっています。

【M&A に関連する法規】

投資規制	外国投資に対する規制を規定する
統一企業法	企業分割、企業分離、企業統合、企業合併を規定する
証券法	公開買付規制、インサイダー取引規制を規定する
競争法	M&A を行った際のマーケットシェアについて規定する
WTO 協定	M&A に関する事象で WTO 協定に関する条項とベトナム国内法との間に矛盾が生じた際は、WTO 協定が優先される
民事訴訟法	第三国の仲裁手続がベトナムにおいて執行可能であることを規定する

　基本的に国際協定がベトナム国内のどの法律よりも優先されることになりますが、国内法との矛盾もあり、実務上、解釈が難しい場合も多くあります。

　ベトナムの法整備・行政手続は不透明なところが多く、法律と実態

に乖離があるため、十分な注意が必要です。

たとえば、外資の出資比率が100％可能な業種であっても、実務上は投資局がライセンスを発行しないといったケースは多くあります。さらに法解釈や許可に関する判断基準が担当者、地域、時期によって異なり、ある地域で可能なことも他の地域では不可能ということも発生します。また、同地域の同担当者であっても、タイミングによっては、判断基準が異なることがあります。過去の結果は、その時点での担当者の判断・解釈にすぎないためです。

あらゆるリスクを想定し、各々の予防策を用意するという意味で、ベトナムに精通した専門家による法務デュー・デリジェンスが財務デュー・デリジェンスと同様に重要な役割を果たすと考えられます。

投資規制

ベトナムに投資を検討する際、最初に留意すべき点は、外国投資に対する規制についてです。どれだけベトナムマーケットに魅力があったとしても、外国投資の規制業種に該当している場合、進出することはできません。

現在、ベトナムにおける規制・制限については、内資・外資を含め以下のものがあります。

・投資禁止分野と条件付投資分野の規制
・出資比率による規制
・資本金に関する規制（内資、外資が対象）
・その他の規制

■ 投資禁止分野と条件付投資分野の規制

共通投資法およびその施行細則を定める2006年9月22日政令

 **V ベトナム**

(Decree No. 108/ND-CP) において、投資禁止分野と条件付投資分野が定められています。投資禁止分野に該当する業種は、投資自体ができません。また条件付投資分野に該当する規制業種は、投資審査手続が必要となり、審査なしの業種よりも許可の取得が難しく、時間がかかります。具体的な禁止業種・規制業種は以下のとおりです。

[投資禁止分野（内資・外資が対象）]
国防、国家安全および公益を損ねる投資事業
- 不法薬物の製造および加工
- 国家の利益および組織と個人の権利と利益を害する分野
- 探偵および捜査分野

歴史文化遺産および伝統を損ねる、公序良俗に反する投資事業
- 歴史および国家文化遺産の域内で建設する案件、および建築と景観に悪影響を及ぼす案件
- 風俗品および迷信を招く物品の製造
- 危険な玩具、人格形成および健康に悪影響を与える恐れのある玩具などの製造
- 売春および女性、児童の人身売買

生態環境を損ねる投資事業
- 国際条約に定める化学品の製造
- ベトナムで禁止されている、または使用されていない獣医薬品、植物薬品の製造
- ベトナムで禁止されている薬品、ワクチン、バイオ医療製品、化粧品、化学薬品、殺虫剤の製造

有害廃棄物処理にかかわる投資事業
- ベトナムへ有害廃棄物を持ち込み処理する案件、有毒化学薬品を製造する案件、国際条約において使用が禁止されている有毒化学薬品を使用する案件

[条件付投資分野]
内資・外資共通
- 国防、国家安全に関する分野
- 金融、銀行業
- 文化、情報、新聞、出版
- 娯楽産業
- 天然資源の採掘、生態環境保護
- 教育、訓練事業
- 法律により定められるその他の分野
- 国際条約に定める分野

外資のみ対象
- 放送、テレビ放映
- 文化的作品の制作、出版、配給
- 鉱物の探査および開発
- 長距離通信およびインターネットの設置およびサービス
- 公共郵便網の建設、郵便および宅配サービス
- 河港、海湾、空港の建設および運営
- 鉄道・航空輸送、海上・水上輸送、旅客輸送
- 漁獲
- タバコ製造
- 不動産業
- 輸出入および運輸業

Ⅴ ベトナム

- 病院、診療所
- 国際条約において外資への市場開放を制限しているその他の投資分野

■ 出資比率による規制

　ベトナム政府は2007年のWTO加盟に伴い、WTOサービス分類による12分野のうち次の11の分野において市場開放することを発表しました。

①法律、会計、監査、税務、コンサルティングサービス
②情報通信などのコミュニケーションサービス
③建設サービス
④卸売、小売、フランチャイズなどの流通サービス
⑤教育サービス
⑥汚水廃棄物処理などの環境サービス
⑦保険、銀行、証券などの金融サービス
⑧病院などの健康関連サービス
⑨ホテル、旅行業などの観光サービス
⑩娯楽サービス
⑪海上、航空、鉄道、道路などにおける運送サービス

　現在も段階的な市場開放が行われており、建設関連サービスや、流通サービス（卸売、小売、フランチャイズ）などでは既に100％外資による進出が可能となっています。
　WTO公約による出資比率の規制および今後の外国企業への市場開放のスケジュールは次のとおりです。

No.	投資分野	外国投資比率の制限	外資100%で企業設立が可能になる時期
1	広告サービス	合弁のみ可能、外資比率記載なし	現在のところ未定
2	機械設備の保守および修理サービス	―	既に可能 (2012年1月11日より)
3	クーリエサービス　EMSサービス（受取人住所を記載しない製品の配達）	―	既に可能 (2012年1月11日より)
4	基本通信事業サービス（電話サービス、パケット交換データ移送サービス、ファクシミリサービス、通信路リースサービス等）	インフラ網を持たないサービスは、65%以下 インフラ網を持つサービスは、49%以下	現在のところ未定
5	仮想プライベートネットワーク（VPN）サービス	インフラ網を持たないサービスは、70%以下 インフラ網を持つサービスは、49%以下	現在のところ未定
6	付加価値サービス（電子メール、直線通信・データベースからの情報取得アクセス、電子データ交換（EDI）、インターネットユーザーサービス（IAS）等）	インフラ網を持たないサービスは、65%以下 インフラ網を持つサービスは、50%以下	現在のところ未定
7	映画制作および映画配給サービス	51%以下	現在のところ未定
8	排水処理サービス	―	既に可能 (2011年1月11日より)
9	廃棄物処理サービス	―	既に可能 (2011年1月11日より)
10	証券業	―	既に可能 (2011年1月11日より)
11	旅行代理および観光ツアー実施サービス	合弁のみ可能、外資比率記載なし	現在のところ未定
12	電子娯楽事業	49%以下	現在のところ未定

V ベトナム

13	海上運送サービス (国内輸送を除く旅客運搬サービス、貨物運搬サービス)	ベトナム国旗を掲揚する船舶運行会社の設立は、49%以下	ベトナム国旗を掲揚する船舶運行会社設立を除き、国際海運サービスを供給するための、その他商取引参加形式での外国投資100%企業設立は既に可能（2012年1月11日より）
14	通関サービス	—	既に可能 (2012年1月11日より)
15	コンテナ倉庫サービス	—	既に可能 (2014年1月11日より)
16	内陸水路における運送サービス (旅客運搬、商品運搬)	49%以下	現在のところ未定
17	鉄道運送サービス (旅客運搬、貨物運搬)	49%以下	現在のところ未定
18	道路運送サービス (旅客運搬、貨物運搬)	51%以下	現在のところ未定
19	各空港で供給されるサービスを除く、コンテナ積み出しサービス	50%以下	現在のところ未定
20	倉庫サービス	—	既に可能 (2014年1月11日より)
21	すべての形態の運送における補助的サービス	2014年1月10日以前は、51%以下 2014年1月11日以降、制限なし	現在のところ未定
22	技術分析、検定サービス（運送用機器の検定、証明書発行を除く）	—	既に可能 (2012年1月11日より)
23	農業、狩猟および林業の関連サービス	—	既に可能 (2012年1月11日より)
24	採鉱関連サービス	—	既に可能 (2012年1月11日より)
25	製造関連サービス	50%以下	2015年1月11日以降
26	飛行機の保全および修理サービス	—	既に可能 (2012年1月11日より)

27	インターネットサービスプロバイダ、インターネットコンテンツプロバイダ	49％以下	現在のところ未定
28	飲食店	一部を除き不可	2015年1月11日以降
29	人員輸送（タクシー、レンタカー）	49％以下	現在のところ未定

出所：JETRO「外資系企業に対する出資比率の制限」

しかし、実態として、規制が緩和されているにもかかわらず、投資許可が下りない場合がよくあるので注意が必要です。特に小売や販売会社などの流通業によく見受けられます（P.269参照）。また、規則上100％の外国投資が可能な分野でも、実務上100％外資で設立を申請しても投資審査を通過できないという場合も頻繁にあり、まだ多くの部分で不透明さが残っています。

■ 出資比率と関連規制・法律

ベトナムで株式取得によるM&Aを行う場合、出資比率に応じてさまざまな規制や法律が定められています。

[出資比率10％]

定款に別段の定めがある場合を除いて、普通株式総数の10％超を6カ月以上継続して保有する株主に対しては、議案提案権および株主総会招集権を認めています。これらの少数株主権の行使要件は、日本の規定に比べて厳しいです。通常の友好的な提携を前提とするならば、このような権利を行使する状況になるとは考えにくいですが、保有比率を検討する過程で考慮する必要があります。

[出資比率25％]

ベトナム証券法32条によれば、上場企業の既存議決権付株式の

 V　ベトナム

25％以上を取得する場合には、公開買付を行わなければならないという規定があります。

[出資比率 49％]

次の2つの事項により、この比率は非常に重要となります。

- 上場企業投資に関する規制（2005年9月29日付首相決定第238号）には、外国人投資家は上場企業株式の49％超を取得することはできない旨の定めがある。
- 規制業種への投資海外法人の出資比率が49％を超える在ベトナム企業がM&Aを含む投資を実行する場合には、投資計画局（Ministry of Planning and Investment）の認可が必要となる（投資法46条、47条）。このような企業は、金融、不動産、建設、運輸等、投資法が定める分野において投資が規制される。

[出資比率 65％]

ベトナムの株主総会の普通決議の定足数は、議決権総数の65％であり、決議要件が総会出席者の議決権総数の65％です（企業法102条1項、104条2項a）。つまり、支配権を獲得するためには、議決権総数の65％以上の株式を取得する必要があります。ただし、ベトナムのWTO加盟に伴い、外国企業については議決権を有するすべての株式の過半数を取得することによる支配が可能です。

[出資比率 75％]

定款変更、会社再編、株式発行数・種類に関する事項などは特別決議による承認が必要です。なお、特別決議の定足数は議決権総数の65％であり、特別決議の要件は有効な株主総会において出席者議決権総数の75％以上を有する株主の賛成を得る必要があります（企業

法104条2項b)。

■ **資本金に関する規制（内資・外資が対象）**

外国企業がベトナムに会社を設立する際の資本金は、一部の分野を除き、原則自由に設定することができます。規制分野は次表のとおりです。

【法定資本が必要となる投資分野】

投資分野		法定資本	法律根拠
商業銀行	国営商業銀行	3兆ドン	共通投資法施行細則（以下、Decree No.）141/2006/ND-CP
	株式商業銀行	3兆ドン	
	合弁商業銀行	3兆ドン	
	外資100％商業銀行	3兆ドン	
	外資100％商業銀行の支店	1,500万USドル	
	政策銀行	50億ドン	
	投資銀行	3兆ドン	
	開発銀行	5兆ドン	
	協力銀行	3兆ドン	
人民信用基金	中央人民信用基金	3兆ドン	
	地方人民信用基金	1億ドン	
非銀行信用機関	金融会社	3,000億ドンもしくは5,000億ドン	
	金融リース会社	1,500億ドン	
不動産業		60億ドン	Decree No. 153/2007/ND-CP
債権回収サービス		20億ドン	Decree No. 104/2007/ND-CP
警備サービス		20億ドン	Decree No. 52/2008/ND-CP
研修生の海外派遣サービス		50億ドン	Decree No. 126/2007/ND-CP

V　ベトナム

空港経営業	国際空港の経営	1,000億ドン	Decree No. 83/2007/ND-CP
	国内空港の経営	300億ドン	
航空サービス（空港企業ではない場合）	国際空港での経営	300億ドン	
	国内空港での経営	100億ドン	
空運事業	国際空運サービス（飛行機の保有台数による）	1〜10台：5,000億ドン	Decree No. 76/2007/ND-CP
		11〜30台：8,000億ドン	
		31台以上：1兆ドン	
	国内空運サービス（飛行機の保有台数による）	1〜10台：2,000億ドン	
		11〜30台：4,000億ドン	
		31台以上：5,000億ドン	
一般の空港事業（飲食、広告など)		500億ドン	
観光サービス		2億5,000万ドン	Decree No. 92/2007/ND-CP
人材紹介サービス		3億ドン	Decree No. 19/2005/ND-CP
証券	証券仲介	250億ドン	Decree No. 57/2012/ND-CP
	ディーリング（自己売買）	1,000億ドン	
	証券発行保証	1,650億ドン	
	証券投資および金融コンサルティング	100億ドン	
	資金運用ビジネス	250億ドン	
ゴールド事業	ゴールドバーの売買	一般企業：1,000億ドン 信用機関：3兆ドン	Decree No. 24/2012/ND-CP

保険業	非生命保険	3,000億ドン	Decree No. 46 / 2007 / ND-CP
	生命保険	6,000億ドン	
	保険仲介	4,000億ドン	
	非生命保険を販売する外国企業の支店	2,000億ドン	Decree No. 123 / 2011 / ND-CP
	健康保険のみ販売する企業	3,000億ドン	
	非生命再保険および健康再保険を販売する企業	4,000億ドン	
	生命再保険および健康再保険を販売する企業	7,000億ドン	
	生命再保険、非生命再保険および健康再保険を販売する企業	1兆1,000億ドン	
映画制作配給		10億ドン	Decree No. 54 / 2010 / ND-CP
通信業	無線周波数帯を使用せずに、固定通信ネットワークインフラを構える場合	1省、中央レベル市において：50億ドン 2～30省、中央レベル市において：300億ドン 全国において：1,000億ドン	Decree No. 25 / 2011 / ND-CP
	無線周波数帯を使用し、固定通信ネットワークインフラを構える場合	1～30省、中央レベル市において：1,000億ドン 全国において：3,000億ドン	
	地上モバイル通信ネットワークインフラを構える場合	無線周波数チャネルの使用：200億ドン 無線周波数帯の使用なし（仮想）：3,000億ドン 無線周波数帯の使用：5,000億ドン	

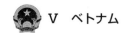 V　ベトナム

郵便業	国内郵便サービスの場合：20億ドン 国際郵便サービスの場合：50億ドン	Decree No. 47/2011/ND-CP
独立監査法人（有限会社の場合）	2012年1月1日〜2014年12月31日：30億ドン 2015年1月1日以降：50億ドン	Decree No. 17/2012/ND-CP

出所：JETRO「法定資本金額および出資率制限について」

　上記分野でなければ、最低資本金額のルールはありません。ただし、実務上、資本金ゼロでは投資許可を取得できません。また、進出企業の資本金額が親会社の保有する現預金額を上回っている場合は、当局より指摘を受け、投資許可を取得できない可能性があります。

【投資までの検討プロセス】

進出検討
├─ 規制のない業種 → 投資可能
└─ 規制業種
    ├─ 出資比率の規制のクリア → 投資可能
    ├─ 資本金の規制のクリア → 投資可能
    └─ 禁止業種 → 投資不可能

投資可能：一人有限会社／二人以上有限会社／株式会社／合弁会社

■ 外国企業の土地所有に関する規制

　ベトナムでは、土地は国民の共有財産であり、国有のものとされています（民法205条、憲法17条）。原則として、国はベトナム国籍

を有する個人・法人に土地使用権を付与しています。進出する外国企業には土地の所有は認められていないため、ベトナム政府から土地を賃貸し、使用料、賃貸料を支払うことになります。

2007年12月6日付財務省発行の通達第145号（TT-BTC）および2010年1月8日付通達第2号（TTLT-BTNMT-BTC）に従い土地、水面、海面の使用料を算定し、賃貸料を支払う必要があります。

■ 外国企業の借入に関する規制

ベトナムで事業を行う場合、ベトナム国内にある銀行、または親会社から借入れることができます。利用目的等には規制があります。

[ベトナム国内で借入をする場合]

ベトナム国内で借入をする場合、ベトナム国内銀行から借入をする方法と、外資銀行から借入をする方法があります。

前者は、ドン建での借入をすることができます。後者は、ドン建・外貨建どちらでも借入をすることができます。しかし、外貨建で借入をする場合には、海外からの輸入・サービスに対する支払資金、ベトナムから外国への投資資金、対外債務の期限前返済資金など運用目的に制限があります。

また借入の申請には、担保もしくは保証書を提出する必要があります。

[ベトナム国外から借入をする場合]

一般的に親会社等の関連会社から、運転資金等を補てんするために親子ローンが組まれます。このような海外からの借入をする場合、ベトナムでは、その借入期間によって規制の内容が異なります。

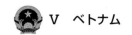 V　ベトナム

1年以内の短期借入

1年以内の短期借入による資金は、経常口座に必ず入金しなければならず、その用途は、運転資金に限定されます。ベトナム中央銀行への事前申請は不要です。

1年超の中長期借入

借入期間が1年を超える場合には、借入の都度、ベトナム中央銀行に事前申請を行い、借入登録証を取得しなければなりません。申請書類には、申請書に加え、投資証明書の写し、借入契約書の写しなどが必要です。

また借入れる資金は、資本金口座もしくは借入金専用口座を開設して、経常口座と区分して入出金管理をしなければなりません。

前述したとおり、外国企業に対して多くの業種が開放されましたが、法律の定義があいまいであること、法律と実態が異なることなどから、不透明な点が残ります。

■ 投資許可証に関する留意点

ベトナムでは、法律上、外国資本の規制に該当しない分野への投資でも、実務上、規制される場合があるため、進出の際は、専門家に十分、相談する必要があります。

その他、外国企業が投資許可証を取得する際に、事前に知っておくべき主な留意点は、次のとおりです。

親会社の実績重視

ベトナムで始める事業に関する親会社での実績が、非常に重要になります。親会社の定款の事業目的に、その事業が記載されている必要があります。たとえば、ベトナムでITのソフトウェア開発の投資許

可証を取得したい場合は、その親会社の定款の事業目的にITソフトウェア開発が記載されていなければなりません（またはそれに近い事業目的）。

さらに業種によっては、親会社の実績を示すために取引先との契約書や請求書、写真などの根拠を示す追加書類を計画投資局より求められることがあります。追加書類により手続が大幅に遅れてしまうこともあります。

投資許可証取得が困難な流通分野

流通分野（卸売、小売）に関しては、2007年商務省令第10号（QD-BTM）によって2009年1月1日から100％外資による小売業への進出が可能になったにもかかわらず、投資許可証の取得は困難な状況にあります。特に2店舗目以降の開設許可についてはエコノミックニーズテスト（ENT）と呼ばれる地方（省レベル）機関や商工省の審査を通過しなければならず、この審査手続に不透明な部分があり、外国投資を難しくしています。

ただし、2013年6月7日から施行された外国企業の商品売買活動のガイドラインである2013年財務省通達第8号（TT-BCT）により、500㎡未満の店舗のENTは廃止されました。これにより、500㎡未満であるコンビニエンスストアなどは多店舗展開をしやすくなりましたが、法律と実態が異なるので、実際に許可が取れるかどうかは不透明な部分が残ります。

外資規制対象の飲食店

飲食店に関しては、2015年1月11日までは外資100％での投資は禁止されています。ベトナムでは小規模資本で経営している飲食店または屋台が非常に多く、資金的にもノウハウ的にも勝った外国資本の進出により、ローカル資本の飲食店が大きなダメージを受けると考

 V ベトナム

えられているためです。この規制のため、人口約9,000万人の大きなマーケットにもかかわらず、外資の飲食店はほとんどなく、マクドナルドですら、1号店ができたばかりです（2014年2月時点）。ロッテリアやケンタッキー・フライド・チキンなどの外資チェーンもありますが、その大半がベトナム資本のフランチャイズ店舗です。

2015年以降は、外資100％で投資ができますが、実際に許可が取れるかどうかは不明です。

ベトナム国内販売に必須の HS コード

ベトナム国内で販売するためには、HSコード（輸出入統計品目番号）と呼ばれる商品コードの登録が必要となります。ベトナム政府はこのHSコードの中で、ベトナム政府が外国資本にとって取得困難な品目を指定しています（2011年商務省令第1380号〔QD-BCT〕）。これらは事実上、国内販売の規制となります。

実務上存在する最低資本金

法律上、資本金額の設定のない業種は原則自由に資本金を設定することが可能ですが、実務上、業種によってはある程度の資本金を用意する必要があります。たとえば輸入販売をする場合は、最低30万USドルの資本金が必要です。

統一企業法

■ 組織再編

[企業分割]

企業分割とは、有限会社または株式会社が分割されることで、同じ種類の会社を複数新設（以下、分割企業）することをいい、分割元企業は清算されます。分割の手順は、以下のとおりです。

①分割元企業の株主議会、株主もしくは株主総会において、企業分割についての決議を行います。決議内容には分割元企業の会社名と本社所在地、分割企業の会社名、分割の詳細と手続、社員の雇用計画、株式、社債の移転期日と手続、分割元企業の債務に対する対応、企業分割の実施期日が含まれている必要があります。

②企業分割の決議後15日以内に、その決定をすべての債権者と社員に通達しなければなりません。

③分割企業の無限責任パートナー、株主は、定款、株主議会の議長、分割企業の会長、取締役会、取締役員について承認を行います。承認を得た後、統一企業法に従って事業登録します。事業登録書類には、分割元企業において実施された企業分割の決議内容を明記する必要があります。

④事業登録した時点で、分割元企業は清算されます。それぞれの分割企業は、分割元企業の未払債務、雇用契約の義務、その他の権利義務を共同で負うか、もしくはいずれの分割企業が義務を負うか、債権者、顧客、社員との間で合意を得なければなりません。

[企業分離]

　企業分離とは、有限会社もしくは株式会社が同じ種類の会社（または複数の会社）を新設し（以下、分離企業）、その企業に資産の一部を移転することをいいます。企業分割とは異なり、分離元企業は清算されずに存続します。分離の手順は、以下のとおりです。

①分離元企業の株主議会、株主もしくは株主総会において、企業分離についての決議を行います。決議内容には分離元企業の社名と本社所在地、分離企業の社名、社員の雇用計画、分離企業へ移転される権利義務の価値、企業分離の実施期日が含まれている必要があります。

Ⅴ　ベトナム

②企業分離の決議後15日以内に、その決定をすべての債権者と社員に通達しなければなりません。

③分離企業のパートナー、株主は定款、株主議会の議長、分離企業の会長、取締役会、取締役員について承認を行います。承認を得た後、統一企業法に従って事業登録します。事業登録書類には、分離元企業にて行われた企業分離の決議内容を明記する必要があります。

④事業登録後、分離元企業と分離企業との間で合意がなければ、分離元企業の未払債務、雇用契約の義務、その他権利義務は、分離元企業と分離企業が共同で負います。

[企業統合（新設合併）]

統合とは、複数の企業を清算し、統合することで新設企業を設立することをいいます。統合の手順は、以下のとおりです。

①統合される企業は統合契約を締結します。統合契約には、社名、本社所在地、統合の条件、社員の雇用計画、資産、資本金、株式、社債の移転手続、社債の移転条件、期日、統合の実施期日、統合企業の定款草案が含まれている必要があります。

②統合される企業の株主は統合契約、統合企業の定款を承認し、社員総会の議長、統合企業の会長、取締役会および取締役員を選任します。また、会社法に従って統合企業の事業登録をします。事業登録書類には統合契約書が含まれている必要があります。

③承認後15日以内に、統合契約書をすべての債権者に送付し、統合について社員に通達しなければなりません。

④競争法で規定のない限り、統合企業が関連する市場でのマーケットシェア30～50％の場合、統合企業の法的代表者は、統合前に競争管理当局にその旨を通知しなければなりません。マーケッ

トシェア50％以上の場合は、法律規定に定める適用除外対象を除き、統合が禁止されています。
⑤統合企業の事業登録後、統合された企業は清算されます。統合企業は法的な権利を得るため、統合された企業が所有していた未払債務の支払義務を負います。

[企業合併]

　企業合併とは、1つもしくは複数の企業がすべての法的資産、権利義務を他の企業に移転することをいい、合併元企業は清算されます。合併の手順は、以下のとおりです。

①合併に関わる企業は合併契約を締結します。また、合併をする会社の定款草案を作成します。この合併契約には、合併をする会社の会社名、本社の所在地、被合併会社の会社名、本社の所在地、合併手続および条件、雇用契約、被合併会社から合併をする会社への出資額、株式、社債の移転条件、手続、期間、合併の実施期日などが含まれている必要があります。
②合併に関わる会社の社員、所有者、株主は統一企業法の規定に従って、定款を作成、合併契約を締結し、合併する会社の事業登録を行います。この場合、合併する会社の事業登録申請書には合併契約書が含まれている必要があります。
③合併契約書は承認後15日以内に、債権者全員に送付し、社員に通達しなければなりません。
④事業登録が終わった後、被合併会社はその事業活動を終了します。合併する会社は被合併会社の合法な権利・利益を受け、未返済債務、有効な労働契約、および他の財務上の義務について連帯責任を負います。
⑤競争法で規定のない限り、合併をする会社が関連する市場でのマ

V ベトナム

ーケットシェア30〜50％の場合、その法的代表者は、合併前に競争管理当局にその旨を通知しなければなりません。マーケットシェア50％以上の場合は、法律規定に定める適用除外対象を除き、合併が禁止されています。

証券法

2006年証券法第70号（2006年6月29日制定、2010年同法第62号施行）は、ベトナムの公開会社の株式取得について規定しています。特に、証券法の2009年通達第194号（TT-BTC、2009年10月2日制定）では公開買付について規定されています。これらは、公開会社の買収にかかわる唯一の規制です。

■ 公開買付規制
[公開買付の申請が必要とされるケース]

証券法32条1項により、組織または個人は以下のケースで公開会社の発行済株式を取得する場合、公開買付の手続によらなければなりません。

- 公開会社の株式またはクローズドエンド型投資証券をまだ所有していない、または25％以下を所有している組織または個人、あるいはその関連者（以下、関連者）が、25％以上の株式を取得しようとする場合。さらに、議決権付株式あるいはクローズドエンド型投資証券を取得しようとする場合
- 既に公開会社株式の25％以上の株式、または議決権付株式、あるいはクローズドエンド型投資証券を所有している組織または個人、あるいはその関連者が、さらに発行済の議決権付株式またはクローズドエンド型投資証券の51％、65％、75％のいずれか

を取得しようとする場合
- 証券法32条1項により、強制的に自己株式（被申込人）を公開買付で取得しようとする場合
- 公開会社が株主総会決議に従い、定款資本を減少させる目的で自社株式を買い戻しする場合
- 判決により、公開買付の実行が要求されている場合

[公開買付の申請が必要とされないケース]

組織または個人は、次のケースにおいて公開買付を行う必要はありません。

- 公開会社の議決権付株式およびクローズドエンド型投資証券（発行計画を株主総会およびファンド運営委員会により承認されたもの）を25％以上取得するために、新たに発行される株式および出資証券を予約する場合
- 株主総会およびパブリックファンド投資家の総会において承認されることによって、公開会社の株主およびパブリックファンドの投資家が、株式および証券を既存の株主および投資家からの移転によって取得し、支配権が25％を超える場合
- 子会社から親会社への株式移転のような、グループ企業間において株式を移転する場合

入札取引を行う前に、公開会社における株式またはクローズドエンド型投資証券を取得しようとする組織または個人は、法律に従い、ベトナム証券委員会に対して情報を開示・報告しなければなりません。

V　ベトナム

■ 公開買付の登録

　公開買付により株式またはクローズドエンド型投資証券を取得しようとする買付者は、ベトナム証券委員会に対し公開買付届出書を提出する必要があります。さらに、対象企業ならびにその株式を管理する企業、あるいは対象ファンドの評議会に同書類を提出する必要があります。対象企業またはその管理をしている企業、評議会は、受領日から3日以内に、公開買付に関する情報を受領した旨を、その企業の公表媒体または対象企業が上場する証券取引所において公表します。

　ベトナム証券委員会は、公開買付届出書を受領してから7日以内に届出内容に対する意見を文書で述べる必要があります。記載内容に不備がある場合、買付者はベトナム証券委員会の指示に基づき修正しなければなりません。

　公開買付届出書には、以下のものを添付します。

- 公開買付規制の付属1における標準フォームにおいて公開買付を登録する届出書
  - 発行者の氏名、住所および事業活動部門における過去の事業活動、マーケットシェアについての情報
  - 対象企業または対象基金の氏名および住所
  - 発行者と対象企業または対象基金との関係
  - 発行者と関連者との現在の株式保有割合についての詳細情報
  - 公開買付提案時間
  - 獲得提案をされた株式総数または投資証明書数、対象企業の発行済株式の保有割合数または総発行済投資証明書数または公示価格
  - 買付者が対象企業を運営し続けるための今後の方針、従業員の処遇方針
  - クローズドエンド型投資証券を公開買付する場合、ターゲット

ファンド運営の継続または清算の意思。また、ターゲットファンドの投資戦略の提案。ファンド運営会社の変更を提案する場合は、変更日と新しいファンド運営会社の名前
- 公開買付の資金源
- 対象企業が株式または投資証券を売却するための登録手続
- 支払期日
- 報告期日
- 公募手続の代理人となる証券会社名
- 撤回事由

・公開買付により株式を取得しようとする場合、取締役会または株主総会（株式会社の場合）、または会社の共同保有者（有限会社の場合）の決議案
・定款資本を減少させる目的で自社株式を買い戻しする場合、株主総会の決議案

　買付者が外国法人で、かつ届出書が英語で作成された場合、これをベトナム語に翻訳する必要があります。その際の翻訳は、ベトナム公証人による公証を要します。
　なお、外資は、許可されている株式保有割合を超える公開買付は行うことができません。

■ 取締役会の責務

　公開会社における株式買付の場合、対象企業の取締役会は、公開買付届出書を受領してから14日以内に買付者、ベトナム証券委員会、株主に情報公開を踏まえた意見を述べる必要があります。
　なお、取締役会が制限時間終了の7日前に意見を明確に述べることができない場合、ベトナム証券委員会に期間延長の申請をしなければなりません。申請書はベトナム証券委員会所定の書式に従って電子記

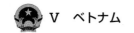
V ベトナム

録での提出が要求されます。

クローズドエンド型ファンドを公開買付の対象とする場合、ファンドを管理する企業は、ベトナム証券委員会および投資証券を所有する投資家に対し、公開買付届出書を受領してから14日以内に株式公開買付に関する意見を述べなければなりません。その内容は買付者の分析および評価、買付の意図、ファンドの純資産、買付価格設定等の投資戦略に関するものです。

上記の期限までにファンドを管理する企業が意見を提出することができない場合は、ベトナム証券委員会に期間延長の申請をします。それにより期間は7日間延長されます。申請書はベトナム証券委員会所定の書式に従って電子記録での提出が要求されます。

対象企業の取締役会またはファンド評議会による意見書は、文書にして、メンバー総数の3分の2以上の署名が必要となります。買付者は意見書に株式またはファンドを得るために、資産評価を明記します。取締役会またはファンド評議会のメンバーが資産評価に対して異議がある場合、これを意見書の中に明記する必要があります。

■ インサイダー取引規制

次の機関、役員等は公開買付期間において、公開買付の情報を利用して自身の証券を売買すること、また公開買付の売買にかかわることが禁止されています。

- 取締役会
- 取締役（取締役総長）
- 副理事（副本部長）
- 主任会計士
- 主な株主
- 公開買付を行う者

- 対象企業および対象ファンド
- 対象ファンドの委員会
- 公開買付について知る証券会社および個人

■ **公開買付の価格設定**

上場企業の株式取得の提示価格は、次のように規定されています。

- 対象企業および対象ファンドが上場している、または、商取引に登録している場合、提示価格は、対象企業の平均株価、または株式証券取引所が公開している公開買付に登録する以前の連続する60日間の対象ファンドの平均株価以上でなければならない。
- 対象企業および対象ファンドが上場していない、または商取引に登録していない場合、提示価格は、対象企業の平均株価、または、2つ以上の証券会社が公開している公開買付に登録する以前の連続する60日間の対象ファンドの平均株価、あるいは、直近に発行された対象企業の社債株式または対象ファンドの提示価格および投資証券の価格以下でなければならない。
- 公開買付の期間中、公開買付者（公開買付を行う者）は、提示価格の値上げに限り許可されている。価格は買付期間終了日の7日前には公表し、対象企業の株主または対象ファンドの投資家ならびに既に公開買付者に売ることを認めている株主や投資家などすべての者に、公平に情報公開しなければならない。

■ **公開買付の撤回**

公開買付公表後の撤回は、次の場合に限り可能です。

- 公開買付者によって登録された株式および投資証券の総額が公開買付登録時の割合を下回るとき

V ベトナム

- 対象企業の株式の分割、株式合併、および優先株の転向によって、株主の譲決権の総額が増加または減少したとき
- 対象企業が株式保有資本を減少させたとき
- 対象企業が証券を増加させたとき。対象ファンドが投資証券を定款資本金を発行するために増加させたとき。また、対象企業が事業または資産のすべてまたは一部を売却したとき
- 対象企業および対象ファンドが解散したとき

公開買付者は、対象企業の株式や対象投資証券の公開買付の撤回を証券取引委員会に報告します。また、証券取引委員会が公開買付撤回を承諾後、公開買付者は新聞（電子版も可）に連続する3日間、公開買付の撤回を公表しなければなりません。

■ 公開買付取引

［公開買付（公募）］

公開買付（公募）は公開買付取引によって直接参加しなければなりません。公開買付者は証券取引委員会の決定理由が出されてから7日以内に、新聞（電子版も可）に連続する3日間、公開買付の公募をします。

公開買付は証券取引委員会の登録が法令どおりであることが公文書にて発表され、かつ上記のとおり公開買付の公募が行われたときに限り実行されます。

上場企業および上場ファンドの場合、公開買付者は上記の公募に加え、対象企業および対象投資証券が上場している証券取引所に情報公開します。

公開買付者は公開買付の実行者として1つの証券会社を任命する必要があります。

[期間・提示価格]

公開買付期間は30日以上60日以下で、提示価格は公開買付の価格以上でなければなりません。いかなる修正も前出の「公開買付の価格設定」(P.279参照)に挙げた3番目の規定を満たす必要があります。

既に公開買付者と合意している対象企業の株主および対象ファンドの投資家は、公開買付期間中にこの合意を撤回することができます。

[株式および証券の数]

公開買付者によって提供された株式および証券の数が、買付者の希望数を下回っている場合、株主および投資家に同じ買付金額が提示されます。そのため、対象企業の株主または投資家が保持しているまたは売りに出している株券数の割合によって、株式および証券の購入数が決まります。

公開買付終了時、公開買付者が流通している上場企業の株を80%またはそれ以上保有している場合、公開買付者は引き続き、30日間は同じ階級の株を買い続けます。また、購入株の価格は公開買付が実施される以前の価格以上でなければなりません。

公開買付時、任命された証券会社は、株主の買付および投資家の投資証券の買付の収益を送金したり、株および株券を買付提供者に送付しなければなりません。さらに、スワップを組んだ場合、公開買付者が提出した書面に示された条件により、関係団体へ期限内に株を送付する必要があります。

クローズドエンド型投資証券の公開買付については、次のように規定されています。

・公開買付終了時、証券を所有している投資家が国債およびメンバーファンドに適用される法令により条件を満たさない場合、対象ファンドは証券法とそれに準じる指針により、対象ファンドを

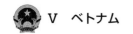
V　ベトナム

解消しなければならない。
- 公開買付終了時、公開買付者が80%またはそれ以上の流通国債株券を保有している場合、公開買付者は引き続き、30日間は同じ階級のファンドの証券を買い続けなければならない。

この規定に基づいて、公開買付終了時、対象ファンドはメンバーファンドを設立するか、または証券法およびそれに準ずる指針により対象ファンドを解消する必要があります。

■ 公開買付者の禁止事項

公開買付者には、以下の禁止事項が科せられています。

- 公開買付手続を介さず、直接的、間接的に株式および対象投資証券の購入または購入の手続を開始すること
- 持ちかけられている株式および証券の購入または購入の手続を開始すること
- 同等のレベルで購入を持ちかけられている株式および証券の所有者を平等に扱わないこと
- 特定の株主や投資家に異なる情報を個別に提供すること（株式の購入を提供される機関、対象ファンド、ファンドマネジメント会社、ファンドの委員会にも適用）
- 対象企業の株主の株式購入または対象ファンドの投資家の証券購入を公開買付中に拒絶すること
- 対象企業の株式または対象投資証券を公表した公開買付の登録とは異なる条件で購入すること

公開買付者は公開買付終了の10日後に、「公開買付条文に付随している書面（別紙2）」を証券取引委員会に提出し、公開買付の結果

を公表します。

■ 公開買付履行の義務

公開買付は署名をした日から45日間効力を発揮し、2007年税務登録に関する税務行政法の施行を導く規則第18号（TT-BTC、2007年3月施行）の株式売買と上場企業による追加株式の条件に該当します。証券取引委員会と証券取引所は、この規則が公開会社およびファンドによって遵守されているかどうか、監督します。

財務大臣がこの公開買付規制の修正や追加の決定をするため、公開買付の過程で発生したいかなる問題も、調査と解決のために、公開買付者は財務大臣に報告しなければなりません。

競争法（独占禁止法）

2004年競争法第27号（2004年12月3日、商工省制定）では、関係市場のマーケットシェアが50％以上となるような取引は禁止されています。しばしば、M&A取引はこの競争法の対象となります。

また、マーケットシェアの30〜50％を占めるような取引を行う場合、当事者はシェアを占める30日前にベトナム競争管理庁（VCAD：Vietnam Competition Administration Department）に報告する必要があります。

当該法では、マーケットシェアについて定義がなされていますが、その算定方法については明確な定めはありません。今後の改定によって、明記される可能性があります。

V　ベトナム

WTO協定

　ベトナム議会はWTOに加盟するに当たって、WTO協定に関する条項とベトナム国内法との間に矛盾が生じた場合には、WTO協定の規定が優先されると決議しました。

　ベトナムは一時、社会主義を標榜していましたが、1986年の共産党大会において「ドイモイ（刷新）」をスローガンとし、主として経済分野において市場経済の導入や、官から民への移行、外国資本の積極的受け入れ等の改革を行いました。しかし、依然として社会主義時代に制定・施行された共産主義的色彩が濃い法令が200件近く残存しており、その改廃がベトナム国内において課題となっています。ベトナムの国会で議決される法令の件数は年間7件程度で、それを踏まえると、200件の法令の改廃を数年以内に行うことは、事実上、不可能です。したがって、苦肉の策として前述のWTO協定が優先されるという決議に至りました。

　また、ベトナムが締結している国際条約はWTO（およびGATT）に関する条約のみではありません。日本とベトナムの間には日越投資協定があり、最恵国待遇を相互的に保証している以上は、WTO協定よりも当該協定が優先されるという可能性も考慮しなければなりません。この点は、法務デュー・デリジェンスにおいて当該協定の権利義務やその具体的な紛争解決手続等を確認する必要があります。

民事訴訟法

　ベトナムにおけるM&A最終契約書では、M&A取引の締結あるいは締結後の問題については、信頼できる外国の仲裁裁判所を利用するという、いわゆる仲裁条項を設定するケースがあります。

　ベトナム国内では法改正が行われていますが、各地域の裁判所にお

いて法解釈に関する理解が多岐にわたっており、思わぬ損害を被る恐れがあります。そこで、ベトナムではなく、シンガポールや香港などの信頼できる第三国で仲裁を行うことがありますが、その場合、完全にベトナムの司法管轄権を排除することが可能かどうかは確認が必要です。たとえば、当事者間の契約上、第三国において仲裁を行う決定をした後、相手側が取り決めを破り、ベトナムの司法機関に対して何らかの申立を行った場合は、ベトナム国内の紛争であるため、ベトナムの司法管轄権を排除することは困難です。

　さらに、第三国の仲裁手続で一方の主張を相手側が認諾した場合でも、ベトナムにおいて執行可能かどうかを仲裁裁判所に確認する必要があります。ベトナム民事訴訟法343条によれば問題はありませんが、ベトナム仲裁法上、「ベトナム法の基本原則に抵触する場合」に該当するとして外国仲裁裁判の判決の執行が否定された判例もあります。仲裁裁判所での判決の承認が得られるよう、事前に弁護士に正式に依頼する必要があります。

会計基準（国際財務報告基準）への移行

■ 会計基準

　ベトナムでは自国の会計基準が適用されており、国際財務報告基準（IFRS）へは移行されていません。2001年12月31日に初版のベトナム会計基準が発効され、2008年9月30日には26からなるベトナム会計基準が発効されました。これはIFRSに基づいて作成されていますが、減損会計、金融商品会計、年金会計、株式報酬などIFRSとの大きな相違が見られます。IFRSへの移行には向かっているものの、まだ時間がかかるものと考えられます。

Ⅴ　ベトナム

■ 監査制度

　外国企業、上場企業、金融機関は法定監査を受けることが強制されています。しかし、上場企業でありながら法定監査を受けている企業の割合はかなり少ないのが実状です。したがって、自社が法定監査を受ける可能性があったとしてもデュー・デリジェンスにおいて、参考用として他企業の監査済の財務諸表の入手は困難です。不備のない財務諸表を作成するためには、監査後に修正が必要となる場合もあります。

M&Aに関する税務

■ 事業取得

　事業譲渡における資産評価は、基本的には、売り手と買い手の双方の合意によります。両当事者間の取引は、公正な価格を維持するために移転価格のローカル規定に従わなければなりません。資産の売却にはそれぞれの付加価値税（VAT）に従って税が課されます。資産の売り手は、資産譲渡の利益に対して法人税22％が課されます。

［のれん］
　のれんは、3年間にわたって償却されます。

［減価償却］
　売り手から買い手への固定資産の減価償却が法人税控除と認められるためには、以下の事項が必要となります。
　まず資産取得は、合法的なタックス・インボイスと補助書類（販売請求書や売買契約書など）によって実証されなければいけません。
　また、取得した資産が固定資産とみなされるためには、次の要件をすべて満たす必要があります。

- 経済的な効果が見込まれる資産があること
- 残存期間1年以上
- 資産価値が500USドル以上

　売り手から購入した資産の取得原価は、実際の購入金額と使用上の金額（例：固定資産への利息、積み下ろし費用、改良費、取り付け、

 **V　ベトナム**

手数料、登記料）からなります。

　減価償却のために、事業主は地元の税務局に固定資産の償却方法を登録する必要があります。償却方法には、定額法、修正減速法（Adjusted Reducing）、バランス法（Balance Method）やプロダクト・ボリューム法（Product Quantity and Volume Method）があります。固定資産の使用期間中は、登録された方法によって、減価償却されなければなりません。

　しかし、実務上は、登録した減価償却方法とは別の方法が適用されている場合が多く見られます。減価償却方法は使用期間中に変更可能ですが、明確な理由を文書で税務局に通知する必要があります。

　新品であっても中古品であっても、固定資産の減価償却は、原価と耐用年数に基づいた同じ基準で行われます。20年を超える無形固定資産の耐用年数は減価償却の際には認められません。また、土地の使用権の年数は、ローカル規定によって定められています。

［付加価値税］

　ベトナムにおいて、資産の売却には、VATが課されます。現在の付加価値税法によると、0％、5％、10％の3つの利率が適用されています。標準のVATは10％です。

　売り手は資産売却の際、買収価格に上乗せされるVATの価格が記載されたVATインボイスを発行します。このVATは、売り手のアウトプットVATとなり、月次ベースで支払わなければなりません。

　また、買い手に対し、資産売却に関して売り手より課されるVATは、インプットVATとして、月次でアウトプットVATと相殺することが可能です。買い手のインプットVATの支払猶予は6カ月です。

　買い手が新たな事業を開始し、その資本投資が1年以上続くのであれば、買い手は年間で投資に使った製品やサービスに係るVATを還付することができます。投資に使った製品サービスのインプット

VATの蓄積が2億ドン以上になれば、買い手は還付資格が得られます。その他、次の場合においてVATの支払が免除されます。

- 事業を立ち上げるための資産による資本拠出
- 従属する会社間の資産譲渡
- 企業分割、合併等による資産譲渡

[印紙税]
　印紙税は特定の資産に課されます。一般的には住居、土地、クルーザー、ボート、自動車などです。資産の譲渡では、新しい資産の所有者が印紙税を支払います。印紙税の計算は、印紙税率に基づき、地域ごとの法律によって規定されています。次のように特定の印紙税率が適用される資産もあります。

- 住居、土地：0.5%
- ショットガン、スポーツガン：2%
- 自動車：2〜20%
- オートバイ：1〜5%

　しかし、いかなる取引においても、1つの資産に対する印紙税の支払額は5億ドン（約2万4,000USドル）を超えることはありません（10シート以上の車両、飛行機、クルーザーは除く）。
　印紙税は取引完了日から30日以内に申告しなければなりません。

■ 株式取得

　2009年4月15日に発効され、2009年6月1日から施行された大統領令第55号で外国からの投資が最大49%まで引き上げられたことで、投資環境が外国企業に開放されました。これは、近年WTOの会

 V　ベトナム

合で、外国投資の機会を高めるために規制を撤廃する方向で話し合われたことによるものです。しかし、銀行のような特定の事業分野への投資は30％に留められたままです。

[譲渡価額]

　税務上は、実際の取引価額とは関係なく、取引時点の時価が譲渡価額とされます。一般的に税務上の時価は、譲渡前直近の期末時点の監査済財務諸表上の純資産価額を基に算定された価額が採用されます。

　ただし、ベトナム監査法人、弁護士など当事者以外の機関によって作成された評価レポートによって証明することができれば、時価を超える価額を採用することもできます。

[キャピタル・ゲイン課税]

　ベトナム法人の株式売却から得られるキャピタル・ゲインに対し、22％が課税されます。売却価額から投資と株式移転にかかった費用を除いたものが課税対象になる収益です。また、非税務住民である個人の売り手に対して、売却過程の合計に0.1％の税金が課されます。

　公開会社や上場企業の株式の売却による利益は証券として認識され、会社、個人を問わず売り手に対して売却価額の合計に0.1％が課税されます。二重課税条約においては上記の税金が免税されたり、海外にある持株会社の使用によって税金が軽減できたりする場合があります。

　納税に関しては、源泉徴収の方法が採用され、証券取引口座を開設した証券会社もしくは民間銀行が行います。

　申告・納税および確定申告は、課税所得が発生した日から30日以内に実施します。また、源泉徴収を行う者は、1件当たりの税務申告および納付に対する徴収額の0.8％、1件当たり5,000万ドンを上限として、株式を譲渡する者に手数料を請求することができます。

[未払税金（Tax Indemnities and Warranties）]

　優先されるベトナムの規制に従って、ターゲット企業の未払税金および偶発税金債務（Tax Exposure）が取引後に購入者に譲渡されます。そのため、買い手側はターゲット企業の税務コンプライアンス状況に注意する必要があります。M&A取引では、税務リスクを回避するために税務デュー・デリジェンスを行うのが一般的です。また、偶発税金債務については、M&Aの最終契約書に盛り込むことが推奨されます。

[繰越欠損金]

　ターゲット企業の損失は、取引後も残ります。取引の前にターゲット企業がつくった損失は、取引後の会社の課税所得と相殺されます。原則として税金損失は、損失が起きた年から5年以上持ち越されることはありません。

　課税所得から控除される損失は、ターゲット企業の属するベトナムの税制度の下で申告されます。また、税務局による税務監査が入った場合、損失は地方税務当局によって決定されることがあります。

[売却前配当]

　株式配当は免税または低い税率（個人の場合は5％）が適用されるため、特定の状況では、売り手は売却前配当により、株式価値を収入として実現することによって、キャピタル・ゲイン課税の一部を回避することができます。

[印紙税]

　現在、株式取得に係る印紙税はありません。

 Ⅴ　ベトナム

[本国への利益送金]

　会社が関連する会計年度分の監査済財務諸表の法人所得税申告を完了し、税務局から納税証明を受取った場合のみ、海外へ送金できます。

　利益／配当の送金はターゲット企業の財務諸表から累積損失が出ている場合は認められません。

[法人所得税]

　日本（海外）法人がベトナム企業の資本持分を譲渡することで所得を得た場合、それに対し法人所得税が発生します。その所得と法人所得税は、次の式で算出されます。

　　所得＝譲渡価額－購入価格－譲渡費用
　　法人所得税額＝所得×税率（22％）

　譲渡価額とは、譲渡者が取得した譲渡契約書上の受領金総額であり、譲渡取引にかかわる関係者がその金額を定めます。本来は、第三者による企業評価やデューデリジェンスを行い、客観的に評価した上で、譲渡価額を決定することが望ましいのですが、ベトナムでは厳密な評価が難しいので、多くの場合、直近の監査済財務諸表の簿価が適用されます。しかし、譲渡価額が譲渡契約書上に明記されない場合、あるいは税務当局が譲渡価額の妥当性を認めない根拠がある場合は、税務局が譲渡価額を決める権限を有します。低廉譲渡の指摘リスクを減らすためには、譲渡価額が客観的に評価されたことを証明する資料の入手が必要です。

　購入価格は、次のいずれかで定められます。

・譲渡資本が譲渡者の資本出資を目的としたものである場合、出資

が行われた時点での出資額を購入価格とする。
・譲渡資本が第三者からの譲渡により取得したものである場合、第三者からの譲渡が行われた時点での譲渡価額を購入価格とする。

譲渡費用は譲渡に直接関連して実際に支出された費用で、主に資本取得に必要な各種報告書に掛かる費用、法律手続の費用、各種手続の手数料、および譲渡契約締結のための費用が含まれます。なお、資本の一部しか譲渡しない場合、その譲渡持分の購入価格を定める方法は明確に定められていませんが、実務上は、主に移動平均法で算出されます。

原則として、資本譲渡による所得（利益）があれば申告納税の義務が発生しますが、資本譲渡の利益がない、あるいは損失が発生する場合には税務申告をする必要がないと解釈できます。ただし、税務当局の実務対応レベルにも影響されるため、文書で確認することが望ましいです。なお、譲渡価額も購入価格も、譲渡者が外貨記帳かベトナムドン（以下、VND）記帳かで税務当局での取扱が異なります。

[外貨記帳の場合]
外貨金額のままで決定します。

[VND 記帳の場合]
外貨で譲渡を行う場合でも、税務上では、譲渡価額は譲渡時点の為替レート、購入価格は出資時点または購入時点の為替レートでVNDに換算され、決定します。したがって、VND記帳の場合、譲渡価額と購入価格は外貨では等しい金額であっても、為替レートの変動によりVNDではキャピタル・ゲインが発生する可能性もあります。その場合、税務申告と納税の必要があります。

 Ⅴ　ベトナム

M&Aスキームの基本

外国投資家がベトナム企業へ投資する形態

　ベトナムにおいてM&Aを行う手法として、まず対象のベトナム企業が株式会社か有限会社かにより、形態は大きく異なります。

　まず、株式会社の場合は、他国のケースと同様に株式の譲渡、公開買付を行うことができます。しかし、新株発行による第三者割当および新設合併などの法制度はいまだ整備されていません。

　有限会社の場合は、出資資本持分を取得する方法を採用する場合が多いです。資産譲渡および企業法上の合併という方法も採用できますが、実務上の手続が煩雑であるため、利用されるケースは少ないです。

　株式会社および有限会社のM&Aの方法としては、それぞれ、発行済株式の取得および資本の持分資本の取得が代表的な方法となります。いずれの場合であっても、外国企業がベトナムにおいて投資を行う場合、人民委員会より投資許可証の取得が必要となります。

　M&Aによる外国投資の場合の投資許可証の取得条件として、有限会社の場合は持分資本の獲得にかかる持分譲渡の完了を示す書類の提出、株式会社の場合は株式譲渡の完了を示す書類の提出が必要です。しかし、具体的にどのような書類を用意すればよいのかは明示されていません。投資許可証の発行機関は、投資計画局および人民委員会、工業団地の場合は工業団地の管理委員会となりますが、地域によりこれらの書類の解釈が統一されていないのです。したがって、株式譲渡もしくは持分譲渡にかかる送金証明書類の提出を求められるケースもあれば、未払であっても株式譲渡および持分譲渡の完了を示す書類が

あれば投資許可証の発行が認められる場合もあります。

　なお、外国企業の100％資本による投資であれば、資本金の振込は投資許可証取得時点で完了していなくても、取得より1年以内に振込を完了すれば問題ありません。当事者間のM&Aにかかる合意の中で株式譲渡および持分譲渡の条件を決定する場合、当該地方を管轄する人民委員会および当委員会支局等の管轄機関に、事前に投資証明書の発行要件および必要書類について確認をとった上で、当事者間の取引の詳細条件について合意する必要があります。

■ 株式会社のM&A
[発行済株式の取得プロセス]
公開会社の場合
　①ベトナムの銀行口座を開設（ベトナムにて営業許可を持つ銀行に限る）
　②ベトナムの銀行口座をベトナム国家銀行に登録
　　外国人投資家がベトナムにおいて証券取引用の口座を開設する際には、ベトナム国家銀行に必要書類を申請しなければならない。
　③ベトナム証券保管センター（Vietnam Securities Depository）から取引番号を取得
　　外国人投資家は、証券保管銀行もしくは証券銀行を選択し、必要書類を送付する。銀行は、ベトナム証券保管センターから取引番号を取得する。
　④証券取引口座を証券会社に開設（外国人投資家）
　⑤証券保管口座を開設
　⑥公開会社の主要株主（5％以上の議決権付株式を保有）となった場合、国家証券委員会（State Securities Commission）等へ報告

 **V ベトナム**

株式の購入により、外国人投資家が企業の主要株主となった場合には、主要株主となった日から7営業日以内に、国家証券委員会および公開会社の株式が上場されている証券取引所に対して、主要株主となった旨の報告書を送付しなければならない。

⑦公開買付の敢行

流通している議決権付株式の25％以上を取得しようとする場合、株式公開買付を行う。外国人投資家が公開買付を行う場合は、国家証券委員会の承認が必要となる。

⑧新株主の名称を加えるため、投資計画当局に対し、投資証明書または営業登録証明書の変更を申請

⑨総株式の5％以上の株式を保有している場合、投資計画当局へ通知

外国人投資家が総株式の5％以上を保有している場合、その旨を株式の取得後7営業日以内に当局に対して通知しなければならない。

非公開会社の場合

①ベトナムの銀行口座を開設（ベトナムにて営業許可を持つ銀行に限る）

外国人投資家は、証券保管銀行を利用し、証券取引のための銀行口座を開設する。

②ベトナムの銀行口座をベトナム国家銀行に登録

③外国人投資家はベトナム国家銀行へ関係書類を送付

④口座を開設した証券保管銀行を通して、ベトナム証券保管センターから株式の取引番号を取得

⑤投資家が総株式の5％以上を保有している場合、投資計画局へ登録

⑥新株主の名称を追加するため、投資許可証の内容を変更

投資許可証の内容変更に必要な書類を作成し、投資計画当局に提出する。

■ 有限会社のM&A

有限会社のM&Aでは、当該有限会社は投資対象となる企業の投資許可証に新たな出資者または社員として登録されることになります。

M&Aの対象企業が有限会社である場合は、株式が発行されていないため、有限会社の出資資本持分を取得するという形式を採ります。

■ 有限会社の持分資本の取得によるM&A

有限会社の資本持分の取得によるM&Aの方法は、一人有限会社に出資する場合と、二人以上有限会社に出資する場合とでは大きく異なります。

[一人有限会社への出資]

一人有限会社への出資は、持分のすべてを取得する場合と一部を取得する場合とに分けることができます。すべてを取得する場合は、一人有限会社の出資者が変更されることになります。一部を取得する場合は、社員がもう一人増えることになりますので、一人有限会社の形態から、二人以上有限会社の形態に変更されることになります。

[二人以上有限会社への出資]

二人以上有限会社への出資は、既存の社員より持分を取得するか、新たな社員として出資するかに分かれます。

いずれの有限会社の持分を取得する場合であっても、投資許可証の内容に変更が加えられることになりますので、投資計画当局に対して投資者の内容を変更する申請を行わなければなりません。

申請に必要な書類には、以下のものがあります。

V　ベトナム

- 投資者の変更申請書
- 投資者に関する法定書類（日本の企業であれば、登記簿謄本、定款等）
- 投資者が企業である場合は、企業の法的代表者の身分証明書
- 資本譲渡契約書
- 投資対象企業の取締役会議事録
- 投資対象企業のプロジェクト実施報告書
- 投資対象企業の直近の財務報告書

　この申請手続は、有限会社が増資をする場合など投資許可証の内容を変更する手続と同様のものです。実際の手続は投資計画当局において行われますが、最終的な認可は人民委員会において行われることになります。

[参考資料・ウェブサイト]

- Vietnam Laws

    Law on Enterprises（統一企業法）

    http://www.vietnamlaws.com/freelaws/Lw60na29Nov05Enterprises[10Apr06].pdf

    Law on Competition（競争法）

    http://www.vietnamlaws.com/freelaws/Lw27na3Dec04Competition[XV1135].pdf

    Law on Securities（証券法）

    http://www.vietnamlaws.com/freelaws/Lw70na29Jun06SecuritiesPARTIAL26July.pdf

- 『M&A 専門誌 MARR』レコフデータ

    「特集 2013 年の日本経済と M&A 動向」2013 年 2 月

    「特集 2014 年の日本経済と M&A 動向」2014 年 2 月

- プライスウォーターハウスクーパース株式会社、税理士法人プライスウォーターハウスクーパース編著『アジア M&A ガイドブック』中央経済社、2010 年

VI

ミャンマー

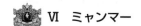

ミャンマーにおけるM&Aの動向

　ミャンマーでは、2011年の民主化への移行とともに経済活動が活発化してきています。外国企業に対する経済活動についても以前に比べれば、自由度は増したものの、依然として多くの規制が存在します。

　外国企業がミャンマー内資企業（ミャンマー資本100%の企業）の株式を取得することはできず（ただし、ミャンマー投資委員会の許可がある場合は可能）、買収する方法は事業譲渡に限られます。しかし、近年、取扱われた事例は外国企業同士の取引です。

　ミャンマー内資企業の買収方法が制限される理由として、以下の2つが挙げられます。

外資規制の存在

　ミャンマーでは、外資に対する業種規制が存在します。内資企業に外国資本が少しでも入ると外国企業として取扱われるため（会社法）、「資本参加」＝「外資規制の適用」となります。

不明瞭で未熟な行政手続

　ミャンマー法上（外国投資法、会社法等）、禁止業種以外の事業であれば、ミャンマー内資企業の買収を制限するような法律は存在しないため、内資企業の買収は可能だといわれています。しかし、実際に手続を行う際、当局側が諾否の回答をできずに手続が止まってしまいます。新興国ではよくあることですが、前例が積み上がってくれば改善が期待できます。

■ 日本企業のM&A事例

　日本企業によるアジア企業の買収（In-Out）の件数は2012年に189件、2013年に202件あり、そのうちミャンマーに対するM&Aはそれぞれ2件です（レコフ調べ）。次表は、2012年、2013年に行われた日本からミャンマーに対するM&Aの事例です。

【日本からミャンマーへのM&A（2012年）】

No.	日本	ミャンマー	出資比率	業種	投資金額 （百万円）
1	フレックスジャパン	ミャンマー現地法人	事業譲渡	繊維	―
2	明電舎、メタルワン	アジア・ゼネラル・エレクトリック	―	電機	―

『M&A専門誌MARR』をもとに作成

【日本からミャンマーへのM&A（2013年）】

No.	日本	ミャンマー	出資比率 (%)	業種	投資金額 （百万円）
1	アイビス・ミャンマー投資事業組合	MAPCO	1未満	食品	10
2	ANAホールディングス	アジアン・ウィングス・エアウェイズ	49	運輸、倉庫	2,500

※2013年にユニチャームがミャンマーの紙おむつ等製造・販売大手のMyanmar Care Products Limitedを親会社株式の取得という形で買収したが、これは親会社であるシンガポールのCFA International Paper Products Pte. Ltd.社の株式を100%取得する形を採用したため、上表には含まれていない

『M&A専門誌MARR』をもとに作成

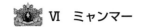
Ⅵ ミャンマー

M&Aに関する法律・規制

　ミャンマーM&Aに関連する法規としては、ミャンマー連邦外国投資法、会社法、証券取引法が挙げられます。日本の独占禁止法に相当する競争法については、2014年5月に法案が発表され、施行に向けた動きがあります。

【M&Aに関連する法規】

外国投資法	外国投資への禁止業種・規制業種、資本金、外国企業の土地所有、外国為替に関して規定する
会社法	株式譲渡、株式割当、事業譲渡について規定する
証券取引法	証券取引委員会、証券会社および免許、証券発行の際の手続、禁止、罰則行為について規定する

投資規制

　1988年に旧外国投資法、2013年11月2日には新外国投資法が制定されました。なお、この外国投資法を管轄する政府機関はミャンマー投資委員会(MIC：Myanmar Investment Commission)で、投資案件の第一次認可機関です。

■ 資本金に関する規制
　ミャンマー投資委員会が投資事業や外国企業の業態等を鑑み、政府の承認を得て決定します。

■ 土地所有に関する規制
　ミャンマーでは、外国企業や外国人個人による土地の所有は認めら

れていません。ただし、不動産移転規制法に基づくリース契約により、関係省庁から土地の長期リースを受けることができます。

新外国投資法では、国有地および国民が使用権を持つ土地は利用できます。土地のリース期間は最長で50年間、10年の延長が2回認められています。

■ 現地人の雇用義務

現地人の雇用割合は、旧外国投資法では規制されていませんでした。しかし、新外国投資法では、会社設立後、2年以内にミャンマー人労働者を熟練工や管理者として最低25％雇用し、次の2年以内に最低50％、さらに2年以内に最低75％と増員しなければなりません。それ以外の高度な技術を要しない役職等については原則ミャンマー人労働者のみで、外国人は雇用できません。

■ 外国為替に関する規制

外国為替に関する法律としては、1990年の中央銀行法と1947年の外国為替管理法の2つがあります。

ミャンマーは1997年以降、外貨準備高が極端に減少したことを背景として、年々政府の規制が強化されています。2000年8月1日以降は、外貨兌換券（FEC：Foreign Exchange Certificate）を原資とする外貨送金については1カ月当たり1万USドル以内に制限されることもありました。現在は、昨今の外貨準備高の回復を背景に、この制限は解消されています。

輸入は、輸出により獲得した外貨の保有が前提となりますが、貿易取引に絡む外貨の対外送金の制限はありません。

[銀行口座開設]

外貨の口座開設には制限があります。ミャンマーに外貨を持込む

VI　ミャンマー

外国人投資家には、ミャンマー外国貿易銀行（MFTB：Myanmar Foreign Trade Bank）とミャンマー投資商業銀行（MICB：Myanmar Investment and Commercial Bank）の国営銀行に限り、外貨口座の保有が認められていました。しかし、2011年11月にミャンマー中央銀行が、民間銀行11行に対して外国為替取扱のライセンスを発行したことを受けて、2012年7月より民間銀行（Kanbawza Bank Ltd., Asia Green Development Bank Ltd., Co-operative Bank Ltd., Ayeyarwady Bank Ltd.など）にも外貨口座が開設できるようになりました。

現地通貨の口座開設については、制限はありません。身分証明書（パスポート）や会社登記簿などの必要書類と口座開設用紙を提出すれば口座が開設できます。しかし、2003年に多くの民間銀行が経営破綻、業務停止したという背景から、口座開設を断られるケースがあったといわれています。

【外国人の外貨の取扱制限】

外貨の取扱	制限の内容
外貨の口座開設	国営銀行MFTB、MICBの他、民間銀行4行（2012年7月より）に限定
外貨口座の現金による引出	上限10,000USドル／1回
国内への現金持込	10,000USドル以上の外貨持込：税関への申告が必要

2012年7月より、三井住友銀行からKanbawza Bankの口座へのドル送金が行えるようになり、9月には、三菱東京UFJ銀行からCo-operative Bankの口座へもドル送金が可能となりました。また2013年8月にはみずほ銀行からもKanbawza Bank、Ayeyarwady Bankの口座へのUSドル送金が行えるようになりました。いまだ、特定の銀行間に限ったドル建送金ですが、外資参入が進むにつれてニ

ーズが増すことから、今後の改善が期待されています。

[**国外への送金**]

　ミャンマー国外への送金は、国内で外国との銀行取引を行う権利を有している銀行を利用し、送金通貨の為替レートに応じて、MICの認可を得た場合に可能です。しかし、実務上は許可が下りない場合があるようです。MICの許可を受けた企業は、必要に応じて海外送金を容易に行うことができます。また、それ以外の企業も以前と比べ送金はしやすくなっています。

[**外国通貨の利用**]

　USドルは、ミャンマー国内の商取引で利用することができます。また、公式の両替所では、USドル、ユーロ、シンガポールドルの両替が可能です。タイのバーツ、中国の人民元は国境取引の際に使用されていますが、その他の外国通貨の使用は一般的ではなく、交換も限られた場所でしか行えません。日本円はホテル等の限られた場所で、少額であれば両替が可能ですが、交換レートは高くなります。なお、ミャンマーの通貨であるチャットは海外では流通しておらず、国外への持出しも禁じられています。

　ミャンマーの銀行から融資を受ける場合、必ず不動産等の担保が必要ですが、現実的には外国人は不動産の所有が認められていません。そのため、ミャンマーで事業を行うためには現地通貨を調達できるかどうかが重要な問題です。ただし、合弁相手が国もしくは国営企業の場合は特別会社法（Special Company Act, 1950）が適用され、資金調達が可能となります。2015年には外資銀行への認可が下り、融資を受けられるようになる予定です。

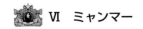 **Ⅵ　ミャンマー**

> ### 「外国人料金」とは
>
> 　ミャンマー政府は、インフラ（電気、水道、通信）等の料金を、「外国人料金」と「ミャンマー人料金」の２種類に設定しており、外国人に対しては、通常よりも高い価格でサービスの提供が行われます。企業の場合、外国人が株式の１％でも保有していると、「外国会社」とされ、外国人料金が適用されます。電車料金やシュエダゴン等の観光地の入場料等も外国人料金が適用されている場合があります。

■ 新外国投資法の施行細則

　２０１３年１月３１日、新外国投資法を基に、外資規制業種をリストアップしたミャンマー投資委員会通達（MIC Notification No.1／2013）（以下、旧通達）が公表されました。旧通達においては、外資禁止業種21分野、ローカル企業との合弁のみ許可される42分野、所轄官庁の意見書や連邦政府の承認などが求められる115分野、特定条件下でのみ許可される27分野、および環境アセスメント（EIA）が必要となる34分野が列挙されました。

　その後、２０１４年８月２６日、旧通達のリストを整理し直した新通達（MIC Notification No.49, 50／2014）が公表されました。新通達においては外資禁止業種を11分野とするなど、各規制業種数が削減されており（後述リスト参照）、外資への開放傾向が見られます。主要な変更点は以下のとおりです。

① リストに記載のない事業については、原則100％外資での投資が可能であると明記
② 大規模小売業（ローカル資本40％以上）の削除
③ ②以外の小売業（四輪・二輪車を除き2015年以降認可）の削

除
④ 卸売業（商務省の規制に従う）の削除
⑤ フランチャイズ業（フランチャイジーはミャンマー資本限定）の削除

　なお、合弁が必要とされる事業について、新旧通達に合弁比率は特に明記されていません（特定の農作物販売・輸出除く）。従来同様、所轄官庁の裁量による可能性があることに注意が必要です。

[外資禁止事業 11 分野]
- 防衛関連の軍需品製造および関連サービスの提供
- 自然林の保護および管理
- ヒスイなどの宝石の試掘、探掘および生産
- 金を含有する鉱物の採掘
- 中小規模の鉱物製品の製造
- 電力システムの管理
- 電力事業関連の調査サービス
- 航空交通管制サービス
- 航海交通管制サービス
- 連邦政府の認可を得ない印刷業とメディア事業の一体運営
- ミャンマー語・少数民族言語での定期刊行物の印刷および出版

[ローカル企業との合弁のみ認められる事業 30 分野]
- ハイブリッド種子の製造および販売
- 高収穫率種子、天然種子の製造および販売
- ビスケット、ウエハース、各種麺類など、穀物加工食品の製造および販売
- あめ、ココア、チョコレートなどの菓子類の製造および販売

VI　ミャンマー

- 牛乳および乳製品以外のその他食品製造、缶詰製造および販売
- 麦芽および麦芽アルコール飲料の製造および販売
- 蒸留酒、アルコール飲料、清涼飲料などの生産、精製、ボトリングなど
- 氷の製造および販売
- 水の製造および販売
- コード、ロープ、撚糸類の製造および販売
- 刃物、鉄器、陶器など、家庭用台所用品の製造および販売
- プラスチック製品の製造および販売
- ゴム製品の製造
- 梱包サービス
- 合成皮革以外の皮革原料で作る履物やハンドバッグなどの製造および販売
- 各種紙製品の製造および販売
- 国内天然資源を利用した化学製品の製造および販売
- 可燃性物質・液体・ガス・エアロゾル（アセチレン、ガソリン、プロパン、ヘアスプレー、香水、デオドラント、殺虫剤など）の製造および販売
- 酸化化合物（酸素、水素）および圧縮ガス（アセトン、アルゴン、過酸化水素など）の製造および販売
- 可燃性化学品（硫酸、硝酸）の製造および販売
- 気体・液体・固体を含む産業用ガスの製造および販売
- 医薬品原料の製造および販売
- 中小規模の発電事業
- 国際水準のゴルフコースおよびリゾート開発
- 住宅用アパート、コンドミニアムの建設、販売および賃貸
- オフィスビルの建設および販売
- 工業団地に隣接した住宅地区でのアパート、コンドミニアムの建

設、販売および賃貸
- 一般大衆向け住宅の建設
- 国内線航空サービス
- 国際線航空サービス

旧通達において合弁のみ許可されていた事業で、新通達において削除された主な事業は以下のとおりです。

- 大規模鉱物資源の採掘および製造
- 建造物に使用される鉄骨やコンクリートの製造
- 高速道路、地下鉄などのインフラ開発プロジェクト
- 塗料、ニス、染料、ラッカーなどの化学品製造
- 観光業
- 三ツ星クラス以下のホテル業
- 倉庫業

[合弁かつ所轄官庁の意見書や連邦政府の承認などが求められる事業43分野]
- 畜水産・農村開発省：養蜂・蜂蜜製品製造、魚網製造など8分野
- 環境保護・林業省：国立公園造成、林業関連、動植物の輸出入など9分野
- 工業省：清涼飲料水、調味料、化学薬品の製造販売3分野
- 運輸省：船舶輸送、海事訓練、造船、水運庁管轄域内の船舶関連業4分野
- 通信・情報技術省：国内外郵便事業1分野
- 保健省：私立病院、伝統医薬関連など11分野
- 情報省：外国語新聞、放送、映画関連業など7分野

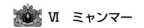 **Ⅵ ミャンマー**

　新通達においては、旧通達において定められていた農林灌漑省、鉱山省、電力省、建設省、ホテル観光省管轄事業は全面的に削除されています。

［合弁かつ特定条件下でのみ許可される事業21分野］

- 石油・ガスの輸入・輸送関連施設、調査研究施設、海洋掘削施設、製油所などの実装・建設6分野
  →条件：エネルギー省との合弁のみ
- たばこ製造1分野
  →条件：①当初3年間国産たばこ葉使用比率50％以上、または国産たばこ葉輸出による収益で調達した原材料50％以上での製造、②製品の90％以上を輸出、③国産原材料使用および完成品輸出計画を明示しての投資申請、④工業省の推薦
- 爆発性化学品、可燃性物質・放射性可燃物質などの製造および販売2分野
  →条件：州政府との合弁のみ
- 輸入原料を使用して栽培した作物の販売および輸出1分野
  →条件：①付加価値を高める作物のみ、②外資比率は49％以下、③合弁による販売・輸出のみ、④米の海上輸出・国境貿易は禁止
- インターネット宝くじ1分野
  →条件：①金融省の推薦、②政府との合弁のみ
- 衛星都市開発1分野
  →条件：①建設省の推薦、②政府との合弁のみ
- 都市再開発1分野
  →条件：①政府の許可、②関連企業体・関連局との合弁のみ、③鉄道省の推薦
- 鉄道関連施設建設、鉄道事業、鉄道省所有地利用など5分野

- 鉄道・自動車運送1分野
  - →条件：①政府の許可、②関連企業体・省庁・組織との合弁のみ、③鉄道省の推薦
- 車検、運転教習、修理訓練1分野
  - →条件：①政府の許可、②関連企業体・省庁との合弁のみ、③鉄道省の推薦
- 鉄道産業用発電1分野

[環境アセスメントが認可要件となる事業30分野]

- 採鉱
- 石油、天然ガスの採掘
- 大規模ダムや灌漑施設の建設
- 水力およびその他の大規模発電事業
- 石油・天然ガスパイプラインの敷設および送電塔の建設
- 大規模架橋、高速道路、鉄道、港湾、空港関連施設の建設、大規模用水路建設および大型車両製造
- 薬品、化学品および殺虫剤の製造
- バッテリーの製造
- 大規模製紙用パルプ工場
- 大規模な織物、衣服、染料および家具の製造
- 鉄、鉄鋼、その他鉄鋼製品の製造
- セメント製造
- 酒、ビールなどの製造
- 石油、燃料、化学肥料、ろう、ニスなどを含む石油化学工場
- 製糖を含む大規模な食品製造
- 皮革、ゴム製品の製造
- 大規模な海水・淡水魚およびエビ養殖
- 大規模木材製造

Ⅵ ミャンマー

- 大規模住宅、農業地区開発
- 大規模ホテルおよびリゾート施設建設
- 文化遺産地域、考古学的・地理学的に重要なエリアでの事業
- 浅水域での事業
- 脆弱な生態系の地域における事業
- 国立公園、自然保護地域での事業
- 絶滅が危惧される動植物が存するエリアでの事業
- ラカイン沿岸地域やイラワジ・デルタ地域における、サイクロンや洪水などの自然災害を受けやすい地域での事業
- 公共飲料用水に利用される池、貯水池に隣接する地域での事業
- リゾート、真珠養殖場に隣接する地域での事業
- 広大な農地を必要とする農作物の栽培および生産
- 大規模森林プランテーション

上記30分野については、環境アセスメント（環境影響評価書）が必要とされ、環境への影響を抑えることが要求されます。新通達においては、旧通達における34分野を30分野に整理するにとどまっています。

投資インセンティブ

■ 外資に関する各種優遇措置の内容

ミャンマー投資委員会（MIC）に優遇措置の適用を申請し、外国投資法に基づき設立されたすべての企業は、優遇措置の対象となります。

優遇措置の内容については、生産または事業開始から5年間の法人所得税免除が認められます。

法人所得税の免税以外の優遇措置は、投資案件ごとに、個別に判断

されます。優遇措置の具体例としては、以下のような内容が挙げられています。ただし、これらの優遇措置がどのような条件で認められるかについての規定はなく、MICが個別に決定することとされ、運用には不透明な部分が多く残されています。政府との関係があるコンサルタント等を通じて、事前に優遇措置についてMICに確認することが望ましいでしょう。

【外資に関する各種優遇措置】

1	法人所得税の免税期間終了後、免税または軽減期間の延長
2	利益が1年以内に再投資される場合、当該利益に対する法人所得税の減免措置
3	有形固定資産に対する加速減価償却
4	ミャンマーで生産、輸出を行う場合、輸出から生じる利益に対する減税（限度50%）
5	外国人雇用者の個人所得税の支払税率にミャンマー居住者の税率を適用
6	ミャンマーにおいて発生した研究開発費の当該年度課税所得からの控除
7	欠損金の繰越控除（3年間）
8	工場等の立上げ時の設備投資、原材料の輸入関税、国内諸税の減免措置
9	工場等の設立後、営業生産開始から3年間の原材料の輸入関税、諸税の減免措置
10	投資委員会の承認により投資額が増額され、許可された期間中に事業が拡大した場合は、事業に使用され輸入された機械設備、機器等に対する関税またはその他の内国税もしくはその双方についての減免措置
11	輸出取引の商業税の免除等

出所：Myanmar Investment Commission, Notification No. 50/2014

会社法

日本の会社法では、合併などの組織再編についての規定がありますが、ミャンマーの会社法には規定がありません。M&Aに関する規定としては、株式譲渡、株式割当、株式譲渡に反対する株主のための株式買収請求権の規定などがあります。

VI ミャンマー

組織再編に関する規定が存在しないため、M&Aの手法は大きく分けて株式譲渡と事業譲渡に限られます。対象企業の資本構成と投資許可の種類によって、さらに手法および手続が変化します。

■ 株式譲渡

外国人が株式譲渡によって、ミャンマーの企業を買収する場合、対象企業の属性が株式取得の可否に影響を与えます。対象企業の属性は、内資企業、外資企業（ミャンマー投資委員会の許可なし）、外資企業（ミャンマー投資委員会の許可あり）の3種類に分類することができます。

ミャンマー国籍の者が、全株式を保有している企業は内資企業となり、株主が1人でも外国人であれば、その会社は外資企業となります。

実務上、外国投資家は、内資企業の株式を取得することはできませんが、対象となる内資企業にミャンマー投資委員会の許可がある場合は、ミャンマー投資委員会の承認を得れば外国投資家が株式を取得することは可能です。一方で、外資企業（ミャンマー投資委員会の許可なし）については、外国人が既存株主から株式譲渡を受けることは可能です。

また、外資企業（ミャンマー投資委員会の許可あり）についても、外国人が既存株主から株式譲渡を受けることは可能ですが、ミャンマー投資委員会の許可を得る必要があります。

新外国投資法は、ミャンマーへの海外投資を促進するために、ミャンマー投資委員会の許可を取得した外資企業に対して、さまざまな優遇措置を規定しています。したがって、外資企業の中でもミャンマー投資委員会の許可がある会社とない会社に分類されます。

■ 株式割当

外国人に対する株式割当の可否は、株式譲渡の場合とほぼ同様で

す。内資企業は外国人に株式割当を行うことはできません（ただしミャンマー投資委員会の許可がある内資企業は株式割当可能）が、外資企業（ミャンマー投資委員会の許可なし）は可能です。ミャンマー投資委員会の認可を受けていない企業については外国投資家が100%内資法人の株式を保有することはできません。

■ 事業譲渡

ミャンマーでは、会社法に事業譲渡に関する規定が存在しないため、譲渡手続については譲渡する側の企業の付属定款で定められます。

外国投資家が、ミャンマー会社から事業譲渡を受ける場合は、ミャンマー国内に受皿となる外資会社を設立し、その受皿会社がミャンマー会社から事業譲渡を受けます。具体的には2つの方法が考えられます。1つは、受皿会社が事業の対価として金銭を対象企業に支払い、事業を取得する方法です。もう1つは、受皿会社が事業の対価として、受皿会社の株式を交付し、ミャンマー会社との間でジョイント・ベンチャーをつくるという方法です。

ただし、外資企業（ミャンマー投資委員会の許可あり）はミャンマー投資委員会から許可された事業しか行うことはできないため、取得する事業が新しい事業の場合は、新たにミャンマー投資委員会から許可を取得する必要があります。外資企業（ミャンマー投資委員会の許可なし）の場合も同様に、国家計画経済開発省・投資企業管理局（DICA）から営業許可が出ている事業しか行うことができないため、取得する事業が新しい事業であれば、DICAから新たに事業を取得しなければなりません。

なお、外資企業は不動産を所有することができないため、譲渡対象となる事業が不動産を含んでいる場合は、その不動産は対象ミャンマー会社に残ることになります。したがって、外資企業はミャンマー

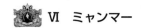

の対象会社から対象不動産をリースする必要があります。

証券取引法

　ミャンマー証券取引法は、2013年7月31日に成立および施行されました。当該法は成立したばかりで、内容は先進国の証券取引法と比べ、現在のところ簡易なものとなっています。ミャンマーには、現在のところ証券取引所はありませんが、2015年の設立に向けて整備が進められています。

　証券取引法の規定内容は、以下のとおりです。

- 証券取引所・証券会社等を監督することとなる証券取引委員会
- 証券会社および免許
- 証券発行に関する手続・要件等
- 証券取引所・店頭市場
- 証券保管決済
- 禁止行為・罰則等

[参考資料・ウェブサイト]

- UNFPA MYANMAR 'Key indicators：Myanmar' October 30, 2009
  http://countryoffice.unfpa.org/myanmar/2009/10/30/1474/indicators/
- 国土交通省「国際――ミャンマー」
  http://www.mlit.go.jp/kokusai/kokusai_tk3_000104.html
- 世界の経済・統計・情報サイト「ミャンマーの一人当たりのGDP推移」2014年
  http://ecodb.net/country/MM/imf_gdp2.html
- 岩城良生「ミャンマーの投資環境――マンダレー工業団地と縫製産業を中心に」中小企業国際化支援レポート、2010年11月
  http://www.smrj.go.jp/keiei/kokurepo/kaigai/056712.html
- 日本貿易振興機構（JETRO）「ミャンマー――ニュース・レポート」
  http://www.jetro.go.jp/world/asia/mm/
- 「ミャンマーにおけるM&A」MARR Online、2013年10月号228号
  http://www.recofdata.co.jp/marr/entry/3755;jsessionid=4BFE229826D27864B0480E88467CC7B5.ap2
- 石油エネルギー技術センター（JPEC）「中国の協力で発展するミャンマーの石油・ガス産業」2011年6月22日
  http://www.pecj.or.jp/japanese/minireport/pdf/H21_2011/2011-006.pdf
- 関屋宏彦、伊藤友見「ミャンマーにおける経済・産業・金融の発展の現状と課題に関する調査」日経研月報、2011年7月
  http://www.jeri.or.jp/membership/pdf/research/research_1107_01.pdf
- 『M&A専門誌MARR』レコフデータ
  「特集 2013年の日本経済とM&A動向」2013年2月
  「特集 2014年の日本経済とM&A動向」2014年2月
- 森・濱田松本法律事務所アジアプラクティスグループ編『アジア新興国のM&A法制』商事法務、2013年

VII

インドネシア

Ⅶ　インドネシア

インドネシアにおける M&A の動向

　インドネシアは1950年、オランダ植民地から独立しました。独立後、政府は主要産業を国有化することで発展し、1990年代には製造業を中心として戦略的成長を図り、成長してきました。しかし、企業間癒着や政府関係者の親族によるファミリービジネスが社会問題となり、さらに、アジア通貨危機も重なったことで、当時のスハルト大統領による政権は幕を閉じました。

　その後、2004年に発足したユドヨノ政権下で行われた国営企業の民営化や経済政策により、個人消費は安定的に成長しています。インドネシアの経済成長率は、2012年時点で6.2%と、東南アジアの中でも高い水準を保っています。近年では、その市場価値が認められ、インドネシアに事業を展開する企業が増えています。

　次のグラフは1990～2013年の間に、インドネシアで行われたM&Aのうち、公表されているM&Aの件数と金額の推移を表しています。

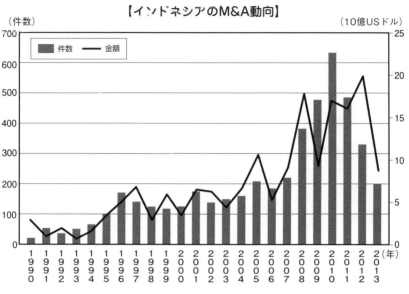

出所：The Institute of Mergers, Acquisitions and Alliances（IMAA）

　2010年までのM&Aは件数、金額ともに増加傾向にあります。2010〜2012年にかけて、件数は減少傾向にありますが、金額は増加傾向にあり、1件当たりの投資金額が多額になっていることがうかがえます。

■ 日本企業のM&A事例

　日本企業によるアジア企業の買収（In-Out）の件数は、2011年に198件、2012年に189件、2013年に202件あり、そのうちインドネシアに対するM&Aはそれぞれ21件、22件、17件です（レコフ調べ）。次表は、2012年、2013年に行われた日本からインドネシアに対するM&Aの事例です。

Ⅶ インドネシア

【日本からインドネシアへのM&A（2012年）】

No.	日本	インドネシア	出資比率(%)	業種	投資金額(百万円)
1	東洋エンジニアリング	イーカーペーテー	47	建設	—
2	大和ハウス工業	ブカシファジャールインダストリアルエステート	10	建設	5,000
3	山崎製パン	ヤマザキインドネシア	51	食品	846
4	関西ペイント	PT. KANSAI PRAKARSA COATINGS	90	化学	—
5	DICグラフィックス	PT. Monokem Surya	事業譲渡	化学	
6	出光興産	バラムルチ・サクセサラーナ	3	石炭、石油	1,000
7	野口製作所	テクン・アサス・スンバー・マクムール	99.93	機械（金属部品）	—
8	サトーホールディングス	インドナガトミ	70	機械（自動認識製品）	231
9	オルガノ	PT Hydro Hitech Optima	51	機械（水処理エンジニアリング）	—
10	村上開明堂	PTデロイド	51	輸送用機器	150
11	丸紅	PT メガセントラル・ファイナンス	30	輸送用機器	2,000
12	日鉄商事	インドジャパン・スチール・センター	80	鉄鋼	—
13	ネットプライスドットコム	トコペディア	資本参加	ソフト、情報	
14	三井住友銀行	インドネシア・インフラストラクチャー・ファイナンス	14.9	金融	—
15	東京海上ホールディングス	MAA 生命保険	80	生保、損保	800
16	明治安田生命保険	アブリスト	23	生保、損保	8,000
17	リクルートグローバルインキュベーションパートナーズ	PT. Go Online Destinations	資本参加	ソフト、情報	
18	ジャックス	ササナ・アルサ・ファイナンス	40	金融	1,500
19	CA Asia Internet Fund Ⅰ, L.P.	PT Bilna	資本参加	ソフト、情報	
20	ネクスト	PT. Rumah Media	50	ソフト、情報	5
21	日水コン	ダクレア デザイン・アンド・エンジニアリング・コンサルタンツ	—	サービス	—
22	エス・エム・エス	PT. MEETDOCTOR	51	ソフト、情報	32

『M&A専門誌MARR』をもとに作成

【日本からインドネシアへのM&A（2013年）】

No.	日本	インドネシア	出資比率(%)	業種	投資金額(百万円)
1	国際石油開発帝石	PT EMP Energi Indonesia	事業譲渡	鉱業	—
2	アサヒグループホールディングス	ペプシコーラ・インドビバレッジズ	100	食品	3,000
3	アサヒグループホールディングス	ティルタババハギアグループ	事業譲渡	食品	18,900
4	コニシ	コニシレミンドベトナム	75	化学	108
5	ダイキン工業	PT タタ・ソリュシ・プラタマ	—	その他販売	1,100
6	豊田通商	アストラオートパーツ	4.90	輸送用機器	9,300
7	黒田電気	トリミトラ・チトラハスタ	51	輸送用機器	—
8	豊島	トリスラ・インターナショナル	1.50	小売	60
9	第一生命保険	パニンライフ	40	生保、損保	34,300
10	住友生命保険	BNI ライフ・インシュアランス	約40	生保、損保	36,200
11	明治安田生命保険	アブリスト	29.87	生保、損保	1,000
12	GV-1 投資事業組合	UrbanIndo	資本参加	ソフト、情報	—
13	三菱UFJリース	PT.Takari Kokoh Sejahtera	75	金融	5,000
14	Jトラスト	マヤパダ銀行	10	銀行	4,773
15	NIIPON PARKING DEVELOPMENT	サン・シフォ・ニッポンインド	60	販売、卸	—
16	日本工営	チカエンガンティルタエネルギー	90	建設	400
17	トランスコスモス	ベリーベンカ	30以上50以下	ソフト、情報	—

『M&A専門誌MARR』をもとに作成

Ⅶ　インドネシア

M&Aに関する法律・規制

M&Aに関する法整備の状況

　M&A活動を含む公開会社の活動および資本市場は、インドネシア財務省を構成する政府機関である金融サービス庁（OJK：Otoritas Jasa Keuangan）によって規定および監督されており、M&Aに関連する法規には以下のようなものがあります。

【M&A に関連する法規】

投資規制	外国投資への禁止業種・規制業種、資本金・外国企業の土地利用に関して規定する
公開会社買付規制	任意公開買付、義務的公開買付に関して規定する
会社法	株式取得における買収、株主総会、株主の権利について規定する
市場資本法	市場操作、インサイダー取引に関して規制する
競争法	独占や不平等競争を防止するため、役員の兼任、株式保有、合併等について規制する

　会社法では一般的なM&Aについての規定がありますが、OJK Ruleと資本市場法が会社法よりも優先されます。また、OJK Rule、資本市場法では規定されていないM&Aに関する論点については、会社法が適用されます。

■ 投資調整庁からの許可

　投資調整庁（BKPM：Badan Koordinasi Penanaman Modal）は、インドネシアの投資に関する政府機関であり、外国株式の保有は投資調整庁の承認の下で行われます。つまり、インドネシアでの企業買収

において、対象企業が外国企業（PMA：Penanaman Modal Asing）の場合、および対象となっている株式が投資調整庁の下で登記された外国株主が株式の過半数または支配権を持っている場合、投資調整庁からの承認が必要となります。

投資規制

インドネシアでの投資において、投資の可否と出資金額を検討する必要があります。

出資金額については、2013年投資調整庁長官令第5号（2013年5月27日施行）により、従来は窓口規制であった資本規制および投資金額規制が、明文化されました。

同令では、最低投資金額が規定されており、各金額相当の外貨（USドル）の投資金額、資本金設定が必要となります。

2011年12月1日より	2013年5月27日より
製造、非製造業ともに 　最低投資金額　100億ルピア 　最低資本金額　30億ルピア	製造、非製造業ともに 　最低投資金額　100億ルピア 　最低資本金額　25億ルピア

特に商社をはじめとするサービス業の場合、100億ルピアの投資金額は現実的とはいえません。投資金額については、半期に1度その調達の進捗状況について、投資調整庁に報告する必要がありますが、投資金額の調達ができず、その結果投資が実現しなかったことによる罰則はありません（ただし、資本金額については、原則として全額の払込およびその証明書が会社登記手続上必要です）。

製造業、商社以外の特定の業態でインドネシアに進出を検討する場合、外国投資への禁止分野、規制分野（ネガティブリスト形式の規制）があるため、その内容を確認する必要があります。

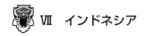

Ⅶ　インドネシア

Q&A ①

Q

2013年投資調整庁長官令第5号の概要を教えてください。

A

2011年度12月以降の最低投資額について、いわゆる窓口規制として投資調整庁において業種を問わず、資本金は30億ルピア相当の外貨、ならびに総投資100億ルピア相当の外貨が、新会社設立において必要となりました（P.327表参照）。

2013年投資調整庁長官令第5号では、窓口規制が初めて明文化され、25億ルピア相当の外貨以上の払込資本金ならびに100億ルピア相当の外貨以上の総投資が必要と規定されました。したがって、サービス業においても、この規定が適用されます。

その他、同令第5号の改正後は、ビジネスコンサルティング業での登録の場合、申請時に具体的な業務についてのプレゼンテーションが求められたり、親会社の社員もしくは登録された時点の法律事務所等しか投資調整庁への申請ができないなど、実務面で大きな影響が出ています。

ネガティブリスト改定

2014年4月24日、先年度より議論されてきた外国投資規制を規定する2014年大統領令第39号（ネガティブリスト）が施行されました。今回の規制は、ASEAN経済共同体の結成を前提に、国内産業の保護（投資規制強化）と電力分野等の特殊産業の育成（投資規制緩和）の方向に集約されます。これにより、外国投資が禁止される分野と、部分的に開放される分野が明確になりました。

【投資が禁止されている業種と内容】

1 農業分野	
	大麻の栽培
2 林業分野	
・ワシントン条約（CITES）付属書1に記載された魚類の捕獲 ・建材・石灰・カルシウム、土産・装飾品用として天然珊瑚・生きた珊瑚・死んだ珊瑚の利用（採取）	
3 工業分野	
・環境を破壊しうる化学物質産業 　　水銀処理を行う塩素アルカリ製造産業 　　農薬の有効成分材料産業 　　工業用化学材産業 　　オゾン破壊物質産業 ・アルコールを含有する飲料産業：（アルコール飲料、ワイン、麦芽を含む飲料）	
4 運輸分野	
・陸上旅客ターミナルの実施と運営 ・原動機付車両計量の実施と運営 ・船舶航行支援通信／設備と船舶交通情報システム（VTIS） ・航空ナビゲーションサービスの実施 ・原動機付き車両形式試験の運営	
5 情報通信技術分野	
	無線周波数および衛星軌道の監視基地の管理と実施
6 教育・文化分野	
・政府系博物館 ・歴史・古代遺跡（寺院、王宮、石碑、遺跡、古代建造物など）	
7 観光・創造経済分野	
	賭博／カジノ

出所：2014年大統領令第39号

　投資規制緩和の1つとして、広告会社の51％までの出資が認められるようになりました（ASEAN内の子会社を介する場合のみ）。

　また最大の争点として注目されたのが卸売業です。旧ネガティブリストにおいて卸売業は特段の取決めがなく、原則として外資出資100％での進出が可能でした。しかし、今回の改定に当たり、インドネシア経営者協会（APINDO）事務局長のフランキー氏は地元紙に

VII インドネシア

対し、「卸売業分野は特殊なノウハウや多くの資本が必要ではないことから、外資の参入障壁を設けるよう働きかけを行ってきた」とコメントしました。その後、マヘンドラ投資調整庁長官が、流通（卸売業含む）分野の外資比率をこれまでの100％から33％に引き下げると発言したことから、卸売業の外資規制が強化されるのではないかと関係者の間では懸念が広がりました（2013年12月24日付報道）。

しかし投資調整庁は、規制改正後においても、輸出入ならびにエージェントを通じた販売が基本的に問題ないという旨の回答をしたため、実質的に輸出入がメイン業態である商社は以前と変わらず、出資率100％の進出が可能です。

Q&A ②

Q

投資規制改正後、商社は100％出資による進出はできなくなるのでしょうか。

A

投資規制発表後、投資調整庁にて投資規制に関する説明会が開かれました（2014年5月19日）。同説明会における見解が、今後も実務上有効であるという保証はありませんが、参考までに記載します。

同説明会においては、規制改正後も、輸出入ならびにエージェントを通じた販売は基本的には問題ない旨の回答を得ました。これにより、実質的に輸出入を主とする業態の商社は以前と変わらず、100％出資ができることが確認されました。

ただし、100％出資とはいえ、以前は投資調整庁許可ならびに定款にImport、Exportのみ記載可能と解されます（現在はDistributeの記載は不可）。

Q&A ③

Q

　当社は、規制開始前に投資調整庁の許可（Izin Prinsip）を取得した商社ですが、規制改定後に増資・減資、株主変更、住所変更といった許可内容の変更をする場合、規制が適用されるかどうかが心配です。

A

　インドネシアにおいては、既存利益の保護の観点から、不利変更前に取得した許可に関しては、規制改正後も同様に守られる旨の法理があります（グランドファーザールール）。

　上記説明会において、規制改正前に規制対象分野でライセンスを取得していた会社が新規制の対象になるかどうか（グランドファーザー規定の適用の有無）についても説明がありました。そこで投資調整庁より、新規制前に原則許可（Izin Prinsip）を取得している企業が増資・減資、株式譲渡、住所変更等の会社情報の変更を行った場合、新規制は適用されない旨の明確な回答を得ました。

■ **規制業種**

　条件付きで投資が許可されている事業は、外国資本の出資比率に制限がある場合や、特別許可が必要な業種など、詳細に規制要件が定められています。代表的なものを以下に挙げますが、詳しい内容は原文を確認し、どのような制約の下に投資が可能かを判断することが重要です。

【条件付きで開放されている事業分野リスト（抜粋）】

1 農業分野
・零細中小企業、協同組合のために制限されている事業分野： 25ha以下の基本食用作物栽培、25ha以下のプランテーション業、25ha以下のプランテーション育苗業など ・特別許可と外資比率が制限される事業分野： 農業遺伝資源の活用、遺伝子組換生物の活用（最高49％、農業大臣からの推薦状が必要）

Ⅶ インドネシア

2 林業分野

- 零細中小企業、協同組合のために制限されている事業分野：
  自然の生息地からの爬虫類（ヘビ、オオトカゲ、カメ、スッポン）を除く、野生動植物の捕獲と流通、その他の園芸林事業（サトウヤシ、ククイノキ、タマリンド、炭の原料、シナモンなど）
- パートナーシップが必要な事業分野：
  ラタン事業、マツの樹液事業、竹事業など
- 外資比率が制限される事業分野：
  狩猟公園・狩猟ブロックでの狩猟事業、野生動植物繁殖（最高49%）
- 特別許可が必要な事業分野：
  自然の生息地からの爬虫類の捕獲と流通（ヘビ、オオトカゲ、カメ、スッポン、ワニ）など（林業大臣からの推薦状が必要）

3 海洋・漁業分野

- パートナーシップが必要な事業分野：
  海水魚養殖、海水魚稚魚生産、汽水魚養殖、汽水魚稚魚生産など
- 内資100%出資による投資のみ許される事業分野：
  沖合捕獲地域における100GT以上の漁船を用いた捕獲漁業、12海里超の水域における30GT超の漁船を用いた捕獲漁業など

4 エネルギー・鉱物資源分野

- 外資比率が制限される事業分野：
  石油ガス建設サービス（プラットフォーム）（最高75%）・（球形タンク、海上での供給パイプ設備）（最高49%）、調査サービス（石油ガス、地質・地熱物理）（最高49%）、掘削サービス（海上での石油ガス）（最高75%）、地熱の運転・保守サービス（最高90%）など
- 内資100%出資による投資のみ許される事業分野：
  石油ガス建設サービス（陸上での石油ガス上流生産設備、陸上での供給パイプ設備など）、石油ガスサポートサービスなど

5 工業分野

- 零細中小企業、協同組合のために制限されている事業分野：
  魚およびその他の水域生物の塩漬／乾燥産業、魚の漬込業、穀類、イモ類、サゴ、グネモンノキ、コプラの加工食品業など
- 特別許可が必要な事業分野：
  銀行券、小切手、透かし入り紙などの有価証券紙産業（偽札撲滅調整庁〈BOTASUPAL〉／国家諜報庁〈BIN〉からの営業許可を取得）

6 国防分野

- 特別許可と外資比率が制限される事業分野：
  起爆剤用の原料産業（硝酸アンモニウム）、工業用の起爆剤とコンポーネント産業（最高49%、防衛大臣からの推薦状が必要）
- 内資100%出資のみ投資可能および特別許可が必要な事業分野：
  武器、爆薬、起爆装置、戦争用装備産業（防衛大臣からの推薦状が必要）

7 公共事業分野

・零細中小企業、協同組合のために制限されている事業分野：
簡素な技術を利用したおよび／あるいは高リスクおよび／あるいは工事金額が10億ルピアまでの建設サービス（建設実施サービス）
・外資比率が制限される事業分野：
飲料水事業、高速道路事業（最高95%）。高度な技術を利用したおよび／あるいは高リスクおよび／あるいは工事金額が10億ルピア超の建設サービス（建設実施サービス）（最高67%）。建設ビジネス／コンサルティングサービス（最高55%）／無害ゴミの管理と廃棄（最高95%）

8 商業分野

・外資比率が制限される事業分野：
事業パートナーが開発した市場網を通じた直接販売、先物ブローカー（最高95%）、商業サービス（ディストリビューター、倉庫）（最高33%）
・内資100%出資による投資のみ許される事業分野：
小売業（化粧品、履物、電化製品、通信販売またはインターネット、食品・飲料など）、手数料制または契約制による大規模商業、調査サービスなど
・内資100%出資のみ投資可能および特別許可が必要な事業分野：
アルコール飲料大規模商業（輸入業者、ディストリビューター、サブディストリビューター）、アルコール飲料小売業、アルコールカキリマ屋台小売業（これら産業は次のものが必要である・商業許〈SIUP〉・アルコール商業許可〈SIUP-MB〉・流通網と特別な場所）

9 観光・創造経済分野

・零細中小企業・協同組合のために制限されている事業分野：
旅行代理店、旅行ガイドサービス業、宿泊サービス（ホームステイ）など
・外資比率が制限されている事業分野：
レクリエーション・芸術・娯楽業（アートギャラリー、芸術ホール）（最高67%）、映画技術サービス（撮影スタジオ、フィルム加工施設、吹替施設、映画転写および／あるいは複製施設）（最高49%）
・外資比率と立地の制限がある事業分野：
民間博物館、民間が管理する歴史遺産、レストラン、ケータリングサービス、宿泊サービス（ホテル）、スパ（最高51%、地方条例に違反しない）など

10 運輸分野

・外資比率が制限される事業分野：
コンテナ貨物輸送、一般貨物輸送、危険貨物輸送など（最高49%）、国際海上輸送（沿岸運輸を含まない）（最高60%）
・内資100%出資による投資のみ許される事業分野：
人の輸送（バス・村落輸送、タクシー輸送）

VII インドネシア

11 情報通信技術分野

- 零細中小企業・協同組合のために制限されている事業分野：
ラジオ・テレビのコミュニティ放送機関（LPK）、家屋およびビルへのケーブル設置、通信キオスク、インターネットキオスク
- 外資比率が制限される事業分野：
通信サービス事業（最高49%）、通信網事業、通信サービスと統合した通信網の運営（最高65%）、通信装置試験機関設立（試験所）（最高95%）
- 内資100%出資による投資のみ許される事業分野
通信塔供給・管理者（運営・レンタル）、建設サービスプロバイダ、新聞、雑誌、ニュース発行

12 金融分野

- 外資比率が制限される事業分野：
リース業（最高85%）、リース以外のファイナンス（債権買取、消費者金融、クレジットカードファイナンスなど）（最高85%）、ベンチャーキャピタル（最高85%）、損害保険会社（最高80%）、生命保険会社（最高80%）など

13 銀行分野

- 特別許可が必要な事業分野：
非外国為替銀行、外国為替銀行など（銀行に関する法律1992年第7号、インドネシア中央銀行に関する法律1999年第23号、シャリア銀行に関する法律2008年第21号およびその改正法と実施細則に基づく）

14 労働・移住分野

- 外資比率が制限される事業分野：
国内におけるインドネシア人労働者雇用サービス、労働者サービス提供、職業訓練（最高49%）
- 特別許可が必要な事業分野：
移住地域における農業（労働移住大臣から移住実施許可を取得する必要あり）

15 教育分野

- 外資比率が制限される事業分野：
語学教育サービス、コンピュータ教育サービスなど（最高49%）
- 特別許可が必要な事業分野：
幼児教育、初等・中等教育（国家教育システムに関する法律2003年第20号とその実施細則に基づく）

16 保健分野
・外資比率が制限される事業分野： 　製薬業（最高85％）、病院等経営コンサルティングサービス（最高67％）、 　保健機器較正試験、メンテナンス・修理サービス（最高49％） ・特別許可が必要な事業分野： 　麻薬製造（製薬）業、麻薬大規模商業（保健大臣からの特別許可を要する） ・外資比率と立地の制限がある事業分野： 　病院サービス、専門・副専門病院サービス、歯科診療サービス（最高67％、 　インドネシア全域で実施可能）、看護サービス（最高49％、インドネシア全 　域で実施可能）

出所：2014年大統領令第39号

■ ノミニーの活用

インドネシアでは、外国からの投資規制としてネガティブリストが存在します。そのため、いかにインドネシアが魅力的なマーケットであっても、この外資規制によって外国企業の設立や買収が不可能な場合があります。これを回避するためにノミニーと呼ばれる手法があります。

たとえば、外国資本出資比率40％未満と規制されている分野において、日本企業が40％まで出資し、51％に達するために必要な残り11％を出資企業と友好的な現地企業に出資してもらい、事実上、被出資企業の経営権を獲得する方法です。

ただし、経営権の委譲に関する法務契約書を整備する必要があります。法的な争いになった場合に実質的な経営権を否定されたり、外国投資規制を実態的に回避しているとして罰則を受ける可能性もありますので、実際の活用においては十分に注意しなければなりません。

■ 資本金に関する規制

インドネシア会社法（2007年法律第40号）32条には、最低授権資本金は5,000万ルピアと定められています。ただし、投資調整庁が投資プロジェクトの内容から投資額と資本金を判断するため、実務

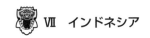
Ⅶ インドネシア

的にそれ以上の資本金が必要となる場合があるので注意が必要です。

■ 外国企業の土地利用に関する規制

インドネシアにおいて、外国人ならびに外国企業は土地の所有を禁じられています。外国企業に認められているのは、法律上、土地の利用権のみです。この土地の利用権は、土地の表面のみについて行使ができるものであり、空中や地下の天然資源の利用までは含まれません。外国企業が取得可能な土地利用権は、その用途の違いにより、開発権、建設権、使用権に分類されます。

インドネシアにも、日本と同様に不動産登記制度があり、上述の3つの権利もインドネシア国家土地局で登記した時点より権利が発生します。土地利用権を取得した場合、取得額の5％が不動産取得税として賦課されます。

【土地利用権の比較表】

意義	開発権（HGU）	建設権（HGB）	使用権（HP）
意義	5～25haの国有地を農水産、畜産開発のために利用する権利	国有地／個人所有の土地の上に建物を建設し、所有する権利	国有地／個人所有の土地を特定の目的のために使用する権利
使用期間	35年 （延長25年可）	30年 （延長20年可）	25年 （延長20年可）
その他	権利譲渡 　担保設定可能	権利譲渡 　担保設定可能	権利譲渡 　担保設定可能

インドネシアに工場を建設しようとする場合、建設権（HGB：Hak Guna Bangunan）に加えて、立地に関する許可（IL：Izin Lokasi）を土地局から取得した後、建物の建築許可（IMB：Izin Mendirikan Bangunan）を公共事業局から取得する必要があります。

公開会社買付規制

■ 任意公開買付

公開会社の株式の買収は、任意公開買付（VTO）という方法で行うことができます。

任意公開買付は、自発的公開買付に関する規則9条1項（OJK Rule No. IX.F.1）で規定された方法です。

任意の公開買付は、個人、会社、組織または団体が株式（またはその他の株と交換可能な証券や株式取得権のある証券）を取得するためにマスメディアを通して、他の証券との交換や購入による入札を行うことです。マスメディアとは、新聞、雑誌、映像、テレビ、ラジオ、その他の電子媒体、文書、冊子、印刷物であり、100人以上に公表されているものを指します。VTO取引は、証券取引所内でも取引所外でも行われます。後述する義務的公開買付において負う義務は（P.339参照）、任意公開買付では負いません。

[情報開示義務]

任意公開買付を希望する事業者はOJKに以下の表明を提出します。

・株式を上場している証券取引所
・対象企業
・オファー期間にも有効な場合は、同じターゲット企業によって発行された同じ株式のための任意公開買付を提出している他の事業者

任意公開買付表明がOJKに提出されたのと同じ日に、この情報は、少なくとも2日間にわたってインドネシア語の新聞（全国内で流通しているもの）で公表されます。

Ⅶ　インドネシア

　任意公開買付表明は、以下の要件が満たされていれば有効となります。

- OJKに任意公開買付表明が受理された日から15日、またはOJKによる要求や事業者の任意公開買付表明の作成によって最終的な変更が加えられて提出された日から15日経過する場合
- OJKが変更や追加情報を要求しなかった場合

[禁止事項]

　任意公開買付を申請した当事者は、表明の公表後15日から有効期限までの間に売買を行うことを禁じられています。

　任意公開買付申請の当事者は、買収する株式の種類やポジションによって、別の規制または要件を課されることはありません（株式の利益または権利に齟齬がある場合は除く）。ターゲット企業は公開買付を発表した日から任意公開買付有効期間満了まで、任意公開買付の効力である支配権の変更を妨げるような行為をしてはなりません。

[タイムテーブル]

　任意公開買付の有効期間は、任意公開表明の執行日から2営業日以内に始まります。有効期間は最低30日であり、OJKの承認があれば90日までは延長をすることができます。

　任意公開買付期間の延長は少なくとも15日で、全国で流通しているインドネシア語の新聞で最低2日間公表されます。

　任意公開買付による取引（VTO Transaction）は、支払の着金または証券の配送によって、任意公開買付有効性期間満了の12日以内に完了しなければなりません。

　特別な条件がない限り、証券（Offered Securities）は任意公開買付有効期間満了から12日以内に返却しなければなりません。さらに、

任意公開買付がキャンセルになった場合、証券は12日以内に返却されなければなりません。

[準備基金]

任意公開買付のためには、準備基金が要求されます。任意公開買付表明で公開される情報の中には、「任意公開買付を行う企業は取引を締結させる十分な資金を有している」という表明が、会計士や銀行、証券会社の意見とともに含まれます。後述する義務的公開買付を規定するOJK Rule IX.H.1では上記のような規定はありません。

■ 義務的公開買付制度

義務的公開買付とは、企業買収に当たって、情報の適切な開示と、株主間の平等（公平な売却機会）を確保するための制度であり、公開会社の支配に変更が生ずるときには公開買付が義務付けられるという制度です。義務的公開買付が適用された場合、OJK Rule IX.H.1が定める枠組みに従わなければならず、任意公開買付を規定するOJK Rule IX.F.1は適用されません。

公開会社の支配は「その会社の50％以上の株式を保有しているか、会社の管理・方針を、いかなる方法によるものであっても、直接または間接的に決定できる場合」と定義されます。

ただし、以下の場合は公開買付の義務を負いません。

・株式を当該株主と新しい支配者がともに取得する場合
・第三の当事者が保有する株式で、新しい支配者から同じ条件でオファーを受けた場合
・第三の当事者が株式を保有している企業で、その企業の株式に対して同時に義務的公開買付および任意公開買付を行う場合
・大株主によって保有されている株式（直接および間接的に20％

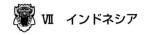 **Ⅶ インドネシア**

以上）
・他の支配者が保有する株式

[概要]

新たに支配を獲得した株主は、支配獲得後2日以内に下記の情報を公表し、資本市場・金融機関監督庁に次の事項について届出る必要があります。

・株式の獲得数および株式保有数
・買付者に関する情報（氏名、住所、電話番号、事業内容など）
・支配獲得後の目的

また、取得者は原則として、まだ取得していない株式を取得する場合、公開買付を行わなければなりません。

公開買付の結果、公開会社の資本金の80％以上を支配株主が取得した場合、最低20％を市場に返還する義務があり、公開買付終了後2年以内に最低300名の株主によって保有されていなければなりません。

■ **情報開示**

義務的公開買付を規定するOJK Rule IX.H.1では、取得者は買収に係る売り手株主の情報や機密情報を、交渉中に公開することを許可しています。

取得者が開示を選択する場合、最低1日以上、インドネシア語の新聞で公表され、ターゲット企業、OJK、ターゲット企業が上場する取引所に提出されます。その後、取得者は、実行から2日以内に獲得の延長や終了を含む進捗状況の開示義務を果たさなければなりません。

開示義務のある情報は、以下のとおりです。

- 取得予定の株式の額
- 取得者の個人情報（氏名、住所、電話番号、事業形態、取得の目的）
- 取得者によって既に取得済みの証券の額（ある場合）
- 獲得の目的達成のための計画
- 交渉の方法とプロセス
- 交渉の内容

しかし、取得者が開示しないことを選択する場合は、取引が完了するまですべての交渉に係る情報機密は維持されます。

なお、獲得完了後、以下の情報を開示する義務があります。

- 取得した株式の額、株式の保有権
- 当事者の個人情報（氏名、住所、電話番号、事業形態、取得の目的）
- 取得者が組織であるという旨（該当する場合のみ）

会社法

■ M&Aの分類

インドネシアにおけるM&Aは、主に新設合併、吸収合併、直接買収、間接買収、分割の5つに分類されています。しかし、合併はインドネシア内国法人同士でないと利用できないことから、日本を含めた外国企業が利用する方法は主に買収となります。

Ⅶ インドネシア

【M&Aの分類】

合併	新設合併	2社以上により行われる合併であって、合併により消滅する会社の権利義務の全部を合併により設立する会社が承継する。 ただし内国法人同士に限る。
	吸収合併	ある会社が他の会社と行う合併であって、合併により消滅する会社の権利義務の全部を合併後の存続会社が承継する。 ただし内国法人同士に限る。
買収	直接買収	会社または個人が、既存株主から直接の株式を取得し、支配権を移動する。
	間接買収	会社または個人が、取締役会を通じた新規株式発行を伴い株式を取得し、支配権を移動する。
分割		会社を複数の法人格に分割し、各法人格に事業、資産等を移動する。

　M&Aに関する法規定は、会社法第8章に記載されています。ここでは、M&Aを行うに当たって特に留意すべき事項のみ解説します。

■ 吸収合併計画書の作成

　被吸収合併会社および吸収合併会社の役員会は、吸収合弁計画書を作成する必要があります。吸収合併計画書には次表の事項を記載します。

　吸収合併計画書の作成後は、監査役会の承認を経て株主総会への提案がなされます。ここでの留意点は、特定の会社はこの法律の事項以外に、政令に基づき事前に関係官庁に承認を得る必要がある点です。「特定の会社」とは、銀行およびその他金融系企業などの金融業を指します。

　また、これらの規定は資本市場関連法令に規定がない場合は、公開会社にも有効です。吸収合弁計画書に記載すべき株式交換比率に関しては、考慮する必要がありません。一般的な日本国内のM&Aと同じく、株価は市場価値によって判断されます。

【吸収合併計画書】

項目	内容	備考
a	吸収合併を行う会社の社名・本店所在地	—
b	吸収合併を行う会社の合併理由および説明・合併条件	—
c	被合併会社と吸収合併会社の株式評価方法および株式交換比率	—
d	吸収合併を行う会社における、直近の三期分の会計報告書	前々年度対比の前年度貸借対照表・前年度損益計算書・収支計算書・資本勘定計算書およびこれらに関する注記からなる会計報告書（会社法66条2項）
e	吸収合併を行う会社の存続または廃止事業計画	—
f	吸収合併会社の試算表	試算表はインドネシアにおいて一般的な会計原則に則ったものであること
g	吸収合併会社の取締役、監査役と社員の地位・権利および義務の決着方法	—
h	吸収合併会社の第三者に対する権利と義務の決着方法	—
i	吸収合併会社の定款変更案	必要な場合のみ作成

■ 株式取得における買収

　買収においては、発行済株式もしくは発行予定株式を、取締役会または株主から直接取得することになります。その際、会社法89条に定めた定足数および決議方法を満たした株主総会の決議に基づくこととなります。株主総会における決議スキームは、以下のとおりです。

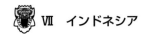

Ⅶ インドネシア

株主総会回数	定足数	議決方法
第1回	株式数の4分の3	4分の3以上の賛成
第2回	議決権株式数の3分の2	4分の3以上の賛成

　また、取締役会経由による買収を行う場合には、買収する側は株式取得を行う目的を被買収企業の取締役会に届出ること、ならびに買収計画書の作成をする必要があります。買収計画書の記載項目は、以下のとおりです。

【買収計画書】

項目	内容	備考
a	買収企業と被買収企業の社名と本社所在地	—
b	買収企業と被買収企業の取締役会による買収理由とその説明	—
c	買収企業と被買収企業の最新会計年度の会計報告	会社法66条2項aで規定
d	株式会社により買収が行われる場合には、被買収企業の株式評価と交換比率	—
e	買収株式数	—
f	資金の手配状況	—
g	買収企業の買収後の連結試算表	試算表はインドネシアにおいて一般的な会計原則に則ったものであること
h	買収に同意しない株主に対する権利の補償方法	—
i	被買収企業の取締役、監査役および社員の地位・権利・義務の決着方法	—
j	株主から取締役会に対する委任状の取得を含む買収実行の予想時間	—
k	定款変更計画	必要な場合のみ作成

これに対し、株主から直接株式の買収を行う場合には、買収計画書を作成する必要はありません。しかし、被買収企業の定款に定められている株式移管規定と、会社が第三者との間で作った契約には注意を払う必要があります。

■ **株主総会決議の事前通告**

前述のように合併・買収を行うに当たっては、取締役会は株主総会決議の事前通告をしなければなりません。これは、自分の利益が損なわれると感じる関係者に対し、異議申立の機会を与えるためです。各種事前通知の内容および期限を以下に示します。

項目	事前通知事項	期限	備考
a	吸収合併・新設合併・買収・分割を行う会社の取締役会は少なくとも一紙の新聞に計画概要を掲載し、会社従業員に書面で通知しなければならない。	株主総会の30日以前まで	吸収合併・新設合併・買収・分割の利害関係者に対し、発表日から株主総会開催日まで会社の事務所で計画概要が入手できることを通知する必要がある。
b	債権者はaにある発表後に異議申立を行う。	発表後14日以内	期限内に異議申立がない場合は、債権者は吸収合併・新設合併・買収・分割に同意したものとみなされる。

債権者からの異議申立があり、かつ、これを解決できない場合、取締役会は株主総会で解決できるよう当該異議申立を報告する義務があります。また、異議申立が解決するまでは、合併および買収・分割行為を行うことは禁止されています。

■ **株主の権利**

M&Aに関する株主の権利に関しては、会社法126条に規定されています。同条によると、新設合併、吸収合併、直接買収、間接買収、

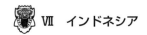 Ⅶ　インドネシア

分割に関する株主総会決議に同意しない場合（具体的には、会社が株主または会社自身に損害を与えるような行動をとり、株主総会決議に同意できない場合）、株主は、その権利を行使することができます。

ここでいう損害を与える行為には、以下のようなものがあります。

- 定款の変更
- 会社の純資産の50％以上の価値を有する資産の譲渡または担保の差し入れ
- 新設合併、吸収合併、直接買収、間接買収、分割

会社の行為が上記に該当した場合、株主は会社に適正な価格で株式を買い戻してもらうことができます。ただし、この権利行使は新設合併、吸収合併、直接買収、間接買収、分割の過程を妨げないものでなければなりません。

■ 当局への申請

株主総会にて承認された新設合併、吸収合併、取得または分割は、インドネシア語で公正証書として作成され、そのコピーを法務人権省（Minister of Law and Human Rights）に届出る必要があります。

これら組織再編に外国投資の要素が含まれている場合は、さらに投資調整庁による承認が必要となります。

資本市場法

■ 市場操作およびインサイダー取引規制

資本市場法の第6章には、投資家保護を目的として、市場操作およびインサイダー取引に関する規定があります。

市場操作規制とは、株式を売買する際に、他人への詐欺行為を禁止するものです。具体的には、株式に関して利益を得る、もしくは損失を免れるために、誤った情報開示をしたり、重要な情報の開示をしないといった行為を指します。

この市場操作やインサイダー取引は市場監視によって常に注意を払われており、疑わしい行為はすぐにOJKに報告されます。違反した者は行政処分ないし刑事罰の対象になり得ます。

競争法

■ M&Aにおける禁止事項

M&Aに関連する項目として、以下の行為が禁止されています。

役職の兼任

同一人物が競争関係等にある複数の会社に所属すること（競争法26条）。

株式保有

事業者が、競争者の株式の過半を保有することにより、市場支配的地位に該当する市場構造をもたらすこと（27条）。

合併等

事業者が他の会社と合併もしくは提携、または他の会社の株式を取得することにより、独占的行為または不公正な事業競争をもたらすこと（28条）。

合併等については、総資産額2兆5,000億ルピアまたは総売上額5兆ルピア（銀行業については総資産額20兆ルピア）を超えるものについては、合併等の発効日から30営業日以内に、事業競争監視委員

Ⅶ インドネシア

会(KPPU、以下委員会)に届出なければなりません。

なお、事業者は合併等の計画について委員会に対し事前に相談することができます(29条および2010年政令第57号)。

会社は独占や不平等競争を引き起こすすべての買収について、委員会に報告しなければなりません(2010年政令第57号で示されている、合法企業の合併や買収と独占や不平等競争を引き起こす企業株式の取得)。

2010年政令第57号において、資産価値やある程度の売上を上回るいかなる合併、統合、買収もそれが行われた30日以内に委員会に報告しなければならないと定められています。これは、個人および企業の独占や不平等競争を禁止するためです。

合併、統合、買収が独占や不平等競争を招くかどうかについては、取引の評価を行う権利があります(事業競争監視委員会規則3条1項、2010年政令第57号)。

同政令9条4項では、委員会が、通知書の結果、独占および不平等競争の疑いがある場合、委員会は合併、統合、買収を中止させ、損害賠償または罰金(250億～1,000億ルピア)、禁錮刑(最長6カ月)を請求することができます。

■ 事業競争監視委員会への買収前相談

委員会に取引前の相談をすることは可能ですが、通知書の義務の免除はありません。

合併、統合、買収を考えている企業が委員会に相談すると、書面にて助言、指導、忠告が行われます。しかしながら、すべての企業が委員会に相談できるとは限りません。合併、統合、買収を考えている企業のうち、事業資産や売上高が上限を超える場合に限り、口頭もしくは書面にて相談を依頼することができます。

委員会は提出された書面をもとに評価をします。合併や買収に関す

るすべての書類を受取ってから90営業日以内に書面にて助言、指導、忠告します。2010年政令第57号11条4項、2010年規則7条によると、委員会の評価は合併、統合、買収の計画書の承認および棄却に影響を及ぼしません。また、取引が完了したのちに行う委員会の評価の権限を阻害するものではありません。

　書面で示された評価は独占的慣行または不平等競争が起こる兆候がある場合に対する見解です。委員会へ相談をした企業団体は、評価に影響されないため、評価のいかんにかかわらず計画に言及することができます。ただし、次の段階で、委員会が独占や不平等競争が起こりそうな合併、統合や買収であると判断したとき、取引を終了させることができます。

Ⅶ インドネシア

M&Aに関する税務

■ 資産取引

　資産買収は現存する子会社か、新しく設立されたインドネシアの法的主体を通して行われます。資産の買収、移転には、さまざまな政府機関の承認が必要です。

　インドネシアでは買収対象企業の未開示の債務を確定することが困難であるため、資産買取の手法がよくとられます。しかし、売り手はさまざまな理由から通常株式や持分取引を行い、結果として、インドネシアでの資産取引はわずかな件数となっています。

　資産取得にかかわる税務としては、売り手側の資産の売却益には25％の法人税が課されます。また、資産取引では税金負債は移転されず、売り手側に残ります。

　資産および事業取引では、売り手が5％の所得税を、買い手が5％の不動産移転税をそれぞれ負担します。ただし、承認された買収においては、不動産移転税の免除を受けることができます。

■ 取得価格

　複数の資産および事業を取得した場合、買い手は取得価額を適切に分配しなければなりません。インドネシアでは特別なルールは現在のところ存在しませんが、税務当局から指摘を受けないように留意する必要があります。

　事業合併、結合、拡張による資産の移転は時価により会計処理をします。一定の適格要件を満たす場合は資産の帳簿価格による移転が認められるため利益や損失は生じません。しかし、国税総局（DGT）による承認が必要となります。

[のれん]

　資産および負債を取得する際には、インドネシア会計基準では、国際財務報告基準（IFRS）と同様に資産または負債の取得日の公正価値で評価されます。当該資産および負債の取得価格のうち、その公正価値を上回る部分がのれんです。

　のれんは一般的に5年以内の期間で、耐用年数にわたって、定額法もしくは定率法で償却されます。ただし、特別な状況下で正当と判断された場合は最長20年まで延長が認められています。資産、負債ともに、貸借対照表の作成日から、のれんは減損の対象となります。

[減価償却]

　減価償却費は課税所得から控除されます。減価償却が可能な資産は事業に使用されている、もしくは生産品として所有されている有形資産で、耐用年数が1年以上のものです。特定の事業を除き、土地は減価償却の対象にはなりません。

　建物・建築物は恒久的なものと非恒久的なものに分類されます。実務上は、税法が耐用年数を決定しますが、税法の資産カテゴリに当てはまらない資産は耐用年数によって減価償却されます。建物とその他の不動産は定額法によってのみ、それ以外の資産は定額法もしくは定率法のどちらかを選んで減価償却することができます。

　また、ビジネス目的テストを通過した場合、資産を簿価で移転することができますが、その場合、DGTからの許認可が必要です。

[付加価値税]

　2010年4月1日に改定された付加価値税（VAT）規定により承認された合併や統合は、インドネシアVATの対象にはなりません。一方、承認された合併や統合以外の資産および事業取引については、通常どおり10%が課税されます。VATについては、現地専門家に相談

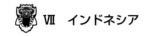

Ⅶ　インドネシア

することが望ましいです。

[譲渡税・印紙税]

土地や建物の権利譲渡には、回収不能な権利譲渡税（5%）が課されます。ただし、承認された合併や統合であれば、50%の課税分が免除されます。

また、領収書、合意書、委任状といった特定の法律文書に対しては、通常0.6USドル（6,000ルピア）の印紙税が課されます。

■ 株式取引

持分譲渡は譲渡益に対する税負担は一度で済むため、売り手にとっては好ましいのですが、多くの場合、譲渡時のインドネシアでの課税をさらに制限するよう、株式取引に際してオフショアの資本がしばしば用いられます。

ほとんどの株式買収はインドネシアの国内からの直接投資により行われます。買い手は配当に係る源泉税やキャピタル・ゲイン課税を最小化するため、インドネシアと租税条約を締結している国に所在する法人を通じてインドネシアの対象企業を買収しようとします。最適な買収ストラクチャーかどうかは、買い手の課税関係に影響されます。

[税務引当金と保証]

株式取引では、買い手はターゲット企業のすべての関連負債や未払税金を引受けるため、買い手はより広範囲な保証を求められます。

税務当局は、税務申告が提出された日から5年以内に税務監査を実施します。世界基準によれば、インドネシア税務当局の税務監査は厳しいといわれているため、税務リスクを低減するために、専門家からの助言を受けるべきです。インドネシアでM&Aを行う際は、税務デュー・デリジェンスを行うことで、既存の税務リスクを洗い出し、将

来の税務リスクを回避することが賢明であるといえます。

[税務上の繰越欠損金]

　税務上の繰越欠損金は基本的に5年、また、特定の事業領域では10年繰り延べることができます。ただし、合併や統合に関する新しい法律の下では、ターゲット企業の繰越欠損金は、買収企業との間で相殺することができないため、買収日に失効します。

[株式売却前の配当]

　会社の発行株式の25％を超えて保有する株主への配当は免税となり、個人への配当は10％の所得税が課されます。

　すべての売却益には25％の法人税が課されるため、株式売却前の配当を活用することで、税務上のメリットを享受できるスキームを組める可能性があります。

[譲渡税]

　権利譲渡の際に発生する、特定の文書に対する0.6USドル（6,000ルピア）を除き、インドネシアでは印紙税は発生しません。しかし、インドネシア証券取引市場に上場している企業の株式売却益には、0.1％の所得税が課されます（発起人株式にはさらに0.5％上乗せ）。ある特定の状況下では、特定の種類のベンチャーキャピタル企業はキャピタル・ゲインに対する課税免除があります。また、外国企業によって保有されている非公開会社の株式売却益には、二重課税条約で保護されない限り、5％の所得税が課されます。

[税務許可]

　買収において、資産を簿価で移転するためには、税務許可を取得する必要があります。また、承認された合併、統合において、土地・建

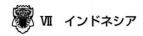 **Ⅶ　インドネシア**

物にかかる5％の権利移転税の免除を受けるためにも、税務許可の取得が必要です。

[参考資料・ウェブサイト]

- 『M&A 専門誌 MARR』レコフデータ、2014 年 2 月特大号
- 金子圭子、松本拓「インドネシアにおける M&A」JOI 2012 年 5 月号 https://www.joi.or.jp/modules/downloads_open/index.php?page=visit&cid=15&lid=974
- 久野康成監修『インドネシアの投資・M&A・会社法・会計税務・労務』TCG 出版、2014 年
- 黒田法律事務所編著『インドネシア進出完全ガイド』カナリア書房、2009 年
- プライスウォーターハウスクーパース株式会社、税理士法人プライスウォーターハウスクーパース編『アジア M&A ガイドブック』中央経済社、2010 年

シンガポール

Ⅷ　シンガポール

シンガポールにおける M&A の動向

　シンガポールは、東南アジアにおける経済、物流ならびに金融の中枢として発展してきました。国土面積は小さいながらも（東京23区とほぼ同じ面積）、中国やタイ、インドネシアなどアジア諸国とのネットワークの中心として、ヒト・モノ・カネの動きが活発化しました。

　また、他のアジア諸国に見られるような外国資本流入の規制（外資規制）が適用される業種は一部です。これはシンガポール政府が、外資の国内参入を奨励しているからです。さらに、法人税率が17％であり、業種によっては軽減税率が適用可能なため、節税対策もできます。これらの理由から、シンガポールは、アジアに統括拠点を設立する立地として注目され続けています。

　シンガポールは、他のアジア諸国に比べて、上場市場や経済環境が成熟しています。そのため、アジア諸国を拠点にビジネスを行う国であればシンガポールの法人を持株会社や地域統括会社として、シンガポール証券取引所（SGX：Singapore Exchange）に株式を上場するケースが増えています。

　シンガポール証券取引所の発表によれば、2014年10月現在での上場企業770社のうち外国企業の数は約300社であり、約40％を占めています。外国企業の中でも半数程度は中国企業が占めており、インドや東南アジアの国も上場しており、これらの国の上場は近年増加の傾向にあります。

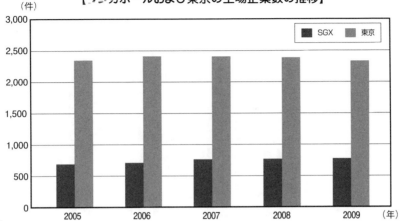

【シンガポールおよび東京の上場企業数の推移】

　上の図を見てもわかるように、上場企業の数は東京証券取引所がSGXの約3倍ですが、年々、減少傾向にあります。一方、シンガポールの上場企業数は年々伸びてきました。つまり、シンガポールは市場規模の大きさでは東京に及びませんが、市場の成長度は上昇傾向にあるため、シンガポール市場に資金が流れ込み、その資金を目的に企業が周辺各国から集まるというプラスの循環が生じているのです。

　次のグラフは1990～2013年の間に、シンガポールで行われたM&Aのうち、公表されているM&Aの件数および金額の推移を表したものです。前述したとおりシンガポール政府が、外資を積極的に取り込む政策を採っていることで、外国企業の投資意欲が高まっており、M&Aが活発に行われています。また日本企業にとっては、日本の法人税率よりシンガポールの法人税率の方が低いことや、経済環境や公共インフラなどが、他の東南アジア諸国と比較して日本に類似していることも日本企業にとってはポジティブな要因となっています。

VIII シンガポール

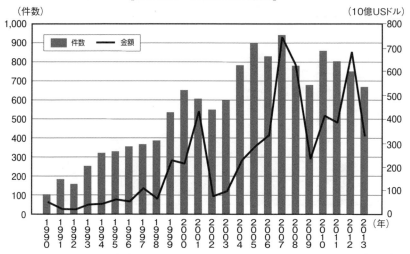

【シンガポールのM&A動向】

出所：The Institute of Mergers, Acquisitions and Alliances (IMAA)

■ 日本企業のM&A事例

　日本企業によるアジア企業の買収（In-Out）の件数は、2012年に189件、2013年に202件あり、そのうちシンガポールに対するM&Aはそれぞれ7件、15件です（レコフ調べ）。

　次表は、2012年、2013年に行われた日本からシンガポールに対するM&Aの事例です。

【日本からシンガポールへの M&A（2012 年）】

No.	日本	シンガポール	出資比率(%)	業種	投資金額(百万円)
1	丸紅	ACR キャピタル	22	その他金融	―
2	豊田通商	シンヘン	26.9	その他販売、卸	1,660
3	三菱商事	スターエナジー・ジオサーマル	20	電力、ガス	15,782
4	阪和興業	HG Metal Manufacturing Limited	3.22	その他販売、卸	―
5	阪和興業	OM ホールディング	―	鉱業	2,600
6	蝶理	メガケム	29.99	その他販売、卸	―
7	ノムラ・リサーチ・インスティテュート・アジア・パシフィック	マインドウェーブソリューションズ	9.1	ソフト、情報	―

『M&A専門誌MARR』をもとに作成

【日本からシンガポールへの M&A（2013 年）】

No.	日本	シンガポール	出資比率(%)	業種	投資金額(百万円)
1	九電工	アジア・プロジェクツ・エンジニアリング	82.09	建設	3,745
2	ユニ・チャームタイランド	ミャンマー・ケアプロダクツ	CFAIPP 100、マイケア 10	化学	2,374
3	シスウェーブ・ホールディングス	日本ソルガム	100	化学	500
4	HOYA	エンドマスター	―	精密	―
5	ティーガイア	アヴァンタッチ	4.8	ソフト、情報	199
6	フォンツ・ホールディングス	チューン那覇匿名組合	78.1	不動産、ホテル	256

Ⅷ シンガポール

7	ミタニ・シンガポール・ホールディングス	ダーマ・エンタープライズ	事業譲渡	化学	—
8	ゼビオ	トランスビュー・ホールディングス、関連会社	事業譲渡	その他小売	2,324
9	SGホールディングス	アメロイド・ロジスティクス	90	運輸、倉庫	2,698
10	大阪ガス・シンガポール	City-OG Gas Enering Services Pte. Ltd.	49	電力、ガス	3,000
11	プロト	CARS@SVTA	80	サービス	346
12	ゼンリンデータコム	インフォトラック社	63.12	ソフト、情報	400
13	楽天、Global Payment Fund投資事業組合	Coda Payments Pte. Ltd.	—	ソフト、情報	235
14	イーピーエス	グレンイーグルスCRC	100	サービス	—
15	セプテーニ	プレス・プレイ・パートナーズ	—	サービス	—

『M&A専門誌MARR』をもとに作成

M&A に関する法律・規制

シンガポールのM&Aに関する法律や規制には、以下の4つがあります。

【M&A に関連する法規】

外資規制 (ネガティブリスト)	シンガポールは、外国資本を自国内に引込む政策をとっており、外国資本に関する規制は、一部（メディア業、インフラ業）を除き規定されていない
シンガポール会社法	M&A のあらゆる手法を行う場合、基本となるべき法規制はシンガポール会社法（Companies Act）に記載されている。日本の会社法において規定されているような株式交換、株式移転、企業分割の規定はない
証券先物法	日本の金融商品取引法に類似した法律であり、上場企業の株式市場に関する規定が記載されている。公開買付や企業内容の開示制度に関するものなど、投資者保護のためのさまざまな規定が含まれている。買収規約や SGX 上場規則等、細かい規定が設けられている
競争法	市場において実質的競争を損なう M&A を規制している

投資規制

■ メディア業

放送や新聞等では、外資による出資制限や外国人の取締役就任が制限されています。また、国内外にかかわらず、一定の出資割合を超えた株式・議決権の取得または保有、処分を行う場合、事前承認が必要となります。

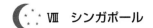
Ⅷ シンガポール

【メディア業における規制】

事業	法規	規制	具体的な内容
放送業	放送法	外資による出資制限	株式・議決権の49％超保有※
		出資制限	5％以上の議決権株式の取得・保有・処分等※
		出資制限	12％超の株式および議決権の取得※
新聞社	新聞法	株主資格の制限	普通株式と経営株式の2種類を発行し、後者はシンガポール国民または大臣の承認を得た法人のみ保有可能
		出資制限	5％以上の議決権株式の取得・保有・処分等※
		出資制限	12％超の株式および議決権の取得※

※大臣およびメディア開発庁(MDA：Media Development Authority)の承認が必要

■ インフラ業

電気事業やガス事業は、法律上、国外資本の参入を制限していません。しかし、シンガポールにおいて送電・配電を受け持つ会社が1社しかないという現状が、国外資本の新規参入の障壁となっています。

【インフラ業における規制】

事業	法規	規制	具体的な内容
電気業	電気法	出資規制	5％超12％未満の持分保有者を監督官庁に届出
		出資規制	12％超30％未満の持分または議決権の取得
ガス業	ガス法	出資規制	5％超12％未満の持分保有者を監督官庁に届出
		出資規制	12％超30％未満の持分または議決権の取得

会社法

会社法には、「事業譲渡」「新株の発行」「合併」の規定があります。また、組織再編に類似した制度として、「スキーム・オブ・アレンジメント」といわれるM&Aの手法があります。それぞれのM&Aの手法に対して、会社法は個別に法規制を設けています。

■ 事業譲渡

事業譲渡とは、一定の事業目的のために組織化され、有機的一体としての機能を有する資産および負債の移転のことです。事業を譲渡する譲渡会社と事業を譲渡される譲受会社との間で締結されます。

会社法上では、事業を譲渡する側の規制として、実質的にすべての財産または事業の譲渡を行う場合、取締役は株主総会の承認がなければ、財産および事業のすべてを処分できません（会社法160条）。

■ 新株の発行

新株の発行とは、すでに発行された株式と同じ種類の株式を追加で発行することです。この新株発行による増資には、第三者割当有償増資と株主割当増資があります。

第三者割当有償増資とは、特定の会社に対して新株を交付するために、ターゲット企業によって発行される新株を取得することです。これにより、株主総会の議決権の過半数を獲得し、ターゲット企業を子会社とし、その経営権を支配することが可能となります。

新株発行の法的手続は、日本とシンガポールでは異なります。シンガポールでは、原則株主総会普通決議が必要です。この普通決議は、特定の新株発行に対して個別的に決議する必要はなく、将来の新株発行に関しても包括的に承認する形でよいことになっています（会社法161条1項・2項）。この承認の効力は、決議があった株主総会の後、最初に開催される定時株主総会終了時までとなります（161条3項）。

一方、日本では、新株発行には公開会社では取締役会決議（日本会社法201条1項）、非公開会社では株主総会特別決議が必要です（199条2項、309条2項5号）。

シンガポールにおける新株発行（特に包括的承認に基づく新株発行）では、上記の決議要件の他に次のような留意点があります。

Ⅷ　シンガポール

- 主要株主等に対する発行の禁止
- 第三者割当有償増資による発行数の上限
- 対価の金額の下限
- 議決権保有割合が一定以上である場合、強制的公開買付

[主要株主等]

　主要株主や主要株主等については、SGX上場規則に定義されておらず、会社法の定義によります。

　主要株主とは、直接または間接に、自己株式を除く発行済株式数の議決権の5％以上を有する株式を保有する株主をいいます（会社法7条、81条）。

　主要株主等とは、主要株主の他、取締役、主要株主および取締役の直近親族、主要株主の親会社や子会社等の関連会社や関係会社、取締役および主要株主により直接または間接に10％以上の持分を保有する会社等をいいます（SGX上場規則813条）。

　新株発行についての留意点は、会社法以外の法規で規定されているため、「証券先物法」の中で解説します（P.374参照）。

■ 合併

　合併とは、2つ以上の会社が契約により1つの会社に統合されることをいいます。シンガポールの会社法において、吸収合併および新設合併が可能である点は日本と同じです。さらに、資産負債の一部のみを移転させることも可能なため、日本における企業分割制度を含んだものといえます。

　シンガポールにおいて合併を行う場合、会社法上の規定により、裁判所の認可が必要となる合併と、裁判所の認可が不要となる合併があります。

[裁判所の認可が必要となる合併（シンガポール会社法210条、212条)]

　日本における吸収合併や新設合併を行う場合、日本の会社法では、株主総会決議、反対株主の株式買取請求権、債権者に対する催告が求められています。しかし、シンガポールでは、同じ合併によるM&Aでも手続の主導権をだれが握るかによって裁判所の認可が必要となる場合があります（詳しくは、P.370「スキーム・オブ・アレンジメント」を参照)。

[裁判所の認可が不要となる合併]

　裁判所の認可が不要となる合併には、合併と略式合併があり、日本と同様の制度となっています。会社法215条A～Jの中に、当該合併および略式合併によって必要となる手続が定められています（会社法215条A)。以下、合併の手続の流れを見ていきます。

① 合併提案書の作成
↓
② 株主および債権者への通知
↓
③ 日刊新聞による公告
↓
④ 各合併当事会社の支払能力証明書の作成
↓
⑤ 合併に伴う株主総会決議
↓
⑥ 合併登記および通知

VIII シンガポール

合併提案書の作成 … ❶

合併契約が締結され、その契約に基づき合併提案書が作成されます。合併される企業の住所や株主数や合併後の商号、住所、消滅会社の株主の取扱、特に取得対価の決定など合併に関する取り決めを合併提案書に記載します（会社法215条B）。

株主および債権者への通知 … ❷

合併を行う際、株主総会で合併に関する決議が行われます。その際、株主が適切に判断できるように、合併提案書のコピーおよび取締役宣言書のコピー等を合併に関する株主総会開催の21日前までに、株主に送付します。

また、合併提案書のコピーは合併当事会社の債権者にも送付されます（会社法215条C (4)(5)(a)）。

日刊新聞による公告 … ❸

❷によって株主や債権者には個別に合併に関する通知がされますが、さらに会社の利害関係者に通知する必要があります。そこで、合併に関する株主総会開催の21日前までに、少なくとも1紙以上、シンガポールで公刊されている英語の日刊新聞に合併に関する情報を公告します。この公告は、会社の情報公開を意図しており、会社の登録事務所やその他公告に記載された場所にて、会社の営業時間内に合併提案書の閲覧および謄写ができます（会社法215条C (5)(b)）。

各合併当事会社の支払能力証明書の作成 … ❹

各合併当事会社の取締役（取締役会）が、それぞれの合併当事会社および合併後の存続会社における支払能力証明書を作成します（会社法215条C (2)(b)(c)）。

合併に伴う株主総会決議 … ❺

合併を行う際、原則として株主総会の特別決議による承認が必要です。また、合併提案時に第三者による承認も必要という条件が付されることもあります。この場合、特別決議と同じタイミングで第三者による承認を得る必要があります（会社法215条C（1）（2））。

シンガポールにおける特別決議の決議要件として、シンガポールの会社法上、普通決議・特別決議にかかわらず、定足数は2名以上の株主の出席が必要です（179条（1）(a)）。そして、決議に参加した株主の4分の3以上の承認により特別決議が可決されます（184条（1）(4)(5)⑥）。

合併登記および通知 … ❻

❶～❺までの一通りの手続を終えると、作成された書類が会計企業規制庁（ACRA：Accounting and Corporate Regulatory Authority）に登録されます。これにより、合併に関する登記が完了し、その後、ACRAより合併通知および合併確認証明書が発行されます。

合併に関しては、株主または債権者の異議申立が裁判所にあった場合、裁判所は当該合併の効力発生の禁止、合併提案書の変更、合併当事会社の取締役（取締役会）に合併提案書の全部または一部を再考することを命じることができます（会社法215条E～G）。

[略式合併]

略式合併とは、一定の要件を満たした合併契約で前述の合併手続を行う場合に、法定で定められる要件を大幅に簡略化することができる合併のことです（会社法215条D）。

略式合併と認められるには、以下の要件のうちいずれかを満たす必要があります。

VIII シンガポール

- 親会社と完全子会社との合併（ただし、親会社が存続会社になる場合に限る）
- 完全子会社同士の合併

略式合併と判断された場合において、前述の❶～❻に関する手続は以下のように簡略化されます。

- 合併提案書は作成不要
- 合併の際は株主総会の特別決議が必要だが、会社法215条Dに規定されている内容を定款に定めれば不要
- 支払能力証明書は作成不要
- 新聞上の公告不要

以上のように、通常の合併手続より簡略化されています。これは、合併消滅会社の株主総会を合併存続会社が支配している状況を考慮し、通常の合併における合併消滅会社の株主・債権者保護のための規制を一部緩和させるための規定となります。

なお、日本では、議決権の90％以上を親会社が保有している場合に略式組織再編（略式合併等）が可能です。日本とシンガポールとの略式組織再編行為の法規制の違いを認識しておく必要があります。

■ スキーム・オブ・アレンジメント

スキーム・オブ・アレンジメントとは、会社の資本再編や債権者・出資者との利害調整、グループ会社の合併または再編など、さまざまな目的および用途に用いられる組織再編の手法です。シンガポールでは合併よりもスキーム・オブ・アレンジメントの方が多く利用されていますが、会社法210条に基本的な規定があるだけで、詳細については、会社法上明文化されていません。

スキーム・オブ・アレンジメントを行うためには、次の手続を行います（会社法210条3項）。

①被買収企業は、シンガポールの裁判所に、企業の債権者（全部または一部）による債権者集会または株主（全部または一部）による株主総会の開催申立を行う。
②被買収企業は、債権者集会または株主総会において買収スキームを説明する。
③債権者集会・株主総会で、議決権の75％以上の賛成によって可決される。
④裁判所の承認があり、その承認のコピーが会計企業規制庁に提出された時点で、当該買収スキームの法的効力が生じる。

なお、スキーム・オブ・アレンジメントは、シンガポールで設立された会社のみに適用できる規定ですが、他の買収スキームとは明らかに異なる点があります。それは、被買収企業自身で手続を行うという点です。買収企業が主導で行う場合、M&Aが成立してもしなくても、お互いの関係性が崩れる可能性があります。しかし、スキーム・オブ・アレンジメントの場合、被買収者が主導で買収手続を進めるため、買収当事者間の関係が友好的でないと成立しません。

また、シンガポール国外企業がシンガポール国内企業をスキーム・オブ・アレンジメントによって買収するとき、当該国外企業の株式がシンガポールで上場されていない場合は、買収者の株式を交付することは実務上、想定されていません。国外企業の株式が非流動的であると判断されてスキーム・オブ・アレンジメントが失敗に終わる可能性が高いためです。

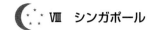

Ⅷ　シンガポール

■ 株式売渡請求権

　株式売渡請求権とは、株式の取得後、買収者が少数派株主から株式を強制的に買い取る制度です。この制度は、買収開始時から4カ月以内に、対象企業株式の90％以上（ただし、買収開始時に買収者自身が保有していた株式および自己株式を除く）の保有者から買収者が対象企業株式を取得することを承認され、その後2カ月以内に買収に反対する株主に通知することが、適用要件となります。

　株式売渡請求権を行使する場合、買収者は原則として既に取得した株式と同様の条件で（価格を含む）、反対株主の株式を取得しなければなりません。また、反対株主は株式売渡請求権行使の通知を受けた日から1カ月以内または反対株主のリストを取得してから14日以内のいずれか長い方の期日まで、裁判所に対して株式売渡請求権の行使に対する異議を申立てることが認められています（会社法215条(1)）。

　反対株主は、株式売渡請求権の行使の通知を受けた場合、通知を受けた日から1カ月の間は、他の反対株主のリストの開示を買収者に対して書面で要求することができません（買収者は、係るリストの送付から14日間は株式売渡請求権を行使できません）。この場合、株式売渡請求権の行使の可否は裁判所の判断に委ねられます。

　買収者は、「株式売渡請求権行使の通知がなされた日から1カ月経過後」「反対株主が反対株主のリストを取得してから14日経過後」「裁判所に対する異議申立が継続中の場合はその申立手続が終了した後」に、反対株主を代理する者および買収者との間で締結された譲渡証明書とともに株式売渡請求権行使の通知書のコピーを対象企業に送付します。送付後、株式売渡請求権の行使により取得する株式の対価を対象企業に支払います。

■ スクイーズ・アウト

　シンガポールの会社法上では、株主総会の決議において90％以上の賛成がある場合は、少数派株主が保有している株式の売渡請求をすることができます。しかし、この規定を利用するためには、自己の持株比率（議決権比率）を90％以上にしなければなりません。

　株式の取得の方法としては、強制的公開買付による取得あるいは任意的公開買付による取得があります。強制的公開買付は、買収者が50％超の議決権を保有する数の株式を応募するという条件しか付すことができず、90％以上の株式取得は不可能です。一方、任意的公開買付による場合は、応募数の下限が買付書類に明記されており、買収者が証券業協会（SIC：Securities Industry Council）の了承を得ることにより応募数の下限を引き上げることができるようになっています。これにより、応募数の下限を90％以上と設定することも可能です。

■ 自己株式を対価とする株式公開買付

　自己株式を対価とする株式公開買付（TOB：以下、自社株TOB）については、日本においてもシンガポールにおいても実施できます。しかし、シンガポールにおいて自社株TOBを成功させるためには、自社の株式に流動性があることが求められるため、シンガポール証券取引所に上場していることが前提条件になります。

■ シンガポール会社法76条

　シンガポールの会社法では、親会社株式の取得が禁止されています。したがって、合併において親会社株式を対価とする場合、取得が許されている日本とは異なり、三角合併を行うことができません。

Ⅷ　シンガポール

証券先物法

　証券先物法では、インサイダー取引について規定があります。また、当該法に基づいてシンガポール買収および合併規約（Singapore Code on Take-overs and Mergers：以下、買収規約）、シンガポール証券市場の上場規則（Singapore Exchange Securities Trading Limited Listing Manual：以下、SGX上場規則）が公布されています。

　買収規約は、シンガポール金融管理局により、証券先物法のセクション321に従って発効されました。法的効力はなく、また非上場企業には適応されません。上場企業の買収を行う場合の一般原則および手続などが定められています。なお、この規約が適用されるのは、以下の場合です。

(a)　シンガポールで上場している会社を獲得する場合（外国にて設立された会社を含む）
(b)　シンガポールで設立された、株主数が50名以上かつ純資産500万Sドル以上の会社の会社支配権を獲得する場合

　SGX上場規則は、上場企業の開示義務や買収における必要な手続について規定しています。

■インサイダー取引規制

　インサイダー取引については、日本においても金融商品取引法の中で厳しく規制されています。シンガポールにおけるインサイダー取引の規制内容は、次のとおりです。

　株式の買収者は、対象企業の株価影響情報を保有し、かつ、それが株価影響情報であると認識している場合は、それが公表されるか、そ

の情報が株価影響情報でなくなるときまで、対象企業株式取引を行うことはできません（証券先物法218条、219条）。株価影響情報とは、「公開されていない交渉中の案件」など一般に入手できない情報で、仮に公表された場合は株価に重大な影響を与える情報をいいます（218条(1)(b)、219条(1)(b)）。

なお、インサイダー取引規制の対象となる情報は、証券先物法に列挙されていますが、例示列挙にすぎません（214条Information）。したがって、特定の情報が規制対象となるか否かは、株価に影響を及ぼすか否かという規範に沿って実質的に判断されます。

■ 買収規約

買収規約は、証券先物法に基づきシンガポール通貨金融庁（MAS：Monetary Authority of Singapore）が作成します。

この規定は、SGXに上場している会社（外国会社含む）の支配権を取得する場合における一般原則や手続等を定めています。たとえば、公開買付を行った場合、この規定の適用を受けます。

[強制的公開買付]（買収規約14条）

シンガポールの上場企業の株式を取得し、一定以上の議決権を取得する場合には買収者および共同保有者は公開買付を行わなければなりません。具体的には、以下の2つの規定があります。

(a) 買収者が共同保有者の保有または取得する株式と併せて、被買収企業の議決権の30%以上を取得した場合（買収規約14条1項(a)）
(b) 買収者および共同保有者が、被買収企業の議決権の30%以上50%以下を保有しており、かつ6カ月の期間内に1%超の議決権を取得した場合（買収規約14条2項(b)）

VIII シンガポール

　強制的公開買付においては、原則として買収者および共同保有者が、併せて50％超の議決権を保有し得る株式数の応募を受諾したという条件を必ず付さなければなりません。また、これ以外の条件を付すことはできません（14条2項（a））。

　強制的公開買付による対価は現金のみか、現金と現金以外の資産です。また買収価格は、公開買付開始直前の6カ月間に買収者または共同保有者が支払った価格のうち最高値以上の価格でなければなりません（14条3項）。

［任意的公開買付］（買収規約15条）

　強制的公開買付の義務が生じない場合、買収者が任意で公開買付を行うことがあります。これを任意的公開買付といい、強制的公開買付と同じく、買収者および共同保有者が併せて50％超の議決権を保有し得る株式数の応募を受諾することを条件として付さなければなりません。なお、以下の条件のもとで、応募数の下限「50％超」の数字は上げることができます。（買収規約15条1項）

- 応募数の数値の上限が公開買付書類の中に明示的に記載されていること
- 買収者が誠意を持った行為に基づき高い下限値を設定し、そのことについてシンガポール証券業評議会から一定の評価を得ること

　公開買付を公表する際、買収者は買収規約3条5項に定められている事項を開示しなければなりません。具体的には、以下の事項となります。

- 公開買付の条件

- 買収者、および買収者の最も重要性の高い支配株主
- 公開買付の対象となる証券、対象となる証券に転換可能な証券の詳細
- 公開買付の対象となる証券を引受ける権利または係る証券に関するオプションで、以下の（a）〜（c）の条件が合意されている証券の詳細
    - （a）買収者により保有もしくは支配されている。
    - （b）買収者の共同保有者により保有もしくは支配されている。
    - （c）買収者もしくは共同保有者に対して応募する。
- 公開買付に付されているすべての条件
- 公開買付に重要な影響のある買収者または対象企業の株式に関する合意の詳細
- 公開買付の対価の全部または一部が現金である場合は、フィナンシャル・アドバイザーまたは第三者による公開買付に対して全株主から応募があった場合でも、十分な買収資金を買収者が調達可能である旨

シンガポールで公開買付を行う場合、実務上の慣行がいくつか存在します。たとえば、友好的買収の場合、公開買付の開示と株主に対する書類の交付は、買収企業と対象企業（ターゲット）とが共同で行います。また、フィナンシャル・アドバイザーが買収者の代理として公開買付を行うため、書類も、フィナンシャル・アドバイザーが買収者の代理人として作成・公表します。

[タイムテーブル]（買収規約22条）
次表は、シンガポールにおける公開買付の日程表です。

VIII　シンガポール

	事項	日程
①	公開買付の公表	A
②	対象企業（以下、ターゲット）による開示	A＋1日頃（①後、遅滞なく）
③	ターゲットによる公開買付について意見を述べるフィナンシャル・アドバイザーの選任	A＋2日頃（②後、遅滞なく）
④	買収者によるターゲットの株主に対する買付書類の送付。SICに対するそのコピーの提出	A＋14〜21日
⑤	ターゲットによる自身の株主に対する買付書類の送付。SICに対するそのコピーの提出	A＋35日以前（④から14日以内）
⑥	当初の買付期間の終了（延長される可能性あり）	A＋49日（④から28日以上）
⑦	買付期間の終了（最長期間に延長した場合）	A＋81日（④から60日）

出所：森・濱田松本法律事務所アジアプラクティスグループ編『アジア新興国の上場会社買収法制』商事法務、2012年

オファー・ドキュメント（株式公開買付公示文書）の送付

　原則としてオファーを発表した日から14〜21日間のうちに、オファー・ドキュメントを送付しなければなりません。また、オファー・ドキュメントの日付は、送付日より3日以内のものでなければなりません。仮にこの期間内に送付できない場合、買い手は証券業協会（SIC）に事前に相談しなければなりません。

買収対象企業の取締役会回状の送付

　買収対象企業の取締役会は、オファー・ドキュメントが送付されてから14日以内に、オファーに対する見解を、当該企業の株主に伝えなければなりません。

初回締結日

　オファーはオファー・ドキュメントが送付された日から最低28日間は公開する必要があります。

次回締結日の決定

オファーの延長発表の際には、次の締結日を決定しなければなりません。また、仮にオファーが無条件で受け入れられた場合、次の連絡があるまでは、オファーが引き続き公開されていることを表明しなければなりません。この場合、オファーを受け入れない株主に対しては、遅くともオファーが終了する14日前までに、終了を知らせる書面を送付しなければなりません。

延長義務の免除

初回とその後のオファー締結日に受け入れられなかったオファーは、それ以降、延長する義務はありません。

無条件受入後のオファー公開

オファーの無条件受入後、少なくとも14日間はオファーを公開する必要があります。オファー成立もしくは無条件受入前で、仮に、終了日より起算して14日以前に終了する旨をオファー申込者が株主に書面にて通知した場合、当該ルールは適応されません。ただし、競争がある場合は、オファー終了の書面通知は効力を生じません。また、このルールは、申込者がオファー・ドキュメントに初回終了日を超えて延長しない旨を記載していない限り、オファー・ドキュメントを送付する以前にも適用されます。

延長の禁止

仮に終了日に関する表明が含まれたドキュメントが買収対象企業の株主に送付された場合、申込者はその後、その終了日を延長することはできません。

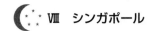

VIII シンガポール

買収対象企業による公表

買収対象企業の取締役は、初回のオファー・ドキュメントが送付されてから39日間は、事業の結果、予想配当、資産評価額や主要取引について公表をしてはいけません。

最終日ルール

オファードキュメントを送付してから60日目の午後5時30分以降、オファーを無条件で受け入れることはできません。ただし、証券業協会の許可を得れば60日の期間を延長することができます。

その他の条件を満たすための時間

証券業協会から許可がある場合を除いて、前述した条件を満たさなければなりません。オファーは初回終了日から21日以内、もしくは、無条件の受入日のどちらか、最終となる日までに終了しなければなりません。

■ SGX上場規則

SGX上場規則は、証券先物法に基づきシンガポール金融庁の承認を得てSGXによって作成された規則であり、主に上場企業の開示義務や買収における必要な手続について規定しています。たとえば、以下のような規定があり、これらは新株発行においても留意すべき点です。

- 包括的承認に基づく新株発行に関して、主要株主等に対する発行はできない（SGX上場規則812条1項、2項）。
- 第三者割当による株式発行数の上限、具体的には発行済株式総数20％までとなる（806条2項）。
- 対価の金額の下限、具体的には原則引受契約の締結日において

SGXで取引された対象企業の株式価格の加重平均に対して10%を超えて低い価格とすることはできない（811条1項）。

競争法

シンガポールで2004年10月に制定された競争法（Competition Act）が日本の独占禁止法に相当します。競争法を管轄・執行しているのが競争法委員会（CCS：Competition Commission of Singapore）です。この競争法は、市場を効率的に機能させること、シンガポール経済の競争力強化および消費者保護を目的として作られており、M&Aに関する規定も含まれています。

競争法54条以降にM&Aに関する規定があり、シンガポール市場のバランスを崩し、市場競争力を著しく低下させるようなM&Aを規制しています。

M&Aを行う場合、まず自己評価を行います。買収者は、CCSが発行している買収の実質的審査に関するガイドライン（CCS Guidelines on the Substantive Assessment of Mergers）および市場画定ガイドライン（CCS Guidelines on Market Definition）の関連する規則に基づいて自己評価を行い、当該M&Aが競争法に違反するかどうかを判断します。

その結果、買収者自らが競争法違反の可能性があると判断した場合、買収を行う者はCCSに対して、当該M&Aが市場競争力を著しく低下させるようなM&Aであるか、判断を求めることができます（競争法57条、58条）。これを事前相談手続といいます。事前相談は任意であるため、自己評価の段階で競争法違反の可能性がない、または限りなく低いと判断した場合は、買収者は事前相談を行わないことも可能です。

ただし、事前相談手続を行うことなく競争法違反があった場合は、

Ⅷ　シンガポール

CCSから、以下の制裁があります。

- 買収の取消指導
- 違反当事者に故意または過失があった場合は、違反当事者の過去3年間における最高売上高の10％を上限とする課徴金の納付（競争法69条）

■ 事前相談による審査

買収当事者から事前相談を受けた場合、一次審査を受けます。この一次審査の目的は、当該M&Aが競争法違反の懸念があるかどうかを判断することです。この時点での審査はあくまで簡易的なものであるため、CCSは申請から30営業日後までに審査を完了することを目的としています。

一次審査の結果、競争法違反の懸念がない場合は、その後の手続が省略されます。しかし、競争法違反の懸念がないといえない場合は、二次審査に進みます。

二次審査では、競争法に違反していないか、より詳細な内容の審査を行います。この二次審査が最後の審査であり、定められた項目を詳細に審査することで、当該M&Aの違法性の評価を行います。

現地会計基準（国際会計基準コンバージェンス）

シンガポールでは、現在自国の会計基準（FRS：Financial Reporting Standards）を採用しています。FRSと国際財務報告基準（IFRS）との大きな差異は、①不動産の建設に関する契約（IFRIC15号：Agreements for the Construction of Real Estate）と②協同組合に対する組合員の持分および類似の金融商品（IFRIC2号：Members' Shares in Co-operative Entities and Similar

Instruments）の2点です。いずれも、M&Aを実行するに当たって直接関係する基準ではありません。したがって、M&Aを行う場合の会計処理は、IFRS（IFRS3号「企業結合」、IFRS11号「共同支配の取り決め」、IAS28号「関連会社および共同支配企業に対する投資」）に準拠することになります。

また、2012年までに自国で上場する企業で採用される会計基準のIFRSへのフルコンバージェンスを目指していましたが、2014年時点では実行されておらず、2018年に上場企業に対してフルコンバージェンスを完了させる予定となっています。

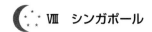
Ⅷ　シンガポール

M&Aに関する税務

　シンガポールのM&Aは、資産を取得する方法と株式を取得する方法に大別できますが、それぞれの方法でかかわる税制に違いがあります。

■ 資産取得（事業譲渡）
　資産取得にかかわる税制には、所得税と印紙税があります。資産を売却する側では、資産売却益に所得税が課税されます。また、売却される資産が有形の資産であれば印紙税が課税され、双方の合意がない限りは、買い手側が負担するのが一般的です。設備投資税額控除に適用される資産もありますが、条件により、その控除が取消される場合もあります。

[のれん]
　のれんの償却費は、課税所得から控除することができません。

[設備投資税額控除（減価償却費控除）]
　所得税法（ITA：Income Tax Act）では、納税者の事業に使用される資産の資本支出については、税務上、初回および年間控除（減価償却費控除）が認められています。
　税務上の設備投資税額控除における、施設および機械の耐用年数は5年、6年、8年、10年、16年に分けられます。特定の建物の建設および改築については、25％の初回控除および5％の年間控除が可能です。
　施設および機械（例外あり）は、3年間の加速償却法で税務上減価

償却することが可能です。ロボットやコンピュータなどの自動化装置、工場やオフィスに設置された発電装置、公害防止設備などは1年で税務上減価償却可能です。また、1,000Sドル以下の特定の固定資産も同様に、1年で税務上減価償却可能です。ただし、すべて合わせて1年で3万Sドルまでとなっています。

2011〜2015年の間、企業は生産性、革新性控除を受けることができます。これは、ある特定の活動にかかわる資本支出について、追加で課税年度の支出額をベースに3倍の設備投資税額控除を受けることができるというものです。ベースの支出額は40万Sドルまでとなります。また、160万Sドルまでであれば、追加の活動で、投資税額控除を受けることができます。

[繰越欠損金・繰越設備投資税額控除]

資産取得の場合、ターゲット企業の繰越欠損金、繰越設備投資税額控除を引き継ぐことができません。

[商品サービス税]

通常、商品サービス税の登録企業の商品、サービスには7％の商品サービス税が課税されます。資産の移転が、今後継続する事業の移転とみなされた場合、商品やサービスの提供とみなされないため、課税されません。今後継続する事業の移転と証明するには、事業を譲り受けた側が、譲り渡した側で行われていたときと同じ種類のビジネスのために資産を使用しなければならず、シンガポール内国歳入庁（IRAS：Inland Revenue Authority of Singapore）に対して、これを証明できない場合は、売却益に対して7％の商品サービス税を支払います。

Ⅷ　シンガポール

■ 株式取得

　2010年、シンガポール財務省はM&Aによるシンガポールでのビジネスの成長のために、M&Aスキームと呼ばれる施策を導入しました。その一貫として、M&A控除（M&A Allowance）と印紙税救済（Stamp Duty Relief）と呼ばれるものがあります。このM&Aスキームは、資産取得（事業譲渡）には適用されません。

[M&A控除]

　M&A控除とは、2010年4月1日～2015年3月31日の間、条件を満たすM&A取引は、買収価格の5%を5年にわたって償却することができるというものです。各年500万Sドル（1億Sドルの5%）が上限となっています。

　M&Aスキームの対象となる要件には以下のようなものがあります。

ターゲット企業における株式保有率

　仮に買収前に、買収企業が保有しているターゲット企業の普通株式保有率が50%未満の場合、買収後に50%を超える必要があります。また、買収前に普通株式保有率が50%を超え、75%未満である場合、買収後には75%以上となる必要があります。

A）買収企業

①買収企業はシンガポールで設立され、税務住民（Tax Resident）である必要があります。企業の事業の支配と管理がシンガポールで実施されていれば税務住民となります。一般的に、外国企業のシンガポール支社は、支配と管理が海外の親会社に帰属するため、シンガポール税務住民として扱われません。

②買収企業がグループ企業に所属する場合、その究極持株会社（Ultimate Holding Company）もまた、シンガポールで設立さ

れ、税務住民である必要があります。
③買収日に、シンガポールで事業を行っている必要があります。
④最低3名のローカル社員（取締役を除く）を買収日から遡って12カ月間雇用している必要があります。また、買収日から遡って2年間はターゲット企業との関連がない必要があります。

B）買収

2012年2月17日～2015年3月31日の間に完了するM&A取引であれば、その子会社が買収企業によって間接的に保有されていてもM&Aスキームの対象となる要件を満たす可能性があります。次の①～③の要件を満たすことに加えて、その子会社は、他の会社株式を保有する目的で設立されていなければなりません。

①買収企業の子会社は、M&AスキームにおけるM&A控除と印紙税救済を受けてはいけません。
②買収企業の子会社は、買収日において、シンガポールまたはその他の場所で事業を行ってはいけません。
③買収日において、買収企業によって直接的または完全に保有されている必要があります。

C）ターゲット
①買収日において、シンガポールまたはその他の国で事業を行っている必要があります。
②最低3名のローカル社員（取締役を除く）を買収日から遡って12カ月間雇用している必要があります。

上記の要件は、ターゲット企業が直接的または完全に保有する子会社によって満たされる可能性があります。また、2012年2月17日～

VIII　シンガポール

2015年3月31日の間に完了するM&A取引であれば、ターゲット企業が間接的に保有する子会社によっても満たされる可能性があります。

[印紙税救済]

　2010年予算案にて、2010年4月1日～2015年3月31日の間で、要件を満たしたM&A取引については、年間20万Sドルまでの印紙税救済を受けることが可能となりました。さらに、2012年予算案では、以下のような印紙税救済のさらなる強化が行われました。この強化は、2012年2月17日～2015年3月31日において有効となっています。

①子会社を通した買収

　2012年予算案以前は、買収企業は直接的または完全に保有している子会社を通してターゲット企業を買収するケースのみが要件を満たすことができていました。しかし、2012年2月17日より、子会社のみならず、完全に保有している孫会社以下の階層にある会社を通したターゲット企業の買収においても、要件を満たすことが可能となりました。

②ターゲット企業（被買収企業）の要件

　2012年予算案以前は、ターゲット企業もしくは直接的または完全に保有している子会社のみが印紙税救済の要件を満たすことができていました。しかし、2012年2月17日より、子会社のみならず、完全に保有している孫会社以下の階層にある会社も条件を満たすことが可能となりました。

③**究極持株会社**

買収企業は、シンガポールに設立された、税務住民である究極持株会社によって保有されていなければなりません。しかし、2012年2月17日より、場合によってはこの要件が免除されることになりました。この免除は、経済開発庁（Economic Development Board）によって管轄されています。

印紙税救済が確定されるまでは、一旦印紙税を支払う必要があります。当該M&A取引が印紙税救済の要件を満たした後に、シンガポール内国歳入庁から支払った印紙税が払戻されます。

[繰越欠損金]

ターゲット企業の繰越欠損金は将来の課税所得と相殺が可能ですが、株主継続テストの対象となります。株主継続テストでは、発行株式の50％以上が同じ株主によって保有されている必要があります。

株主継続テストの意図は、繰越欠損金のある会社を、税務メリットを目的として買収することを防ぐことにあります。株主構成が大きく変化する状況で、シンガポール財務省の担当者などに、株主継続テストの免除を訴えることもできますが、財務省は省自身のメリットをベースにその訴えを検査します。そのため、テストの免除を受けた場合であっても、欠損金を出した事業と同じ事業の利益に対してのみ相殺できるといった制約が付されます。

Ⅷ シンガポール

[参考資料・ウェブサイト]

- IRAS(シンガポール内国歳入庁)
  http://www.iras.gov.sg/irashome/default.aspx
- 日本貿易振興機構(JETRO)
  「シンガポール進出に関する基本的なシンガポールの制度——外資に関する規制」2014年1月
  http://www.jetro.go.jp/world/asia/sg/invest_02/
  「香港——ニュース・レポート」
  http://www.jetro.go.jp/world/asia/hk/

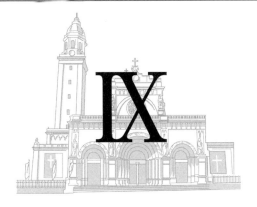

フィリピン

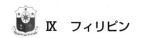

フィリピンにおけるM&Aの動向

　フィリピンにおける実質GDP成長率は金融危機の影響により、2008〜2009年にかけて落ち込んだものの、2010年以降は再び以前の成長率を取り戻しています。日本は、フィリピンにおける外国資本の投資全体の約30％を占める最大の投資国なので、両国はとても密接な関係といえます。

　ASEAN諸国でも賃金が比較的安く、英語のできる優秀な人材も数多くいます。発展途上国への投資を試みる場合、文化や言葉の壁が大きな課題となりますが、フィリピンでは、多くの国民が英語を公用語と認識しているので、スムーズにコミュニケーションをとりながら投資が行えるという点で、大きな優位性があります。

　しかし、他のASEAN各国同様、フィリピンも外国資本に対しての規制が厳しかったため、投資は合弁やフィリピン国内の会社へのマイノリティ出資がメインとなっていました。今後の規制緩和により、日本企業が支配権の獲得を目指し、活発にM&Aを行うことが予想されます。

■ 日本企業のM&A事例

　日本企業によるアジア企業の買収（In-Out）の件数は、2012年に189件、2013年に202件あり、そのうちフィリピンに対するM&Aはそれぞれ6件、1件です（レコフ調べ）。次表は、2012年、2013年に行われた日本からフィリピンに対するM&Aの事例です。

【日本からフィリピンへの M&A（2012 年）】

No.	日本	フィリピン	出資比率(%)	業種	投資金額（百万円）
1	三井物産	トヨタ・マニラ・ベイ・コーポレーション	40	その他小売	800
2	豊田通商	サランガニ・エナジー	25	電力、ガス	―
3	丸紅	Maynilad Water Services, Inc.	20	建設	30,000
4	伊藤忠エネクス	IP&E パラオ	25	その他販売、卸	―
5	NTT インベストメント・パートナーズファンド投資事業組合	ミーゴエンターテイメント	―	ソフト、情報	156
6	NTT コミュニケーションズ	フリーダム・リソーシズ・ホールディングス・コーポレーション	50.1	ソフト、情報	1,000

『M&A専門誌MARR』をもとに作成

【日本からフィリピンへの M&A（2013 年）】

No.	日本	フィリピン	出資比率(%)	業種	投資金額（百万円）
1	オリックス	グローバル・ビジネス・パワー	20	電力、ガス	18,000

『M&A専門誌MARR』をもとに作成

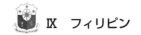
Ⅸ　フィリピン

M&A に関する法律・規制

　フィリピンでM&Aを行う場合、複数の法規が関連してきます。そのため、各法律を横断的に理解しておく必要があります。

【M&A に関連する法規】

投資規制	禁止業種、出資比率による規制、アンチダミー法に関する規制、資本金に関する規制、土地所有に関する規制、外国為替に関する規制が規定されている
会社法	新株発行、合併、資産譲渡の基本的事項を規定する
証券規制法	公開買付規制、開示規制、インサイダー取引規制を規定する

　上記のほかにも、銀行業、石油業、鉱工業、保険業、通信業といった特定の業種については、各種業法による規制があります。法規制の自由化は進んでいますが、まだまだ規制が多く、M&Aについても規制当局から出されている各種の規制に準拠しなければなりません。世界銀行が発行する2010年版外国直接投資（FDI）規制についての報告書に、フィリピンは「規制の厳しさが調査対象87カ国の中でも顕著である」と記載されています。

　フィリピンでは、法律上規定されているにもかかわらず運用されていない規定や、逆に法律になくても実務上、行われている慣行があります。

　たとえば、フィリピン証券取引所の規制では、浮動株式比率基準が定められており、上場企業の発行済株式のうち10％以上は、浮動株式でなければなりません。この基準について、以前は取締まりが厳しくありませんでしたが、2011年11月までに要件を満たすことが急遽要請され、企業が対応に追われました。2012年いっぱいは猶予期

間となりましたが、要件を満たしていなかった48社のうち、13社は自主的に上場を廃止し、1社は上場廃止の措置を受けました。

　2009年に最大手ビール会社サンミゲル社の株式約49％を取得したキリンホールディングスも突然の対応に迫られました。2012年3月時点、サンミゲル社約51％、キリンホールディングス約48.39％となっており、浮動株主比率は約0.6％で基準を下回っています。そのため、第三者割当増資、大株主の株式売出し、自主的な上場廃止など、いくつかの選択肢が検討されて、最終的に自主的な上場廃止を決定しました。

　このように、フィリピンでは突然の運用の変更があり得るということを認識しておく必要があります。

投資規制

■ 外資政策の基本三法

　フィリピンでは、さまざまな産業において外国投資家からの投資が歓迎されていますが、国内産業の保護を目的として、特定の業種に対する外国投資には規制があります。したがって、対象業種が規制に該当するかどうかをネガティブリスト等で把握するためには、どの法律を参照すればよいのかを知っておく必要があります。ここでは、外資政策の基本となる法律と、投資規制、優遇政策との関係を整理します。

　外資政策の基本となる法律は次の3つです。

[1987年オムニバス投資法] … ①

　1987年オムニバス投資法（Omnibus Investment Code of 1987）は、優遇措置を伴う投資に関する法律です。

IX フィリピン

[1991年外国投資法] … ②

1991年外国投資法（Foreign Investment Act of 1991）は、オムニバス投資法に定められていた「優遇措置を伴わない投資」の規定に代わり制定されたもので、優遇措置を伴わない外国投資に関する基本的な法律です。

[1995年特別経済区法] … ③

1995年特別経済区法（Special Economic Zone Act of 1995）は、輸出加工区および特別経済区（Special Economic Zones）に関する総括的な法律であり、特区内に進出する企業に対して優遇措置を付与しています。

優遇措置を受けることができるかどうかは、大きく2つの検討事項があります。1つは業種です。これは①、②の法律を基に検討します。もう1つは、地域別での優遇です。これは③を参照します。

業種での優遇政策は、まず「1987年オムニバス投資法」を参照し、自社が投資しようとするビジネスが優遇を享受できるかどうかを検討します。担当政府機関は投資委員会（BOI：Board of Investments）です。BOIが毎年同法に基づいて、投資優先計画（IPP：Investment Priority Plan）を発表しています。このIPPの対象業種に投資する企業には、法人税減免などの優遇政策が与えられるため、該当する場合はBOIへ投資申請します。

上記、優遇政策に該当しない場合に残る選択肢は、優遇措置を伴わない外国投資か、投資規制業種に該当するかの二択です。これを把握するには、「1991年外国投資法」（共和国法第7042号、1996年改正）に基づいて定期的に更新される「外国投資ネガティブリスト（Foreign Investment Negative List）」を参照します。このリストには、業種ごとに出資比率が決められており、最新版は、2012年11

月22日発効の第9次ネガティブリストです(2014年11月現在)。

2013年度投資優先計画がアキノ大統領により承認され、投資優先計画における優先投資分野として以下の業種が挙げられています。

- 農業および農業ビジネス、漁業
- 創造産業、知的サービス
- 造船
- 大規模集合住宅建設
- 鉄鋼
- エネルギー
- インフラストラクチャー
- 研究開発
- グリーンプロジェクト
- 自動車(電気自動車含む)
- 戦略的プロジェクト
- 病院・医療サービス
- 災害防止、緩和、復旧

1991年外国投資法は、アキノ政権下に制定され、1996年にラモス政権下で改正されました。この法律は、1987年オムニバス投資法の「奨励措置が適用されない外国投資」を改正したものです。つまり、優遇措置に該当しない投資について、国内市場開放を目指したもので、ネガティブリスト以外の業種に対する投資は外資による100%出資が認められています。

■ 規制業種

以下の業種に該当する場合、外国投資家の参入や外国人の就業が認められていません。

IX　フィリピン

- レコーディングを除くマスメディア
- 専門職（エンジニア、医療関連、会計士、建築士、犯罪捜査、科学者、税関貨物取扱者、環境設計、山林管理、地質調査、内装設計、景観設計、弁護士、司書、船舶航海士、船舶機関士、配管業、製糖、社会福祉、教師、農業、漁業、ガイダンス・カウンセリング、不動産サービス、呼吸器治療、心療内科）
- 払込資本金が250万USドル未満の小売業
- 協同組合
- 民間警備保障会社
- 小規模鉱業
- 群島内・領海内・排他的経済海域内の海洋資源の利用、河川・湖・湾・潟での天然資源の小規模利用
- 闘鶏場の所有、運営、経営
- 核兵器の製造、修理、貯蔵、流通
- 生物・化学・放射線兵器の製造、修理、貯蔵、流通
- 爆竹その他花火製品の製造

出所：JETRO（『第9次外国投資 ネガティブリスト』2012年より抜粋）

■ 出資比率による規制

ネガティブリストでは、業種ごとに外国資本の出資比率上限を定めており、ネガティブリストは、リストAとリストBに分類されています。リストAは、「憲法および法律の定めにより投資が規制される分野」、リストBは「安全保障、防衛、公衆衛生および公序良俗に対する脅威、中小企業の保護を理由に投資が規制される分野」です。

【憲法および法律の定めにより投資が規制される分野（リスト A）】

外国資本による 出資比率上限	分野・事業内容
20% 以下	ラジオ通信網
25% 以下	雇用斡旋（国内・国外のいずれかで斡旋されるかを問わない）
	国内で資金供与される公共事業の建設、修理契約。ただし、BOT 法※（共和国法第 7718 号）に基づくインフラ開発プロジェクトおよび外国の資金供与・援助を受けて国際競争入札を条件とするプロジェクトを除く
	防衛関連施設の建設契約
30% 以下	広告業
40% 以下	天然資源の探査、開発、利用（大統領が承認する資金・技術援助契約に基づく場合、外国資本 100% 参入可）
	私有地の所有
	公益事業の管理、運営
	教育機関の所有、設立、運営
	米・とうもろこし産業（操業開始から 30 年以内に、資本の 60% 以上をフィリピン国民に放棄あるいは譲渡する場合、外国資本 100% 参入可）
	国有・公営・市営企業への材料、商品供給契約
	公益事業免許を必要とする BOT プロジェクトの提案、施設運営
	深海漁船の運営
	損害査定会社
	共用部分法人もしくは複数世帯が所有するコンドミニアムユニットの所有
49% 以下	金融貸付会社
60% 以下	証券取引委員会管轄下のファイナンス会社（フィリピン国民に同等の権利を互恵的に付与する国でない場合、その国民の参入は認められない）

※BOT法とは、交通社会の資本整備に民間資金を活用するBOT（Build Operate Transfer）手法を法制化したもの

出所：大統領令第98号

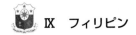

IX フィリピン

【安全保障、防衛、公衆衛生および公序良俗に対する脅威、中小企業の保護を理由に投資が規制される分野（リストB）】

外国資本による出資比率	分野・事業内容
40％以下	フィリピン国家警察（PNP：Philippine National Police）の許可を要する品目の製造、修理、保管、流通・火器（拳銃、散弾銃など）、火器の部品および弾薬、火器の使用もしくは製造に必要な器具もしくは製造に必要な基部もしくは道具 ・火薬 ・ダイナマイト ・起爆剤 ・爆薬使用時に使用する材料（塩素酸カリウム、塩素酸ナトリウム、硝酸アルミニウム、硝酸カリウム、硝酸バリウム、硝酸銅、硝酸塩、硝酸カルシウム、赤銅鉱、硝酸、ニトロセルロース、塩素酸アンモニウム、塩素酸カリウム、塩素酸ナトリウム、硝酸エステル、グリセリン、無定形リン、過酸化水素、硝酸ストロンチウム、トルエン） ・望遠鏡、赤外線照準器など（ただし、相当量が輸出向けの場合、PNPが定める外資参入比率に準じる場合、PNPの承認の下、非フィリピン人にこれらの品目の製造、修理が認められる）
40％	国家防衛省（DND：Department of National Defense）の許可を要する品目の製造、修理、保管、流通 ・戦闘用の銃、弾薬 ・軍用兵器および部品（魚雷、地雷、水中爆弾、爆弾、手榴弾、ミサイルなど） ・砲撃・爆撃・射撃統制システムおよび部品 ・誘導ミサイル、ミサイルシステムおよび部品 ・戦闘機および部品 ・宇宙ロケットおよび部品 ・軍艦および補助艦艇 ・兵器修理・メンテナンス機材 ・軍用通信機器 ・暗視装置・機器 ・放射線装置および部品 ・軍事訓練装置 ・その他DNDが定める品目（ただし、相当量が輸出向けの場合、DNDが定める外資参入比率に準じる場合、DNDの承認の下、非フィリピン人にこれらの品目の製造、修理が認められる）
	危険薬物の製造、流通

40%	サウナ、スチーム風呂、マッサージクリニックなど、公共の保健および道徳に影響を及ぼす危険性があるため、法により規制されているもの
	レース場の運営など、すべての賭博行為(ただし、フィリピン娯楽賭博公社と投資契約が結ばれており、かつフィリピン経済区庁の認定を受けている事業は除く)
	払込資本金額20万USドル未満の国内市場向け企業
	先端技術を有するか、50人以上を直接雇用し、払込資本金額10万USドル未満の国内市場向け企業

出所:大統領令第98号

■ アンチダミー法による規制

1936年に承認された共和国法第108号(CA:Commonwealth Act No.108)では、規制業種における、役員の外国人占有比率を、資本規制比率に準じて取扱わなければならない旨が規定されています。ネガティブリストによって、外国資本の出資比率が規制されている場合には、役員の構成でも外国人比率を当該外資規制の割合以下にする必要があります。

■ 資本金に関する規制

銀行や金融業など、一定の業種は、最低資本金の規制が定められています。

[銀行]
- ユニバーサルバンク:54億ペソ
- 商業銀行:28億ペソ
- 貯蓄銀行
  - 本店がマニラ首都圏内:4億ペソ
  - 本店がマニラ首都圏外:6,400万ペソ
- 地方銀行(本店の所在地による):320〜3,200万ペソ

IX　フィリピン

[小売業]

　ネガティブリストにより、払込資本金250万USドル未満の小売業に対する外国投資は禁止されています。したがって、外資の場合、払込資本金は250万USドルです。その他にも、一店舗当たりの投資は83万USドル以上必要であることや、高級品もしくは贅沢品に特化した企業の場合には、一店舗当たりの払込資本金は25万USドル以上必要になります。

　その他、業種を問わず、「払込資本金20万USドル以下の国内市場向け企業」は、ネガティブリストによって、外資の資本比率が40%以下に制限されており、最低資本金の規制が加わります。要約すると以下の3つに分類されます。

外資の資本比率が40％以下の場合

　最低資本金は5,000ペソです。

外資の資本比率が40％超の出資の場合

　ネガティブリストに従い、原則として20万USドルが最低資本金となりますが、以下のいずれかに該当する場合は、10万USドルが最低資本金となります。

- 現地人を50名以上直接雇用する場合
- 先端技術を有する場合

輸出向けに事業を行う会社の場合

　主に輸出向けに事業を行う会社の場合、当該最低資本金規制は適用されません。輸出向けに事業を行う会社とは、以下のとおりです。

- 製造業で、生産量の60％以上を輸出する場合

- 貿易業で、フィリピン国内での購入量の60％以上を輸出する場合

■ 土地所有に関する規制

　ネガティブリストの規制により、外国資本40％超の企業は、土地を取得することができません。そのため、工場用に土地を利用する場合は、土地の所有者からリースを行うことになります。リース期間は最長50年ですが、更新することが可能です。

　また、リース以外に、フィリピン人パートナー（信頼できる日本人のフィリピン人の身内やパートナー会社、弁護士など）と外資40％以下の会社を設立して、土地を取得する方法もあります。

■ 外国為替に関する規制

　フィリピンの外国為替管理制度は、フィリピン中央銀行（BSP：The Bangko Sentral ng Pilipinas）が管轄し、為替規制はBSPの通貨理事会（Monetary Board）の政策によって決定されます。

　1992年に外貨集中義務が撤廃されて、外貨の売買がほぼ自由化されました。しかし、貿易取引対価以外の外貨取引については、中央銀行による以下のような規制が残っています。

- 外国為替売却を一時的に停止、または制限すること
- 居住者またはフィリピンで営業する企業が取得するあらゆる外貨為替を、中央銀行が指定する銀行・代理人に引き渡すこと

[貿易取引]

　輸出にかかわる外貨受取は、中央銀行の定める通貨（USドルなど）で行われなければなりません。信用状に基づく取引など、一定の条件を満たす輸出入決済のための外貨交換については、中央銀行の事前承

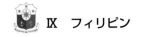
IX　フィリピン

認なく商業銀行が自由に行うことができます。

[資本取引]

　外国投資家が資本、または、資本から発生した配当や利益、収益金について送金を行うために、銀行を通じて外貨を購入する場合、外国投資を中央銀行に事前に登録する必要があります。通常は会社設立の段階で中央銀行に登録を行います。

　登録済外国企業の資本の本国送金または利益の送金は、現行規則で指定された手続およびその他の条件に従って、中央銀行に事前に承認を受けることなく商業銀行で行うことができます。

[借入]
現地での借入
　外資40％超の会社は土地の所有が認められていないため、土地を担保にすることができません。この場合、親会社が保証することになります。また、長期借入については、まだ整備されていないため、ペソ建による長期借入は難しい状況です。

外貨借入
　将来の元利金の支払を外貨建で行う場合には、借入の実行前に中央銀行へ届出なければなりません。原則として、外貨建の借入は中央銀行の許可が必要となります。

会社法

　M&Aの手法として利用される株式の譲渡や、新株発行など会社運営に関する基本的事項は、会社法（Corporation Code of the Philippines）に定められています。合併や事業譲渡などの組織再編

行為が行われると、出資比率の変化や経営権の移動など、会社に重要な変化を及ぼすため、会社法は基本的事項の他、通常とは異なる手続や意思決定、株主・債権者保護の規定を定めています。

■ 新株の発行

M&Aの手法の1つとして、新株を発行する場合があります。株式を譲渡する場合は、M&Aの対象となる会社に対価は入りません。一方、新株を発行する場合は、その対価が対象企業に入るだけでなく、既存株主の保有株式が残るため、100%支配権獲得を目的としては利用されない、という特徴があります。

新株の発行には、定款に定めてある授権資本の枠内での新株発行を行う場合、授権資本の枠を超えて増資を行う場合、自己株式を処分する場合があり、定款変更の有無や意思決定の方法が異なります。

【新株発行による支配権の獲得】

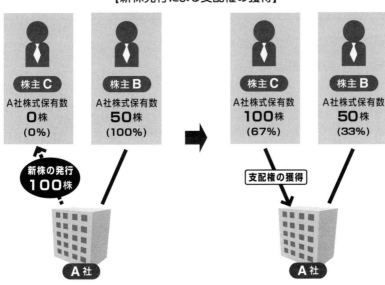

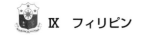
IX　フィリピン

　授権資本の枠内で新株を発行する場合または自己株式を処分する場合には、定款の変更は不要であり、取締役会の決議のみで行うことができます。一方、授権資本を増加させる場合には、定款を変更する必要があるため、株主総会特別決議が求められます。

　なお、新株発行の対価を現物出資する場合は、当該現物出資財産の価額について証券取引委員会の承認を得る必要があります（会社法38条）。

　自己株式を処分する場合には、取締役会の決議により、処分価格を決定した上で行うことができます（9条）。

【決議要件】

株式発行の種類	必要な決議
授権資本内で行う新株発行	取締役会決議・証券取引委員会の承認（現物出資の場合）
授権資本の増加を伴う新株発行	取締役会決議・株主総会特別決議・証券取引委員会の承認（会社法38条）
自己株式の処分	取締役会決議（会社法9条）

[既存株主の新株引受権]

　フィリピン会社法では、原則として、すべての既存株主が新株引受権を有しており、会社が新株発行を行う際には保有株式数に応じて新株を引受ける権利があります（会社法39条）。ただし、以下の場合はその限りではありません。

- 定款で新株引受権が排除されている場合
　上場企業においては、新株引受権は排除されていることが一般的である。
- 当該株式が、公募増資または最低浮動株比率維持を目的として発行される場合

- 当該株式が、事業遂行のために必要な資産の取得の対価として、または契約上の債務の返済に充てることを目的として、発行済株式総数の3分の2以上の同意を得て発行される場合

したがって、新株の発行によってM&Aを行う場合には、定款で排除されていない限り、既存株主に新株引受の通知を拒否してもらい、実質的な第三者割当というかたちで行う必要がある点に留意しなければなりません。

■ 合併

フィリピン会社法は、日本と同じく吸収合併、新設合併の両方を認めており、その効果も日本と同様であり、被合併会社は消滅し、被合併会社の資産や負債などすべての権利義務は、個別の移転契約なしに存続会社へ引継がれます（会社法80条）。

【吸収合併の場合】

Ⅸ　フィリピン

[合併の手続]

　合併を行う当事会社は、取締役会決議において合併計画を承認します。合併計画には、合併条件や合併方法、定款の変更などを定めます。なお、合併の対価については定めがないため、金銭や存続会社の親会社の株式を対価とすることも考えられます。

　その後、株主総会の特別決議において合併が決定されますが、反対する株主は、自己の保有する株式を正当な価格で買取ることを請求することができます（会社法77条、81条）。

　特別決議を経て、合併契約を作成、締結します（78条）。合併契約を証券取引委員会（SEC：Securities and Exchange Commission）に提出し、証券取引委員会から会社法に違反していないという証明書の発行を受けた時点で、合併の効力が生じます（79条）。

■ 資産譲渡

　資産譲渡とは、会社のすべてまたは、のれんを含むすべての資産売却、賃貸、交換、質入などをいいます（会社法40条）。フィリピンの資産譲渡は、日本の会社法で定められる事業譲渡と類似の取引であると考えられます。

　資産譲渡は、会社にとっての重要事項となるため、取締役会決議に加えて株主総会の特別決議が必要となります。当該株主総会決議で反対する旨を述べた株主には、保有する株式を公正な価格で買取ることを要求できる権利が認められています。

　日本の会社法では、債権者保護手続を定めていますが、フィリピンでは、バルクセール法（Bulk Sales Law）という会社法とは異なる法律によって債権者が保護されています。資産譲渡を行う場合には、原則としてこのバルクセール法が適用されるため、資産譲渡の対価受領前に、商務局に対して全債権者の名前または名称、債務金額を記載した書類を提出し、登録しなければなりません（バルクセール法3条、

9条)。これを怠った場合、当該取引は無効となり、違反した場合には禁錮や罰金または両方が科される恐れがあります。

証券規制法

　証券規制法（SRC：Securities Regulation Code）とは、広く存在する利害関係者の平等な権利を保護するために作られた法律です。公開会社のM&Aには、公開買付規制、開示規制、インサイダー取引規制などが関連してきます。

■ 公開買付規制
[**公開買付が義務付けられる場合**]
- 買収の対象企業が公開会社であり、当該公開会社の35％以上の株式を1回の取引で、または12カ月以内に複数回の取引によって取得する場合
- 株式を取得した結果、取得企業の株式保有割合が当該公開会社の発行済株式の51％を超える場合

　ただし、証券規制法施行規則において、公開買付の免除規定が定められており、上記要件を満たす場合であっても、以下の要件に該当する場合には、公開買付義務が免除されます。

- 授権資本内における新株の引受を行う場合であり、かつ引受後の取得者の株式保有割合が発行済株式総数の50％未満の場合
- 授権資本の増加を伴う新株発行の引受を行う場合
- 取得者が当該公開会社の債務者または債権者であり、適正な方法で設定された担保権の実行に伴う取得の場合
- フィリピン政府の民営化政策に伴う株式取得の場合

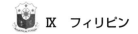 **Ⅸ　フィリピン**

- 裁判所の監督下における会社更生に伴う取得の場合
- 市場を通じた取得の場合
- 吸収合併または新設合併による株式取得の場合

[公開買付株式数の上限設定]

　公開買付後の株式保有率が51％以下の場合には、買付予定株式数の上限をあらかじめ設定した上で、公開買付を行うことができます（部分的公開買付）。この際、買付予定株式数を上回る応募があった場合には、按分比例により株式を買取らなければなりません。

　一方、公開買付後の株式保有率が51％を超えてしまう場合には、応募株式のすべてを買付ける義務を負います。

[公開買付の手続上の規制]

　公開買付の手続については、修正証券規制法施行規則19条各項に定められています（P.421参照）。

[公開買付価格]

　証券規制法は、公開買付に応募する株主等を公平、平等に取扱う趣旨から、公開買付価格について以下の事項を遵守することを要請しています。

- 買付価格はすべての株主に対して均一でなければならない。
- 公開買付期間中に買付価格の引上げを行った場合、引上げ前に応募された株式についても、引上げ後の対価を支払わなければならない。
- 取得者の買付後の株式保有割合が発行済株式総数の51％を超える場合、買付価格について、独立したフィナンシャル・アドバイザー等からフェアネス・オピニオン（独立した第三者による意見

表明）を取得しなければならない。
- 公開買付が義務付けられる要件に該当する場合、買付者が過去6カ月間に対象企業の株式に支払った対価の最も高い価格が買付価格となる。
- 買付の対価が有価証券の場合、当該有価証券の価格は公正に評価された価格でなければならない。

[公開買付の撤回]

　公開買付が開始された後に、公開買付の撤回が自由に行われると、相場操縦に利用され、株主や株式市場に多大な影響を与える可能性があるため、日本では、自由に撤回をすることはできません。

　一方、フィリピンでは、撤回の可否に関する明文規定がないため、実務上、どのように運用されているかは不明確です。買付者と既存株主のそれぞれに関しては以下のような規定があります。

買付者

　買付者は公開買付を撤回する場合、撤回後10日以内に、応募株式を返還しなければなりません（修正証券規制法施行規則19条9項G）。さらに、公開買付撤回後6カ月間は、対象企業に対する新たな公開買付・強制的公開買付が適用される株式取得を行うことができません（修正証券規制法施行規則19条9項D）。

株主

　公開買付期間中、あるいは応募を受諾する前で、公開買付開始日から60営業日以降であれば、いつでも応募を撤回することができます（修正証券規制法施行規則19条9項D）。

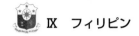

IX　フィリピン

[公開買付の罰則]

　公開買付が義務付けられているにもかかわらず、公開買付の手続を怠った場合、当該株式の取得は無効として、証券取引委員会は、再度公開買付の手続を命じることができます。

■ 開示規制

[大量保有報告規制]

　株式が特定の株主に大量保有されると、株価の乱高下が予想され、情報が少ない一般投資家が想定外の損害を被る恐れがあります。大量保有報告規制は、こうした事態を防ぎ、一般投資家を保護する目的で導入されました。

　大量保有報告規制で、上場企業株式等を直接または間接に5%以上取得して実質的保有者※となった場合は、株式取得に関する報告書の提出義務を負います（証券規制法18条、修正証券規制法施行規則18条1項）。また、当該提出書類の記載事項に変更が生じた場合、被取得企業、証券取引委員会、PSE（取得株式が上場株式の場合のみ）に変更内容を報告しなければなりません（証券規制法18条2項）。

　　　※実質的保有者とは、原則として直接または間接に、契約、取決め、合意その他を通じて議決権を有していること、または投資上の利益を獲得、または獲得する権利を有している者をいう

　単独で5%以上保有していなくても、実質的保有者とみなされ、大量保有報告規制の対象となる場合があります。実質的保有者に該当するかどうかの規定は以下のとおりです。

【実質的保持者の区分】

該当する者
・生計を一にする者 ・自身が無限責任組合員であるパートナーシップ ・自身が支配権を有する会社 ・議決権・投資意思決定権を有する契約・協定・合意がなされている者 ・30日以内に株式の保有を取得する権利が行使された場合 ・通常の業務において証券の質権者となった場合、担保財産が債務不履行となり、当該証券の権限が行使された場合 ・投資会社の者が買取引受による証券取得後6カ月を超えた場合 ・2名以上の者が共同で、証券の取得、保有、議決権の行使、売却を行うことに合意した場合

該当しない者
・証券ブローカー・ディーラー、投資銀行、銀行、保険会社、年金基金 ・上記の者のみで構成される組合が、会社の支配目的ではなく、第三者のために株式を保有している場合 ・通常の業務において証券の質権者となった場合、担保財産が債務不履行となり、当該証券の権限が行使されるまでの期間 ・投資会社の者が買取引受によって証券を取得してから6カ月以内

出所：修正証券規制法（SRC）施行規則3条1項（A）

[適時開示]

　上場企業は、証券規制法に従い、投資者の意思決定に重要な影響を及ぼす恐れのある重大な事実または事象が生じた場合には、報道機関を通じて速やかに公表するとともに、証券取引所へ開示を行い、証券取引委員会にコピーを送付しなければなりません。その後5日以内に臨時報告書の提出が必要です。たとえば、以下のようなケースです。

・支配権の異動
・重要な資産の取得または譲渡
・発行済有価証券の内容の変更
・役員の解任、その他変更
・組織再編
　（修正証券規制法施行規則17条1項1号A（3）〜3号、SEC

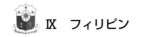

IX　フィリピン

Form17-C)

[継続開示]

　上場企業は、有価証券の公正で円滑な流通の確保と、一般投資家の保護のために、証券取引委員会（SEC）および証券取引所に対して、継続的に企業情報の開示を行わなければなりません。M&Aの対象企業の財務状況を把握する場合や、上場企業の経営権を取得した場合には、開示が義務付けられています。

　会計士監査を受けた財務諸表を含む年次報告書を事業年度末日以後105日以内に提出、また各四半期末日から45日以内に四半期報告書を作成しなければなりません。また、外国株主報告書や浮動株報告書などを定期的に提出する必要もあります。

■ インサイダー取引規制

　証券規制法では、インサイダー取引を規制しています（証券規制法27条1項、3項）。違反した場合、刑事・行政罰だけではなく、取引対象企業の株主等に対しての民事責任も負うことになります。

独占禁止法

　日本国内では、ある企業グループが、一定の規模以上の会社の議決権の一定割合以上の株式を取得する場合などには、独占禁止法の規制に従い、事前の届出などの報告義務を課されます。

　フィリピンでは、現在のところ日本の独占禁止法に相当する法律はありません。刑法186条でカルテル取引制限や価格統制など明らかな違反行為が数項目禁止されているに留まっています。

会計基準

　M&Aを行う場合、必ず対象企業のデュー・デリジェンスを行い、企業価値を算定しなければなりません。国によって会計基準が異なるため、フィリピンの会計基準を把握しておくことは重要です。

　フィリピンでは、国際財務報告基準（IFRS）に準拠したかたちで作成されており、2005年からはIFRSを採用した、フィリピン財務報告基準（PFRS）に基づいて会計処理されています。そのため、基準の整備は、国際的な水準と変わらないといえますが、実際の運用面では新興国特有の怠惰な処理が行われているケースもあるため、注意が必要です。

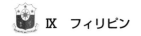
IX　フィリピン

M&Aに関する税務

■ 株式取得

　株式取得の方法により買収を行う場合、株式譲渡税と印紙税が発生します。株式譲渡税は、売り手に発生する税金であり、買収する側には関係がないと思いがちですが、株式譲渡を株主名簿に反映するためには、税金が正しく納付されていることを証明する株式譲渡許可書を税務当局から取得する必要があります。

　また、買収対象企業が受けていた投資委員会（BOI）による税制の優遇措置や、繰越欠損金などの効果が継続できるかどうかという点にも注意が必要です。

[株式売却時に発生する税金]
株式の売却益

　非上場株式の売却から生じる譲渡益については、キャピタル・ゲイン課税として10％の税率で課税され（譲渡益が10万ペソ以下の部分は5％）、通常の法人税は課税されません。一方、上場企業の株式を売却した場合には、売却価額の0.5％がパーセンテージ税として課税されます。

【株式の売却益に係る税率】

非上場企業の株式売却益	譲渡益 10万ペソ以下の部分…5％の課税 10万ペソを超えた部分…10％の課税
上場企業の売却益	売却価額の0.5％相当に対して株式譲渡税を課税

付加価値税

株式の譲渡には、付加価値税（VAT）は課されません。

印紙税

売却される株式の額面金額に対して印紙税が0.375%課されます。

取引当事者のうちどちらが印紙税を支払うかは協議により決定しますが、通常は買収する側が負担します。

[買収後に関連する税務規定]
繰越欠損金の継続

原則として、会社は損失が生じた年の翌年から3年間にわたり損失を繰越すことができ、将来発生する課税所得と相殺して課税所得を減少させることができます。

ただし、合併などにより25%以上の所有権の移動があった場合など、重要な変化が生じた場合には、損失の繰越は認められません。ただし、既存株主から直接、株式を売却する場合は適用されません。したがって、通常の株式取得を行う場合であれば、支配権が大きく移動したとしても、繰越欠損金の効果は継続します。

優遇措置の継続

株式取得の対象企業が、BOI等から優遇措置の適用を受けており、株式の取得により支配権の移転が起こった場合でも、通常優遇措置の継続が認められます。ただし、当局の事前承認が必要となります。

株式取得に要した費用の取得原価算入

株式取引の際、専門家への支払や買主が負担した税金などは、原則として損金に算入することができません。ただし、取得原価として計上しておき、当該株式を売却する際にキャピタル・ゲイン課税の取得

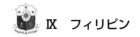

費用に算入することはできます。

■ 資産譲渡

[取引から発生する税金]
資産の譲渡益に対する課税
　通常の事業に供される資産の譲渡については、通常の所得税（30%）が課されます。一方、事業に供されていない資産（棚卸資産、減価償却が行われている固定資産などを除く投資用不動産など）については、売却価額または公正価値の6%がキャピタル・ゲイン課税として課されます。

地方譲渡税
　不動産の販売や移転には、販売価格と公正な市場価格のいずれか高い価格に基づいて、移転税として0.5%が課税されます。

付加価値税
　資産の売却価額に対して、12%のVATが課されます。

印紙税
　資産譲渡を行った場合、不動産の譲渡については、譲渡価額と公正価値のいずれか高い方の金額の1.5%の印紙税が課されます。

[資産譲渡後の関連する税務]
のれん
　のれんの償却費は、損金に算入することはできません。

優遇措置の継続
　M&A対象の事業が税務上の優遇措置の適用を受けていた場合、資

産譲渡により権利は消滅します。ただし、認可機関の承認を得ることで、優遇措置を継続できます。

■ 合併

[繰越欠損金の継続]

合併による消滅会社における繰越欠損金は、消滅会社の株主が存続会社の株式の発行済株式の額面金額もしくは払込資本金の75％以上を保有する場合にのみ、利用することが可能です。

■ その他の関連する税務

[過少資本税制]

フィリピンでは過少資本税制は制度として規制されていませんので、原則として外部負債比率は、商業的判断に基づいて行います。

しかし、優遇制度を利用する企業や、銀行や保険会社など特定の業種については、政府は、特定の比率を命じることができます。たとえば、BOIの優遇措置の適用を受けている場合や、フィリピン特別経済区に入居している場合には、登録を継続するためには3：1（負債：資本）の負債比率の上限が要求されます。

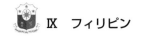
IX フィリピン

M&A スキームの基本

フィリピンの会社の経営権を取得する方法としては、以下のような方法が考えられます。

株式取得	公開買付	上場企業の株式を取得する場合、買付の価格、数量、期間を公表して行う買付
	株式の譲渡	公開買付の要件に該当しない場合、非公開会社の株式を取得する場合に、既存株主から直接株式を取得
新株発行	第三者割当	対象企業の株式を新規に発行し、当該株式を引受ける
資産譲渡	全部譲渡	対象企業のすべてまたは実質的にすべての事業の譲渡
	一部譲渡	対象企業の特定の事業のみ譲渡
合併	新設合併	2社以上の会社がする合併であって、合併により消滅する会社の権利、義務のすべてを新設する会社が承継
	吸収合併	合併により消滅する会社の権利、義務のすべてを合併後存続する会社が承継

手続の簡易さおよび税務上の理由等から株式取得による手法が主に利用されていますが、銀行業や通信業等の業界においては、合併なども利用されています。銀行・保険業・通信業など一部の規制業種については、監督官庁による事前承認の手続が、別途必要となります。また、対象企業が締結している契約の内容によっては、株式の譲渡や支配権の異動等に係る手続が求められる場合もありますので、買収先企業やその契約先に事前の問い合わせ等をしておく必要があります。

■ 公開買付

　公開買付とは上場企業の株式を取得する方法の1つです。公開買付の手続は、実際の買付開始に先立ち、次の図のような段階を踏まなければなりません。

❶ 公開買付の公表
▼
❷ 証券取引委員会等への提出（公開買付開始の2営業日前）
▼
❸ 公開買付開始・1回目の新聞公告
▼
❹ 2回目の新聞公告（❸+1日）
▼
❺ 3回目の新聞公告（❸+2日）
▼
❻ 公開買付の終了（❸+20営業日※）
▼
❼ 応募株式の決済（❻+3営業日）
▼
❽ 証券取引委員会への報告（❻+10営業日）

※ ❸から20営業日は最短の場合。最長の場合、60営業日

[公開買付の公表] … ❶

　買付者は、公開買付の前に（A）フィリピンで一般に流通している新聞で、公開買付を行う旨を公表し、（B）証券取引委員会に対して、当該公表文のコピーを提出しなければなりません（修正証券規制法施行規則19条5項）。この際、以下の点に留意します。

・公表時点において公開買付に十分な資金の確保できていること

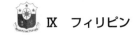
IX フィリピン

・(A) と (B) を同日中に行うこと

[証券取引委員会等への提出] … ❷
　買付者は、公開買付開始の2営業日前までに、公開買付届出書および附属資料を以下の機関に提出しなければなりません（修正証券規制法施行規則19条6項）。

・証券取引委員会（SEC）
・対象企業
・フィリピン証券取引所（PSE）（上場の場合のみ）

公開買付届出書に記載する内容（修正証券規制法施行規則19条7項A（1）～（3））
・買付者および対象企業に関する情報
・取得の対象となる株式等
・公開買付の対価の種類および価額
・公開買付期間
・公開買付の目的
・買付者の計画および提案
・その他の公開買付の条件等

附属資料に記載する内容（修正証券規制法施行規則19条1項J）
・重要な買付条件を記載した正式な買付申込書
・株式等の買付者または買付者の受託者への譲渡方法を記載したレター
・当該公開買付に買付者が、公表または送付した文章（プレスリリース、公告、レター、その他の文章）

[公開買付の開始、新聞公告] … ❸❹❺

　買付者は、公開買付開始日およびその後2日間にわたり、フィリピンにおいて一般に流通している新聞2紙に、公開買付届出書記載のすべての情報を記した長文公告、もしくは公開買付届出書に記載された一定の重要事項および株主等による公開買付届出書の入手方法を記した略式公告のいずれかを掲載する必要があります（修正証券規制法施行規則19条8項A）。

　略式公告を選択した場合、株主が公開買付届出書を必要としたときには、迅速に届出書のコピーを、買付者の自費で提供しなければなりません。

[公開買付の終了] … ❻

　公開買付期間は、原則として公開買付の意図が公表された日から20営業日以上、60営業日以内で設定しなければなりません（修正証券規制法施行規則19条9項A（1））。ただし、期間中に買付予定株式数などに変更が生じた場合には、変更通知から最低10営業日は、公開買付期間は延長されます。

[応募株式の決済、証券取引委員会への報告] … ❼❽

　買付者は、買付終了後公開買付の結果を買付終了日から10日後までに、証券取引委員会に修正公開買付届出書を提出して、公開買付の結果を報告しなければなりません（修正証券規制法施行規則19条6項C）。

　また、公開買付者は、PSEに要請される場合においては、買付終了後より3営業日以内に、それ以外の場合においては買付終了後より10営業日以内に、応募株式を決済する必要があります（19条9項G）。

IX　フィリピン

■ 合併

吸収合併・新設合併の手順は次の図のとおりです。

```
❶ 各会社の取締役会による合併計画の決定
         ▼
❷ 各会社の株式総会における承認
         ▼
❸ 合併契約の締結
         ▼
❹ 証券取引委員会における合併の承認
```

　会社が吸収合併・新設合併を行う場合には、当事者となる会社の取締役会決議および株主総会の特別決議が必要となります（会社法77条）。吸収合併計画および新設合併計画では、以下の一定の情報が記載されていなければなりません。

・合併の当事者となる会社の名称
・合併の条件および実行方法
・吸収合併の場合、存続会社の定款変更に関する情報
・新設合併の場合、新設会社の定款の記載事項に関する情報
・その他、合併に関する情報

　吸収合併・新設合併の際には、会社法に違反していないことを証明する証券取引委員会による書類が必要となります。証券取引委員会による証明書の発行には、1～2カ月を要します。また、上場企業の合併には、PSEにおける開示が必要です。

■ 資産譲渡による事業取得

資産譲渡の規定を利用して、以下のような疑似吸収合併が一般的に行われています。

- 取得者が自社株式を対価として対象企業の全資産を取得
- 対象企業を清算し、会社財産の分配を通じて対象企業が取得した株式を対象企業の株主に分配

このような方法を利用すれば、吸収合併に関する厳格な法令上の要件・手続が課されないというメリットがあります。ただし、会社財産の分配には、フィリピン内国歳入庁（BIR）の納税証明書が必要であり、その取得には、1～2年かかる可能性がある点を留意しなければなりません。

■ ノミニーの活用

フィリピンでは、魅力的な産業があってもネガティブリストによって外資規制されるという状況が生まれる可能性があります。この妨害を取り除くためにノミニーと呼ばれる買収方法があります。

たとえば、外国資本出資比率40％未満と規制されている分野において、40％まで出資し、51％に達するために必要な残り11％を出資企業と友好的な現地企業に出資してもらい、事実上、被出資企業の経営権を入手するという方法です。

IX　フィリピン

企業買収後の諸課題

出口戦略（エグジット・ストラテジー）

外国会社がフィリピン内国会社に対して行った投資から完全に撤退する場合の具体的な出口戦略としては、株式の売却、会社の清算、事業譲渡等による事業の売却があります。

■ 株式の売却・譲渡

[非居住者からフィリピン居住者への株式の譲渡]

非居住者がフィリピン居住者に株式を譲渡する場合は、フィリピンの証券取引委員会（SEC）のガイドラインに従って行われる株式の第三者割当価格を上回らない価格となります。

[外国会社（フィリピン非居住者）からフィリピン非居住者への株式の譲渡]

外国会社（フィリピン非居住者）からフィリピン非居住者への株式売買については、具体的なガイドラインはなく、特段の規制はありません。たとえば、日本の居住者同士で株式を譲渡する際、特段の規制はありません。

所得税法上、株式譲渡により取得した対価が株式の取得原価を上回る場合には、株式の譲渡会社にキャピタル・ゲイン課税が発生します。この場合、株式の譲受会社はこれを源泉徴収しなければなりません。また、証券取引所を通じて上場企業の株式を売却する場合には証券取引税が課されます。

■ 会社の清算

　会社の清算とは、会社の資産負債を清算し、法人格を消滅させる手続です（会社法14条）。手続の概要は、以下のとおりです。

① 会社清算決議の実施（取締役会の過半数、株主総会の3分の2以上の賛成による決議）
② 新聞での公告（週1回の掲載を3週間連続して）
③ 清算日の確定
④ 清算監査（会社の清算日における財務諸表を作成しフィリピン国税局に届出）
⑤ 納税者識別番号（TIN番号）の抹消をフィリピン国税局に申請
⑥ 過去3年間の税務監査
⑦ 税務クリアランス（Tax Clearance）の発行
⑧ SEC用最終財務諸表の作成（⑨のSEC申請時は、提出日から起算して60日前までに作成された財務諸表を添付）
⑨ SECへの法人登記抹消申請

■ 事業譲渡等による事業の売却

　事業譲渡や合併によって、投資先のフィリピン内国会社の事業を他社に売却するという方法も選択できます。ただし、事業譲渡の場合は売却した事業の対価が出資先のフィリピン内国会社に支払われるので、結局この資金を外国会社株主が回収するためには、当該フィリピン内国会社を清算するなど、さらに手続が必要となります。

　また、合併の場合にも合併の対価が株式の場合は、合併存続会社の株式が割当てられるので、これを処分するための手続が必要です。

IX　フィリピン

［参考資料・ウェブサイト］

- Chan Robles Virtual Law Library
  http://www.chanrobles.com/index1.htm
- 'Philippine Laws, Statutes and Cordes――Batas Pambansa Bailang 178'
  http://www.chanrobles.com/bataspambansabilang178.htm#.UEdHJo3N9aZ
- フィリピン日本人商工会議所　http://www.jccipi.com.ph/
- 『M&A 専門誌 MARR』レコフデータ
  「特集 2013 年の日本経済と M&A 動向」2013 年 2 月
  「特集 2014 年の日本経済と M&A 動向」2014 年 2 月
- 谷山邦彦「新興国を中心としたクロスボーダーの評価：検討すべき 3 種類のリスク」『M&A Review 219』MIDC GROUP、2011 年 3 月
- 小出達也、坂本直弥「外国企業買収に関する外国課税の留意点　その 2――フィリピンのケース」月刊国際税務、2009 年 3 月号
- 1982 年改正証券法（Revised Securities Act of 1982）

ロシア

X　ロシア

ロシアにおける M&A の動向

　ロシアでは、豊富な資源を背景に石油や天然ガス、また中古車などの自動車産業を中心に買収が行われていましたが、2005～2012年の間に、ロシアのM&Aの取引額は急激に乱高下しています。安定的な経済成長を背景に、2007年のM&Aは約1,000件、総額約1,600億USドルでした。しかし、2008年にアメリカで起きたリーマン・ショックに伴う世界経済の減速の影響を受け、2009年には総取引額は400億USドルまで大幅に減少しています。

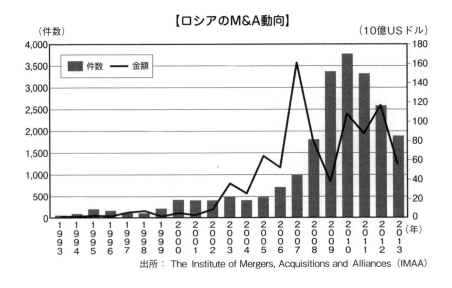

【ロシアのM&A動向】

出所：The Institute of Mergers, Acquisitions and Alliances（IMAA）

　2012年には、ロシアの国営石油最大手のロスネフチが国内の石油業界への影響力を強化するため、ロシア第3位の大手であるTNK-BPを550億USドルで買収しました。これは、世界のM&Aで見ても取

引額が2番目に大きな案件となっています。

2012年度のロシア企業買収事例として特に有名なものは、12月に日産自動車とルノーがロシアン・テクノロジー社と組み、ロシア最大の自動車メーカーであるアフトワズ社買収に向け、合弁会社アライアンス・ロステック・オートBVを設立したことがあります。2014年6月、日産自動車とルノーはアライアンス・ロステック・オートBVの株式67.1%を7億4,200万USドルで取得し、これに伴いアフトワズ社の過半数株式50.1%を傘下に収めました。

■ 日本企業のM&A事例

日本企業のM&Aの中でも、ロシアに対しては金額の大きな取引が生じています。以前は原油やガス、中古車などが中心となっていましたが、2010年から景気の回復や政府の消費刺激策の影響もあり、製造、小売、金融などさまざまな業種に広がっています。

日本企業による欧州企業の買収（In-Out）の件数は、2012年に112件、2013年に116件あり、そのうちロシアに対するM&Aはそれぞれ6件、7件です（レコフ調べ）。

次表は、2012年、2013年に行われた日本からロシアに対するM&Aの事例です。

また、2012年7月にワイヤハーネスメーカーのインダストリアル・ヴォルガ・カンパニー（IVC）を買収した矢崎総業は、日産・ルノー連合が買収するアフトワズ社に製品を供給しています。将来はロシア国内の他の企業にも販売網を広げようとしています。

X　ロシア

【日本からロシアへのM&A（2012年）】

No.	日本	ロシア	出資比率(%)	業種	投資金額(百万円)
1	いすゞ自動車	ソラーズいすゞ	45	輸送用機器	—
2	矢崎総業	インダストリアル・ヴォルガ・カンパニー	100	輸送用機器	—
3	住友商事	ロシアン・タワー	—	建設	—
4	三井物産	サドルージェストヴォ・グループ	10	食品	—
5	澤田ホールディングス	Solid Bank Closed Joint-Stock Company	40	銀行	—
6	日本郵船	ロルフSCS	51	物流	—

『M&A専門誌MARR』をもとに作成

【日本からロシアへのM&A（2013年）】

No.	日本	ロシア	出資比率(%)	業種	投資金額(百万円)
1	JTインターナショナル・ホールディングス	メガポリス・ディストリビューション	20	運輸、倉庫	85,000
2	エクセディ	クラッチ事業会社	33	輸送機器	260
3	三桜工業	メタロプロダクシア（配管部門分割会社）	100	輸送機器	—
4	三菱自動車工業	ロルフ・インポルト	9	その他小売	—
5	三井物産	バイカルスカヤ・レスナヤ・カンパニア	40	木材	—
6	住友商事	ロシアン・クオーツ	28.69	鉱業	1,434
7	イージス・メディア・ロシア&CIS	Traffic Agency LLC	100	サービス	—

『M&A専門誌MARR』をもとに作成

M&A に関する法律・規制

M&Aを行う場合には、1つの法律だけではなく、複数の法規制がかかわってくるため、法律を体系的に把握する必要があります。

ロシアのM&Aに関連する法規制は以下のようなものがあります。

【M&A に関連する法規】

法規	内容
外国投資法	外国投資家に対する規制や優遇措置を定めた法規
ロシア連邦法	土地・不動産関連の規制について定めた法律
株式会社法	会社の形成、組織再編、清算の手続などについて定めた法律（Federal Law No. 208-FZ on Joint Stock Companies）
独占禁止法（競争法）	競争方法として不公正な方法を防止することを目的とした法律（Federal Law No. 135-FZ on Protection of Competition）
有価証券市場法	企業の株式・債券発行に係る法律（Federal Law No. 39-FZ on the Securities Market） ロシア連邦の証券市場や取引所の歴史は浅く、1996年に制定
各種租税法	あらゆる取引に対し制定された法律 法令が頻繁に改正されるため税制のモニタリングには注意が必要

外国投資法

1999年に外国投資法が制定されましたが、実際には適用・運用されていません。2012年8月、ロシアがWTOに正式に加盟したことをきっかけに、関税率の改正等が行われており、順次外国投資法の見直しが検討されていくと予想されます。

外国投資法は、外国法人に一定の所有権と利得権が認められる一方

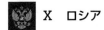
X ロシア

で、国ないし地方自治体により規制も加えられています。当該規制は、国益の確保および外国法人の保護を目的としています。

【外国投資関連法】

法律	規定内容	制定	改定
連邦法 No.1488-1	ロシア・ソビエト連邦社会主義共和国投資活動について	1991年6月26日	2003年1月10日
連邦法 No.39-FZ	資本投資形態として実施されるロシア連邦の投資活動について	1999年2月25日	2004年8月22日
連邦法 No.160-FZ	ロシア連邦の外国投資活動について	1999年7月9日	2008年4月29日

■ 管轄官庁

投資関連の管轄官庁は、ロシア経済開発貿易省が担当していますが、日本での窓口として、日ロ貿易投資促進機構が設立されています。同機構は日ロ両国の団体により組織されており、ロシア進出に関心のある日本企業に対して、コンサルティングサービスや、ロシアの制度、規制法令、ビジネス慣行などの関連情報等の幅広いサポートをしています。なお、日ロ貿易投資促進機構を組織する団体は、以下のとおりです。

【日ロ貿易投資促進機構】

国	管轄官庁
ロシア	・ロシア経済開発貿易省 ・投資市場研究センター（ロシア側事務局） ・在日ロシア連邦通商代表部
日本	・外務省 ・経済産業省 ・一般社団法人ロシアNIS貿易会（日本側事務局） ・JETRO（日本貿易振興機構）

投資規制

■ 出資比率による規制

外国投資法は、100%の外国資本の出資を認めています。ただし、旅客航空業、マスメディア、銀行業・証券業、保険業など特定の業種においては、外国資本比率に制限を設けています。

[旅客航空業]

航空会社設立に際して、外資の出資割合、代表者の国籍および経営管理に係る構成員の比率について制限があります。なお、ロシア国内航空輸送を行うには、民間航空を管轄する国家機関の特別免許を取得する必要があります。また、ロシア国内における海上輸送については、ロシア連邦政府が締結している国際条約に定めがない限り外国船籍の船舶では事業を行うことができません。ただし、連邦政府の許可をもって事業を営むことはできます。

[マスメディア]

2015年から外国資本割合が20%以上である現地法人は、国内で定期的に放映されるテレビ番組の管理業務が禁止されています。なお、WTO加盟に伴い、通信業の出資規制は今後4年以内に撤廃される予定です。

[銀行業]

WTO加盟に伴い、外国銀行による子会社の設立が認められました。一方で、業界全体の外資比率50%を上限とするなどの制限が設けられています。

X ロシア

[保険業]

　外国企業が保険会社に出資する際、連邦保険監督局の事前認可を得る必要があります。なお、外資の出資比率が49％以上の場合には、強制保険や生命保険、国家資産保険等は取扱が禁止されるなど、取扱える保険の種類が制限されます。また、外資の保険会社の経営者および経理部長は、ロシア国内への永住が求められるという制度もあります。

　なお、WTO加盟に伴い、保険業界全体における外資出資比率の制限が25％から50％に引上げられ、加盟後9年以内に、外国保険会社の支店設置を認めることが予定されています。

■ ライセンスが必要な事業

　事業を行う場合に、事前に関連省庁からライセンスを取得する必要のある事業があります。測量業務、薬剤や兵器の製造・販売、水運を行う場合および危険物または爆発物を取扱う場合などです。ライセンスを取得しないで上記の事業を行った場合には、監視機関により、当該企業の解散が命じられるとともに、事業から得た収益が差押さえられることもあります。

　一般的にライセンスは、申請書類の提出後45日ほどで認可されたかどうか、結果が通知されます。取得したライセンスの第三者への譲渡は認められていません。ライセンスは主体の業務と一体となったものであり、清算や期間満了によって失効します。ライセンスの保有要件を欠いた場合にも失効します。

　なお、ライセンスを取得する代わりに、自主規制団体への加入で認可を得られるケースもあります。

■ 外国為替に関する規制

　2006年には連邦政府と中央銀行によって外国為替の規制緩和が実

行され、多くの規制は撤廃されました。

　外国通貨による取引は居住者か非居住者かによって規制内容が変わります。居住者間の取引では認可銀行からの外国通貨による借入や返済、非居住者間の取引では認可銀行の口座を用いたルーブル支払が規制の対象となります。また、証券に関しては金融市場や独占禁止に関する法律の規制を受けます。

[現金等の取扱について]
国外の銀行口座
　国外に存在する銀行の口座開設・閉鎖に関して、ロシア中央銀行への報告義務があります。内国法人は、国外口座への資金の流れを中央銀行へ報告しなければならず、個人は年始に口座残高証明書を中央銀行へ提出することが義務付けられています。居住者は、外貨口座の開設もしくは閉鎖後1カ月以内に、現地税務当局へ届出を行う必要があります。

外貨持込と持出
　2005年7月31日に「通貨規制および通貨管理に関するロシア連邦法」が改正され、外貨持込に関しては原則自由となっています。なお、税関に対する申告は必要とされており、申告対象は外貨や有価証券、ロシア連邦通貨、旅行小切手等です。個人の税関申告義務は、次のとおりです。

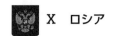

X　ロシア

【外貨の持込および持出に関する規制】

(単位：USドル)

金額	税関への申告	外貨輸入証明書およびロシア中央銀行の許可
3,000 未満	不	不
3,000 以上 10,000 未満	要	不
10,000 以上	要	要

　ロシア国内における為替取引は、外国為替銀行を通じて行われます。ロシア中央銀行は、法人や非居住者がかかわる為替取引に際して、ロシア国内の外国為替銀行内に特別口座を開設し、その利用を義務付けることができます。特別口座の入出金は、60日間を限度に入出金額の100%、もしくは1年間を限度に入出金額の20%を保証金として要求される場合があります。

　なお、ロシア国内においては、同一の非居住者による外国為替銀行口座と外国銀行口座間の送金は自由に行うことができます。

　外国為替法では、単に為替取引だけではなく、外国通貨や外国通貨建有価証券等を含む現金同等物による取引や居住者と非居住者間ルーブル建取引、有価証券取引も規制の対象となります。

［借入に関する規制］

　借入に関しては、ルーブル建であるか外貨建であるか、および国内借入か国外借入かによって分類されます。ルーブル建の借入においては非居住者が、外貨建の借入においては居住者が規制の対象となります。

【借入に関する規制】

	国内借入	国外借入
ルーブル建借入	対象者：非居住者（債務者）	対象者：非居住者（債権者）
外貨建借入	対象者：居住者（債権者）	対象者：居住者（債務者）

[その他の規制]
外国為替取引パスポート

　外国為替取引パスポートとは、居住者と非居住者間の会計および通貨取引に関する報告書です。具体的には、居住者やコーディネーターとの利用可能な契約等が記載されており、管理対象はローンや輸出入、サービス提供、知的財産権等に及びます。

　居住者と非居住者間の為替取引に当たっては、外国為替取引パスポートを入手することが義務付けられています。当該パスポートは、銀行への提出が求められる場合があるなど、居住者・非居住者間取引の管理に利用されます。

外国為替法の罰則規定

　外国為替法に違反した場合には、厳しい罰則規定が適用されます。たとえば、企業経営者に対し最高3年の禁錮刑等の刑事罰や、取引額の4分の3以上の罰金などが科されます。

ロシア連邦法

　ロシア連邦法では、土地およびその他不動産の私的所有が認められていますが、ほとんどの土地はロシア連邦や地方当局等が所有しています。不動産に関する権利（所有権、借地権、地役権など）は、不動産の登記局において登記を行わなければなりません。また、土地の区分を変更する場合には、連邦法に規定されている手続に準拠する必要があります。

　外国企業が土地を購入することは、土地基本法（2001年10月25日付、改正連邦法No.136-FZ）により認められていますが、例外として国境地帯の土地や農地を購入すること、または所有することは認められていません。外国企業が土地を購入する場合には、地域ごとに

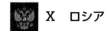 **X　ロシア**

購入方法や購入に当たっての利点や欠点を十分に調査する必要があります。

株式会社法

株式会社法は、日本における会社法に相当します。1995年12月26日に発効されており、M&Aに関連するものとして、新設合併、買収（吸収合併）、分割、分離について定められています。

■ 新設合併

合併とは、2つまたはそれ以上の企業のすべての権利義務を移転することによって、新設企業を作ることをいいます。

合併にかかわる企業は、合併契約を締結します。それぞれの企業の取締役会は、株主総会に、合併による企業再編および新設会社の取締役の選任に関する議題（論点）を提出しなければなりません。株主総会では、合併による企業再編ならびに移転証書、新設企業の定款について決議されます。また、会社法に従って作成された新設企業の定款で、取締役会の選任について定められていない場合は、取締役の選任に関する点も同様に決議されます。新設企業にて選任される取締役の数の比率は、その新設企業の株式の比率に比例していなければなりません。

合併契約は、次の内容を含んでいる必要があります。

- 合併に係る企業と新設される企業の情報
- 合併の手続、諸条件
- 合併にかかわる企業の株式の移転手続、移転比率
- 新設企業の取締役数（定款に取締役会についての定めがない場合）
- 監査委員会のメンバーリスト

- 新設企業の執行機関のメンバーリスト（定款に執行機関と株主総会の権威に関する形態について定めがある場合）
- 執行機関のメンバーの役割
- 新設会社の株主を登録している証券会社の情報

　また、合併契約には新設会社の監査人、執行機関への権限移譲、企業再編のその他諸条件なども含まれます。

　合併にかかわる企業の株式で、他の企業によって保有されている株式と自己保有している株式は償還されます。また、合併にかかわる企業のすべての権利義務は、移転契約に従って新設会社に移転されます（株式会社法16条）。

■ 買収（吸収合併）

　買収とは、最終的に1つもしくは複数の企業のすべての権利義務を他の1つの企業に移転することをいいます。

　買収企業と被買収企業は買収契約を締結します。それぞれの企業の取締役会は、買収による企業再編に関する論点を株主総会で提出しなければなりません。また、買収企業の取締役会は、買収契約に定めがあれば、その他の論点についても提出しなければなりません。

　買収企業と被買収企業のそれぞれの株主総会では、買収による企業再編に関する論点が決議されます。

　買収契約は、次の内容を含んでいる必要があります。

- 買収にかかわる企業の情報
- 買収の手続、諸条件
- 株式移転の手続、移転比率
- 被買収企業の定款の変更点リスト
- その他の諸条件

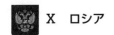 **X ロシア**

企業買収では、以下の項目が清算されます。

- 買収企業の自己保有株式
- 被買収企業によって保有されている買収関連企業の株式
- 被買収企業によって保有されている買収企業の株式(買収契約によって定められている場合)

企業買収が行われた場合、被買収企業の権利義務は買収企業に移転されます(株式会社法17条)。

■ 分割

分割とは、1つの企業のすべての権利義務を複数の新設企業が受け継ぎ、元の企業が消滅することをいいます。

各企業の取締役会は、株主総会に、分割による企業再編の論点および定款に定めがない場合は、新設会社の取締役の選任に関する論点を提出しなければなりません。

株主総会での決議には次の事項が含まれていなければなりません。

- 分割にかかわるそれぞれの企業の情報
- 分割の手続、諸条件
- 株式移転の手続、移転比率
- 新設会社の監査委員会のメンバーリスト
- 新設企業の執行機関のメンバーリスト(定款に執行機関と株主総会の権威に関する形態について定めがある場合)
- 執行機関のメンバーの役割
- 部分貸借対照表の裏書(Endorsement)
- 新設会社の定款の裏書(Endorsement)
- 新設会社の株式登録機関(Registrar)の情報(連邦法のもとで、

株主の登録が株式登録機関によって管理されなければならない場合)

また、新設会社の監査人、執行機関の権威の移転についての情報も必要です。

新設会社の取締役会は株主によって選任されます。企業分割にかかわる、企業再編に反対もしくは企業再編について投票しなかった株主は、元の株式と同じ権利、比率の株式を受取らなければなりません。

会社が分割された場合、すべての権利義務は新設会社に移転されます。

■ 分離

分離とは、分離元企業の権利義務の一部を、1つまたは複数の企業に移転することをいいます。

各企業の取締役会は、分離による企業再編の論点および定款に定めがなければ新設会社の取締役の選任に関する論点を株主総会に提出しなければなりません。

株主総会での決議には分割を行うときと同様の事項を含んでいる必要があります（P.442参照）。

新設会社の取締役会はその会社の株主によって選任されます。企業再編の決議が、新設会社の株主によって行われた場合は、分離元企業の株主が新設会社の取締役会を選任します。

分離元企業の株式が新設会社の株式に転換される場合、企業再編に反対もしくは企業再編についての選挙に参加しなかった分離元企業の株主は、元の株式と同じ権利、比率の新設会社の株式を受取らなければなりません。

分離された権利義務は、新設会社にすべて移転されます。

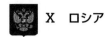 X　ロシア

■ 公開買付

　公開買付は、ある企業の株式を買付価格、買付期間などを公告した上で、不特定多数の株主から市場外で株式を買い集める制度です。これは一部の株主に好条件で取引され、他の株主の公正性を害しないことを趣旨としています。対象企業の経営権の同意を得ずに買収する敵対的買収に多く利用されています。買付に対する応募を促すために、プレミアムを上乗せする必要があるため、通常は莫大な資金が必要となります。

[公開買付の義務付け]

　株式会社法や証券取引所規制では、公開買付を義務付ける規定は現在のところありません。しかし、公開会社の多くは定款に公開買付を義務付ける旨を記載しています。

[適正価格条項]

　ロシアの企業は適正価格条項が義務付けられています（株式会社法84条の1以下）。2006年7月に株式会社法が改正され、買収者の持株比率が一定の基準（議決権のある株式や議決権が付与されている優先株の保有割合につき30％、50％、75％の区分）を超えた場合の関係者に関する手続や権利、義務について定められました。

　投資家が、それ以前に保有していた持分も含めて、当該株式を30％以上取得する場合、その投資家は他の株主に対して自身の判断で決定した価格で任意の株式公開買付を行うことができます。

　また、任意の株式公開買付を行わずに30％を超えた場合は、買収者は、すべての株主に対して強制的な株式公開買付を行わなければなりません。この場合、買収者が設定する価格は、過去6カ月の市場平均価格と、買収者が過去6カ月に購入した、あるいは購入すると意思表示した価格の中で、最も高い価格を下回ってはならないものとされ

ています（最低価格条件）。

[少数株主からの株式買取請求（コール・プットオプション）]
　支配株主の保有割合が95％を超えた場合、残りの有価証券の保有者は、買収者に対して議決権株式や議決権株式に転換可能な有価証券の買取を要求することが認められます。また、買収者は、残りの有価証券の所有者に対して売却を要求することもできます（少数株主の締出し）。この場合、少数株主が十分な見返りを享受できるように、前項の最低価格条件の規定があります。

■ 公開買付規制
　ロシアにおける公開買付は、自主公開買付、義務公開買付、スクイーズ・アウトの3種類に分けられます。
　自主公開買付は、公開買付を通して上場株式会社の議決権付株式の30％以上を自主的に取得することをいいます。義務公開買付は、上場株式会社のすべての議決権付株式と転換可能有価証券を、市場価格で30％以上取得しなければなりません。スクイーズ・アウトとは、支配株主がその保有する株式の売渡しを少数株主に請求できる権利を認める制度をいいます。スクイーズ・アウトをするためには、95％以上の株式を取得している必要があり、そのうちの10％は自主もしくは義務公開買付によって取得されたものでなければなりません。
　義務公開買付とスクイーズ・アウトの手続、株価決定手続については厳しい規制がありますが、自主公開買付については比較的緩いものとなっています。

■ 新株発行
　売り手企業が既存株主以外に新株を発行し、買い手側が払込む手法です。既存株主の持株は残るという点が大きな特徴であり、既存株主

X ロシア

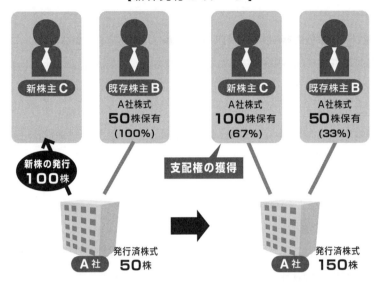

【新株発行のイメージ】

と共同支配を行う場合などに利用されます。

新株発行が定款の規定によって取締役会の決議に係る場合は、取締役会の全員の賛成が必要です。また、以下の場合、株式または転換社債の発行には株主総会の特別決議が必要となります。

- 第三者割当によって株式または転換社債を発行する場合（株主総会において出席株主の4分の3以上の承認が必要）
- 公募により普通株式を発行するに当たり新たに発行した株式数が発行済株式総数の25％を超える場合（株主総会において出席株主の3分の2以上の承認が必要）
- 公募により転換社債等を発行する場合（株主総会において出席株主の3分の2以上の承認が必要）

[株式先買権]

　株式会社法では、非公開会社と公開会社の2種類があります。公開会社では、株式を第三者に対して自由に譲渡することができます。一方、非公開会社では、株式譲渡に当たり他の株主が先買権を有しています。非公開会社の場合、株主は先買権を放棄できず、一定期間中に先買権を選択するか否かを決定することになります。

[株式買い戻し]

　株主は株主総会で可決された決定に不服がある場合、会社に対して株式の買い戻しを求めることができます。ただし、以下の場合に限られます。

・企業形態転換の決定があった場合
・当該株主の権利を制限する定款改定が可決された場合
・大規模な取引が承認された場合

　株式買い戻し価格は、取締役会または経営委員会によって固定されています。会社とは独立した鑑定人が株式会社法に定められた方法で評価した株式価格以上でなければなりません。

[少数株主保護手続]

　吸収合併・新設合併により不利益を被る株主は、総会決議の取消を求めて、裁判所に訴えることができます。ただし、総会決議後から6カ月の期間制限があります。
　裁判所はすべての事情を斟酌した上で、当該株主の議決権は決議には影響がない、もしくは決議が当該株主に損害を与えていない場合には、決議が法令や定款に違反してもこれを無効としないという判決を下すことができます。日本でいう裁量棄却の制度ですが、ロシアでは

 **Ⅹ　ロシア**

かなり広く解釈されています。

[株主・社員間協定]

　2009年の株式会社法の改正によって、ロシア法に準拠した形で株主・社員間協定の締結が可能となりました。協定を取り交わすことによって、株主総会での決議の仕方や、どのような事態において株式を事前に決定した価格で取得・売却するのか、どの条件下で株式移転を控えるのか等、会社の運営方針を株主間で取決めることができます。

　ただし、この協定の効力は株主に限られていて、外部の第三者に対して協定に反するという理由で決議の無効を主張することはできません。

[反対株主の株式買取請求権]

　分割を行う会社の株主で、分割に反対する株主は、下記の条件のいずれかを満たした場合、株式買取請求権を行使することができます（株式会社法137条3項）。

- 分割により会社の目的が変更した場合
- 配当金が減少した場合
- 関連会社の参加を余儀なくされた場合

[債権者異議手続]

　企業分割を行った場合、承継会社は分割前の債務に対して連帯責任を負います。しかし、一部分割の場合は、承継会社は継承した債務についてのみ責任を負い、分割会社と連帯責任を負わない旨の取決めを行うことができるとされています。この場合には、債権者に回収リスクが生じるため、債権者異議手続がその承継会社に対して要請されます。

有価証券市場法

1996年に有価証券市場法が制定されました。同法は証券の発行および流通、証券市場ならびに証券会社の機能について規定しています。

■ インサイダー取引規制

公式情報（Official Information）とは、公的な地位や役割、契約による先買権によって入手することができる証券発行企業に関する情報をいいます。

公式情報を所有する者には、証券発行企業の経営陣、証券会社の専門家、証券発行企業の監査人、権力等により公式情報にアクセス可能な国営機関の従業員を含みます。公式情報を所有する者は、証券取引のために、公式情報を使用してはならず、また証券取引にかかわる第三者に公開してはなりません。これに違反した者は、ロシア法に従って罰せられます。

独占禁止法（競争法）

独占禁止法（競争法）は、健全な競争状態を維持することを目的として定められています。

以下の取引には連邦反独占局（FAS）による承認または通告のいずれかが必要です。

- 別の会社の株式または無形・有形資産で出資したことによって新会社が次の資産のいずれかを取得した場合
    - ロシアの株式会社の25％以上の議決権付株式
    - ロシアの有限責任会社の3分の1以上の持分

X　ロシア

- ロシアで資産を所有すること（所有する資産がロシア現地法人の有形・無形資産の簿価総額の20％以上の資産）
- 新設合併、吸収合併による会社形態の変更
- ロシアの株式会社の25％以上、50％以上または75％以上の議決権付株式の取得
- ロシアの有限責任会社の3分の1以上、50％以上または3分の2以上の持分の取得

■ 規制対象取引

M&Aは、他の会社の支配権獲得を目的として行われるため、規制対象取引に該当します。次のいずれかの要件を満たす企業結合取引は、経済集中行為と定義され、規制の対象取引となります。

- 2つ以上の独立した会社の合併
- 1つ以上の会社による、他の会社の支配権の部分的または完全な取得（方法は問わない）
- 1つ以上の会社による会社の設立
- 2つ以上の会社による合弁事業、その他の提携契約の締結

■ 審査

競争法で定める上限を超えた場合、FASによる事前審査または事後審査を受け、合併の承認を得なければなりません。

[事前合併審査基準]

次の3つのいずれかの要件に該当する場合は、事前審査が必要です。

- 買い手グループの資産総額および売り手グループの資産簿価の総額が70億ルーブル以上、かつ売り手の資産簿価の総額が2億

5,000万ルーブル以上の場合
- 買い手グループおよび売り手グループが、最後の１暦年で商品販売や役務提供などにより受取った収入総額が100億ルーブル以上。加えて、売り手グループ資産の簿価総額が２億5,000万ルーブル以上の場合
- FASが記入を行うマーケットシェア35％以上の営業主体の名簿に買い手（またはそのグループに属する会社）または売り手（またはそのグループに属する会社）の記載がある場合（この要件は主にロシアの会社に適用）

[**事後合併審査基準**]

次の２つのいずれかの要件に該当する場合、事後審査が必要です。

- 買い手グループ資産総額ならびに売り手グループの資産簿価の総額が４億ルーブル以上、かつ売り手グループの資産簿価の総額が6,000万ルーブル以上の場合
- 買い手グループおよび売り手グループが、最後の１暦年で商品販売や役務提供などにより受取った収入金額が４億ルーブル以上。加えて、売り手グループの資産簿価の総額が6,000万ルーブル以上の場合

[**届出と審査期間**]

　事前審査が必要になる取引の場合には、FASに事前の届出が必要となります。FASの承認が完了するまでは取引を実施することができません。

　一方、事後審査が必要な取引については、取引成立後45日以内にFASに対し事後通告を行わなければなりません。

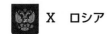
Ⅹ　ロシア

■ **義務違反に対する制裁**

　FASによる承認が必要なときにそれを得なかった場合、買い手は独占禁止法上またはロシア連邦行政違反法上、責任を問われる可能性があります。その場合、50万ルーブルまでの罰金を科されます。

　また、事前審査が必要な取引では、承認が得られなかったときは、裁判上無効とされる場合もあります。

会計基準

　M&Aを行う場合、まず必ず対象企業のデュー・デリジェンスならびに企業価値の算定を行わなければなりません。またロシアに限らず他の国でM&Aを行う際は、国際財務報告基準（IFRS）が適用されているのか、もしくは各国独自の会計基準を適用しているのかを把握しておくことが重要です。

　ロシア政府は、2012年までにロシア会計基準をIFRSに移行しました。公開有価証券の発行ならびに連結財務諸表を作成する企業、銀行と保険会社に限り、IFRSの適用を義務付けています。

　ロシアにおいて、会計は「税務申告目的の記帳」を意味しており、中小零細企業が多いため、いまだに個別財務諸表が一般的です。したがって、企業によっては連結財務諸表が作成されない場合がある点に注意が必要です。

M&Aに関する税務

　ロシアでM&Aを行う場合、税務上のリスクが伴います。ロシアにおける行き過ぎた節税による簿外債務の累積的な影響額を計算すると、純資産を超えてしまうケースが見受けられます。この影響は、投資対象の会社だけでなく、取引先、得意先にも及ぶ可能性があり、その結果、信用性の高い取引先が突如として倒産してしまう場合もあります。そのため、ロシアでは税務調査が頻繁に行われ、当局から脱税とみなされた場合、重い罰金が科されます。

　なお、ロシアでのM&Aは株式取引と資産取引で構成されています。株式取引は、法人税のみ還付の対象となり、資産取引は基本的に、付加価値税（VAT）と法人税が還付の対象です。一般的に、株式取引の手続の方が、資産取引に比べて容易です。

　株式取引の場合、被買収企業のすべての権利義務（過去の税金負債も含む）は買収企業が引継ぎます。主に、ライセンスや引継ぎの問題などを回避したい場合、税務上の繰越欠損金をそのまま引継ぎたい場合などに利用されますが、独占禁止法に抵触していないかどうか留意しなければなりません。

　資産取引の場合、負債は資産譲渡側企業に残り、取引される資産のみが譲受側企業に移ります。ただし、企業を複合資産（事業）として取得する場合は該当しません。ロシアにおいて、これは稀なケースですが、倒産した企業が事業を売却する際に用いられることが多く、資産に加えて過去の税金負債なども取得企業に移行することになります。

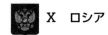 X　ロシア

■ 株式取得

[税務上のメリット]

- 外国法人は、ロシアにある不動産が資産の50％未満であれば、株式売却によるキャピタル・ゲインが非課税となる。
- 株式の売買はVATの対象とならない。
- ターゲット企業が持つ繰延税金資産を引継ぐことができる。

[税務上のデメリット]

- 税金債務を引継がなければならない。
- 税務上、のれんの償却は認められていない。
- 株式売却のキャピタル・ゲインに対しては、内国法人もしくはロシアに居住する各個人に所得税が課される（課税率は、法人20％、個人13％）。

[税務リスクの保証]

　株式取得において、取得企業はターゲット企業のすべての資産と債務（偶発債務を含む）を引継ぎます。過去の税金債務についても、すべて引受けることになります。そこで、買収企業はターゲット企業から未払税金債務に関する適切な保証を得るため、ターゲット企業に、税務当局から株式取引日以前で最新の勘定調整表と個人口座表の入手を要求することがあります。ただし、これらの書類によって未払税金債務がないことが証明されたとしても、潜在的に税務当局が課税額について指摘をしたり、追徴税や罰金を科したりする可能性を除外することはできないため注意が必要です。

　税務リスクへの対応策の1つとして税務監査時に作成されるレポートの確認があります。また、潜在的な税務リスクを軽減するために、買収企業はデュー・デリジェンスを行い、株式取得契約の中に、表明・保証に関する条項を付す方法も考えられます。

[税務上の欠損金]

被取得企業の損失は、発生した翌年度から10年間繰越して税務上損金算入できます。企業再編において、再編される企業（被取得企業）のすべての権利義務を取得する企業は、被取得企業の損失で、課税所得を減額することができます。

ロシア政府は、M&Aにおける繰越損失金の制限を設ける方針を示しているため注意が必要です。

[地方税]

有価証券（株式、社債）発行の届出に対して、額面価格の0.2％かつ10万ルーブルを超えない額が、取得企業に地方税として課されます。

■ 資産取得

[税務上のメリット]

・取得した資産は税務上、償却できる。
・ターゲット企業の税金債務を引継ぐ必要がない。

[税務上のデメリット]

・資産の売買はVATの対象となり、取得側が負担する可能性がある。ただし、取得側の事業がVAT免除であれば、インプットVATは資産化することができる。
・市場価値が高く、税務上の価値が低い資産が売却された場合、利益税の対象となる。
・繰延税金資産は引継ぐことができない。
・売却損はすぐに全額損金参入することはできない。耐用年数期間で均等に損金認識される。

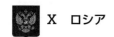 X　ロシア

[現物出資]

　外国企業がロシアの事業の資産を取得する場合、その外国企業が直接取得するケースと、その外国企業の支社を通して取得するケースがあります。

　取得した資産は、買収側外国企業のロシア子会社の資本として現物出資されることがあります。株式会社へ現物出資をする場合、法律に別段の規定がない限りは、ロシアの独立鑑定人による評価が必要となります。また、有限責任会社へ現物出資をする場合も、出資する現物の額面価格が2万ルーブルを超えていれば、独立鑑定人による評価が必要になります。

　また、特別目的会社を設立して、ターゲット企業の資産を取得する方法もあります。

[取得価格]

　一般的に、取得価格は買い手と売り手の合意によって決定されます。しかし、資産取引については、税務当局が移転価格税制に従って、適応する価格を決定します。ロシア税法の下では、税務当局は次の4つの取引について、価格を再計算する権利を持っています。

- 関連当事者間取引
- 現物取引
- クロスボーダー取引
- 納税企業によって決められた取引価格が、類似する取引と比べて少なくとも20％以上の差がある取引

　上記の取引が市場価格と比べて20％以上の差があれば、税務当局が取引価格を決定し、利益税、VAT、支払遅延利息を再計算することができます。

[のれん]

　企業を複合資産（事業）として取得する場合に、取得価格と純帳簿価格との差がのれんとなります。純帳簿価格に対して、取得価格が上回っていれば正ののれん、下回っていれば負ののれんとなります。

　税務上、正ののれんは、複合資産移転の届出月の翌月から5年以内に償却されます（損金算入）。会計上は、20年もしくは企業解散までの年月のいずれか短い期間で償却されます。負ののれんは、複合資産の移転を届出た月に、利益税の課税所得となります。

　複合資産を譲渡する側の企業は、税務上、資産の売却損を損金算入することができます。

[付加価値税]

　ほとんどの資産取引は、18%のVATの対象となります。

　ロシアにおいて、海外企業が資産を直接取得し、事業に使用する場合（取得資産を現物出資としてロシア子会社に出資するような場合）、しかもその企業が税務目的の登録をしていない場合は、インプットVAT（仮払VAT、仕入VAT）は取得企業が負担します。その資産が取得企業のロシア子会社によって取得された場合、そのインプットVATはロシア子会社のアウトプットVAT（仮受VAT、売上VAT）と相殺できる可能性があります。

　ロシアにおいて、ロシア企業への現物出資はVATの対象とはなりません。ただし、現物出資を行うロシア子会社は、資産取得時に相殺したVATを復活させる必要があります（固定資産で純帳簿価格の場合）。復活したVATは、移転書類に分けて表示する必要があり、現物出資を受けた企業のアウトプットVATと相殺することができます。

　複合資産（事業）の取引については、特定のVAT規定の対象となります。たとえば、取得価格と純帳簿価格に差がある場合、課税基準は会計上の純帳簿価格に特別な比率を掛けたものとなります。取得価

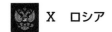
X ロシア

格が純帳簿価格よりも低い場合、掛率は、純帳簿価格に対する取得価格の割合によって決定されます。取得価格が純帳簿価格より高い場合も、掛率は同じように算出されますが、分母と分子の割合は、売掛金と有価証券の価値によって減らされます。複合資産（事業）を譲渡する企業は取得企業に対して、資産の種類ごとに分類された棚卸資産レポートと包括的なインボイスを提供します。

[地方税]

　複合資産（事業）の権利、譲渡契約、権利の制限や義務の届出に対して、資産価値の0.1％が地方税として取得企業に課税されます。しかし6万ルーブルを超えない額の地方税、また不動産の権利、譲渡契約、権利の制限や義務の届出に対しては1万5,000ルーブルの地方税（法人）が課されます。

　土地や土地にかかわる債務の取引にも地方税が課されますが、ほとんどの場合、その金額はそれほど多くありません。

■ 無課税株式取引

　2011年1月1日以降、非上場企業（ハイテクノロジー企業は除く）の株式売却益は非課税となっています。ただし、売買する株式は、5年以上、当該企業により保有されていたものでなければなりません。

■ 税法の解釈

　納税者は、税務当局からロシア税法の解釈をまとめた資料を入手することができます。正しく解釈できれば、税法当局からの指摘による罰金や遅延利息の支払を回避することができます。ただし、納税者側が税務当局に提出する情報に不足がある場合は、その例に当てはまらないため注意が必要です。

[参考資料・ウェブサイト]

- Institute of Mergers, Acquisitions and Alliances (IMAA)
  http://www.imaa-institute.org/
- Ministry of Economic Development of the Russian Federation 'Special economic zones'
  http://www.economy.gov.ru/wps/wcm/connect/economylib4/en/home/activity/sections/specialEconomicAreas/main/
- Deloitte 'Doing business in Russia 2013'
  http://www.deloitte.com/assets/Dcom-Cyprus/Local%20Assets/Documents/PDF/Doing_business_in_Russia_2013.pdf
- KPMG 'M&A in Russia 2012' February 2013
  http://www.kpmg.com/RU/en/IssuesAndInsights/ArticlesPublications/Documents/S_MA_2e_2013.pdf
- 国際協力銀行「ロシアの投資環境」2007年8月
  http://www.jbic.go.jp/wp-content/uploads/inv-report_ja/2007/08/2965/jbic_RIJ_2007001.pdf
- 在ウラジオストク日本総領事館「領事・安全情報──査証・入国審査等」
  http://www.vladivostok.ru.emb-japan.go.jp/_files/sasho.pdf
- CFA協会「世界における株主権の現状──投資家のための手引き」2009年
  http://www.cfasociety.org/japan/publications/SORM-JP.pdf
- CMS「ロシア投資ガイド」2012年
  http://m.cmslegal.ru/files/Publication/bc028f6f-8478-4b3b-8302-489191c55942/Presentation/PublicationAttachment/c01719dd-ab19-461c-bc67-49caf0d77dec/Doing%20Business%20in%20Russia%202012%2Bcover.pdf
- 新日本アーンスト アンド ヤング税理士法人「Doing Business in the Russian Federation（日本語版）」2011年
  http://www.ey.com/Publication/vwLUAssets/DBIR-2012-JP/$FILE/DBIR-

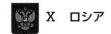 X　ロシア

2012-JP.pdf
- 金野雄五「ロシアの新外国為替法——期待される為替規制の透明性向上と自由化の進展」みずほ欧州インサイト、2004 年 8 月 23 日
http://www.mizuho-ri.co.jp/publication/research/pdf/euro-insight/EUI040823.pdf
- ロシア NIS 貿易会「特集　ユーラシア港湾物語」ロシア NIS 調査月報、2009 年 4 月号
- 『M&A 専門誌 MARR』レコフデータ
「特集 2013 年の日本経済と M&A 動向」2013 年 2 月
「特集 2014 年の日本経済と M&A 動向」2014 年 2 月
- スティーブ・モリヤマ『日系企業のためのロシア投資・税務・会計ガイドブック』中央経済社、2007 年

モンゴル

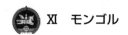 XI　モンゴル

モンゴルにおける M&A の動向

　モンゴルは投資国としての注目度が低いイメージがあります。しかし、今後は鉱産業が発展・成長し、外国からの投資が増加することが予想されています。

　発展途上国への投資を試みる場合、文化や言葉の壁が大きな課題となります。モンゴルは、他のアジア諸国に比べて労働賃金が低い水準にあり、一般的に優秀な人材が不足していると思われていますが、近年は帰国子女が非常に多く、英語だけでなく、日本語、中国語を話せるなど優秀な人材が増加しています。また、ほとんどの地域で小学校からモンゴル語とともに第二外国語を教えています。企業も第二外国語が話せる人材を求める傾向にあり、発展途上国への投資を行う上で生じる言葉の壁といった課題は解消されつつあります。

　2011年度のモンゴルのM&A案件数は39件、総額は20億USドルを超え、2010年度の2倍の金額を記録しました。これらのほとんどが採掘および探鉱などの鉱産分野が占めています。

　Eurasia Capitalの統計によると、2007年以降、モンゴルの石炭産業でのM&A件数は50件以上となり、総額は21億USドルに達しました。2011年度だけを見ても石炭産業のM&A件数は27件で、16億5,000万USドルの投資規模となっています。2011年の年間を通じて最も大きな取引はMongolian Mining Corp.（モンゴル）で、次いでBanpu Minerals（タイ）、Noble Group（香港）、Guildford Coal（オーストラリア）となっており、これらは国内で大きな注目を集めました。

　今後も石炭産業のM&Aが、モンゴルでは活発に行われると予想されています。

■ 日本企業のM&A事例

　日本企業によるアジア企業の買収（In-Out）の件数は、2012年に189件、2013年に202件あり、そのうちモンゴルに対するM&Aはそれぞれ0件、1件です（レコフ調べ）。次表は、2013年に行われた日本からモンゴルに対するM&Aの事例です。

【日本からモンゴルへのM&A（2013年）】

No.	日本	モンゴル	出資比率(%)	業種	投資金額(百万円)
1	オリックス	テンゲル・フィナンシャル・グループ	16	銀行	2,500

『M&A専門誌MARR』をもとに作成

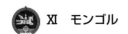
XI　モンゴル

M&Aに関する法律・規制

　モンゴルのM&Aに関連する法律・規制には、投資法、会社法、証券市場法、税法があります。

　モンゴルでは現在、内需を守るために外国投資規制の整備を進めています。この契機となったのは、2012年4月、中国国営企業大手の中国アルミ（Aluminum Corp. of China）がモンゴル石炭大手South Gobi Resourcesの56％の株式を取得した巨額買収によるものです。同取引が公表された時点では、モンゴル政府は明示的な承認や通知を義務付けてはいませんでした。

　しかし、この買収を契機にモンゴル政府は同年5月、「国家に重要な事業体」とされる産業に対する外国投資は政府の承認を要することを定めた法律を策定し、外国投資に対する規制を強めています。その結果、中国アルミは同年9月に、この買収はモンゴル政府の承認が下りないと判断し、買収を断念しています。このほか、Oyu tolgoiなど多くの外国企業が、モンゴル法律の不整備や不安定な状況によって事業を停止し、撤退しました。

　これによりモンゴルの経済を支える鉱産業が低迷し、結果、モンゴルは投資国としての魅力を失い、外国投資額は2013年から大幅に減少しています。外国為替の準備高も減少し、2013年の4月で1,400台だったUSドルが2014年11月の時点で1,900台まで上がり、インフラが拡大しています。

　対策として、モンゴル政府は2013年に投資法を大幅に見直し、法律名を変えて新しい投資法を作りました。この法判定により外資企業は内資企業と同等の扱いを受けることになり、モンゴルで事業を行う企業すべてが同じ法律で規制されることになりました。また、税金の

【M&Aに関連する法規】

投資法	モンゴル国内における投資家の権利・利益の保護・義務、投資の促進、投資環境の安定化、投資の際の当局の権限、投資家と当局の関係調整について規定する
会社法	株式譲渡、合併、株主の権利・義務について規定する
証券市場法	公開買付規制、インサイダー取引規制を規定する

免税や減税についても制定があり、前の投資法と比べて企業支援に配慮しているといわれています。

投資規制

■ 投資法による規制

1993年制定の改正前投資法は「外国投資を奨励し、モンゴルにおける外国投資家の権利および財産を保護し、ならびに外国投資に関する諸事項を規律すること」を目的としていました。同法は1993年以降1998年、2001年、2002年、2008年と複数回にわたって改正されてきましたが、2008年の改正は大きなインパクトがありました。たとえば、100％外資による現地法人の設立、外国企業の駐在員事務所の設立などが許可され、最低資本金を10万USドル以上へ引き下げるなど、外国投資を行いやすい環境ができたのです。

しかし、これだけでは現在の外国企業の要求には対応できなくなったため、2013年11月に新しく投資法が制定されました。新法では、「モンゴル国内における、投資家の権利および利益の保護、投資にかかる共通の保障規定、投資の促進、租税環境の安定化、投資にかかる当局の権限および投資家の権利・義務の明確化ならびに投資にかかるその他の関係を調整すること」を目的としています。

また、投資法とは別に、企業特別許可法によって特定の業種への投資は内資外資を問わず制限されます。特定の業種に該当する場合に

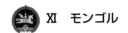

は、事前に関連省庁からの許可を取得しなければなりません。

モンゴルへの投資形態は以下のとおり行われます（投資法5条1項）。

- 投資家が、単独および他の投資家と共同で法人設立
- 投資家が、株式、債権その他有価証券を購入
- 会社の統合および合併
- コンセッション、生産物分与、マーケティング、マネジメントその他契約の締結
- フィナンシャル・リースおよびフランチャイズ
- 法律で禁じられていないその他の投資形態

新しい投資法の大きなメリットは税制の優遇措置です。国から発行する税率の安定化証明を取得することによって税金の優遇措置を受けることができます。税率の安定化証明書とは、下記の要件を満たす法人に対して、租税および手数料の料率を安定化させることを目的として権限を有する当局から交付される証明書です（3条1項9号）。

安定化証明書を取得する要件はビジネス計画およびフィージビリティ・スタディの定める投資額が次の2つの表（16条2項1号、2号）と16条3項を満たすこと、法律の定めがある場合は環境アセスメントを実施済みであること、安定的な雇用を創出すること、先進的な技術を導入することです（16条1項）。

鉱物資源採掘、重工業およびインフラ分野への投資に対する安定化証明の交付期間は以下のとおりです（16条2項1号）。

投資額 (10億トゥ グルグ)	安定化証明の交付期間（年）					投資終了 までの期 間（年）
	首都	中央 地方※1	ハンガイ 地方※2	東部 地方※3	西部 地方※4	
30以上 100未満	5	6	6	7	8	2
100以上 300未満	8	9	9	10	11	3
300以上 500未満	10	11	11	12	13	4
500以上	15	16	16	17	18	5

※1 ゴビスンベル、ドルノゴビ、ダルハンオール、ウムヌゴビ、セレンゲ、トゥブ
※2 アルハンガイ、バヤンホンゴル、ボルガン、オルホン、ウブルハンガイ、フブスグル
※3 ドルノド、スフバータル、ヘンティー
※4 バヤンウルギー、ゴビアルタイ、ザブハン、オブス、ホブド

その他分野への投資に対する安定化証明の交付期間は以下のとおりです（16条2項2号）。

投資額（10億トゥグルグ）					安定化証 明の交付 期間（年）	投資終了 までの期 間（年）
首都	中央 地方※1	ハンガイ 地方※2	東部 地方※3	西部 地方※4		
10以上 30未満	5以上 15未満	4以上 12未満	3以上 10未満	2以上 8未満	5	2
30以上 100未満	15以上 50未満	12以上 40未満	10以上 30未満	8以上 25未満	8	3
100以上 200未満	50以上 100未満	40以上 80未満	30以上 60未満	25以上 50未満	10	4
200以上	100以上	80以上	60以上	50以上	15	5

※1～4 上表と同じ

また、次のプロジェクトを実施する投資家に対しては、前述の安定化証明書の交付期間を1.5倍に延長して交付します（16条3項）。

・国の社会および経済の長期間に渡る安定的な発展に特別な意義を有する輸入代替製品および輸出製品の生産、ならびにフィージ

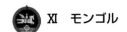

XI モンゴル

ビリティ・スタディが承認された日の中央銀行の公定レートで5,000億トゥグルグを超える規模の投資で、建設・整備に3年を超える期間を要し、地域および分野を問わずに付加価値を有する製品を加工する工場を運営し、製品を輸出するプロジェクト

安定化証明を申請するために必要な書類は次のとおりです（17条2項）。

- 安定化証明の要件を満たしていることに関する当該法人の通知
- 当該法人に関する紹介、国家登録局からの証明書および特別許可証（ライセンス）その他証明書のコピー
- 先端的技術を導入していることに関する紹介
- 法律に定めがある場合は環境アセスメント報告書
- プロジェクトの投資額が100億トゥグルグ未満の場合はビジネス計画、100億トゥグルグ以上の場合にはフィージビリティ・スタディ

書類を提出後、30日以内に法人に対する証明書交付の結果が通知されます。審査に時間がかかる場合は追加で15日延長されます。（18条1項）

■ 禁止業種

企業特別許可法8条1項による禁止業種は、次の4つの事業です。

- 麻薬の製造、輸入、販売
- 公序良俗に反する形態での組織、広告、奨励
- カジノ事業
- 利益目的でのマルチ商法、ピラミッド式の販売

■ 出資比率による規制

モンゴルでは、出資比率に関する特別な外資規制はありません。

■ 事前の許可が必要となる業種

出資比率に規制はありませんが、事業を行うに当たって、関連省庁から事前の許可を取得しなければならない業種が定められています。年々規制業種は減少しつつありますが、内容が細かく分かれているため、該当するかどうか判断が難しく、また許可を取得するための手間もかかります。

規制業種は、次表のとおりです（企業特別許可法15条）。

【事前の許可が必要となる業種】

業種	事業内容
銀行以外の ファイナンス事業	・ノンバンキング事業 ・商業保険事業 ・保険の仲介・代理・損失評価事業 ・銀行以外の法人による金融、貸付事業 ・証券の引受・仲介・売買・決済・預託事業 ・ファンド・資本市場での専門行為の実施など
会計および 経済関連	・社会保険事業、監査事業、証券発行事業、宝くじの発行事業 ・税関での仲介事業、資産評価事業
法務関連	・検察事業、公証事業、ギャンブル事業、銃器の製造・販売事業、印鑑の製造事業
環境関連	・オゾン層破壊物質およびその物質を含む製品の輸入販売・利用、毒性のある化学物質の製造・輸入・利用・破壊、基準値を超える化学物質の大気圏への排出、環境インパクトの詳細評価
教育関連	・大学・短大・専門学校・訓練校、修士および博士課程の訓練を扱う事業、歴史的で文化的な貴重品コレクションの国外への輸出・販売、外国留学を仲介する事業
エネルギー関連	・発電、送電、配電、売電事業
社会保障と 労働力関連	・国際的人材紹介

XI モンゴル

製造・商売関連	・貴金属・貴石・宝石の加工、鉱物の探査、天然ガスに関連する事業、アルコール飲料の輸入、天然ガスの生産・販売、タバコの輸入、冶金事業、工業団地事業
食糧および農業関連	・タバコの栽培および製造、（ミルクウォッカを除く）アルコール製品の製造、種子および穀物の生産、家畜用薬品・獣医施設の製作・輸入、家畜の病原菌の消毒、植物保護に用いられる物質の販売・輸入、新しい獣医用輸入薬品、選択された新種動物の産業、サービスの投入使用、新種動物の輸出など
健康関連	・薬品および医療施設・機械の製造販売、すべての医療サービス、薬剤の製造販売・輸出入、危険な病原菌と原因物質の製造・保護・選別・保存・輸送・販売など
著作権関連	・著作権の代理人事業
建設および都市開発関連	・エスカレーターや重機の組立て、修理サービス事業、テナント事業、建築設計、建築施工、建築資材の製造、クレーンといった重機の製造、測地設計とそのサービス
交通・旅行関連	・鉄道駅舎の建設、航空事業、鉄道輸送事業、道路建設・修理事業、自動車の車検事業、船舶輸送事業、鉄道線路のレール、その基礎や土木工事、機関車の製造・組立てや修理、自動車のナンバープレート製造
情報通信・技術関連	・ラジオ電波の使用、通信ネットワークの建設、その利用などのサービス事業、周波数およびその利用と電子署名の証明書発行事業、コンテンツ（含有量）事業
測定関連	・測定設備の製造・設置・修理・販売事業
放射能・原子力関連	・原子力（核）施設の建設・変更・破壊、原子力（核廃棄物）の使用、核廃棄物の輸出入・輸送・埋蔵、放射能鉱物の探査 ・放射能鉱物の利用、放射能鉱物の輸出入・輸送・埋蔵など

出所：企業特別許可法15条1項

　これらの規制業種へ投資を行う場合は、モンゴルの各関連省庁にてライセンスを申請し登録を行います。規制業種のライセンス申請には次の書類が必要になります（企業特別許可法11条）。

　・ライセンス取得の申請書（事業内容、事業の種類、期間を記入）
　・ライセンス取得希望者が会社の場合、法人登記局からの法人登録証明書

- ライセンス取得希望者が個人の場合、国民証明書のコピー（公証必要）
- 証明書料金を支払った領収書
- その生産、事業の特徴によって法律で求められたその他の書類

上記の書類を申請した後、登記局から30日以内に結果が通知されます。

[ライセンスの期間、延長]

ライセンスは原則として3年以上の期間で発行されますが、業種によっては、それより短いこともあります。その期間は延長することができ、延長手続には3日程度かかります。しかし、ライセンスの条件に違反していることが発覚した場合には、延長許可を取得できません。

その他の規制

■ 資本金に関する規制

以前の投資法では外国企業の最低資本金は10万USドル以上と定められていましたが、新しい投資法では発起人ごとの投資額が10万USドル以上、あるいはそれに相当するトゥグルグに規制されました。そのため、発起人が2社の場合は20万USドル以上の最低資本金が必要になります。

また、資本金の25％以上が外国企業から出資されている企業を外国企業と定義しています（投資法3条1項5号）。

一方、内資企業の最低資本金についての規制はありません。2011年までは、公開会社は1,000万トゥグルグ、非公開会社は100万トゥグルグだった資本金の規制が、2012年に改正された新会社法によ

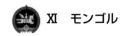

XI モンゴル

【最低資本金】

(単位:億トゥグルグ)

業種	最低資本金
銀行	160
保険会社	5
証券取引所	10
ディーラー取引所	5
投資信託	1
ブローカー会社	0.5
引受会社	2
ノンバンキング事業	2～5

って緩和され、会社法上の最低資本金の要請は解消されました。しかし、上記の表にあるように、特定の業種については個別に最低資本金が規定されています。

■ 土地所有に関する規制

モンゴルでは、憲法によってモンゴル国民である個人のみが土地を所有できるとされており、モンゴルの法人や外国法人、外国人がモンゴルの土地を所有することは不可能です。ただし、外国法人および外国人は、国有地については管轄区域の地方行政府と、私有地については所有者のモンゴル人との契約により、一定の期間使用権を取得することができます。

■ 外国為替に関する規制

モンゴルでは外国為替に関する規制は比較的少なくなっています。たとえば、親会社からの借入や海外への送金についての特段の規制はありません。ただし、自国へ送金をする際にモンゴルで得た所得かどうかを証明する必要があります。

会社法

■ 株式譲渡

　定款で別段の定めがない限り、株主はその保有する株式またはその株式を取得する権利を、譲渡することができます（会社法5条3項、8項）。

　また、関連会社あるいは子会社が親会社の株式を保有することは認められていますが、その株式の議決権を行使することはできません（6条10項）。

■ 合併

　モンゴル会社法20条では、合併に関する事項を定めています。

　会社の合併計画の立案または契約については、被合併会社および合併会社のそれぞれにおいて、株主総会決議が必要となります（会社法20条2項）。また合併契約には、会社の合併条件や被合併会社の有価証券の取扱について明記しなければなりません。

　合併は、原則として株主総会で過半数の賛成によって決議されます（20条4項）。ただし、被合併会社の発行済株式の75％以上を既に取得している場合で、会社の定款変更が不要である場合には、合併会社の取締役会（設置していない場合には株主総会）で決議を行い、合併契約を承認することができます（20条5項）。

[合併の登記手続]

　合併の登記手続に当たっては、被合併会社を国家登録局の登録から削除しなければなりません。また、合併会社の定款に変更があった場合には、国家登録局に変更の申請をし再登録する必要があります（会社法18条4項）。

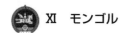
XI　モンゴル

■ 支配権を得た株主の義務

株式会社の発行済株式の3分の1以上の株式を単独または共同で取得した者は、株式取得後10営業日以内に、関連会社および財務規制委員会に次の情報を書面で報告しなければなりません（会社法58条1項）。

- 支配権を得た者（共同者がいる場合はその者も）の氏名、住所
- 保有株式数
- 他の株主に対する買取価格
- 買取の有効期間

[少数株主の保護]

被合併会社の株主は、再編成に不合意または投票に不参加の場合、会社に対して書面によって保有株式の買取請求権を行使することができます。書面には、株主の氏名、住所、買収を請求する株式の種類、数を記載します（会社法54条2項）。なお、株式の買取請求権を行使しない株主は、会社の再編成決議に従わなければなりません。

株主が単独または共同で会社の発行済株式の75％以上を購入、あるいは民営化の結果として会社の発行済株式の3分の1以上を購入した場合、取締役会（設置していない場合は執行役）は、このときから30日以内に、その他の株主（以下、少数株主）に当該保有株式の買取請求が可能な旨を報告しなければなりません（54条4項）。会社も同じく30日以内に、少数株主に株式買収による結果を通知する義務があります（54条6項）。少数株主は、30日以内に取締役会（設置していない場合は執行役）宛に書面による意見を送付します（54条5項）。なお、少数株主がこの結果に異議がある場合、決議より3カ月以内に裁判所に申立てることができます（54条7項）。

証券市場法

■ 公開買付規制

　証券市場法の2013年度の改正に伴い公開買付規制も2014年1月に「証券登録規制」に改正されました。証券市場法の8条2項の定めどおり、財務規制委員会が規制内容について決定し、登録などの実務をすべて行います。したがって財務規制委員会が証券を一次市場で提案する許可を出します。

　財務規制委員会の登録申請に必要な書類は下記のとおりです（証券登録規制12条2項）。

1　申請書（証券登録規制　付属書類1）
2　証券の紹介（記載内容は証券登録規制13条、14条で規定）
3　手数料を支払った証明書
4　弁護士事務所と契約を締結し、下記についての結論をまとめたもの
  ・会社が法律に従って設立されているか
  ・会社の取締役会、業務執行者や権限者の経験と「モンゴルのコーポレート・ガバナンスコード」の要件を満たしているか
  ・会社の定款や内部規制が法律と「モンゴルのコーポレート・ガバナンスコード」に従っているか
  ・他社と締結した売買契約書、ローン契約書および証券発行者の事業にとって重要な契約書が法律に従っているか
  ・過去1年間で行った重要な取引、利益相反取引が法律に従っているか
  ・事業の特別許可、サービスロゴの有効期限、義務が事業に対して影響があるか
  ・証券、固定資産やその他資産の所有権の有効性

XI　モンゴル

- 証券紹介登録に必要な申請書、その情報に誤りがないことを証明する書類があるか
- 親会社、子会社、関連会社の情報に基づいて証券発行者の管理執行者を判定したか

5　監査事務所と契約を締結し、下記についての結論をまとめたもの
- 会計基準、財務諸表が「国際財務報告基準」に従っているか
- 会社の会計方針、内部監査が「国際財務報告基準」に従った財務諸表を作成する要件、資本金およびそれの使用効率状況を備えているか
- 証券紹介、その他書類の財務情報の確実性

6　資産評価事務所と契約を締結し作成した会社の資産評価証明書（財務規制委員会から事業評価を要求する場合もある）

7　必要な場合、独立専門家の結論書

　財務規制委員会は上記の書類を引受けてから問題がなければ証券紹介を登録し、決議書を発行します。決議は財務規制委員会および証券取引所のウェブサイトで公表されます。また、申請者は証券登録の準備をしていることを財務規制委員会に申請する日から10日前までに書面にて通知する必要があります。

　証券発行者は証券、証券紹介および追加紹介を財務規制委員会の登録から6カ月間公表します。それ以降は公表をすることはできません。

　証券の登録要件や必要書類は、証券の種類や証券発行者の財務および事業内容、証券発行種類によって異なります。証券は株式、株式以外の2種類です。

　本規制は外国の証券取引所で登録されている企業に関しても同じく適用されますが、申請には下記の追加書類が必要となります。

1 外国の証券取引所で登録された証券の紹介、追加紹介、その他公証した関連書類、そのモンゴル語訳
2 外国の関連機関、証券取引所が会社の証券を登録する決議書を発行している場合、その決議書（発行から1営業日以内に提出）
3 外国の証券の一次市場で取引された証券の数、価格、販売した総額についての申告書（その国の関連機関に提出後、1営業日以内に提出）

■ インサイダー取引規制

モンゴルにおいて、内部情報の保有者は、以下のように定義されています。

- 証券発行者の5％以上の株式を保有する株主、取締役、取締役会の秘書役、業務執行者、会計士など会社に影響を与えるような役員（証券市場法77条1項1号）
- 契約締結などに関わる際に、会社の内部情報を入手した者（77条1項2号）
- 上記の者から直接、もしくは間接的に情報を入手した者（77条2項）

上記の者が取引をすることや、他者に対し取引の勧誘を行うこと、また不当に情報を流出、公開することは禁止されています。

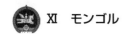 XI　モンゴル

M&A に関する税務

　株式を譲渡することにより得た所得については、自社が発行している株式（自己株式）を譲渡する場合を除き、売却価額から取得価額を差引いたキャピタル・ゲインについて課税されることになります。税率は通常の法人税と同様であり、30億トゥグルグまでは10%、それ以上の価額については25%の税率で課税されます。

[参考資料・ウェブサイト]

- President of Mongolia http://www.president.mn/eng/
- モンゴル財務省 http://www.iltod.gov.mn/? p=1886
- The World Bank 'Doing Business in a More Transparent World' October 20, 2011
  http://www.doingbusiness.org/reports/global-reports/doing-business-2012
- World Economic Forum 'Global Competitiveness Report 2012-2013' 2012
  http://www.weforum.org/reports/global-competitiveness-report-2012-2013
- Eurasia Capital 'Mongolia Outlook 2012' 31 January, 2012
  http://www.mad-mongolia.com/wp-content/files_mf/eurasiamongoliaoutlook2012.pdf
- KPMG 'Investment in Mongolia' 2012
  http://www.kpmg.com/MN/en/IssuesAndInsights/ArticlesPublications/Investment-2012/Documents/InvestmentInMongolia2012.pdf
- 国際協力機構（JICA） http://www.jica.go.jp
- Mongol Online http://adline.mn/
- 環日本海経済研究所（ERINA）「北東アジア経済データブック 2013」 2013 年 12 月
  http://www.erina.or.jp/jp/Library/databook/
- 国際ハイウェイプロジェクト推進委員会「モンゴル道路基盤改修計画」
  http://www.ihcc-info.org/newasian-mongolia01.html
- 在モンゴル日本国大使館
    「最近のモンゴル経済」2012 年 5 月
    http://www.mn.emb-japan.go.jp/news/keizaitopics2012.05.pdf
    「モンゴル経済トピックス」2013 年 1 月
    http://www.mn.emb-japan.go.jp/jp/seikei/keizaitopic201301.pdf
- 米川拓也「インフラ整備が経済発展の要――日本・モンゴルビジネスセミナー――（モンゴル、日本）」通商弘報、2013 年 3 月 28 日

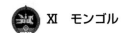 **XI モンゴル**

http://www.jetro.go.jp/world/asia/mn/biznews/4f714b23f3e58
- Eurasia Capital「モンゴル証券市場の基盤インフラ」2011 年
  http://www.eurasiac.com/jp/files/infrastructure_mongolian_securities_market.pdf
- Eurasia Capital 研究ノート「日本とモンゴル:『昇る日』が『更なる青空』へ」2010 年 11 月 20 日
  http://www.eurasiac.com/jp/files/japan_mongolia_rising_sun_blue_sky.pdf
- ホーガン・ロヴェルズ法律事務所外国法共同事業、海外投融資情報財団(JOI)「モンゴルの法制およびビジネス環境」2010 年 10 月

ブラジル

XII　ブラジル

ブラジルにおけるM&Aの動向

　ブラジルは、M&Aが活発に行われる国として知られています。

　世界のM&A金額ランキングでも2010年に3位、2011年、2012年には5位となっており、年々、存在感を増しています。

　ハイパー・インフレなどの影響により経済が低迷した1990年代こそ取引は多くありませんでしたが、2000年代に入って経済が回復して以降は順調に増加し、特に2006年以降は500件を超えるM&A取引が行われています。2010年の年間M&A件数は799件となり、史上最高の件数を記録しています。そのうち273件の取引額が公表され、総額約630億USドルとなりました。2011年には751件と落ち込みますが、2012年は対前年比で約2.5％増の770件となり、今後も件数の伸びが期待されています。

【世界のM&A金額上位5カ国】

		2008年	2009年	2010年	2011年	2012年
被買収側	1位	アメリカ	アメリカ	アメリカ	アメリカ	アメリカ
	2位	イギリス	イギリス	イギリス	イギリス	イギリス
	3位	ドイツ	スペイン	ブラジル	オーストラリア	カナダ
	4位	カナダ	オーストラリア	オーストラリア	カナダ	オーストラリア
	5位	オーストラリア	ドイツ	カナダ	ブラジル	ブラジル
買収側	1位	アメリカ	アメリカ	アメリカ	アメリカ	アメリカ
	2位	イギリス	スイス	イギリス	イギリス	イギリス
	3位	フランス	フランス	カナダ	フランス	カナダ
	4位	ドイツ	ドイツ	中国	日本	日本
	5位	中国	イギリス	フランス	カナダ	スイス

出所：トムソン・ロイター

2012年のM&A実績を業種別に見ると、金融、食品、ITなど、主要な業種への投資は特段の偏りなく行われていることがわかります。その中でも件数の伸びが著しい業種として、IT業界が挙げられます。2011年の79件から、2012年は96件と、対前年比で約21.5％増でした。

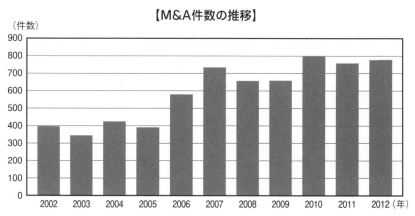

【M&A件数の推移】

出所：PwC 'Fusões e Aquisições no Brasil, Dezembro de 2012'

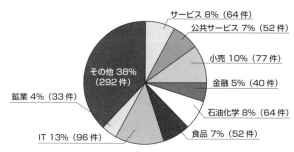

【業種別M&Aの件数割合（2012年）】

出所：PwC 'Fusões e Aquisições no Brasil, Dezembro de 2012'

XII ブラジル

■ 日本企業のM&A事例

　日本企業による中南米企業の買収（In-Out）の件数は、2011年に14件、2012年に24件、2013年に14件あり、そのうちブラジルに対するM&Aは、それぞれ11件、14件、12件です（レコフ調べ）。中南米に対するM&Aの大部分がブラジルで占められていることがわかります。

　次表は、2012年、2013年に行われた日本からブラジルに対するM&Aの事例です。

【日本からブラジルへのM&A（2012年）】

No.	日本	ブラジル	出資比率 (%)	業種	出資額 (百万円)
1	プライムポリマー	プロデュマスター	70	化学	―
2	武田ブラジル	マルチラブ	100	医薬品	20,175
3	タムラ製作所	インドサルMG	51	機械	―
4	川崎重工業	エスタレーロ・エンセアーダ・ド・パラグワス	30	輸送用機器	3,328
5	HOYA	オプトータルHoya	25→75	精密	―
6	ニプロメディカルLTDA.	サルベゴ・ラボラトリオ・ファルマセウティコLTDA.	99.99	医薬品	―
7	三菱商事	ロス・グロボ・セアグロ・ド・ブラジル	20	食品卸	3,500
8	三井物産	ヴェローセ・ロジスティカ	100	運輸、倉庫	4,700
9	三菱商事	Ipanema Agricola S.A.、Ipanema Comercial e Exportadora S.A.	各20	農林水産	―
10	三井物産、エネルギーアドバンス（東京ガス子会社）	エコジェン ブラジル ソルソンイス エネルジェティカス	三井物産90、東京ガス10	サービス	8,000

No.	日本	ブラジル		業種	
11	Melco-Tec Representacao Comercial e Assessoria Tecnica Ltda.	Automotion Industria, Comercio Importacao e Exportacao Ltda.	事業譲渡	その他販売、卸	—
12	バリューコンサルティング＆ソリューション	トータルシステムズ	100	ソフト、情報	—
13	電通ブラジル・ホールディングス	ラブ	100	サービス	—
14	アバンセコーポレーション	アウテント	事業譲渡	サービス	—

『M&A専門誌MARR』をもとに作成

【日本からブラジルへのM&A（2013年）】

No.	日本	ブラジル	出資比率(%)	業種	出資額(百万円)
1	藤倉化成グループ	アーポール・レッドスポット	40→55	化学	—
2	東海ゴム工業	プロデュフレックスMG	100	ゴム	1,478
3	Hoshizaki USA Holdings, Inc.	マコム	100	機械	—
4	三菱重工業、今治造船、名村造船所、大島造船所、三菱商事	エコビックス・エンジェビックス	三菱重工約50、残り4社30	輸送用機器	30,000
5	沖電気工業	イタウテック	約70	電機	5,000
6	フォスターエレクトリック	Thomas KL Indústria de Auto Falantes, Ltda.	30	電機	490
7	三菱電機、三菱電機ビルテクノサービス	エルジーテック・エレベーター	94.7	電機	2,240
8	IHI、日揮、ジャパンマリンユナイテッド	アトランチコスル造船所	25.094	輸送用機器	8,819

XII ブラジル

9	住友商事、アメリカ住友商事、ブラジル住友商事	COSMOTEC ESPECIALIDADES QUIMICAS LTDA.	81	化学	—
10	三井物産	VLI S.A.	20	運輸、倉庫	66,000
11	双日	カンタガロ・ジェネラル・グレインズ、シージージートレーディング	40強	農林水産	—
12	南米安田	マリチマ	50→87（優先株70.3→92.1）	損保	9,622

『M&A専門誌MARR』をもとに作成

M&Aに関する法律・規制

M&Aを行う場合には、複数の法規がかかわってくるため、法律を体系的に把握する必要があります。ブラジルのM&Aに関しては以下のようなものがあります。

【M&Aに関連する法規】

外資法	外国投資家に対する規制や優遇措置を定めた法規
会社法	株式会社に関する定義や詳細を定めた法規
証券取引規制	株式取引時に株主等の保護のために制定された規則
新企業結合規制	競争方法として不公正な方法を防止することを目的として制定（独占禁止法と同意義である）された規則
企業腐敗防止法	腐敗行為を規制する法規

投資規制

ブラジルでは、外資法（「外国資本および海外送金に関する法律第4131号／第62号および4390号／第64号」）、また、行政命令第55762号によって外国資本に対する規制が定められています。

当該外国資本の定義は、「初期外国為替支出を伴わず、経済活動で使用するための資金をブラジル国内に持ち込み、機械または装置を用いた任意の物品の生産およびサービスの提供を目的とする、海外に居住または法人化された個人や法人」とあります。外資法においては、以下の産業について、原則として外国資本による参入が禁止・制限されています。

 XII　ブラジル

■ 禁止業種

以下の4つの業種に対する外国直接投資は禁止されています。

- 核エネルギー開発関連事業
- 保健医療・健康サービス事業
- 郵便、電報事業
- 航空宇宙産業

■ 規制業種

外国投資法ガイドライン（Guia Legal para Investidor Estrangeiro）によって、特定の業種に関して、外国資本企業や外国人がブラジル企業に対して一定割合以上の出資を行うことを規制しています。前述の4つの禁止業種と次の規制業種は、国営事業と位置付ける事業活動や、ブラジル経済における戦略的重要性が高いとされています。

規制される業種と規制の内容は、次のとおりです。

【規制業種とその内容】

業種	規制内容
国内航空業	出資制限（外資20%まで）
マスコミ関連事業 （テレビ、ラジオ、雑誌、新聞など）	出資制限（外資30%まで）
ケーブルテレビ事業	出資制限（外資49%まで）
国境周辺での事業活動	出資制限（外資49%まで）
ブラジル沿海における輸送事業	・出資制限（外資50%まで） ・ブラジルの船舶を最低1隻所有 ・ブラジルに本社を設置 ・国立水路運輸庁による許可の取得
金融関連事業	大統領に承認された事業許可の取得
鉱物・水資源の開発および調査事業	該当事業許可の取得

法令第6839号（Lei 6839/80、1980年8月30日付）によると、「専門職者が第三者にサービスを提供する活動あるいはそれに関連した活動を行う場合には、当該専門職者の営業を監査する権限を持つ評議会に、企業と資格を有する責任者を登録する義務がある」と規定されています。

　評議会に登録する責任者については、定款上の役員である必要はありませんが、事前に、該当する評議会に責任者の詳細な条件とあわせて確認することをお勧めします。該当する専門職者とは、病院・診療所・歯科医院・薬局などの医療関係、建設業、会計事務所、不動産業、化学製品産業、ペット事業、観光業、スポーツクラブ等となっています。

■ **資本金に関する規制**

　最低資本金に関する法律上の規制はありません。しかし、外国人駐在員が赴任し、永住ビザを取得する場合、永住ビザ1件につき60万レアル以上の資本金を払込む必要があります。例外として、投資登録後2年以内に10名以上のブラジル人従業員を雇用する計画がある場合、15万レアル以上の資本金で永住ビザを申請することが可能です。

　その他のビザについては、資本金の規制はありません。

■ **送金規制**

　ブラジルにおける外国投資法ガイドラインによると、利益の送金に制限はなく、海外利益の分配と送金に関する法律も適用されません。したがって、ブラジルに本社を置く企業や株主へ分配される配当金・利益を海外に送金する場合でも、課税されることはありません。ただし、1996年1月1日以前に記録された利益、もしくはそこから派生した利益は除かれます。

　ブラジル企業が外国企業にロイヤルティを送金する場合は、ブラジ

ル中央銀行を通じて支払わなければなりません。技術提供契約、技術援助契約、専門技術サービス等に対するロイヤルティの送金に関しては、事前に契約内容をブラジル国立工業所有権院（INPI：Instituto Nacional da Propriedade Industrial）へ登録しておく必要があります。ロイヤルティの送金額については、売上に対する送金可能な割合が設定されており、事前にINPIへの確認が必要です。また、送金に金融取引税（IOF：Imposto sobre Operações Financeiras）0.38％がかかるなど、さまざまな税金が課されます。

　本国へ利益を送金する際、ブラジルへ投資を行った場合と同様に、ブラジル中央銀行情報システム（SISBACEN）の外資登録番号（RDE-IED）を介して、中央銀行で送金の登録をする必要があります。中央銀行に登録された外資登録金額に基づいてなされるため、相当する金額の登録がない場合、国外向け送金は制限を受けることになります。

　ブラジル中央銀行に登録されている外国資本の本国への送金は、事前承認は必要ありません。非居住者の投資としてブラジルの中央銀行に登録されている外貨は、源泉所得税の対象にはなりません。しかし、元の外資登録を超える外貨の金額（キャピタル・ゲイン）に関しては、源泉所得税の対象となり税率15％が課されます。

■ 土地所有に対する規制

　法令第5709号において、外国に居住する外国人と外国企業によるブラジルの土地所有は禁止されています。しかし、ブラジルに居住する外国人、ブラジルにおいて登記されている外国企業については、土地所有が許可されています。ただし、各自治体国土における所有可能面積は25％まで、さらに同一国籍の複数個人・法人の所有可能総面積は40％までです。この条件は、外国籍の個人、企業に適用されます。

　一方、ブラジルに居住する外国人、ブラジルにて登記されている外

国企業に対しては、国境から250km以内の土地、海岸に面した土地、国防上重要とされる地域の土地の所有は禁止されています。

会社法

M&Aを行うと会社の組織に重大な変更が生じ、株主や債権者の権利を著しく害する恐れがあります。そのため会社法では、通常とは異なる意思決定、手続を会社に義務付けることで、株主と債権者および第三者の利害調整を行います。

■ 新株発行

株式発行企業が既存株主以外に新株発行を行い、買い手側がその払込を行う手法です。既存株主の持株は残存する点が特徴であり、既存株主と共同支配を行う場合などに利用されます。

授権資本内の新株発行の場合は、株主総会もしくは経営審議会の決議によって意思決定を行うことができます（会社法168条）。

一方、授権資本を超えて新株発行を行う場合には、必ず株主総会の普通決議において決定し、決議後30日以内に株主総会の議事録を登記局に提出しなければなりません。また監査役（会）を設置している会社は、決議に先立ち意見聴取を行う必要があります（166条）。

■ 合併

ブラジルでは日本と同じように、吸収合併と新設合併が会社法によって認められています。合併の仕組みも日本と同様で、被合併会社は消滅し、存続会社は被合併会社の資産および負債のすべてを承継します。

XII ブラジル

【吸収合併のイメージ】

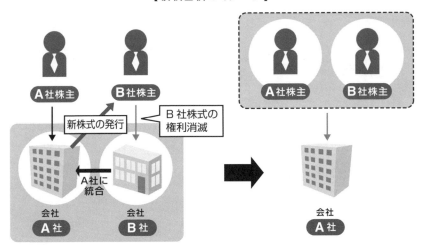

[合併の手続]

吸収合併・新設合併を行う場合、合併の当事者間で合意された合併協定書について、株主総会の普通決議において承認を受ける必要があります（会社法136条、227条）。

普通決議は総議決権の過半数の賛成により決議を行わなければなりません（136条）。

また、合併協定書には、合併の対価に関する事項の他、次のような内容を記載します（224条）。

- 対価となる株式の数、種類および組、およびそれらに関連する事項の決定基準
- 純資産の評価基準、評価日、資産の変更への対処方法
- 一方の会社が保有している他の会社資本の株式または持分の処分方法
- 新設会社の資本額または資本の増加額または減少額

・定款の原案また変更案

さらに、合併により受入れる資産の資産価値について、専門の鑑定人による評価を受ける義務が課される点に注意が必要です（会社法227条1項）。

吸収合併を行う会社は、株主総会の決議後、吸収合併を行った事実を登記し、公告することで合併が成立します（227条）。

[反対株主の株式買取請求権]

原則として、合併の消滅会社が公開会社である場合は、存続会社も公開会社であることが要求されます（会社法223条）。これは、公開会社の株主に対して、非公開会社の株式が割当てられると市場流通性が著しく害されるため、これを保護するものです。ただし、公開会社である消滅会社の株主に対して、非公開会社である存続会社の株式が合併対価として付与される場合などは当てはまりません。合併の株主総会決議に反対した株主には、株式の買取を会社に対して請求する権利が認められます（137条、223条）。

[債権者異議手続]

吸収合併・新設合併により不利益を被る債権者は、合併議事録の公示日から60日以内に、合併無効の訴えを提起することができます。会社は債務額を供託することにより無効判決を免れることが可能となり、債務が履行されていない場合には会社はその履行を保証することにより当該訴訟を停止することができます。

また、合併の当事会社が、異議手続の期限内に破産した場合は、債権者は自己の有する債権額について弁済を受けることができます。（会社法232条）

XII　ブラジル

■ 分割

　分割とは、企業組織再編の手法であり、会社が事業のすべてまたは一部を対象企業に承継する、もしくは新たに設立される会社に承継することをいいます。

　企業分割には不採算部門の切り離しや別会社との同一部門の統合ができるというメリットがあります。すべての事業を承継した場合は、事実上合併と同じ効果が得られ、元の事業保有会社は消滅します。

[吸収分割]

　吸収分割とは、分割を行う会社が、既存の会社に事業を承継することで、この場合は、吸収合併の規定が準用されます（会社法229条）。株主総会の普通決議により分割協定書の承認を受け、登記を行った時点で吸収分割が成立します。

【吸収分割のイメージ】

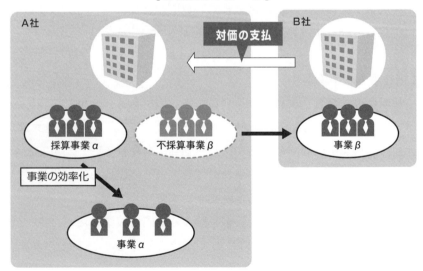

[新設分割]

　新設分割とは、新設会社に事業を承継する分割のことで、この場合も吸収合併とほぼ同様の手続になります。分割協定書について株主総会の普通決議により承認を受け、登記を行うことで新設分割の効力が生じます。

[反対株主の株式買取請求権]

　分割を行う会社の株主で、分割に反対する株主は、下記の要件のいずれかを満たせば、株式買取請求権を行使することができます（会社法137条）。

- 分割により会社の目的が変更した場合
- 配当金が減少した場合
- 関連会社の参加を余儀なくされた場合

[債権者異議手続]

　企業分割を行った場合、承継会社は分割前の債務に対して連帯責任を負います。しかし、一部分割の場合は、承継会社は承継した債務についてのみ責任を負い、分割会社と連帯責任を負わないという取り決めをすることができます。

　この場合、債権者に回収リスクが生じるため、債権者は分割の取り決めの公告から起算して90日以内に会社に通告をすることで、当該取り決めに異議を申立てることができます。（会社法233条）

XII　ブラジル

証券取引規制

【証券取引規制の概要図】

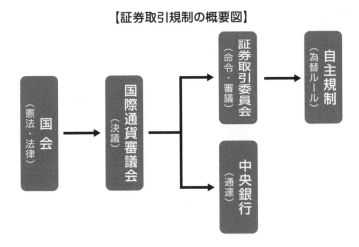

　証券取引規制とは、ブラジル証券取引委員会（CVM：Comissão de Valores Mobiliários）による規制であり、公開買付義務やインサイダー取引規制など、株式にかかわるすべての者を保護する目的で定められています。

■ 公開買付義務

　ブラジルにおいて上場企業を買収する場合には、原則として公開買付が義務付けられており、証券取引委員会の規定に従わなければなりません。

　公開買付義務とは、対象企業の株式を、買付価格・買付期間・買付数量などを公表した上で買付ける義務のことです。一部の株主に利益が集中し、他の株主に損害が生じることを防ぐ目的で定められています。

　公開買付義務の詳細は後述します（P.505参照）。

■ **インサイダー取引規制**

インサイダー取引とは、事前に得た未公開情報をもとに、自己または関係人の利益のために株式の売買を行うことをいいます。このような取引を防止し、健全な取引環境を保護するためにインサイダー取引規制が定められています。

ブラジルにおいては、2001年に特権的情報の利用を禁じる規定が定められ、インサイダー取引が規制されました。インサイダー取引規制違反が発覚した場合、1〜5年の禁錮刑に処されることになります。

新企業結合規制

独占禁止法（競争法）は、資本市場において健全な競争状態を維持するために、市場の独占や、不公正な競争を防止することを目的として定められたものです。ブラジルにおいては、2012年5月に改正が行われ（新企業結合規則）、M&Aについても、一定の要件を満たす場合、事前の届出が必要となりました。

■ **事前届出の対象取引**

以下のいずれかの要件を満たす企業結合取引は、経済集中行為と定義され、規制の対象となります。また、M&Aは、他の会社の支配権獲得を目的とするため、事前届出の対象取引に該当します。

- 2社以上の独立していた会社の合併
- 1社以上の会社による、他の会社の支配権の部分的または完全な取得（方法は問わない）
- 1社以上の出資による新会社の設立
- 2社以上の会社による合弁事業、その他の提携契約の締結

XII　ブラジル

■ その他事前届出の要件

　以下の2つの要件をともに満たす場合は、上記対象取引に加えて、事前の届出が必要となります。

- 取引を行う企業のどちらか一方のブラジル国内総売上高が、前年度（暦年）において、4億レアル以上の場合
- 上記企業ではないもう一方の企業のブラジル国内総売上高が、前年度（暦年）において、3,000万レアル以上の場合

　注意すべきなのは、当該売上高基準は、企業集団全体の売上高を基に算定されるという点です。仮にM&Aの直接の当事者となる企業が当該要件に該当しない場合でも、グループ会社を含めた際に要件を満たす場合には、届出が必要となります。

■ 届出のタイミングと審査期間

　届出の対象となる取引を行う場合には、経済擁護行政委員会（CADE：Conselho Administrativo de Defesa Econômica）へ事前届出を行い、CADEの審査および承認が完了するまでは取引を実施することはできません。2012年5月の改正以前は、事後届出制であったため、注意が必要です。

　法定審査期間は原則240日ですが、企業結合当事者の要請で最大60日間、またCADEが更なる審査が必要であると判断した場合には最大90日間延長されるため、審査期間は最大で330日になる可能性があります。

■ 届出書の新フォーム

　2012年5月の改正により申請フォームも変更され、多くの書類および情報の提供が必要となったため、以前よりも煩雑で時間を要する

と想定されます。提出する書類や情報としては、以下のとおりです。

- マーケティング報告書
- 事業計画書
- 役員会議事録等の会社内部書類
- 競合他社、サプライヤー、流通経路、価格、5%以上の少数株主持分に関する情報等

競争上の問題を発生させる恐れの少ない取引については、例外として簡易フォームの届出書を利用することが認められます。なお、審査期間についての短縮は認められていません。

■ 義務違反に対する制裁

CADEから事前の承認を得ることなく届出義務のある取引を完了した場合、もしくは審査期間中に取引を行った場合は、当事者に6,000万レアル以下の制裁金が科されます。

企業腐敗防止法

ブラジル企業腐敗防止法とは、さまざまな腐敗行為を規制する法規で、2013年8月3日に公布され、2014年1月29日の施行されました。

主な特徴としては、親会社、子会社、関係会社当の連帯責任について明記している点、また、内部統制、リニエンシーによる処分の減免を設けている点が挙げられます。

当該法では、ブラジル国内に法人・支店または代表者をおく外国法人および本社も、処分の対象とすることが明記されています。また、法人と自然人の責任は別途独立するものと規定されており、まず自然

XII ブラジル

人に責任追及が行われ、その後法人への責任追及が行われます。ただし、ケースによっては法人のみ処分の対象となる可能性もあります。制裁金・損害賠償に関して、処分対象のブラジル法人のみでなく、その親会社、子会社、関係会社等も連帯して責任を負うことになります。

法人の連帯責任については、4条2項において、「処分対象の範囲に含まれる法人は、直接処分対象法人の親会社、子会社、関係会社、コンソーシアムを組成する会社となる。兄弟会社は含まれない。」と記載されています。

親会社と子会社の関係は、支配権（過半数の議決権保有、役員の過半数を選出する権限）の有無で判定されます。また、コンソーシアムの定義は損益の分配についての定めのある契約関係（JV等）で、関係会社の定義は株式を10％以上保有していることです。

行政処分としての制裁金は、年度において行政機関の調査が始まってから、前年度の総売上の0.1～20％の範囲内で、調査を行う行政機関が決定します。前年度の総売上高が使用できない場合は、6,000～6,000万レアルの範囲内で決定されます。また、制裁金の支払担保のために資産の差し押さえが認められています。

減免措置における内部統制の評価基準は未公表（2014年3月末時点）です。リエンシー契約の場合は、違反者が複数であれば、最初に契約を締結した者のみが対象となります。同一の経済グループに属する法人が共同で契約を締結した場合は、すべての契約者が対象となります。

M&Aにおいて企業腐敗防止法と直接的に関係する点は、買収先の贈賄に対する責任も引受ける必要があることです。買収前の不祥事においても、買収後に問われる可能性があるため、処罰によってはサスペンドやクローズもありえます。したがって、買収においては、まず企業運営の一時停止、閉鎖（法務デュー・デリジェンス）は前提条件

としてリスク分析を行い、内部統制の有無、外部監査の有無を重要視する必要があります。

自然人は刑事責任、法人は行政制裁と違法行為に対する民事責任が問われます。未だ判例がないため、考えられる限りのリスクヘッジを行う必要があります。

会計基準

M&Aを行う場合、必ず対象企業のデュー・デリジェンスを行い、企業価値の算定を行わなければなりません。

ブラジルの場合、ブラジル上場企業と一部金融機関の連結財務諸表に対し、2010年12月31日以降の事業年度より、国際財務報告基準（IFRS）を適用し、報告しなければなりません。一方、非上場企業および特定の企業に対しては、IFRSを基礎とするブラジル会計基準に基づく会計処理が行われています。

XII　ブラジル

M&Aに関する税務

　買収を行う場合には税務上のリスクが伴います。買収取引以前の被買収企業の活動に対して、税務当局が課した税金および付帯税については買収側が責任を負うことになります。たとえば、納税義務を怠っていたことやコンプライアンス違反をしていたことが買収後に発覚した場合でも、買収側が税金および付帯税を負担しなければなりません。

　ブラジル企業の株式取得の場合には、主要な税務上の偶発債務をよく見極めて評価分析を行い、全体的投資判断においてそれらの債務のコストを考慮し、十分に注意を払う必要があります。

■ 繰越欠損金の継続

　被買収企業の繰越欠損金の継続可否などについて留意する必要があります。ブラジルでは、繰越欠損金は繰越期限の制限がないため、各年度の課税対象所得の30％を限度として利用することができます。

　しかし、M&Aが実施された場合には被買収企業の所有権が移転することになり、繰越欠損金が継続して繰越せるかが問題となります。ブラジル税法では、以下の2つの事由がともに発生した場合、被買収企業の税務上の損失を繰越して、将来の課税所得と相殺するという方法は認められていません。

・所有者の変更
・企業活動の変更

■ **過少資本税制**

ブラジルでは2010年に過少資本税制が導入されました。それ以降、海外の親会社等からの借入金が、ブラジル現地法人の純資産の2倍を超えた場合、法人税の計算上、その超過部分の支払利息は損金計上できなくなりました。

なお、タックス・ヘイブンや税制優遇地域の居住者である外国当事者からの借入の場合は、純資産の30%が基準値となります。こちらも同様に当該基準を超過する部分は損金算入できません。M&Aを行うために、資金調達をする際は注意が必要です。

■ **株式譲渡に関する税務**

資産譲渡と比べて株式譲渡の方が税務上有利といわれる理由は、のれんの償却費が損金算入できる点にあります。

2014年度まで、暫定税制（Regime Tributário de Transição）に基づいた取引の場合は、海外投資家がブラジル企業の株式買収の際に生じた税務上ののれん償却費は、一定の要件を満たす場合、5～10年の期間に繰延べて損金算入が可能とされていました。一定の要件とは、正当な経済的目的があるブラジルの投資ビークル経由での買収が挙げられます。

2014年5月発行のLei 12.973では、IFRSに基づき取得原価の再分配（Purchase Price Allocation）を行い、計算後の残余分をのれんとして計上することを条件に、一定期間におけるのれん償却費の損金算入を認めるとしています。また、2014年度末までに計上されているのれんに関しては、既存の処理を継続することが認められています。また、関係会社間のM&A取引においては、税務上のれんの控除が不可能であることが明記されました。以前は上述の一定の要件をもとに恩典として容認されていた処理ですが、今回の改正において、以降認められない旨が明文化されています。

 XII ブラジル

【所得に対する課税率】

法人の場合	法人税25% + 社会負担金9%
個人の場合	所得税15%

買収の売り手が売却を行う場合、売却益(売却価格と取得原価の差額)に対して納税義務が生じます。しかし、税額は売却される会社の所有者(個人であるか法人であるか、ブラジル国内の者であるか外国の者であるか等)によって異なります。

ブラジル国内の個人の場合には、個人所得税(IRPF)として実質所得の15%の税率が課されます。一方、法人の場合には法人所得税(IRPJ)として所得の25%に加え、法人利益に対する社会負担金(CSLL)として法人税の税引前利益に対して9%の税率が課されます。外国の個人、法人はともに所得税が15%となります。

■ 資産譲渡に関する税務

資産買収の際は、追加的に付加価値税(ICMS、PIS、COFINS、IPI)を発生させます。この場合、税金負担が株式取得の場合に比べて高くなるケースが多いため注意が必要です。

M&A スキームの基本

　ブラジル企業の支配権を獲得するためには、ブラジル会社法に従い株式の取得、資産譲渡、合併、新株の発行などを行う必要があります。実務上は、株式の取得によって支配権獲得を行う場合がほとんどです。

■ 株式譲渡（相対取引）
　株式譲渡の相対取引は、市場を介さずに売買当事者間で取引契約を締結します。株式譲渡の最大の特徴は、M&Aの手続がどの買収形態よりも簡素化されている点です。ただし、市場を介さない取引のため、他の株主との不公平が生じないよう、普通株式を保有している少数株主は、支配権を取得する買収者が支払う株式譲渡対価の80％の価格で株式買取請求権を行使することが可能です。

■ 公開買付
　公開買付は、ある会社の株式を買付価格、買付期間などを公告した上で、市場外で不特定多数の株主から株式を買収する制度です。一部の株主に好条件で取引されるなど、他の株主の公正性を害しないことを制度趣旨としています。対象企業の経営陣の同意を得ずに株式を買収するため、敵対的買収に多く利用されています。買付に対する応募を促すためにプレミアムを上乗せしたりするため、莫大な資金が必要な取引といえます。

　証券取引委員会の規定によると、公開買付は以下のように分類されています（CVM Instruction 361条）。

XII　ブラジル

- 敵対的公開買付（Competitor OPA）（13条）
- 上場廃止のための公開買付（OPA for the Cancellation of Registration）（16条）
- 持株比率を上げるための公開買付（OPA for Increase in Participation）（26条）
- 上場企業の支配権獲得のための公開買付（OPA for the Acquisition of Control of Publicly Held Company）（29条）
- 友好的公開買付（Voluntary OPA）（31条）

[公開買付が義務付けられる場合]

　会社法や証券取引委員会規定では、公開買付を義務付ける規制は現在のところありません。しかし、公開会社の多くは定款に公開買付を義務付ける旨を記載しています。

[支配権獲得のための公開買付の手続]

　支配権獲得を目的とした公開買付は、買付申込者の義務履行を保証する金融機関の仲介が要件となります（会社法257条）。具体的な手続は次のとおりです。

【公開買付フロー】

1. 証券取引委員会への登録
2. 新聞による公開買付の公告（最長10日間）
3. 証券取引委員会へ公告のコピーを提出
4. 公開買付の開始
5. 公開買付の終了
6. 応募株式の決済

証券取引委員会への登録 … ❶

　支配権獲得のための公開買付を行う場合は、買付者の支払を保証する金融機関が必要です。また、一部またはその全部の対価を株式で行う場合、証券取引委員会への事前届出が必要となります（会社法257条、259条、CVM Instruction 9条）。

　また、買付者が公開買付以前から対象企業の議決権を有する株式を保有している場合、証券取引委員会に対して、支配に必要な株式数について買付の申込を行い、株式を取得する理由や取得する株式の数量などを報告しなければなりません（会社法257条）。

新聞による公開買付の公告・証券取引委員会へ公告のコピーを提出 … ❷❸

　証券取引委員会への登録後、最長10日間、一定の事項を記載した公開買付申込書（OPA Instrument）を新聞にて公告しなければなりません。さらに、公告開始から24時間以内に、証券取引委員会へ公告のコピーを提出する必要があります（会社法258条、259条、

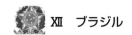
XII　ブラジル

CVM Instruction 11条)。公告のコピーは、公開買付が実施される証券市場や店頭取引市場の閲覧用となるため、規定の形式で作成した書面でなければなりません。

　買付申込書は、仲介の金融機関によって作成されなければならず、記載事項は以下のとおりです。また、対価を株式で行う場合は、以下の事項に加えて、交換に使用される株式およびその発行会社の情報を記載しなければなりません。

- 取得株式数の下限（もしある場合は、株式数の上限）
- 支払価額および支払条件
- 買付承諾者への提示価格、および申込株式数が上限を超えた際の買付承諾者への配分方法
- 申込承諾者が承諾の意思表示と株式の譲渡を行うために必要な手続
- 買付申込の期限（20日以上）
- 買付申込者に関する情報

　公開買付の公告前は、買付申込者・仲介金融機関・証券取引委員会に、守秘義務が課されています。当該義務を違反した場合には、発生する損害について責任を負わなければなりません。

公開買付の開始 … ❹

　買付申込の承諾は、あらかじめ買付申込書に記載された金融機関または株式市場を通じて行う必要があります。買付者は、支配権が獲得できる比率まで株式を取得した場合、その後撤回することは認められません（会社法257条）。買付承諾者は、申込条件に従って売渡または交換に同意した場合は、それを取消すことができません（会社法261条）。

公開買付の終了 … ❺

仲介の金融機関は、申込期限終了後に公開買付の結果を証券取引委員会に報告し、さらに、新聞に公告することで申込承諾者に知らせなければなりません。

なお、申込承諾者数が上限を超えた場合、公開買付申込書に記載された方法により、割当を行うことになります（会社法262条）。

応募株式の決済 … ❻

現金による決済、株式による決済、またはその両方による決済が可能です（会社法258条、259条、CVM Instruction6条）。

[公開買付価格の変更]（会社法261条）

価格および支払条件については、1回に限り変更することができます。変更は申込期限の10日前までに行わなければならず、特に価格の変更は5%以上上乗せする場合に認められます。既に申込を承諾した者に対しても同じ条件を適用しなければなりません。

[買付の撤回]（VM Instruction16条）

買付から1年以内に、撤回権（Withdrawal Right）の行使につながるような事由が生じた場合は、公開買付において株式を売り渡した株主に、撤回権の行使が認められます。また、株式をまだ売り渡していない株主には、撤回時の価格と買付時の引受価格の超過分の差額を受取ることができます。

[買付の競合]（会社法262条、CVM Instruction12条）

公開買付の申込が行われている間に、買付の競合を行うことができます。

買付の期間は、公表日から起算して最短で30日、最長で45日で

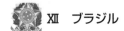 XII　ブラジル

す。当初の申込者は、買付の期限を競合での買付申込者と同じ期限まで延長することができます。なお、競合での公開買付申込が公告された時点において、既に確定した当初の申込の受諾は無効となります。

　また、仲介の金融機関は、買付の終了後4営業日以内に、買付に関する書類を証券取引委員会に通知する必要があります。

■ 株式交換

　株式交換により、対象企業は取得企業の完全（100%）子会社になります。最大のメリットは、自社株を対価として取引を行うため、資金が必要なく、合併より手続が簡易な点です。

　近年では、2012年6月にブラジル航空最大手のタン（TAM）航空が、米証券取引委員会（SEC）にてチリ航空大手ラン（LAN）航空と株式交換を行い、ラタン（LATAM）航空を設立したという有名な事例があります。

■ 事業譲渡

　他国では事業譲渡による資産買収の取引は一般化されていますが、ブラジルではあまり一般的な取引ではありません。

　一般的な海外投資家によるブラジル企業の買収は、事業単位の資産（事業資産）の買収および債務の一部または全部の引受という形を取ります。この場合、株式買収の場合と異なり、買収側は法人税債務に対し二次的な責任（法人税債務については、譲渡側が支払えない場合、譲受側が責任を問われる）を負います。つまり、譲渡側が支払えない場合は買収側が責任を問われるのです。しかし、各種付加価値税（ICMS、PIS、COFINS、IPI）と労働債務については買収側が一次的責任を負うことになります。

その他の論点

■ ポイズン・ビルの普及

　ブラジルでは、日本であまり導入されていないポイズン・ビル（敵対的買収防衛策）が広く認識され利用されています。ポイズン・ビルとは敵対的買収者が一定の議決権を取得した時点で、その買収を阻止するような事項をあらかじめ定めておくことをいいます。たとえば、発行済株式の全株式を取得する強制買付条項を規定したり、あらかじめ時価以下で購入が可能な新株予約権を既存株主に対し発行したり、公開買付価格に一定のプレミアムを上乗せしたりするなどさまざまな方法があります。

　ポイズン・ビルはブラジルの複数の上場企業で利用されているため、M&Aのプロセスにおける障害となる可能性があります。

■ 技術移転契約の期間と制限

　設備や労働力について既存のリソースを活用するために製造業を買収するケースがあります。この場合、日本の親会社が持つ技術を提供し、そのロイヤルティを対価として取得する方法が一般的といえます。

　しかし、ブラジルでは外貨の流出を防ぐ目的もあり、こういった技術移転契約期間は、原則として最長5年とされています。国立工業所有権院（INPI）の許可を取得できれば再度5年間の延長を行うことができますが、その後の延長は認められません。また、ロイヤルティ額についても、原則として当該技術移転により製造された製品の売上の5％を超えない額と定められています。

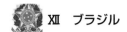

XII ブラジル

[参考資料・ウェブサイト]

- Apex Brasil http://www2.apexbrasil.com.br/en
- Câmara de Comércio e Indústria Japonesa do Brasil
  http://pt.camaradojapao.org.br/
- Ministério das Relações Exteriores   http://www.mre.gov.br
- Ministério do Desenvolvimento, Indústria e Comércio Exterior
  http://www.mdic.gov.br/sitio
- Portal da Industria Brasileira   http://www.portaldaindustria.com.br
- PwC 'Fusões e Aquisições no Brasil' Outubro de 2011
  http://www.pwc.com.br/pt/estudos-pesquisas/assets/mea-out-2011.pdf
- Veirano Advogados 'Brazil's New Anti-Corruption Law Stirs The M&A Pot'
  http://www.veirano.com.br/por/contents/view/brazil_s_new_anti_corruption_law_stirs_the_m_a_pot
- ジョーンズ・デイ法律事務所「ブラジルにおける M&A 及び合併事業主要な考慮事項」
  http://jonesday-tokyo.jp/events/%28JP%29Brazilian%20M%26A%20And%20Joint%20Venture%20Transactions%20Key%20Considerations.pdf
- 大和住銀投信投資顧問 投資戦略部長 門司総一郎、ストラテジスト上石卓矢「ストラテジストコラム（第108号）――復活する世界の M&A」2011 年 1 月 21 日
  http://www.daiwasbi.co.jp/column/strategist/pdf/110124.pdf
- 『M&A 専門誌 MARR』レコフデータ
  「特集 2013 年の日本経済と M&A 動向」2013 年 2 月
  「特集 2014 年の日本経済と M&A 動向」2014 年 2 月

XIII

メキシコ

XIII メキシコ

メキシコにおけるM&Aの動向

　メキシコにとって日本は、アメリカ、中国に次ぐ3番目の取引大国です。近年では、自動車やエレクトロニクス、インフラ等の日本企業が、メキシコ国内に会社を設立し、活発に事業活動を行っています。

　メキシコ政府は2012年に約800億円の円建サムライ債の売出を行いました。主な投資家は日本の大手銀行のため、メキシコ経済における信頼度が高いと考えられます。

　メキシコはその他のラテンアメリカ各国の中でも、連邦、州政府がさまざまな優遇規定を提供して、自動車等の産業の投資を促進しています。対内投資規制を受ける事業は限定されているため、メキシコは多くの国からの投資の増加がさらに期待されています。

　次のグラフは1991～2013年の間に、メキシコで行われたM&Aのうち、公表されている件数および金額の推移を表したものです。

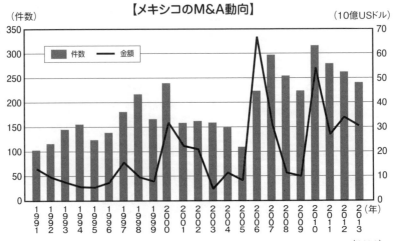

出所：The Institute of Mergers, Acquisitions and Alliances（IMAA）

■ 日本企業のM&A事例

　日本企業による中南米企業の買収（In-Out）の件数は、2011年は14件、2012年は24件、2013年は14件あり、そのうちメキシコに対するM&Aはそれぞれ0件、3件、0件です（レコフ調べ）。日本企業によるメキシコ企業のM&Aは、件数は多いとはいえませんが、ここ数年の平均3％を超える安定した経済成長率や海外投資の活発化傾向から見ても、今後はさらに増加することが予想されます。

　次表は、2012年に行われた日本からメキシコに対するM&Aの事例です。

【日本からメキシコへのM&A（2012年）】

No.	日本	メキシコ	出資比率(％)	業種	投資金額(百万円)
1	大正製薬ホールディングス	Compañía Internacional de Comercio, S.A.P.I.de C.V. Grupo Imperial, S.A.de C.V. Kosei,S.A. de C.V. Vitacilina Corporation of America	—	医薬品	—
2	双日株式会社	CPC Mineria, S. De R.L. De C.V.	49	卸売業	—

515

 XIII　メキシコ

M&Aに関する法律・規制

メキシコにおいて、M&Aを行う場合には、複数の法規が関連してきます。そのため、各法律を横断的に理解しておく必要があります。M&Aに関連する法規には以下のようなものが挙げられます。

【M&Aに関連する法規】

外国投資法	外資の参入、外国企業の土地所有に関する規制を定める
商事会社一般法	会社形態や合併・分割といった組織再編について規定する
メキシコ証券市場法	投資促進会社形態、上場企業株式取得時の各種規制について定める
競争法	自由競争を保護、促進するために、独占的行為や企業結合について規定する

外国投資法

■規制業種

ラテンアメリカの他の国に比べ、メキシコへの外国直接投資の対象業種は、わずかな事業に限定されています。具体的には外国企業、国内企業双方に係る出資制限と、外国企業のみに係る出資制限に分けることができます。

M&Aによる投資を行った結果、出資比率が外国投資法（Ley de inversión Extranjera）の規制を超えるような取引は、そもそも認められません。したがって、まず対象業種が外国投資法に該当するかどうかを確認します。

エネルギー改革に関する連邦憲法改正に伴い、2014年4月30日、連邦政府は関連法令の改正案を議会に提出しました。外国投資法に関

しても、エネルギー業界への外国投資を奨励すべく、同業界への外資規制が緩和される方向で改正が行われました（2014年8月11日改正）。

【外資規制】

制限	事業
国家に留保される規制業種（外資法5条）	石油その他炭化水素、電力、原子力エネルギー、放射性鉱物、電報、無線電信、郵便、紙幣発行、貨幣鋳造、港湾・空港管制、その他特に法が定めるもの （2014年8月11日改正により、基礎石油化学は削除）
メキシコ人または定款に「外国人排除条項」を有するメキシコ法人に留保される規制業種（外資法6条）	旅客・貨物国内陸上輸送（宅配除く）、開発銀行、特に規制法のある専門・技術サービス （2014年8月11日改正により、ガソリン・液化ガス小売、ラジオ・テレビ放送は削除）
外資参加比率規制業種：外資比率10％まで（外資法7条）	協同組合
外資参加比率規制業種：外資比率25％まで（外資法7条）	国内航空輸送、特別航空輸送、エアタクシー輸送
外資参加比率規制業種：外資比率49％まで（外資法7条）	爆発物・銃火器等の製造販売、国内流通新聞の出版、農林畜産用地保有企業、排他的経済水域における漁業（養魚業除く）、港湾総合管理、港内水先案内、内国海運（観光除く）、船舶・飛行機・鉄道用燃料・潤滑油、放送（相互主義による） （2014年1月10日改正により、保険機関、補償機関、為替、受託、退職基金管理、証券市場法12条の2に規定される企業は削除）
外資比率49％超の場合に外資委員会の承認を要する業種（外資法8条）	曳航・係留等港湾サービス、遠洋海運会社、公共飛行場認可、幼稚園〜高校、私立上級学校、法務サービス、公共鉄道建設・管理 （2014年1月10日改正により、信用調査、証券格付、保険代理店、携帯電話、パイプライン建設、石油・ガス掘削は削除）

出所：日本貿易振興機構（JETRO）「メキシコ進出に関する基本的なメキシコの制度」

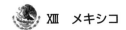 XIII　メキシコ

　ただし、規制事業以外であっても既存企業の資本金に49％を超えて外資が参加する際に、その会社の資産総額が34億9,360万3,960.10ペソを超える場合は外資委員会の承認が必要となります（外資法4条、9条）。

■ 不動産取得規制

　外国人および外国企業の土地購入は、規制地域を除き可能です。規制地域とは、国境沿い100kmと沿岸50km以内の地帯をいいます（憲法27条1項）。

　規制地域においては、居住以外を目的とする場合、不動産取得が可能ですが、外務省に報告する必要があります（憲法10条）。なお、規制地域の土地を借りる場合には、最長50年の信託方式とする必要があります（憲法11条、12条、13条）。

商事会社一般法

■ 商事会社一般法

　商事会社一般法（Ley General de Sociedades Mercantiles）は、日本でいう会社法に相当する法律です。商事会社の諸形態、株主・従業員の権利、組織再編や会社の清算等を規定した連邦法であり、M&Aにおいても、他の法律に特別な定めのない限り、一般的に本法が適用されます。

■ 株式会社

　商事会社一般法では6つの会社形態を規定しており、なかでもM&Aの対象として最も一般的な形態は株式会社（S.A.：Sociedad Anónima）です（1条）。また、可変資本制度（定款を変更せずに資本金の増減が可能）による、可変資本株式会社（S.A. de C.V.：

Sociedad Anónima de Capital Variable）も多く存在します（8条）。
株式会社の主な特徴は以下のとおりです。

- 株主責任の範囲は、出資額を限度とする（有限責任）
- 株主または社員が最低2名いることが会社設立・維持の要件であり、1人会社は認められていない
- 議決権については基本的に株式数に応じ各株主が有しており、会社の決議事項については株主総会や取締役会において決定される
- 株主総会により取締役を決定し、各取締役が会社を管理運営する

株主は会社組織、構造、事業目的、資産構成を変更する権限を有します。同種の株式を保有する株主は平等な権利を有しており、特定の種類株式（1つの株式会社により発行された、配当や議決権等の権利内容が異なる、複数種類の株式）に関し不利な取扱をする場合には、事前に当該種類株主による特別総会決議が必要です。

株式を償還する際は、総株主の持分比率に応じて行うか、または公正な抽選により償還する株式を選定します。償還に関する規則は全株主の同意により変更することも可能です。

■ 合同会社

合同会社（S.de R.L.：Sociedades de Responsabilidad Limitada）は、株式会社よりも出資者の権利義務等に関し柔軟な扱いが認められており、出資者間の関係がより閉鎖的、かつ比較的小規模な事業向けの形態です。合同会社においても可変資本制度は適用可能で、その場合は可変資本合同会社（S. de R. L. de C.V.：Sociedad de Responsabilidad Limitada de Capital Variable）となります。

519

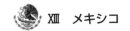 XIII　メキシコ

■ 合併・分割

M&Aに関連する内容として、合併（fusión）と分割（escisión）に関する規定があります（合併につき商事会社一般法222条〜226条、分割につき同法228条の2）。

合併には、新設合併（2つ以上のすべての会社の法人格が消え、新しい会社に統合する）と、吸収合併（1社が継続したまま、その他企業を取り込む）があります。

分割には、新設分割（既存の会社の法人格を消滅させ、その資本や資産を2つ以上の法人に分割する）、および吸収分割（既存会社の消滅を伴わずに、資本や資産の一部を他法人に移転する）があります。

合併・分割については、それぞれの関連企業株主による特別総会決議が必要となります（182条）。また、法的効力を持たせるため、商業登記所（The Public Registry of Commerce）において公証、登録する必要があります（223条）。

■ ジョイントベンチャー

ジョイントベンチャーの設立を検討する上で、当事者が2社以上あり、オペレーションや技術・ノウハウの提供よりも資本提供の側面が強い場合には、株式会社形態が取られることが一般的です。

一方、買収後も出資者が継続して経営に参加する場合など、合同会社形態がふさわしい場合もあります。少数株主にとっては、株式会社より合同会社の形態の方が、支配権という側面からは有利ともいえます。

商事会社一般法においては株主間契約（企業や株主間における株主の権利に関する取決で、議決権行使や株式譲渡に係る条件等を定めたもの）の有効性が明文化されておらず、むしろ旧来の商事会社一般法においては、株主の自由な議決権行使を制限する契約が無効とされていました（2014年6月改正により削除）。したがって、同法に基づ

く株式会社および合同会社形態では、当事者が株主間契約においてガバナンスに関する取決を行っていても、後にその有効性が争われるという事態が生じえました。

同様の内容を付属定款で定めた場合には拘束力が高まるものの、附属定款の設置・変更には、株主の承認や公証等法定の要件が定められており、取決の公開を望まない株主がいる場合には付属定款を用いることが困難です。

近年ではジョイントベンチャーにおいても、後述の、証券市場法に基づく投資促進会社（S.A.P.I.：Sociedad Anónima Promotora de Inversión）形態の利用が進んでいます。

メキシコ証券市場法

■ 証券市場法

証券市場法（Ley de Mercado de Valores）は2005年制定の連邦法です。立法趣旨は、メキシコ証券市場の公平性・効率性・透明性の確保とその発展、および投資家の利益保護、システムリスクの抑制、そして健全な競争を促進することにあります（1条）。この立法趣旨の下、株式公開買付（TOB）義務、開示義務やインサイダー取引規制など、具体的な証券取引上の義務や規制を定めています。

証券市場法の特徴として、株式会社における株主間契約の有効性を明文化して認めた点が挙げられます。これにより、付属定款を変更することなく、有効な株主間契約を締結することが可能となりました。

■ 投資促進会社

証券市場法が施行される以前は、前述のとおり、株主間契約、議決権、譲渡等の定めの効力は限定的でした。そのため、プライベート・エクイティ投資家等が一般的に用いるロックアップ（株式発行者や大

XIII　メキシコ

株主等と主幹事証券会社との間で結ぶ、一定期間にわたり原則として株式等の新規発行や売却を行わないことについての合意)、コール・プットオプション等の定めについても実効性を欠き、投資家の活動の妨げとなっていました。

　証券市場法により、株式会社の新たな形態として、投資促進会社が定められました。投資促進会社は株式会社の特別な形態であり、少数株主の権利を強化し、柔軟な種類株式の発行を認める他、株主間契約の実効性を高めるために定められました。

　上場企業を規制する証券市場法に定められた形態ではあるものの、非公開会社であるため、いずれの証券取引所にも登録する必要がなく、国家銀行証券委員会のコンプライアンス規程や監督に服することもありません。特にジョイントベンチャーや、上場予定会社の暫定的な形態として活用されています。

　特に以下の点に関し、株主間契約の有効性が明文化されています（16条）。

［非競争契約］

　株主間において、業種および地理的範囲に関して競業しないことを、3年以内の範囲で定めることが可能です。

［コール・プットオプション］

　ドラッグアロング（大株主による株式譲渡時、その他株主にも同条件での売却を強制し、大株主によるイグジットを容易化する定め）、タグアロング（大株主による株式売却時、買い手に対し少数株主が同条件で売却する権利を定め、少数株主保護に資する定め）を含む、コール・プットオプションを定めることが可能です。

[新株予約権]

　新株予約権とは、発行会社に対して行使することにより、当該株式会社の株式交付を受けることができる権利で、その譲渡や放棄等の処分につき合意することが可能です。これらの処分が第三者間で行われる場合も同様です。

　関連規程と併せて、株主が払込や出資義務を履行しない場合に、持分比率を希釈する等の懲罰的規程を定めることが可能となります。

[議決権制限]

　株主総会における議決権行使の方法につき合意することが可能です。たとえば、拒否権の定めや、役員選任時における優先議決権などが挙げられます。

[譲渡方法]

　株式譲渡を公開買付に限定すること等についても合意が可能です。

■ 情報開示義務

　証券市場法の下では、以下のような上場企業株式取得の場合は、国家銀行証券委員会および一般に公開する必要があります。

- 直接的、間接的にかかわらず、買い手の株式持分が5％以上変動する場合、その決定の翌営業日までに、メキシコ証券取引所を通じて一般に情報を公開しなければならない（証券市場法110条）。
- 直接的、間接的にかかわらず、ターゲット企業の普通株式の10〜30％を取得する買い手は、取得の翌営業日までに、メキシコ証券取引所を通じて一般に情報を公開しなければならない（109条）。
- 直接的、間接的にかかわらず、買い手がターゲット企業の株式

523

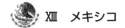

を10%以上保有し、かつ取締役会のメンバーである場合、当該ターゲット企業株式の購入に当たり、その旨を国家銀行証券委員会に報告しなければならない（111条）。

■ 公開買付義務

公開買付義務とは、一定条件下において公開買付が強制される制度のことをいいます。直接および間接的にかかわらず、買い手が、ターゲット企業の普通株式の30%以上を取得する場合は、公開買付をしなければなりません（証券市場法98条）。

ターゲット企業が証券取引所の上場維持要件を満たしていない場合や、上場維持要件に厳格にコミットしていない場合、その他証券市場法の違反を続けている場合も、株式取得は公開買付による必要があります（56条、108条）。

■ 買収対価

公開買付の買収対価としては、現金、株式、またはその複合が一般的です。証券市場法では、すべての株主に対して（株式の種類にかかわらず）、買収対価は同じものでなければならないと規定されています（98条）。

競争法

■ 競争法

メキシコにおける独占禁止法は、経済競争に関する連邦法（Ley Federal de Competencia Económica、以下、競争法）を指します。2014年4月29日には、連邦議会において新競争法が可決しました。ただし、内容には未だ不明確な点も多く、当面慎重な検討が必要となります。

大きな変更点としては、これまで同法に関する問題についての管轄が連邦競争委員会（Comisión Federal de Competencia）であったのに対し、今後は、電気通信業界については連邦電気通信機関（IFETEL：Instituto Federal de Telecomunicaciones）、それ以外については連邦経済競争委員会（COFECE：Comisión Federal de Competencia Económica）の管轄となった点が挙げられます。

　どのような行為が競争法で禁止されるかを理解する必要があるとともに、同法の規程に従い、上記当局へ各種届出書の提出が必要となる場合もあるため、注意が必要です。

■ 独占的行為

　独占的行為は、絶対的独占的行為と相対的独占的行為に分けられます。絶対的独占的行為は、競争および競争過程への影響が状況によらず明らかに反競争的であるもの、相対的独占的行為は、競争および競争過程への影響が常に明らかとはいえないものをいいます。

[絶対的独占的行為]

　絶対的独占的行為は、以下の目的・効果を有する、競争者間のすべての契約や取決が含まれ、原則禁止とされます（競争法53条）。

- 価格固定、値上げ、価格合意、価格操作
- 商品やサービス提供の供給制限
- 市場または顧客の分割、配分、割当または賦課
- 入札談合
- 上記各項目を目的とする情報交換（新法により追加）

　上記に該当する絶対的独占的行為は、市場やその行為をした企業の規模にかかわらず法律違反となり、刑法上の責任に加えて制裁金が科

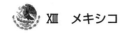

XIII メキシコ

されます。

[相対的独占的行為]

相対的独占的行為は、一概に競争を阻害する効果を有するわけではないため、マイナスの効果がプラスの効果を上回り、自由競争にとって有害な独占的行為と判断された場合に違法とされます。相対的独占的行為は以下のとおりです（競争法54条）。

- 市場の垂直分割
- 最終製品の販売、再販売価格の制限
- 抱合せ販売
- 排他的な契約
- 取引の拒絶
- ボイコット
- 不可欠な施設・材料の取引拒否または制限（新法により追加）
- マージンの搾取（新法により追加）
- その他競争阻害

■ 適用除外

[重点政策部門]

憲法28条4段に定められた重点政策部門において排他的活動が認められる同業者団体については適用除外となります。ただし、同団体に対しても、重点政策とみなされない行為については、競争法が適用されます（競争法6条）。

[労働組合、著作権者・特許権者]

関連法に基づき、自らの利益保持のために組織された労働組合は適用除外となります。また一定期間、著者や芸術家、および発明家や発

明品の改良者等に与えられる、作品に対する特権についても適用除外となります（競争法7条）。

[**輸出組合**]

商品や製品を直接海外に販売する団体・組合について、以下の場合は適用除外となります（競争法8条）。

- 当該製品の輸出が、その地方における財源として不可欠な製品、または逼迫した需要のないものである
- 当該製品が、国内では販売・流通がない
- 当該団体が、行政の監視下にあり、適切な機関により設立が事前に承認されている
- 当該団体が任意団体であり、加盟や脱退が自由である
- 当該団体が、連邦政府から許認可を受けていない

[**最高価格設定**]

その他、国内経済および大衆消費における基本的商品およびサービスつき、政府および大臣が最高価格を設定する場合においても適用除外とされています（競争法9条）。

■ 企業結合（Concentración）

競争法が規制対象とする企業結合とは、競合企業、サプライヤー、顧客等の経済主体間における合併・買収等、資産（株式、持分等）の集中を生じる行為をいいます。企業結合が自由競争や市場機能を阻害する目的や結果を生じうる場合、連邦経済競争委員会の規制または排除処分の対象となります。

当該規制は、日本の独占禁止法における、「事業支配力が過度に集中することとなる会社の考え方」と同様の趣旨によるものです。

XIII　メキシコ

　以下の表に規定される企業結合については規制が強化されており、連邦経済競争委員会への事前届出および審査が必要となります（競争法86条）。事前届出を怠った場合には、相当額の罰金が科されます。

　ただし、下記に該当する場合であっても、当該企業結合により、メキシコ国内で支配権獲得や資産の集中が生じない場合には、届出義務が免除されたり、より簡素な手続によることが認められる場合もあります。

【企業結合に係る競争法の事前届出義務】

対象行為等	事前届出
・企業への新規投資	不要
・既存企業の買収、合併その他類似行為で以下に該当する場合 取引額が、連邦区における最低賃金の1,800万倍以上（約9,000万USドル） ・資産または年間売上高が、最低賃金の1,800万倍以上である企業の資産または株式の35％以上を取得 ・資産または年間売上高が、最低賃金の840万倍（約4,100万USドル）を超える企業の資産または株式を買収する場合で、当事者の一方または双方の資産または年間売上高が最低賃金の4,800万倍（約2億3,500万USドル）を超えること	必要

会計基準

　M&Aを行う場合、必ず対象企業のデュー・デリジェンスを行い、企業価値の算定を行わなければなりません。国によって会計基準が異なるため、現地の会計基準を把握しておくことが重要です。

　メキシコは、国際財務報告基準（IFRS）を完全適用していませんが、IFRSに準拠した独自の会計基準を採用した会計処理が行われています。そのため、基準の整備は、国際的な水準と変わらないといえます。ただし、実際の運用面では新興国特有の怠惰な処理が行われているケースもあるため、注意が必要です。上場企業に限っては、2012年12月31日以降、IFRSの適用が強制されています。

M&Aに関する税務

■ 株式譲渡

[株式譲渡時の税務]

キャピタル・ゲイン

　株式売却から生じるキャピタル・ゲインについては、普通所得とみなされ、通常の法人税率が課されます。メキシコ非上場企業の株式を売却する非居住者は収益額の25%、非居住者がメキシコに代理人を置いている場合（当該非居住者がタックス・ヘイブンに立地していないことまたは優遇税制の恩恵を受けていないことを条件とする）は利益額の35%がそれぞれ課税されます。

　上場企業の株式売買から生じるキャピタル・ゲインに対しては、2014年新税制において10%の所得税が課されることとなりました。メキシコ居住者および外国居住者ともに適用があり、株式市場を通じて株式取引を行う仲介業者により源泉徴収されます。

【株式の売却益】

	課税要件
非上場企業	収益額の25% 利益額の35%
上場企業	売却益の10%

 XIII　メキシコ

付加価値税（IVA）

株式譲渡には、付加価値税（IVA）は課されません。

[株式譲渡後の税務]

欠損金

支配権の移転後、買収先企業の欠損を繰入れることができます。ただし、欠損を生じたビジネスと同種のビジネスからの収入に対してのみ用いることが認められます。欠損金の繰越期間は10年間です。

補償および保証

株式譲渡においては、買い手は買収先企業の偶発債務や税滞納を含む全責任を引継ぐことになります。

税務当局は、納税期限または申告書提出の翌日から5年間は、いかなる時点であれ追加課税のための調査・評価を行う権限を有しています。また、税務当局は買い手に対し、対象企業の過去5年間の未払税に対する連帯責任を追及することが可能です。

株式譲渡の場合、買い手は通常、資産譲渡のみの場合よりも広範な補償および保証や寄託金を売り手側に要求します。

■ 資産譲渡

[資産譲渡時の税務]

IVA

資産の売却価額に対して16％のIVAが課されます。

不動産取得税

不動産の譲渡により、買主に地方税が課されます。税率や課税標準は州により若干の違いがありますが、取引価額、地籍上価額、査定市場価格等のうち、最も高いものの2％前後が目安となります。州によ

っては投資インセンティブとして免除されます。

[資産譲渡後の税務]
のれん
　第三者から取得したのれんは、メキシコの税務上損金算入できません。

固定資産税
　2カ月ごとに固定資産税を支払う義務があります。税額は当該不動産の価値や、所在する地域により異なります（地方税）。

減価償却
　取得した有形・無形資産は、所得税法（Ley Federal del Impuesto Sobre la Renta）に定められた償却率に従い、定額法34条により損金算入する必要があります。

【減価償却率（一部抜粋）】

資産	償却率
建物	5%
事務所備品・設備	10%
自動車、バス、トラック、トラクター、トレーラー	25%
パソコン、サーバー、プリンタ等	30%

■ 合併
　メキシコの税制度においては、以下の要件に合致していれば、国内での合併は非課税で行うことが可能です。

・合併が株主に承認された日から1カ月以内に、存続会社が税務当局に合併の通知を提出する

XIII　メキシコ

- 存続会社は、合併前の自社および消滅会社の事業を、合併完了から最低1年間実行する
- 存続会社は、消滅会社に代わって、合併時点で納税義務があるものを含め、合併完了した年度のすべての税および情報の申告を行う

M&Aスキームの基本

　商事会社一般法で規定されている買収スキームには合併以外に、株式取得と資産取得の2つがあります。

株式取得

■ 相対取引

　相対取引による既存株主からの株式取得の特徴として、事業取得と比較して手続等が簡単なため、スピーディーに買収を行うことができることが挙げられます。

　対象企業が存続する株式取得では、一部の税務的な責任を除き、企業としての法的責任は引き続き対象企業が負うことになります。法人の背後に存在する支配的存在の責任を問うための「法人格否認の法理」がメキシコ法上認められないため、買い手にとってリスクを計算しやすいというメリットがあります。

　対象企業が公開会社の場合、株式の30％未満の取得であれば、市場外における合意があり、その他要件に従う限り、相対取引が可能です。

　増資により株式を取得する場合、既存株主から、新株発行に係る新株引受権の放棄を受ける必要があります。その理由は、新株引受権が行使された場合、当初予測していた割合を取得することが困難となるためです。メキシコ法においても新株引受権は規定されており、株主の権限を強化するため、付属定款において株主に付与されていることが一般的です。

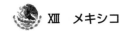
XIII　メキシコ

■ **公開買付**

　海外から企業買収を行うにあたり、公開買付はあまり一般的な手法ではありません。公開買付は証券市場法の規制下にあり、市場において公開会社の普通株式30％以上を取得する場合は、公開買付義務が生じます。

資産取得

　資産取得の特徴は、対象企業に付随する権利義務をすべて引受けずに、特定の事業のみが取得可能であることです。

　ただし、この権利義務が、事業資産そのものに付随している場合や、契約により合意した場合には、取得に伴って権利義務を引受ける必要があります。労働、税務や環境に関する責任などは、資産に付随する可能性が高いです。

　実質的にすべての資産を買収する場合には、買い手は買収完了時点で資産に付随する従業員の使用者となり、労働法上の義務を承継することになります。雇用に関する福利や条件の修正は認められないため、これを回避するには、買収完了時点でいったん解雇し、解雇手当を支払った上で再度雇用する、等の手続が必要です。

　メキシコにおいて資産取得により事業譲渡を行う場合、主要資産の譲渡契約書とともに、それに付随する資産も確実かつ適時に移転するために必要な手続を記載した、付随的な権利委譲書を締結するのが一般的です。これより複数の不動産がかかわる場合、各不動産につき個別の契約書が、公証役場での公証や不動産登記に先立って必要となります。

　長期リース契約やその他契約における権利が譲渡される場合には、別途手続が必要となります。担保の対象となっている資産であれば、担保解消および資産移転のため、個別の書類が必要となります。

資産取得は株式取得に比べて一般的に多くの書面を必要とし、そのドラフティングや交渉等に時間がかかるため、ディールが長期化しがちであることに注意が必要です。

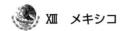 **XIII メキシコ**

[参考資料・ウェブサイト]

- The Institute of Mergers, Acquisitions and Alliances (IMAA)
  http://www.imaa-institute.org
- 『M&A 専門誌 MARR』レコフデータ
  「特集 2013 年の日本経済と M&A 動向」2013 年 2 月
  「特集 2014 年の日本経済と M&A 動向」2014 年 2 月
- KPMG.com 'Taxation of Cross-Border Mergers and Acquisitions Mexico'
  http://www.kpmg.com/Global/en/IssuesAndInsights/ArticlesPublications/cross-border-mergers-acquisitions/Documents/mexico-2012.pdf
- 日本貿易振興機構(JETRO)メキシコ・センター「メキシコにおける会社設立・清算手続き」 2009 年 9 月
  http://www.jetro.go.jp/jfile/report/07000125/mexico.pdf
- 日本貿易振興機構(JETRO)
  「ジェトロ世界貿易投資報告 2013 年版」世界と日本の貿易投資統計
  http://www.jetro.go.jp/world/gtir/2013/pdf/2013-5_rev.pdf
  「ジェトロ世界貿易投資報告 2013 年版」中南米――メキシコ
  http://www.jetro.go.jp/world/gtir/2013/pdf/2013-mx.pdf
  「メキシコ進出に関する基本的なメキシコの制度」
  http://www.jetro.go.jp/world/cs_america/mx/invest_02/
- Luis Burgueño, Von Wobeser y Sierra, 'Public mergers and acquisitions in Mexico: overview'
  http://uk.practicallaw.com/2-385-6584
- 公正取引委員会「世界の競争法――メキシコ(Mexco)」 http://www.jftc.go.jp/kokusai/worldcom/kakkoku/abc/allabc/m/mexico.html
- Carlos Del Rio, 'Mexico, Negotiated M&A Guide, Corporate and M&A Law Committee'
  http://www.creel.mx/assets/files/publications/MEXICO_Negotiated%20M&A%20Guide%202011.pdf

XIV

ドバイ・アブダビ

XIV　ドバイ・アブダビ

ドバイ・アブダビにおける M&A の動向

　アラブ首長国連邦（UAE）は7つの首長国（アブダビ、ドバイ、シャルジャ、アジュマン、ウンム・アル・カイワイン、フジャイラ、ラス・アル・ハイマ）から構成されています。日本企業の進出数が多いことから、本章では主にアブダビ首長国とドバイ首長国について記載していますが、UAEと記載している箇所に関しては、7つの首長国すべてに共通します。

　UAEにおけるM&A取引件数は多くはありません。次のグラフは、1999～2013年の間に、UAEで行われたM&Aのうち、公表されている件数と金額を表したものです。2012年の総M&A取引件数は160件強で、公表されている先進国の総M&A件数（アメリカで約1万件、イギリスで約3,000件、日本で約1,800件）と比較するとかなり少ないといえます。2008年のリーマン・ショック以前は増加傾向にありましたが、その後、件数、金額ともに大きく減少しています。

　日本企業による中東企業の買収（In-Out）の件数は、2011年に6件、2012年に4件、2013年に13件あり、そのうちUAEに対するM&Aの件数は、それぞれ3件、0件、1件です（レコフ調べ）。日本企業のM&AによるUAEへの進出は進んでいるとはいえません。

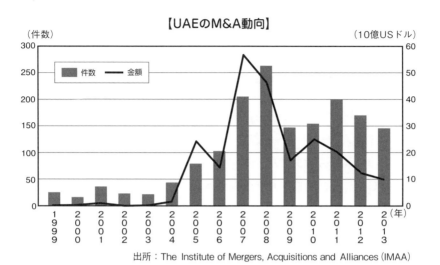

【UAEのM&A動向】

出所：The Institute of Mergers, Acquisitions and Alliances (IMAA)

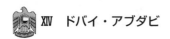
XIV ドバイ・アブダビ

M&Aに関する法律・規制

UAEのM&A市場は先進国の国際市場のように十分成熟したものではありませんが、中東や北アフリカ地域の中では最も発展しています。法律はM&A取引の手続を発展させるために制定されており、最終的にUAEを先進国の国際市場の水準に合わせることを目標としています。

M&Aにおいて、UAEならびにドバイ国際金融センター(DIFC：Dubai International Financial Centre)とでは、それぞれ独自の制度が存在します。したがって、UAEでM&Aを行う際はターゲット企業がどの法域に属しているかが重要な論点の1つとなります。UAEの法規制は、DIFCにおいて有用性はほとんどなく、その逆も同様です。

それぞれの法域において、M&Aに係る主な法規制として、投資規制や商事投資法などがあります。

【M&Aに関連する法規】

投資規制	外資に対する業種、出資比率、土地所有、労働、会社設立、ライセンス取得、為替取引に関する規制
UAE商事投資法	UAEにおける商事会社形態および吸収合併、新設合併について規定する
DIFC投資法	ナスダックドバイに上場する企業に対してドバイ金融庁が定める買収規則モジュールを規定する

投資規制

UAEで設立した企業は、株式資本を51％以上保有しているUAEの共同出資者を1人以上持たなければならず、そのUAE共同出資者はUAE国民またはUAE国民が経営する法人の社員でなければなりませ

ん。ただし、一部の事業（不動産仲介業者等）は100%UAE保有である必要があります。

一方、DIFCには外国人の株式保有についての制限事項はなく、UAEの法律にあるような、UAE国民による最低出資比率なども存在しません。外資金融機関も、現地の共同出資者なしで事業を立ち上げることができます。

■ 業種による規制

UAEにおいては、金融、医療機関等一部の業種を除き、ほとんどの業種が外国投資に開放されています。しかし、現地法人を設立するには出資比率による規制がありますので注意が必要です。事業を開始するに当たってのライセンスは各首長国政府から取得することができます。フリーゾーン内の企業を除くすべての外国企業は連邦政府経済省への登記を必要とし、石油・ガス、製造業、医薬品関連産業等の業種については連邦政府の承認を必要としています。

■ 出資比率による規制

UAEにおいて、現地法人を設立する場合、外国資本の出資比率は最大で49％に制限されています。すなわち、UAEの国民が51％以上出資することが設立の原則条件ですが、以下の場合のような例外もあります。

- 外国企業の支店または駐在員事務所の場合
    ※UAE国民または100% UAE資本の法人によるスポンサーが必要
- 専門的職種の個人事業体（医療サービス、法律コンサルタント等）
    ※上記のスポンサーは必要
- 100% UAE資本による所有が法律で義務付けられている場合

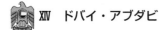 XIV　ドバイ・アブダビ

- 100% Gulf Cooperation Council（GCC）資本による所有が認められている事業分野の場合（GCCとは、UAE、サウジアラビア等の中東・アラビア湾岸地域6カ国が加盟する湾岸協力会議のこと）
- 100% GCC資本の会社がUAE国民とパートナーシップを結ぶ場合
- フリーゾーン内において現地法人を設立する場合
  ※外国資本100%の企業設立も可能

■ 土地所有に関する規制

外国人の土地所有を認める連邦法は存在しません。しかし、各首長国が独自の法律で外国人の土地所有を規定しています。

ドバイでは、UAEおよびその他GCC諸国の国民（または同100%出資企業）に対しては所有または99年間の長期リースが可能です。その他の外国人は指定地域に限り可能となります。

アブダビでは、UAE国民の場合は所有可能で、GCC諸国の国民は指定区域内に限り所有可能であり、その他の外国人は指定地域内に限り99年間の長期リースまたは50年間の土地使用権取得が可能です。

■ 労働に関する規制

外国人就労の業種に関する規制はなく、UAEの労働者人口の9割は外国人です。UAEでは労働力の自国民化政策（Emiratization）を進めており、フリーゾーン外では、以下の業種で自国民を雇用するとした制度が存在します。

【全従業員に占める自国民の割合の引き上げ率】

業種	引き上げ率
・流通業 ・従業員数が 50 人以上の輸入・卸売・小売等	年2%
保険業	年2%
銀行業	年4%

　実際には弾力的に運用されており、これまでのところ、雇用義務を満たさなくても業務停止等の処罰は適用されていません。また、雇用形態や従業員の国籍の多様性の度合により、従業員雇用時の各種手続に発生する手数料が異なってきます。

　なお、制度上は明文化されていないものの、従業員が100人以上の企業の場合はビザ発行等の手続を行う渉外担当社員（PRO）を自国民にしなければなりません。

■ 会社設立に関する規制

　UAEで現地法人を設立する際、主な会社形態は次のとおりです。

会社形態	種類	準拠する法律
商事会社	・公開会社（Public Joint Stock Company） ・非公開会社（Private Joint Stock Company） ・有限責任会社（Limited Liability Company） ・株式合資会社（Partnership Limited with Shares） ・外国会社（支店または駐在員事務所）	商事投資法において規定
民事会社	・役務会社（Service Company/Work Company/Company to Perform Work） ・投機事業組合（Speculative Venture Partnership） ・ムダーラバ会社（Mudaraba Company）	民法において規定
フリーゾーン内の会社	・フリーゾーン・エスタブリッシュメント（FZE：Free Zone Establishment） ・フリーゾーン・カンパニー（FZCO：Free Zone Company） ・外国会社の支店	各フリーゾーンの法律

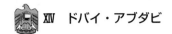 XIV　ドバイ・アブダビ

　上記の会社形態以外でオフショア会社形態がありますが、ほとんど使用されていません。オフショア会社は事務所の設置が不要であり、ペーパーカンパニーとなります。

　なお、オフショア会社の主な特徴としては、次のとおりです。

- 100％外国資本での設立が可能
- フリーゾーン・オンショア会社よりも設立費用が安価
- 会社設立後50年間は法人税、所得税が免除される（更新も可能）
- 払込済資本金に対する規制がない
- 外国通貨に対する規制がない
- 物品の輸入に関して非課税扱い
- 本国へ利益、資本の全額を送金できる

　　※オフショア会社は、フリーゾーンで設立された会社をいう。基本的に、オフショアで設立された会社は無税等の優遇措置がある。一方、フリーゾーン・オンショア会社は、フリーゾーン外で設立された会社のことをいう

　会社形態の中で日本企業が最も多く選択するのは有限責任会社、支店または駐在員事務所およびフリーゾーン内の会社設立です。

　UAEには多くのフリーゾーンがあり、日本企業も多数進出しています。フリーゾーンの大部分はドバイに所在します。各フリーゾーンは独自の法律、規則、規制および要件を定めているため商事投資法も適用されません。そのため、多くのフリーゾーンを比較して進出することを勧めます。株主の国籍規制はありませんが、フリーゾーン内の会社は当該フリーゾーン内の取引または国際取引のみを行うことが可能であり、UAE諸国に在籍する企業との取引は現地業者または代理店を通じて行わなければならないので注意が必要です。

【フリーゾーン内の進出形態】

会社形態	出資者	最低資本金額
Free Zone Establishment（FZE）	1名 （個人あるいは法人）	100万ディルハム
Free Zone Company（FZCO）	2名以上	50万ディルハム
外国企業の支店	—	—

【会社形態別の比較】

項目	公開会社	非公開会社	有限責任会社
株主	10名以上	3名以上	2～50名
取締役	3～12名	3～12名	1～5名
取締役会の開催	2カ月に1回以上	2カ月に1回以上	1年に1回以上
最低資本金額	1,000万ディルハム	200万ディルハム	30万ディルハム
UAE国籍要件	・51％以上の株式を有する株主 ・取締役の過半数 ・取締役会長	・51％以上の株式を有する株主 ・取締役の過半数 ・取締役会長	・51％以上の持分を有する社員（外国人が業務執行者になることも可能）

■ ライセンス取得に関する規制

　現地法人を設立して商業やサービス提供を行う場合は、会社形態を問わずライセンス取得が必要となります。ライセンスには3つの種類があり、通常の商取引を行う場合は商業ライセンス、製造業や工業の場合は工業ライセンス、専門職や職人によるサービスを提供する場合は専門ライセンスを取得する必要があります。ライセンスの発行要件は各首長国によって異なりますが、いずれもDED（ドバイ政府経済開発局）にて発行されます。また、金融機関、報道会社、製造会社等の特定業種の場合はライセンス取得の前に特別承認を得る必要がありますので注意が必要です。特別承認は各業種の管理機関によりなされます。

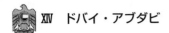 XIV　ドバイ・アブダビ

一方フリーゾーン内のライセンス取得に関しては、各フリーゾーンによってライセンスの種類とその取得方法は異なります。

■ 為替取引に関する規制

UAEでは外国為替取引に関する規制はありませんが、イスラエルとの取引は禁止されています。収益およびロイヤルティの送金は自由であり、現地通貨は1980年よりUSドルに対して固定相場制がとられています。

■ フリーゾーン情報

フリーゾーンは、UAEに存在する経済特区のことです。2012年時点でUAE内には30以上のフリーゾーンが設けられています。

フリーゾーンごとに業種に応じたビジネス環境や優遇措置が整えられています。ほとんどのフリーゾーンに共通する優遇措置として、100％外資での会社設立が可能であること、法人税の免税、本国への利益送金の自由などがあります。また、フリーゾーン内は保税地域とされており、フリーゾーン外へ持ち出さない限り輸入関税が課されることはありません。

UAEでは2013年5月時点で396社の日本企業が進出しています。首長国別に見ると、ドバイ294社（前年比11社増）、アブダビ76社（前年比3社増）、その他5つの首長国では26社（前年比2社増）となりました。ドバイに所在する294社の内訳を見ると209社がフリーゾーン内に立地し、市内に85社が進出しています。

進出企業の情報によると、ITやハイテク技術など自社事業に特化したフリーゾーンや空港や市内へアクセスしやすいフリーゾーンへの進出が多いです。また、複数のフリーゾーンで拠点を設立する会社も増加しています。

たとえばジュベル・アリ・フリーゾーン内のライセンスは次のとおりです。

[**商業ライセンス**]

輸出入、販売および保管事業を行うことができますが、当フリーゾーン外で事業を行う場合はUAE本土における販売代理店を持つ必要があります。

[**工業ライセンス**]

原料の輸入、製品の製造および完成品の輸出を行うことができます。

[**サービス・ライセンス**]

指定されたサービスの提供を行うことができますが、サービスの種類は親会社が関連する首長国から取得したライセンスに従う必要があります。

[**内国工業ライセンス**]

GCC諸国の国民／市民が51％以上を所有する製造業社のためのライセンスであり、UAE内において現地またはGCC諸国の会社と同一の地位を有することができます。なお、当該ライセンスの取得要件として、ジュベル・アリ・フリーゾーン内において製品に付加される価値が40％以上必要という特徴があります。

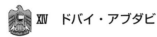

XIV　ドバイ・アブダビ

■ 代表的なフリーゾーン

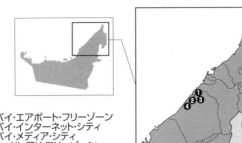

❶ ドバイ・エアポート・フリーゾーン
❷ ドバイ・インターネット・シティ
❸ ドバイ・メディア・シティ
❹ ジュベル・アリ・フリーゾーン

[ドバイ・エアポート・フリーゾーン]

　ドバイ・エアポート・フリーゾーン（DAFZ：Dubai Airport Free Zone）は1996年に設立され、航空機、製薬、ロジスティック、貨物、宝石、IT、携帯電話機といったさまざまな産業の1,600社以上（2013年10月時点）の企業が参入しています。ドバイ・エアポート・フリーゾーンの利点はドバイ国際空港（Dubai International Airport）内という立地にあり、空港のみならず年間150万トンの貨物を処理する能力のあるカーゴ・ヴィレッジ（Cargo Village）へのアクセスが容易です。ドバイ・エアポート・フリーゾーンに進出しているアジア企業のうち、最も多いのが34％を占める日本企業、次いでシンガポール（24％）、香港（14％）、中国（13％）、韓国（9％）となっています。

[ドバイ・インターネット・シティ]

　ドバイ・インターネット・シティ（DIC：Dubai Internet City）はドバイ政府の投資会社のドバイ・ホールディング（Dubai Holding）のメンバーであり、2000年に設立されたTECOM（Dubai Technology, Electronic Commerce and Media Free Zone Authority）傘下のフリーゾーンです。

ICT（Internet and Communications Technology）関連の会社を誘致するために設立されています。ITビジネスの主な巨大企業であるマイクロソフト、IBMなどが進出しています。

[ドバイ・メディア・シティ]
ドバイ・メディア・シティ（DMC：Dubai Media City）はドバイ・インターネット・シティと同様にドバイ・ホールディングのメンバーであり、TECOMの傘下にあります。

2012年末の段階で、1,300社以上の企業が登録されています。ドバイ・メディア・シティから発行されるビジネス・ライセンスには放送・コンサルティング・広告関連・映画関連・音楽・エンターテイメント・ニュース・新聞・メディア・出版・ウェブ制作という業種が含まれています。

[ジュベル・アリ・フリーゾーン]
1985年に設立されたジュベル・アリ・フリーゾーン（JAFZ：Jebel Ali Free Zone）はドバイの中で最もアブダビ寄り、ペルシャ湾に面した場所に位置しています。2012年時点で132カ国の6,500以上の会社が進出しており、この中で139社を日本企業が占めています。

1985年に19社しか会社が存在しなかったJAFZですが約30年で300倍を超える会社が設立されるまでに急成長しました。

XIV　ドバイ・アブダビ

【フリーゾーンリスト】

	フリーゾーン名	重点産業	フリーゾーンに関する情報
アブダビ	Abu Dhabi Airports Free Zone (ADAFZ)	物流	Abu Dhabi Airports Company (ADAC) によって創設されたフリーゾーン。アブダビ国際空港に隣接
	Industrial City of Abu Dhabi (ICAD)	工業	ZoneCorpという政府系企業によって運営。ICADは3つに分かれており、ICAD Ⅰは重工業、ICAD Ⅱは軽工業、ICAD Ⅲはその他さまざまな工業をターゲットとする
	Khalifa Port and Industrial Zone (KPIZ)	物流	物流をはじめ、世界規模の倉庫、工業港を有する100㎢規模の多目的のフリーゾーン。Abu Dhabi Ports Company (ADPC) が運営
	twofour54	メディアエンターテインメント	高水準のメディアコンテンツを提供することを目的として創設されたフリーゾーン。100%外資の進出可能などの他、メディア訓練校（Media Training Academy）も提供されており、コンテンツ作成の環境が整っている
	Masdar City	技術開発クリーンテクノロジー	2006年に創設されたフリーゾーン。再生可能エネルギーの持続的な利用を目的として作られた環境都市。三井造船やコスモ石油などの企業がこの都市計画に参画している
ドバイ	Dubai Airport Free Zone (DAFZ)	航空 物流 その他	1996年に創設されたフリーゾーン。現在1,600社以上のグローバル企業が入居している。日本企業では、住友ゴム工業や豊田通商などが入居している
	Dubai Car and Automotive Zone (DUCAMZ)	自動車	アジアやアフリカ地域への中古車の輸入、再輸出を図るために創設されたフリーゾーン。ジュベル・アリ・フリーゾーンの傘下にある

ドバイ	Dubai Flower Center (DFC)	生花 生鮮品	生花、野菜、果物などの生鮮品の輸出の中間地点として遠隔地への輸送のためのパッキングや積み替えを行っている。ドバイ国際空港に隣接
	Dubai Gold and Diamond Park	金 宝石	2011年に創設されたフリーゾーン。宝石類の加工、小売などの関連企業が入居している
	Dubai Biotechnology and Research Park (DuBiotech)	バイオ	TECOMのメンバーによって2005年に創設されたフリーゾーン。ライフサイエンス関連企業が80社以上入居している
	Dubai Healthcare City (DHCC)	医療 医薬	高品質、患者志向の医療を目的として2002年に創設されたフリーゾーン。ゾーン内には120を超える医療機関があり、研究も行われている
	Dubai International Financial Centre (DIFC)	金融	2004年に設立されたフリーゾーン。ゾーン内にはドバイ証券取引所（Dubai International Financial Exchange）が併設されている
	Dubai Internet City (DIC)	ICT （情報通信技術）	2000年に創設されたフリーゾーンで、マイクロソフト、IBMなど世界各国のIT企業が入居している
	Dubai Knowledge Village (DKV)	eラーニング教育	TECOMによって創設されたフリーゾーン。免税や海外への利益送金自由等の優遇がある
	Dubai Media City (DMC)	メディア	2001年に創設されたフリーゾーン。CNN、ロイター、ソニーなどが入居している
	Dubai Logistics City (DLC)	物流	Dubai World Central Free Zone（ドバイ・ワールド・セントラル・フリーゾーン）の一部である物流機能を備えたフリーゾーン
	Dubai Maritime City (DMC)	海運	海運業のためのフリーゾーン。造船や修理を行う施設、造船、海運にかかわる教育を行う施設、オフィス地区など6つの地区に分かれている
	Dubai Multi Commodities Centre (DMCC)	貴石 貴金属	2002年にコモディティ関連商品の取引を目的として作られたフリーゾーン。ダイヤモンド・金・パールを始めコーヒーの取引等も行われている

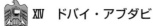
XIV　ドバイ・アブダビ

ド バ イ	Dubai Outsource Zone (DOZ)	アウトソーシング	TECOM傘下のフリーゾーン。経理、財務、IT、給与処理等について、高品質のアウトソースサービスをアメリカやEUおよびその他の地域に提供している
	Dubai Silicon Oasis (DSO)	電子工学テクノロジー	最先端技術産業の促進を目的として作られたフリーゾーン。産業、商業、教育、住居、公共施設の5つの区域から成る
	Dubai Studio City (DSC)	放送エンターテインメント	TECOMのメンバーであり、放送、映画、テレビおよび音楽関連産業のためのフリーゾーン。レコーディングスタジオなどの製作施設がある
	Dubai Academic City (DAC)	教育大学	2006年に創設されたフリーゾーン。EUやインドなど世界各国の大学が30校以上入居している
	Dubai Textile City (DTC)	繊維	繊維製品の再輸出を目的としたフリーゾーン
	International Media Production Zone (IMPZ)	メディアプロダクション	TECOMによって設立された。グラフィックアート、印刷、出版、梱包デザイン、メディアプロダクション産業のためのフリーゾーン
	International Humanitarian City (IHC)	人道支援	NPOなど非営利機関のためのフリーゾーン。オフィス、倉庫、会議場などの施設がある
	Dubai Techno Park	科学技術	水資源、ヘルスケア、エネルギー、エンジニアリング、物流産業を対象としたフリーゾーン。製造、研究、貿易の3つのライセンスが発行されている
	Jebel Ali Free Zone (JAFZ)	貿易サービスその他	1985年に創設されたフリーゾーン。貿易や製造など6種類のライセンスが発行されており、約130カ国から6,500社以上が入居している。日本企業では、ブリヂストンなどが入居している

出所：United Arab Emirates Ministry of Economy 'INVESTOR'S Guide to the UAE 2010-2011'

UAE商事投資法

■ 合併

　UAE商事投資法（以下、投資法）において規定されているM&Aの手法としては吸収合併と新設合併があります。

　吸収合併は「1つ以上の企業が解散し、その解散企業の権利義務が既存企業に譲渡されること」と定義されています。法律により、被買収企業は消滅したものとみなされ、すべての資産と負債は買収企業に譲渡されます。また、新設合併は「2つ以上の企業の解散とその解散企業のすべての権利義務が新設企業へ譲渡されること」と定義されています。法的に2つの合併企業は消滅したとみなされ、新設企業が消滅企業の権利義務を負います。

　両手法とも、上場企業がかかわる場合は連邦証券・商品庁（ESCA：Emirates Securities and Commodities Authority）の承認が必要です。

　投資法では、買収企業が被買収企業を買収する際に、被買収企業が解散せずに両企業それぞれが継続して存在するケースについて明示されていませんが、実際には被買収企業は買収企業の子会社となるケースもあります。こうした買収は一般的に認められており、公開買付を通して対象企業の株主へ直接行うことができます。買収対価は現金および株式となり、買収は一定期間の公開が必要です。公開後はUAE証券・商品委員会（SCA：Securities and Commodities Authority）で定められた手続をします。

　原則として外国人（UAE国民以外の者）による公開企業の株式取得は49％までと制限されています。適切な手続と必要とされる承認があれば49％までは自由に取得をすることができます。

XIV ドバイ・アブダビ

DIFC

　DIFCでは、2009年に制定されたDIFC投資法第2号（以下、DIFC投資法）にM&Aに関する規定があります。ナスダックドバイ上場企業についてはドバイ金融庁が定める買収規則モジュール（Take Over Module）において定めがあります。

　M&Aの方法については、DIFC投資法および買収規則モジュールのいずれにも明確な規定がありません。しかし、イギリスやアメリカなどのコモンローを適用する国々で認められるM&Aの方法であれば、DIFCにおいても認められます。これは、DIFCの法体系がコモンローの原理に従っているためです。

事業譲渡による事業取得

　UAEにおける各首長国やフリーゾーンにおいてはUAE法人から事業を取得することが可能となっています。たとえば2011年2月18日に住友商事が韓国電力公社とともに火力発電プロジェクトの権益の一部を取得したプロジェクトがあります。

上場企業の買収

　UAEには、ドバイ金融市場（Dubai Financial Market）、アブダビ証券取引所、ナスダックドバイの3つの証券取引所があります。ドバイ金融市場とアブダビ証券取引所のM&A制度は、ほぼ同じです。一方で、ナスダックドバイは他の2つの証券取引所と大きく異なり、どちらかというとイギリスのM&A制度と似通っています。

　ドバイ金融市場とアブダビ証券取引所に上場している企業を管轄する主要機関はESCAです。また、ドバイ金融市場とアブダビ証券取引

所、それぞれが上場と開示のルールを定めています。ドバイとアブダビの経済開発局（Department of Economic Development）は、ある特定の手続に対して権限を持っています。

ナスダックドバイに上場している企業を管轄する主要機関は、ドバイ金融サービス局（Dubai Financial Services Authority）です。

■ ドバイ金融市場とアブダビ証券取引所に上場している企業の買収方法

ドバイ金融市場とアブダビ証券取引所に上場している企業の買収方法として、合併、株式交換、現金公開買付があります。

[合併]
メリット
- 被買収企業に少数株主が残らないため、その後の経営の意思決定プロセスが円滑になる
- 企業規模が拡大することで、スケールメリットが受けられる可能性がある

デメリット
- 被買収企業の株式の価格は政府指定の委員会によって決定されなければならない（その評価は買収企業の株主によって承認されなければならない）
- 新たな持株会社が発行者でない限り、買収企業は以前の被買収企業の株主に対して先買権を付与する義務を負う
- 債権者は合併に対して反対する権利を有する（この場合は解決に至るまで合併は延期される）
- 議決権を有する株主のうち賛成票が75％以上の場合にのみ合併が承認される

XIV　ドバイ・アブダビ

- 被買収企業の資産／負債は買収企業に移転されるが、第三者機関の同意を要求される可能性が高い
- 買収企業の新株発行は上場を要求される（ESCAから権限が委譲されていない場合には目論見書の作成が要求される）

[株式交換]

メリット

- 被買収企業の債権者は合併・買収に反対する権限を持たない
- 交換により資産／負債が移転することはなく、第三者機関の承認も必要ない

デメリット

- 交換提案者が少数株の取得を可能にするような強制的な条項はない
- 被買収企業の株式の価格は政府指定の委員会によって、決定されなければならない（その評価は買収企業の株主によって承認されなければならない）
- 新たな持株会社が発行者でない限り、買収企業は以前の被買収企業の株主に対して先買権を付与する義務を負う
- 交換提案者が被買収企業の上場廃止を望む場合、被買収企業では株主総会開催を要求される可能性が高い
- 買収企業の新株発行は上場を要求される（ESCAから権限が委譲されていない場合には目論見書の作成が要求される）

[現金公開買付]

メリット

- 法定合併や株式交換よりも簡便である
- 被買収企業の債権者は合併・買収に反対する権限を持たない

- 買付により資産／負債が移転することはなく、第三者機関の承認も必要ない

デメリット
- 買付提案者が少数株の取得を可能にするような強制的な条項はない
- イギリスにおける買付のプロセスを規制するような合併規則に類似するルールは存在しない
- 買付提案者が被買収企業の上場廃止を望む場合、被買収企業では株主総会開催を要求される可能性が高い

■ ナスダックドバイに上場している企業の買収

ナスダックドバイに上場している企業の買収に対しては、ドバイ金融庁が定める買収規則モジュールが適応されます。買収対価には、現金または株式が用いられます。

ターゲットがDIFCのもとで設立された企業の場合で、仮に買い手が買付オファーによって90％の株式を保有する場合、買い手は残りの少数株主の株式を買収する権利があり、少数株主は売却する権利があります。

ドバイ金融市場とアブダビ証券取引所で定められているような、合併によるM&Aの方法についての明確な規定はありませんが、イギリスやアメリカなどのコモンローを適用する国々で認められるM&Aの方法であれば、DIFCにおいても認められると考えられます。これは、DIFCの法体系がコモンローの原理に従っているためです。

■ 秘密保持

ドバイ金融市場とアブダビ証券取引所に上場している企業に対しては、買収が行われるまで守秘義務はありません。買い手とターゲット

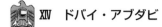 XIV　ドバイ・アブダビ

企業は、SCA規則によって情報公開をしなければならない時点まで秘密を保持する旨を秘密保持契約書によって合意します。

ただし、ナスダックドバイに上場している企業の場合、入札が公開されるまでに機密情報に通じる当事者（利害関係者）は入札に関する機密情報はすべて秘密にしなければなりません。買収関係者は、万が一の情報漏えいの可能性を最小限にするための適切な行動を取らなければなりません。

■ 義務的公開買付

ドバイ金融市場とアブダビ証券取引所に上場している企業に対しては義務的公開買付の規定はありませんが、ナスダックドバイ上場企業に対しては義務的公開買付の規定があります。30％以上の議決権付株式を持つ株主は、残りすべての発行済株式に対して公開買付を行わなくてはなりません。買収価格は、買い手が支払った過去6カ月の最高値より低くなってはなりません。

この規則によって買収者がターゲット企業の支配権を取ること、また、残りの少数株主が十分な公開買付なしにスクイーズアウトされることを防いでいます。買収対価の最低限度は規定されていませんが、市場レートや株価が反映されなければなりません。

独占禁止法

UAEにおいては独占禁止法またはそれに相当する規則または規制は存在しません。組織再編が完了し、子会社などがフリーゾーンなど他の法域に属する場合は、その地域の独占禁止法等に従います。

現地会計基準(国際会計基準コンバージェンス)

UAEに会計基準は存在しません。国際財務報告基準(IFRS)が事実上の自国会計基準として認められています。実際にはIFRS(およびそれ以前の会計基準)がUAEにおいて20年以上前から適用されています。

M&Aに関する税務

　税法にはM&Aに関する税規制はありません。UAEにて法人所得税対象となっている企業および企業体が合併や買収を行った場合、借入金、所有権、所有権の連携、割引証券などのさまざまな資金にかかる税金は、それぞれのケースにより異なります。

　UAEの税法は極めて簡潔です。UAEには連邦政府レベルでの法人税法は存在しません。

　7つの首長国のうちドバイ、アブダビ、シャルジャの3つの首長国は、性質、文面ともに類似している独自の課税制度を定めています。しかし法人税は理論上はすべての法人を対象としていますが、実際には外国の石油企業（原油を含む石油採掘権を持つ、首長国によって生産される炭化水素材料を扱う企業など）と外国の銀行にのみ強制的に課せられています。

　外国の石油企業は石油を採掘し生産する首長国の支配のもとで利権協定を結ぶ必要があります。石油企業の法人所得税率は55〜85%となります。それぞれの首長国は外国の銀行の支店に申告納税の独自の法人所得税を発令しており、法人所得税はおおよそ課税対象所得の20%と概算されています。

■ 資産や株式の購入

[資産の購入]

　資産の購入に関する税法の規定はありません。UAEにおける法人所得税の対象企業の場合、課税対象、購入価格の税金の配分、営業権の扱い、租税属性などはそれぞれの場合により異なります。

[付加価値税]

　2014年現在、消費税および付加価値税（VAT）に関する法律はありません。UAE連邦政府はVATの導入を前向きに検討していますが、具体的な最終決断はまだなされていません。

[株式の購入]

　企業による株式取得は外国投資規制の対象になります。

[資産や株式購入の比較]

　ドバイ・アブダビなど各首長国の法人所得税法では、売上や財産・権利の譲渡によって発生した利益が課税対象となります。UAEの課税対象となっている企業が合併や買収を行うとき、法律上、契約を結ばずに課税目的の会計上資産を譲渡することを承認しているわけではありません。そのため、資産が帳簿価格で売却された場合、税務局は平等性を精査し、収益があったかどうかを確認します。

■ 資本獲得の選択

　UAEには所得税法に関する特別な過少資本税制や為替管理規制はありません。そのため本国への資金送金は比較的容易です。また、有限責任会社の場合、UAE商事投資法は最低10％の収益を資本準備金として毎年割当てることを規定しています。このような配当は株式資本の50％の収益に達するまで続ける必要があります。

[源泉徴収税]

　借入金にかかる源泉徴収税はありません。

■ 租税条約

　UAEは他国との間で所得と資本に関する租税条約を結んでいま

561

XIV ドバイ・アブダビ

【UAE の租税条約締結（交渉）国】

	国名
締結国	アルメニア、アゼルバイジャン、バングラデシュ、ベラルーシ、ベルギー、ボスニア・ヘルツェゴビナ、ブルガリア、カナダ、キプロス、チェコ、エストニア、フランス、グルジア、ドイツ、インド、アイルランド、ケニア、ラトビア、ルクセンブルク、マルタ、モーリシャス、モロッコ、オランダ、パナマ、フィリピン、ポーランド、ポルトガル、ルーマニア、ロシア、セーシェル、セルビア、スペイン、スウェーデン、チュニジア、ウクライナ、ウズベキスタン、ベネズエラ、ベトナム、日本
法人所得税のみの締結国	アルジェリア、オーストリア、中国、エジプト、フィンランド、インドネシア、イタリア、カザフスタン、韓国、レバノン、マレーシア、モンゴル、モザンビーク、ニュージーランド、パキスタン、シンガポール、スリランカ、スーダン、シリア、タジキスタン、タイ、トルコ、トルクメニスタン、イエメン
現在締結交渉中の国	ブルネイ、ギニア、ハンガリー、リビア、リトアニア、メキシコ

出所：KPMG International 'Taxation of Cross-Border Mergers and Acquisitions'

す。日本とUAEの間では両国の緊密化する経済関係等を踏まえて、2013年5月に租税条約が締結されました。

［**参考資料・ウェブサイト**］

- Akin Gump Strauss Hauer & Feld LLP 'Business Laws of the United Arab Emirates, 2011 Edition' West
  http://www.akingump.com/images/content/4/4/4452/UAE-Business-Law-Book.pdf
- 日本貿易振興機構（JETRO）ドバイ事務所「アラブ首長国連邦（UAE）における法人形態」2009 年 8 月
  https://www.jetro.go.jp/jfile/country/ae/invest_09/pdfs/010014530309_004_BUP_0.pdf
- 西村あさひ法律事務所「Doing Business In UAE」
  http://www.jurists.co.jp/ja/publication/tractate/docs/110804_UAE_J.pdf

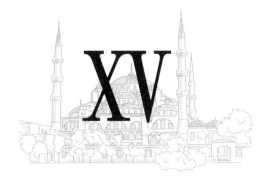

XV

トルコ

XV　トルコ

トルコにおけるM&Aの動向

　近年、トルコの経済発展は目覚ましく、以前に比べインフラ、労働力等の投資環境が整備されているうえ、EU圏や中東などと隣接しているため、外国企業の一大集積地となっています。また、その優位性を活かすため、多くの外国企業がトルコ企業に対し、M&A取引を検討するようになりました。

　しかし、トルコにおけるM&A取引件数はまだ多くはありません。次のグラフは、1999～2013年の間に、トルコで行われたM&Aのうち、公表されている件数と金額を表したものです。2013年の総M&A件数は約350件となっており、公表されている先進国の総M&A件数（アメリカで約1万件、イギリスで約3,000件、日本で約

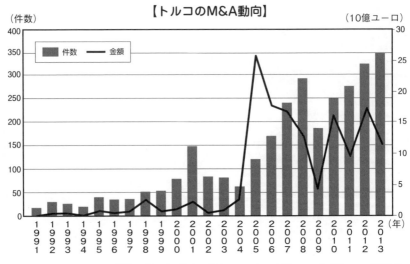

出所：The Institute of Mergers, Acquisitions and Alliances（IMAA）

1,800件）と比較すると、かなり少ないといえます。リーマン・ショックのあった2008年までは増加傾向にありましたが、その後、件数、金額ともに大きく減少し、2012年以降、再度増加する傾向にあります。

■ 日本企業のM&A事例

日本企業による中東企業の買収（In-Out）の件数は、2011年に6件、2012年に4件、2013年に10件あり、そのうちトルコに対するM&Aは、それぞれ2件、4件、7件です（レコフ調べ）。

日本から世界へのM&Aの件数が2013年で499件あることを考えると、日本企業のM&Aによるトルコへの進出は、まだまだ一般的であるとはいえません。

日本企業のトルコ進出が本格的に始まったのは、1980年代後半に遡ります。製造業のプロジェクトとしては、1986年にいすゞ自動車のトラック生産（現地アナドル社、いすゞ自動車、伊藤忠商事）、1987年にカゴメのトマト加工品製造（現地TAT社、カゴメ、住友商事）、1988年にブリヂストンのタイヤ製造（現地サバンジグループとの合弁）、1990年にトヨタ自動車の乗用車生産（サバンジグループ、トヨタ、三井物産）、1991年に吉田工業のファスナー製造、オムロンの電子機器製造などがあります。1997年には矢崎総業の自動車用ワイヤーハーネス製造工場（サバンジグループとの合弁）が操業を開始し、ホンダの乗用車製造（アナドル・グループとの合弁）、同二輪車製造も始まりました。

外務省の海外在留邦人統計によると、2013年10月1日現在、日系現地法人は駐在員事務所を含め121社であり、内訳は現地法人（100％出資）50社、合弁会社17社、個人企業9社、支店21社、駐在員事務所24社となっています。

XV トルコ

　トルコと日本との共通点は地震国と資源小国であることです。今後ますます耐震技術と省エネ技術での寄与が予測されます。

　近年、ビジネスでの日本の投資は全体構成比の5％程度に留まっていますが、2010年のトルコのジャパン・イヤーに前後して医薬品、食品、家電、運輸、飲食業、その他製品のサービス支援などの分野で新規市場進出が目立ちます。自動車などの輸送機器分野は、トルコをEU向け輸出の生産拠点としてプラント設備の拡充整備を図り、生産能力を増強しています。

【日本からトルコへのM&A（2012年）】

No.	日本	トルコ	出資比率(%)	業種	投資金額(百万円)
1	日清食品ホールディングス	ベリーニ・クダ・サナイ・アーシュ	―	食品	2,418
2	日東電工	ベント・バンチュリック	―	化学	8,057
3	FUJIFILM Europe GmbH	フィルマットディスティジャーレット	―	その他販売、卸	―
4	アイテリジェンス	エルシス	―	ソフト、情報	―

『M&A専門誌MARR』をもとに作成

【日本からトルコへのM&A（2013年）】

No.	日本	トルコ	出資比率(%)	業種	投資金額(百万円)
1	味の素	キュクレ	―	食品	2,900
2	カゴメ	タット種苗	75	農林水産	1,300
3	三菱電機トルコ	GENEL TEKNIK SISTEMLER SANAYI ve TICARET ANONIM AIRKETI	―	電機	―
4	パナソニック	ヴィゴ	―	機械	46,000
5	東芝メディカルシステムズ	TMST Tibbi Sistemler Pazarlama Ticaret ve Servis	―	精密	―
6	ネットプライスドットコム	アカクチェ	―	ソフト、情報	―
7	日立物流	マーズロジスティクスグループ	―	運輸、倉庫	1,000

『M&A専門誌MARR』をもとに作成

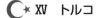 XV トルコ

M&A に関する法律・規制

2011年6月総選挙において大勝を果たした公正発展党（AKP）のエルドアン政権（当時）は構造改革路線を支持し、外資の誘致を拡大しました。たとえば、新外国直接投資法により、内外投資家の無差別・同等待遇の保証がされました。以下、個別項目において詳述します。

【M&A に関連する法規】

投資規制	外資の参入、外国企業の土地所有、CE マーキングなど
トルコ商法	吸収合併および新設合併を規定する
資本市場法	公開買付規制、インサイダー取引規制を規定する
競争保護法	市場の発展や形成を保証する法律 吸収戦略に関する規制や、取引の境界、届出手順やタイミングを規定する
新外国直接投資法	外国からの直接投資に関する規制および奨励を定めた法律

2014年8月エルドアン氏の大統領就任に伴い、今後、新たにEUに準拠した法整備が行われる可能性があります。

投資規制

企業誘致促進エージェンシー（ISPAT：Investment Support and Promotion Agency of Turkey）は投資促進サポートを行っており、新外国直接投資法の導入により、会社設立手続の簡素化、審査承認制から届出制への変更、手続期間の短縮、紛争解決の際の国際調停機関の介在保証など、外資に対する投資環境は改善しました。

さらに、2012年7月から施行されたトルコ商法の内容も海外投資家にとって参入しやすい投資環境を整備するものとなりました。

ただし、以下のように、自国産業を保護する目的で外資に対し規制を定めているものもあります。

■ **規制業種・禁止業種**

原則すべての業種において外資の参入を認めていますが、以下の業種については、規制・禁止の対象となっているため留意が必要です。

- 放送メディア分野における最大外資比率は50%。既に放送メディアの共同出資者である外国投資家は、他の民間企業の株式を追加保有することは不可
- 民間航空、国内海運、港湾業務、大学以外の教育施設では外資比率は最大49%に制限
- 空港管理部門は民間資本投入に関する制限はないが、トルコ軍からの認可交付が必要
- 直接的な石油事業への投資を行おうとする外国企業には、石油法12条に基づく条件が適用
- ヨットハーバー管理部門の事業は、海事庁の承認と文化観光省の文書があれば外資比率100%でも可（観光事業の奨励に関する法律第2676号）
- 鉄道輸送インフラ部門は、トルコ国有鉄道協会のみの特権であり、外資参入は不可
- 漁業（生産除く）は外資参入は不可

■ **外国企業の土地所有の可否**

2012年に不動産登記法が改正され外国人・外国企業による土地・不動産購入制限の法律が緩和されました。外国人・外国企業が購入で

XV　トルコ

きる土地・不動産は25ヘクタール以下と規定されていますが、閣議決定により30ヘクタールまでは拡大が認められます。また、閣議で承認されれば、さらに上限を2倍まで引き上げることも可能です。

■ CEマーキング制度

　トルコでは、通関時にトルコ規格院（TSE：Türk Standardlari Enstitüsü）による検査・承認が義務付けられています。同じ製品でも輸入するたびに検査を必要とし、輸入業者の負担となっています。

　CE（欧州基準）マーキングは、原則としてEU域内向けに販売される指定の製品に貼付（該当製品の製造業者もしくは輸入者または第三者認証機関が所定の適合性評価を行い、製品、包装、添付文書に付与）を義務付けられる基準適合マークです。トルコでのCEマーキング制度はEU基準と同等には確立していないため、突然の輸入規制を通達されることがあります。たとえば、以前はCEマークが不要であったものが事前通告なしにCEマーク取得を必要とされ、予定どおりにトルコ向けに輸出ができなくなる場合があります。

トルコ商法

　トルコ商法とは日本でいう会社法に相当します。2012年7月1日より施行されたトルコ商法はEU標準や世界貿易組織の要件に一致するように修正されました。これにより、以下のような外国資本の直接規制において自由主義原則奨励が適用されました。

- 外国資本の企業は同じ営業内容、同じ条件下の国内企業と同等の権利や免除および他の便益を持つ
- 最低資本金5万USドルを廃止
- 外国資本の企業は国内企業と同じプロセスでの資本増強や定款

の修正、総会への株主代議制度を適用
また、以下の事項が変更となりました。

・合併や分離等の組織再編の法的フレームワークが税法に代わり、商法が担う
・存続会社の資産や債務の別会社への所有権移転や流動化の容認
・少数株主の権利の明確化
・10%以下の株式保有制限の設定

■ 合併

合併の形態には、吸収合併（ある会社が他のある会社に吸収される）、および新設合併（新しく1つの会社が複数の会社の連合の下にできあがる）の2つがあります（トルコ商法136条）。

吸収合併は、譲受側の株主の保護、公開会社の新株発行および資本金分配に関する規制の適用外と規定されています（142条）。

一方、新設合併は、資本金分配に関する条項および最低株主数の条項の適用外と規定されています（143条）。

XV トルコ

【新設合併のイメージ】

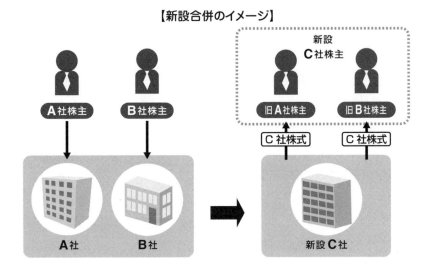

　合併に関与する本社、支社は資本市場委員会に30日以内に合併契約、合併の報告、監査報告書、過去3年間の期末と中間の財務諸表を併せて通知しなければなりません。同時に、30日以内にウェブサイト上で株主や一般（株主以外）向けのページを作成することが義務付けられています。

　また、商業登記官報（Trade Registry Gazette）の広告欄での通知や新聞の資本動向欄においても閲覧できるように3営業日以内に整えておきます。なお、全株主の賛同が得られた場合、中小企業は上記のプロセスは省くことができます（149条）。

　合併は同じ形態の会社間においてのみ行うことができます。株式会社同士、有限会社同士の合併は可能ですが、株式会社と有限会社間の合併は成立しません。

　合併契約書に署名後6カ月以上経過した場合、または合併参加企業の資産に重大な変化が生じた場合、実地棚卸は不要ですが、合併参加企業は中間貸借対照表を提示しなくてはなりません。減価償却、評価

調整勘定および条項、評価方法の変更など重大な項目に関しては前期末の貸借対照表の勘定を修正して期首に反映させる必要があります（144条）。

資本市場法

資本市場法とは日本の金融商品取引法に相当します。2012年12月30日に新しく資本市場法（法律第6362号）が施行されました。旧法との主な違いとして、市場操作による情報に関して罰則を適用される行為が詳細に明記されました。トルコの証券市場を規制、監督する機関である資本市場委員会により原理原則が整備され、投資家の権利、権益が保護されています。

上場企業における自社株式の取得および条件面の枠組みは資本市場委員会の承認ならびに決議により実行に移されます。連結貸借対照表に含まれる関連会社の株式取得の場合も同様です（資本市場法22条）。

■ 公開買付規制

公開会社の株式を取得する際、買収の対象企業が公開会社であり、当該公開会社の50％以上の議決権や、取締役会において多数派を指名できるだけの種類株式を取得する場合には、原則として公開買付が義務付けられています（資本市場法26条）。

■ インサイダー取引規制

インサイダー取引とは、公表される前に投資価値に影響を与える情報を利用して、個人または第三者機関が利益を得て、損失を防ぐための行為です。投資家に平等であるべき機会の損失をもたらすこと（資本市場法106条）と定義されています。インサイダー取引は資本市

場において、改ざんとして位置付けられる犯罪の1つです。

しかしながら、改ざんとインサイダー取引には明確な違いがあります。改ざんは投資対象の価値を変化させるものです。一方、インサイダー取引は、結果的に価値が変わるか変わらないかにかかわらず、情報を利用した時点で訴追される犯罪です。それゆえに証明することが困難であり、トルコでは他国ほど多くはありません。

競争保護法

競争保護法は日本の独占禁止法に相当します。製品やサービスの市場発展や形成を保証する法律です。当該法律は、トルコ公正取引委員会が管轄となっており、公式文書（Communique）にて吸収戦略の規制や、取引の境界線、届出手順やタイミングなどを設定しています。

市場における競争を阻害し、その結果、合併当事者の市場地位が好転または強化される場合は違法であり、禁止されます（競争保護法7条）。

また、以下のいずれかに該当する合併等は、事前に委員会に届出なければなりません（10条）。

- 合併等を行う事業者のマーケットシェア合計が25%を超える場合
- 合併等を行う事業者の売上高合計が25兆トルコリラ以上になる場合

届出の際に不完全もしくは虚偽の報告をした場合、または事前の届出を怠った場合は62億トルコリラの制裁金の対象となります。また、当該関係者は合併後の事業者の総資産の0.2%を手数料として競争庁

に支払わなければなりません。

禁止される合併について、委員会は、制裁金を科すとともに当該合併ないし買収に関する業務を終結させ、非合法に行われたすべての事項を回復させ、委員会が定めた条件および期間内に資産および株式を以前の保有者に戻す決定を下します。

株式を以前の保有者に戻すことが困難であれば、第三者に委託するか、または当該合併に関与しない第三者に譲渡するか、またはその他の適切な処置を行う決定を下します。

現地会計基準

■ 2013年1月1日以降

トルコ商法の施行により、国際会計基準の導入が規定されました。

まず、財務諸表はトルコの会計基準委員会（TMSK：Turkish Muhasebe ve Denetim Standartlar Kurumu）が制定する、トルコの会計基準（TAS：Turkish Accounting Standards）に従って作成します。TASは国際財務報告基準（IFRS）に準拠しています。

また、連結財務諸表を作成する場合や連結の有無の決定についてもTASが基準となります。TASは2013年1月1日に施行されたもので、2013年より事業年度の貸借対照表の期首残高はTASに準拠して評価されなければならなくなりました。経過措置として大会社のみが適用対象となっておりますが、今後対象範囲が広がる可能性が高いと考えられます。

なお、トルコの会計期間は、基本的には1月1日〜12月31日であり、課税期間も会計期間と同じ暦年となっています。ただし、外国企業の場合、財務省の許可のもとで異なる会計期間とすることが可能であるため、会計期間を4月から翌年3月までとすることもできます。

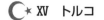 XV　トルコ

新外国直接投資法

　2003年6月に、外国直接投資法は49年ぶりに改正されました。旧法と新法の主な違いは以下のとおりです。

- 外資による会社設立手続が審査・承認制から届出制に変更
- 手続のワンストップ化が図られ、手続期間が2カ月半から1日に短縮
- 紛争処理への国際調停機関の介在を法的に保証
- 投資申請への最低自己資本5万USドルの拠出条件の廃止

　トルコ法人の株式10%以上あるいは経営上の議決権を取得した非居住者の投資家は、取得後1カ月以内に外国投資局への報告が義務付けられています。ただし、現金資本はトルコ商法の規定に基づき評価されます。外国直接投資か否かは、以下の経営資源への投資を通じて判断されます。

- トルコ中央銀行により売買される兌換通貨での現金資本
- 外国に所在する企業の株式や社債（国債は除く）
- 機械や設備
- 工業ならびに知的財産権
- 再投資収益、利益、金融債権、その他投資に関する財産的価値
- 天然資源の調査、採取に関する商権

　また、内外投資家を無差別または同等に待遇するとの規定が置かれ、特に以下の点で外国人投資家の参入が容易となっています。

- 利益・配当金などに関する国外送金の自由化

- 外国に所在する企業の株券ならびに債権は外国投資家の外国投資分と認める
- 公共目的のため、または正当な法手続による補償の場合を除き、外資は没収または国有化されない
- トルコ国民と同等の不動産取得の自由化

XV トルコ

M&Aに関する税務

■ 資産取得

資産取得は、非居住者としてトルコにおいて課税される外国法人の支店や、外国法人の子会社を通じても行うことができます。

[のれん]

資産取得時に、購入価格が公正価額よりも上回った場合、その上回った価額分をのれんと呼びます。買収側はこれを資産計上することができ、5年以上にわたり償却が可能です。またトルコ税法上、トルコ国内同士の取引で生じたのれんに関しては、認識、計上する必要がないため、通常のれんのコストは被買収会社では記帳されず、純粋な課税所得として扱われます。

[減価償却]

資産の減価償却期間は、資産取得後、新たに設定し直されることとなります。売り手企業は帳簿上の残存価額全額を控除できます。そして、買い手は譲渡価額で資産を計上し、各資産の耐用年数の新たな期間の減価償却を開始する必要があります。

[付加価値税]

トルコの法人税法に記載されている特定の要件を満たした、非課税対象の合併であれば、付加価値税（VAT）が免除されます。課税対象となる合併や課税取引（のれんの譲渡を含む）は一般的に、18％のVATが適用されます。被買収会社が株式、経営参加権や不動産を少なくとも2年間所持し、資産譲渡によりそれらが移転する場合、VAT

は免除されます。

　株式会社の株式譲渡においてはVATが免除されます。また、他社が所持している有限会社の持分譲渡に関しても、経営参加権を2年以上所持している場合には免除されます。ただし、個人による株式の売買はVATの課税対象にはなりません。

[譲渡税]

　株式譲渡契約書やローン契約書等には0.948％の印紙税が適用され、トルコ現地の銀行や外資系銀行からのローン契約書については印紙税が免除されます。

　不動産の所有権譲渡に関しては、買収側、被買収側どちらも権利書登録料の2％が課されます。合併契約書については、通常0.948％の印紙税を受けることとなります。ただし、非課税対象の合併に関する書類に関しては、印紙税は免除されます。また、少なくとも2年間企業が所有していた土地や株式、経営権の譲渡に関する書類に関しても、同様に免除されます。

株式取得

　外国法人による株式取得に関しては、ただちにトルコの所得税法が適用されるというわけではありません。買収がトルコの支店や子会社を通して行われる場合には、株価に含まれる潜在的なのれんにつき、税の償却目的で認識することはできません。さらに、被買収企業の資産に対する課税基準を引き上げることはできません。

[税務引当金と保証]

　株式取引では、買い手は被買収企業の未払税を引受けることとなるため、買い手は通常、株式取引において、売り手側に対し保証と引当金を要求します。

XV　トルコ

　トルコにおいては、企業の5年分の会計が税務調査の対象となります。税務当局と課税上の地位につき合意する手順は定められていません。また、税務調査が網羅的に行われておらず、後に税務訴訟となった際にも非常に時間を要します。こういった背景から、株式取引時における引当金や保証が重視されます。

[税務上の繰越欠損金]

　繰越欠損金は5年間繰越すことが可能である一方、繰戻さないことも可能です。

　株式取得後は、被買収企業は特段の条件なく、欠損金を引き続き繰越すことができます。非課税の合併の要件を満たしている場合には、買収企業は、被買収企業の繰越欠損金を用いることが可能です。

[株式売却前の配当]

　被買収企業が配当可能な剰余利益を保有している場合、キャピタル・ゲインに対する売却前配当の潜在的な税効果は、買収側と被買収側の状況に応じて考慮されます。

M&A スキームの基本

項目		内容
株式譲渡	公開買付	公開会社の株式を取得する場合、買付の価格、数量、期間を公表し、買付を行う
	相対取引	公開買付の要件に該当しない場合や非公開会社の株式を取得する場合に、既存株主から直接株式を取得する
新株発行	第三者割当	対象企業の株式を新規発行し、当該株式を引受ける
事業譲渡		すべてまたは特定の事業を譲渡
資産譲渡		会社資産のみを譲渡
合併	新設合併	2社以上が行う合併であり、合併により消滅する会社の権利、義務のすべてを合併により新設する会社に継承させる

■ 公開買付

　公開買付とは、ある会社の株式を買付価格、買付期間などを公告した上で不特定多数の株主から市場外で株式を買い集める制度で、公開会社の買収には日本でもよく利用されています。これを義務付けることにより、一部の株主に好条件で取引され、他の株主の利益が侵害されてしまうことを防ぐことが制度趣旨です。

　公開買付は資本市場委員会の規制に準じて行われます。現金もしくは現金同等物で決済されます。資本株式は2年以上経過しなければ譲渡できません。

■ 相対取引

　株式はトルコの国内外を問わず自由に売却できますが、トルコの法人または個人に売却される場合は、イスタンブール証券取引所（ISE）において、その100%が適正な市場価格で売買されなければなりま

XV　トルコ

せん。その場合、資本市場評議会（SPK）および産業通産省の認証が必要となります。

　株式譲渡の利点としては、純資産ベースでの買収価格のため、資本支出が少なくなること、売り手にとっては免税措置やキャッシュ・フローの観点からより魅力的であること、被買収会社による税金の性質を取得できること、現状の契約や権限を維持できることなどが挙げられます。

　一方、懸念事項としては、潜在的、将来的な税金債務を取り込むことになること、のれんを認識できないことが挙げられます。

　有限会社の持分譲渡は、出資者の4分の3以上の合意が必要です（トルコ商法520条）。また、譲渡が有効とされるには、書面による契約を公正証書により記録する必要があります。法の定める形式を満たさない場合、当該譲渡は無効とされ、会社および株主に対する拘束力を生じません。

　株式会社の株式譲渡は、株式が無記名式であるか、記名式であるかにより手続が異なります。

　無記名式株式の場合、株券の交付のみで譲渡可能です。株券が発行されていない場合は、書面による契約が必要です。

　記名式株式の場合、定款の定めに反しない限りで自由に譲渡可能です。トルコ商法416条に従い、記名式株式は裏書きや株券の交付により譲渡されます。ただし、当該譲渡が株主名簿に記載されるまでは、会社にとって有効とはなりません。また、会社は定款の規定を理由に、当該譲渡を拒否することが可能です。定款において、「特に理由を述べず株式譲渡を拒否することができる」と定めておくことも可能です。株式譲渡が拒否された場合、株式取得者は完全な株主ではなく、株主名簿に記載されるまでは、議決権等の権利を行使することができません。また、双方の権利や債務の明確化、譲渡会社側の保証範囲を明記するため、株式譲渡契約書への同意が必要となります。

■ **事業譲渡による事業取得**

　事業の一部または全部を第三者に移転する場合には、トルコ債務法(Turkish Code of Obligation)202条が適用されます。事業にかかわる権利や債務は自動的に譲受会社に移転し、事業移転後2年間は譲渡会社と譲受会社双方で共同して責任を負います。譲渡会社は譲渡の日付を事業の債権者に通知し、なおかつ新聞で公告しなくてはなりません。

　このように、トルコの法令上は日本における事業譲渡と異なり、権利義務が包括的に承継されてしまい、引受リスクが不明確となることから、クロスボーダー案件ではあまり利用されません。

■ **資産譲渡による事業取得**

　譲渡会社の債務を引き継がないためにも、資産のみを引き継ぐことがM&Aの条件下では解決策となる場合があります。資産の性質により、適用される法律が異なります。たとえば、不動産は民法に従い、土地登記所に申請する前に売却同意書を作成しなければなりません。商標権は特許局において新たな商標権として再度、決議され、提出される必要があります。

　企業は資産の譲渡によって生じる納税義務と債務のリスクを回避する傾向にあります。トルコ債務法202条および203条では合併と買収の観点から資産および事業の譲渡について規定しています。ある法人が事業会社をその資産および負債とともに引き継ぐ場合、同法人の債権および債務に関する責任は同法人が負うものとされます。

　202条によると、債権者への通知または公告から起算して2年間、譲受人および譲渡人は連帯して債務を保証する義務を負うものとみなされます。新聞や官報などを通じて譲渡が法的効力を生じた旨を公告します。

　金融庁により発表される資産の耐用年数に応じて、のれんは5年間

XV　トルコ

で償却されます。購入価格は適正な市場価値にて算出され、移転価格の要件に沿った文書を取引関係双方において作成します。

　資産の取得は、本社がトルコ国内にない企業の支店や子会社を通じて行われるものについても課税対象となります。

　資産譲渡による事業取得の利点としては、買収価格が税金に応じて減価償却されることや、再評価されること、売り手の債務を引き継がないこと、成功する可能性のある事業のみを買収できること、柔軟性があることなどが挙げられます。

　一方、懸念事項は、既存の取引先との新しい契約や権限設定が必要となること、印紙税や登録税など取引に係る費用がより多くかかること、株式売却の免税措置が受けられないこと、売り手には税金損失が残ること、キャッシュ・フローに関して売り手には好ましくないことなどが考えられます。

【取得によるメリット、デメリット】

項目	メリット	デメリット
資産取得	購入価格から減価償却費を損金勘定できる	契約内容の再交渉の必要性。ライセンスを更新する必要性
	資産に応じて税金が加減される	売り手に税金損失が残される
	買い手は売り手の税金債務を引き継がなくてよい	印紙税、移転税、登録料など追加取引費用がかかる
	調子のよい事業のみを選択できる	売り手に対しては株式取得に比べて税金債務が大きい
株式取得	純資産基準で取得できる	買収対象企業の市場価格と帳簿価格との差により税金債務も取得することになる
	売り手にとって免税措置の可能性あり	のれんを認識することができない
	税金損失も買い手に引受けてもらえる	偶発税金債務も取得してしまう
	既存契約、ライセンス契約、奨励金などを保持できる	買い手に非主要資産を取得される

■ 合併

　合併についてはトルコ商法に規制があり（146条以下）、吸収合併（1社以上の会社が別会社に吸収される）と新設合併（1社以上の会社が合併して新会社を設立する）の2つの方法が定められています。なお、合併は同じ形態の会社同士（有限会社同士または株式会社同士）でのみ可能です。

　合併においては、資産および債務が全体として合併後の会社に移転します。そして、合併による消滅会社は、商法が定める清算手続を経ることなく消滅します。また、消滅会社の株主は原則として、引続き合併後の会社の株主であり続け、消滅会社における株式保有比率に応じ、合併後の会社の株式が付与されます。

[吸収合併の流れ]
　①合併貸借対照表の作成
　②以下を確定するため、合併貸借対照表を裁判所に提出
　　・存続会社が引受ける純資産
　　・存続会社により増資される額
　　・存続会社株式の交換比率（存続会社により決定される）
　③合併契約の公証
　④当事会社の株主総会による合併の承認
　⑤合併を登録・公表するための商業登記申請
　⑥合併の登録・公表から3カ月間、債権者からの異議がなければ合併完了

[新設合併の流れ]
　①合併貸借対照表の作成
　②以下を確定するため、合併貸借対照表を裁判所に提出
　　・合併する当事会社の純資産

XV トルコ

　　・新会社の資本金
③合併契約の公証
④新会社定款の公証
⑤当事会社の株主総会による合併の承認
⑥合併および新会社設立を登録・公表するための商業登記申請
⑦合併の登録・公表から3カ月間、債権者からの異議がなければ合併完了

■ その他

　トルコ国内での活動により得た利益、配当または株式売却益の全部または一部を他の分野へ再投資することについての規制はありません。

企業買収後の諸課題

出口戦略（エグジット・ストラテジー）

　外国会社が投資から撤退する場合の具体的な出口戦略としては、株式の売却、会社の清算、事業譲渡等による事業の売却等があります。

　会社の清算手続については、産業通産省により債権者、株主の権益を著しく損ねる場合は、要求に応じて解散します（トルコ商法353条）。

　株式の売却および会社の清算による益金の送金については、外国投資局がその内容を調査し、その価格などが適正と認められた後に中央銀行により送金許可書が発行され、これに基づき送金が可能となります（Law No. 1567：Law on the Protection of the Value of the Turkish currency）。

XV トルコ

[参考資料・ウェブサイト]

- Invest in Turkey 'Economic Outlook'
  http://www.invest.gov.tr/EN-US/TURKEY/FACTSANDFIGURES/Pages/Economy.aspx
- YASED 'Investing in Turkey, Establishing A Company'
  http://www.yased.org.tr/webportal/English/yoic/sk/Pages/sirketKurulusu.aspx
- KPMG

  'Turkey M&A Outlook'
  http://www.kpmg.de/docs/Turkey-Mergers-and-Acquisitions-Outlook-2011.pdf

  'Taxation of Cross-Border Mergers and Acquisitions, Turkey'
  https://www.kpmg.com/Global/en/IssuesAndInsights/ArticlesPublications/cross-border-mergers-acquisitions/Documents/turkey-2012-v1.pdf

  'AZ Insight' vol.56 (2013年3月)
  http://www.kpmg.com/Jp/ja/knowledge/article/kpmg-insight/Documents/azinsight_56.pdf

  'Investment in Turkey in 2013'
  http://www.kpmg.com/TR/en/IssuesAndInsights/ArticlesPublications/Documents/Investment-in-Turkey-2013.pdf

- Deloitte

  'Annual Turkish M&A Review 2013'
  https://www.deloitte.com/assets/Dcom-Turkey/Local%20Assets/Documents/deloitteturkey2013M&Araporu.pdf

  'The Basics of M&A in Turkey 2012'
  http://web0.boun.edu.tr/mine.ugurlu/The%20basics%20of%20MA%20in%20Turkey%202012%20(2).pdf

- ICLG "Turkey Chapter - Mergers & Acquisitions 2014"

http://www.iclg.co.uk/practice-areas/mergers-and-acquisitions/mergers-&-acquisitions-2014/turkey

- PwC 'New Turkish Commercial Code'
http://www.pwc.com.tr/en_TR/TR/publications/ttk-assets/pages/ttk-a_blueprint_for_the_future.pdf
- KETENCI & KETENCI 'Mergers and Acquisitions in Turkey'
www.ketencilaw.com/mergers-and-acquisitions-in-turkey.html
- Handan Oktay-Weldishofer 'Mergers and Acquisitions in Turkey' YAMANER & YAMANER LAW OFFICES
http://alliuris.com/fileadmin/herfurth/pdf/110404-MERGERS_AND_ACQUISITIONS-Yamaner.pdf
- Practical Law 'Cross-border : Acquisitons'
http://uk.practicallaw.com/7-502-1013?service=crossborder
- パブル・ザビック、FRM、ラトゥル・ソード「Solutions Exchange Product Spotlight」S&P CAPITAL IQ
http://www.standardandpoors.com/spf/upload/SnPCapIQ_APAC/SolEx_20130108_J.pdf
- Invest in Turkey「日本の投資家、トルコのM&A事業に活発に取り組む」2014年2月14日
http://www.invest.gov.tr/ja-JP/infocenter/news/Pages/140214-japanese-companies-acquisitions-in-turkey.aspx
- 「トルコの新商法」Gard News 202（May / July 2011）
http://www.gard.no/ikbViewer/Content/20651034/20%20-%20The_new_Turkish_Commercial_Code_jpc.pdf
- 日本貿易振興機構（JETRO）「基本的なトルコの輸出入制度」
http://www.jetro.go.jp/world/middle_east/tr/trade_04/
- ARC国別情勢研究会「トルコ」ARCレポート、2013年3月
- 日本貿易振興機構編『早わかりトルコビジネス』日刊工業新聞社、2010年

さくいん

欧字

CE マーキング制度 572
DIFC 540, 554
FDI（規制）68, 73, 106, 394
IVA 530
NOC 規制 73
SGX 上場規則 380
UAE 商事投資法 553
VAT 115, 203, 288, 351, 417, 457, 561, 580
WTO 協定 284

あ行

アブダビ証券取引所 554
アンチダミー法による規制 401
移転価格税制 49
印花税 168, 171
インカムアプローチ 36
インサイダー取引 125, 158, 233, 278, 346, 374, 414, 449, 477, 497, 575
印紙条例 199
印紙税 115, 117, 120, 204, 289, 291, 352, 388, 417, 418
営業許可証取得 179
営業税 170
エクイティ・キャッシュフロー法 38
エンタープライズ DCF 法 36

オファー・ドキュメント（株式公開買付公示文書）378
オムニバス投資法 395

か行

外貨借入 128, 404
会計基準 40, 166, 201, 235, 285, 382, 415, 452, 501, 528, 559, 577
外国為替規制 122
外国人事業法 215, 216
外国直接投資 68, 578
外国投資法 304, 308, 396, 433, 516
開示規制 155, 233, 412
会社の清算 131, 182, 207, 427
会社法 123, 129, 148, 225, 315, 341, 364, 373, 404, 473, 491, 509
過少資本税制 172, 419, 503
合併 117, 149, 172, 195, 227, 240, 272, 342, 347, 366, 407, 419, 424, 440, 450, 473, 491, 520, 531, 553, 555, 573, 587
株式会社 295, 518
株式会社法 440
株式市価法 34
株式譲渡 57, 109, 113, 167, 206, 237, 316, 473, 503, 505, 529
株式先買権 447

株式割当 316
株主 57, 366, 411, 447, 474
株主総会 126, 345, 369
為替取引に関する規制 546
監査制度 286
カントリーリスク 40
企業合併 273
企業評価制度 164
企業腐敗防止法 499
企業分割 151, 230, 270, 494
企業分離 271
規制業種 142, 216, 331, 397, 488, 516, 571
規制対象取引 450
キャッシュフロー計算書分析 46
キャピタル・ゲイン課税 50, 121, 290
吸収合併 342, 441
吸収分割 494
競争法 283, 347, 381, 449, 524
競争保護法 576
繰越欠損金 50, 115, 117, 121, 169, 171, 172, 204, 291, 353, 385, 389, 417, 419, 502, 582
減価償却（費） 115, 117, 121, 351, 384, 531, 580
源泉徴収税 561
現地会計基準 382, 559, 577
公開会社 227, 295
公開買付 110, 153, 155, 196, 230, 242, 274, 410, 421, 444, 505, 534, 583
公開買付規則 111, 153, 274
コール・プットオプション 445, 522
国際会計基準コンバージェンス 382, 559
コストアプローチ 38
固定資産税 531

さ行

サービス・ライセンス 547
逆さ買収 194
時価純資産法 39, 47
事業譲渡 114, 132, 184, 207, 229, 317, 365, 384, 510, 554, 585
資産譲渡 152, 170, 171, 203, 408, 418, 425, 504, 530, 585
市場株価法 34
事前届出 497
資本市場法 326, 575
資本取引 404
収益還元法 38
修正純資産法 39
修正簿価純資産法 39
出資比率 258, 261, 398, 435, 469, 541
取得価格 350, 456
ジュベル・アリ・フリーゾーン 549

準備基金 339
ジョイントベンチャー 520
証券規制法 409
証券先物法 374
証券市場法 475, 521
証券取引委員会 422, 507
証券取引規制 496
証券取引法 230, 318
証券法 152, 274
商事会社一般法 518
乗数法 35
譲渡税 352, 353, 581
消費税 171
情報開示 53, 340
事例 63, 137, 188, 211, 251, 303, 323, 360, 392, 431, 463, 484, 515, 567
新株発行 226, 365, 445, 491
新株引受権 149, 406
新株予約権 523
新企業結合規制 497
審査 382, 450
垂直統合 13
水平統合 13
スキーム・オブ・アレンジメント 197, 370
スクイーズ・アウト 124, 373
税務引当金 352, 581
送金規制 489
増資 96

増値税 168, 171
租税条約 561

た行

第三者割当増資 245
タイムテーブル 338, 377
大量保有報告規制 155, 233, 412
ダウンストリーム・インベストメント規制 99
タックス・ヘイブン税制 49
地方譲渡税 418
地方税 455, 458
中央販売税 115, 117, 120
出口戦略 130, 180, 206, 426, 589
デュー・デリジェンス 27, 28, 41, 42, 48, 50
統一企業法 270
投資インセンティブ 314
投資規制 68, 141, 191, 215, 255, 304, 327, 363, 395, 435, 465, 487, 570
投資許可証 268
投資促進会社 521
特別経済区法 396
土地所有に関する規制 145, 266, 304, 403, 472, 542
ドバイ・インターネット・シティ 548
ドバイ・エアポート・フリーゾーン 548

ドバイ金融市場 555
ドバイ・メディア・シティ 549
取引競争法 234
トルコ商法 572

な行

ナスダックドバイ 557
ネガティブリスト 70, 328
ネットデット分析 47
ノミニー 335, 425
のれん 171, 203, 287, 351, 384, 418, 457, 531, 580

は行

買収 107, 109, 113, 176, 178, 179, 193, 194, 195, 343, 348, 375, 386, 387, 388, 417, 441, 524, 554, 555, 557
配当 127, 291, 353, 582
倍率法 35
バリュエーション 33
非競争契約 522
非公開会社 226, 296
一人有限会社 297
秘密保持 25, 557
付加価値税 115, 117, 120, 168, 203, 288, 351, 417, 418, 457, 530, 561, 580
二人以上有限会社 297

物品サービス税 203
不動産取得規制 518
不動産取得税 530
フリーゾーン 546, 548, 549, 550
プレ・バリュエーション 26
法人所得税 292
簿価純資産法 39

ま行

マーケットアプローチ 34
マルチプル法 35
民事訴訟法 284
メキシコ証券市場法 521

や行

有価証券市場法 449
優遇措置 169, 171, 172, 314, 417, 418,

ら行

ライセンス 71, 120, 436, 471, 545, 547
リスク 40, 45, 50, 180, 181, 454
類似上場会社法 35
類似取引法 36

わ行

ワークマン 119

全国の書店で好評発売中

これからのインド進出に不可欠な最新情報を完全網羅！

インドの投資・M&A・会社法・会計税務・労務

公認会計士 久野康成 監修
久野康成公認会計士事務所 著
株式会社東京コンサルティングファーム 著
KS International 著
TCG出版 発行

なぜ、インドに進出するのか？
　我々は、この答えを持っていなければいけません。
　インドの一人当たりGDPを考えれば、日本からインドに製品を輸出し、インド国内で販売をすることは困難を極めます。タイなどから輸出する方法もありますが、長期的に考えれば、インドマーケットを攻略するためには、インド国内での生産はいずれ不可欠になるでしょう。
　インドでの生産のキーポイントは、生産地ではなく、販売地だということです。これが、中国とインドとの最大の違いです。新しいマーケットに参入するときは、「マーケティング」が重要です。闇雲に工場を設立しても失敗します。
　ところが、これまで日本企業の海外進出は、日本向け製品を安く作るためのものであり、顧客や製品企画は最初から決まっていました。つまり、現地でのマーケティングは不要でメーカー思考であっても成功できたのです。資金的に余裕のある大企業ならともかく、今後、中堅企業がインドに製造業として進出するのは、多額の初期投資が必要となり、リスクも高く二の足を踏むことになるでしょう。では、そんなインド市場に見切りをつけるのか？　答えは否です。日本企業にはインドには無い「技術力」があります。ではその「技術力」をどう活かせばよいのか？
　本書はインドの会社法、会計税務、労務、M&Aに関する情報はもちろん、2012年度の最新情報や、インド進出に必要な情報をすべて網羅しています。さらに日本企業がいかにして自社の強みを活かし現地で成功するのか、そのヒントを盛り込んだ1冊となっています。

体裁：A5判　上製　820ページ
定価：本体7,500円＋税
ISBN 978-4-88338-459-4

地域統括会社を活用したアジア戦略のすべて！

シンガポール・香港 地域統括会社の設立と活用

公認会計士 久野康成 監修
久野康成公認会計士事務所 著
株式会社東京コンサルティングファーム 著
TCG出版 発行

　これまでシンガポールと香港における、地域統括会社の設置国の優位点として、周辺国へのアクセスの利便性や低税率が挙げられてきました。しかし他国と比較した場合、絶対的なものではなくなりつつあります。
　それにもかかわらず、なぜ今もなおシンガポールと香港が注目され続けているのか。そこには両国の今日まで培われ、今もなお進歩している国際ビジネスインフラに依拠するところがあります。
　シンガポールは、1965年にマレーシアから独立した当初より外国企業の参入を奨励し、また、多くの優遇税制を敷くことで、国際社会の中での競争力を磨き、現在の揺るぎない地位を築いてきました。アジアのハブ港、ハブ空港のみならず、グローバルな金融拠点としての機能も有しています。シンガポールから他国へ投資を行う日本企業の数は年々増加の傾向にあり、今後も続いていくものと考えられます。
　香港もまた、イギリス植民地時代より金融・流通の拠点として成長を遂げてきました。香港経済の基盤は、金融、貿易を中心としたサービス産業であり、GDP比率の90％以上を占めています。また、世界の外国直接投資（FDI）流入額では第3位にランクされ、香港経由での海外投資が大規模に行われています。
　本書では、投資制度の活用方法をはじめ、進出に係る法務・税務・労務といった専門情報を体系的にまとめています。本書が、今後のアジア戦略を優位に進めるための一助となれば幸いです。

体裁：A5判　並製　472ページ
定価：本体 4,500 円＋税
ISBN 978-4-88338-535-5

全国の書店で好評発売中

底知れない強さを見せるタイ経済！
タイの投資・M&A・会社法・会計税務・労務

公認会計士 久野康成 監修
久野康成公認会計士事務所 著
株式会社東京コンサルティングファーム 著
KS International 著
TCG出版 発行

　タイは、2008年のリーマン・ショックや2011年の洪水により一時的な経済成長の停滞はあったものの、2012年には大幅な回復を見せ、安定した経済成長を続けています。また、成長著しいASEAN諸国の中でもマーケットの成熟度が増しています。中間層の所得水準が上昇し、国内需要が増加を続けていることが要因として考えられます。

　以前は、安価で豊富な労働力を活用するために、製造業による進出が目立っていましたが、進出分野はサービス業にも拡大し、さまざまな企業がタイへの進出を進めています。

　2011年には洪水があったにもかかわらず、日本からの直接投資は増加の一途をたどっています。高度なインフラ、企業集積の発達、マーケットの成熟度合、親日的な国民性、安定した治安など日本企業にとっては大きなメリットがあります。またASEANの中心に位置し、積極的にFTAを締結するなど、アジア地域の統括拠点としてタイを活用する企業も増えています。

　さらには、タイ投資委員会（BOI）は積極的な外資誘致のためのインセンティブを用意しており、これを有効活用することでタイでの事業展開を有利に進める

ことができます。このインセンティブ制度は2013年に改正が予定されており、今後の動向が注目されます。

　2013年度版では、M&Aや最近の法改正情報、よくある質問（Q&Aコーナー）などを新しく追加致しました。現地駐在員が取得した最新情報を記載させていただいているため、より実務的な内容になっています。

体裁：A5判　並製　436ページ
定価：本体3,600円＋税
ISBN 978-4-88338-472-3

成長が本格化するベトナムへの進出に出遅れるな！

ベトナムの投資・M&A・会社法・会計税務・労務

公認会計士 久野康成 監修
久野康成公認会計士事務所 著
株式会社東京コンサルティングファーム 著
TCG出版 発行

　安倍晋三首相は、2012年12月の首相再就任以来、1年弱の間に東南アジア10カ国全てを訪問しましたが、最初の外遊先に選んだのがベトナムでした。また、ベトナムへの国別ODA供与額は、日本が断トツの1位であり、投資に関しても、日本が世界最大の投資国です。さらに、ここ数年は、同国への日本企業の進出件数が過去最高を更新し続けています。

　これまでは安い労働力を目的とした、製造拠点としての進出が多数でしたが、近年はベトナムの内需マーケット獲得を目的とした進出も急速に増えています。ベトナムの市場としての魅力は平均年齢が20代後半、そして、2013年11月に人口が9,000万人を超え、毎年人口が100万人ずつ増えているというマーケットの潜在性と成長性です。

　現在のベトナムでの1人当たりのGDPは1,500USドル程度ですが、数字で表すことができない魅力が、ベトナムが世界有数の親日国家であることです。その親日度の高さも手伝い、日本語の学習者、日本への留学生も急速に増えているため、日本語を話せるベトナム人が年々多くなっています。

　その一方、多くの課題を抱えるのも事実です。製造業の場合、部材の調達が困難なこと、急速に人件費が上昇していることや不透明な法整備・行政手続など、発展途上国ならではの問題もあります。

　本書では、それらの解決の一助になるべく、ベトナムの投資環境、会社の設立手続、M&A、会社法、会計、税務、人事労務などに関する専門的なことを、体系的かつ実務的に記載しました。

体裁：A5判　並製　440ページ
定価：本体3,600円＋税
ISBN 978-4-88338-559-1

全国の書店で好評発売中

今、ミャンマーが熱い！

ミャンマー・カンボジア・ラオスの
投資・会社法・会計税務・労務

公認会計士 久野康成 監修
久野康成公認会計士事務所 著
株式会社東京コンサルティングファーム 著
KS International 著
TCG出版 発行

　2011年の民主化以降、ミャンマーのニュースを見ない日はありません。投資の可能性を探るために現地を訪れる人が相次ぎ、首都ヤンゴンの外国人用ホテルでは、予約困難なほどの熱狂ぶりで、まるで「ミャンマー争奪戦」の様相を呈しています。2012年に入り、外国投資法の改正、二重為替問題の是正などが行われ、ビジネス環境も急速に整いつつあります。ミャンマーには日系企業のほかインドや中国、シンガポールからも既に多くの企業が進出しています。また、旧インド統治(英国統治)下にあったため、流暢な英語を話す人が多いという優位性もあります。　カンボジアの発展も予想以上でした。

　2011年には投資ブームを迎え、50社程度だった日系企業数が、2013年初頭に100社を超えるとみられています。ベトナムのように成熟するのは時間の問題でしょう。ラオスを含めたこの3カ国が仏教国であることも、インドなどの宗教色が強い国で苦戦している日系企業にとっては大きな魅力です。日系企業の新興国への進出は、中国や韓国企業よりも常に一歩遅れています。将来競合となるであろう両国企業は既にビジネスを開始しています。ミャンマー進出に動くなら今、もしくは今ではもう既に遅いぐらい、というのが投資の世界のスピード感です。進出決断の遅れは命取りにもなりかねません。ただ、これらの国では、法律やインフラが未整備であることから、進出を躊躇される企業もあるでしょう。法律と実務が異なることも少なくありません。

　本書は、日本語でメコン周辺3カ国の投資、会社法、会計税務、労務といった専門情報を体系的にまとめた書籍です。進出のファーストステップとしてぜひご活用ください。

体裁：A5判　並製　610ページ
定価：本体 6,500円＋税
ISBN 978-4-88338-460-0

アジア有数のパートナー国・インドネシアへいざ進出！

インドネシアの投資・M&A・会社法・会計税務・労務

公認会計士 久野康成 監修
久野康成公認会計士事務所 著
株式会社東京コンサルティングファーム 著
TCG 出版 発行

　本書は、インドネシアの基本的な投資環境等の情報から会社法務、税務、会計、労務に至るまでインドネシアでのビジネス展開に必要な情報を収録しています。
　初版は、インドネシアの法規情報や基礎情報といった、インドネシア進出を検討する方々の入門編として作成しました。第2版ではそこから一歩踏み込み、Q&Aを豊富に取り入れ、会社設立の成功例を挙げることで、インドネシアのビジネス環境だけでなく、外資規制、M&A、税務、労務、法務に関する実際の現場をコンサルタントの視点で記載しました。
　インドネシアと日本の交流の歴史は長く、経済的にアジア有数のパートナーとして、共に発展してきた経緯があります。「ココロノトモ」という歌謡曲がインドネシア人の間で広まっているところを見ても、社会的・文化的な交流も現在に至るまで続いているといえます。
　本書が適切な対応策を示し、インドネシア進出を検討される方の指標となること、既に進出済みの方々にとってビジネス上の必携の書となることを願っています。そして、多くの皆様が、この美しい国インドネシアにおいて、ビジネスの成功を収め、さらには今後ますますインドネシア投資が増え、インドネシアの魅力に触れて日インドネシア間のさらなる交流が促進されることを祈念しています。

体裁：A5 判　並製　464 ページ
定価：本体 3,600 円 + 税
ISBN 978-4-88338-531-7

全国の書店で好評発売中

フィリピン進出に必須な情報を収録！

フィリピンの投資・M&A・会社法・会計税務・労務

公認会計士 久野康成 監修
久野康成公認会計士事務所 著
株式会社東京コンサルティングファーム 著
KS International 著
TCG出版 発行

　フィリピンの経済成長は、2011年には欧州債務危機の影響などで減速しましたが、2012年の経済成長率は6.6%と前年の3.9%から大きく伸び、成長著しい新興国の一つとして注目を集めています。2045年ごろには生産年齢人口の総人口に占める割合がピークを迎えると予想されており、フィリピン経済を長期的に牽引していくものと考えられています。

　日本は3年連続でフィリピンへの最大の投資国となり、新たな進出先として見直されつつあります。その背景となったのは、2008年12月に発効された日比経済連携協定（JPEPA）と改正日比租税条約です。2009年1月1日以降に課される源泉地国課税の限度税率は大幅に軽減され、貿易の拡大や投資活動の活発化を促しました。東アジアの中心に位置しているという地域メリットがあり、多くの海外企業がフィリピン国内につくられた200以上の経済特区に拠点を構えています。東南アジア唯一の英語圏であるため、現地労働者と直接英語で会話ができるという魅力もあります。

　その一方で、インフラの整備の遅れや不安定な治安・社会情勢、労働組合が関係した労働問題などに悩まされることも多くあります。また、熟練労働者の海外流出の増加は人材確保を難しくさせ、進出日系企業にとって悩みの種となっています。このように、フィリピンはマーケットとして非常に魅力のある国である反面、多くの課題が残されています。

　本書では、フィリピンの基本的な投資環境などの情報から、会社法、会計税務、労務、M&Aに至るまでフィリピンでのビジネス展開に必須な情報を収録しています。

体裁：A5判　並製　392ページ
定価：本体3,400円＋税
ISBN 978-4-88338-461-7

南アジア諸国への進出は今こそがチャンス！

バングラデシュ・パキスタン・スリランカの
投資・会社法・会計税務・労務

公認会計士 久野康成 監修
久野康成公認会計士事務所 著
株式会社東京コンサルティングファーム 著
KS International 著
TCG出版 発行

　第二次大戦終結後、南アジア諸国は植民地支配からの独立を果たしたものの、経済成長からは大きく取り残されてきました。「貧困」や「後進国」、最近では「テロ」といったイメージがあります。しかし今、事態は快方に向かっています。

　いち早く兆しが見えたのはバングラデシュです。メイン産業である繊維産業を中心に外資誘致に成功しました。その好調な経済を反映するように、2012年、2013年度は6.0〜7.2％の経済成長率が見込まれています。

　スリランカは、四半世紀に及んだ内戦が2009年にようやく終結しました。「東洋に浮かぶ真珠」と称されたように、とても美しい島国で資源も豊富です。観光産業など中心に発展が進んでいくと予想されます。

　パキスタンは、治安の面では依然として不安定ですが、今年に入ってインドと経済面で連携強化の動きを見せており、今後の動向次第では急速な進展を見せる可能性を秘めています。

　TPPやFTAのような国際的な市場開放の流れは、今後益々拡大していくことが確実です。インドを中心とする南アジア圏は、やがて16億人規模の一大市場となります。

　本書で取り上げた3カ国は、法制度やインフラという面では不十分な環境です。企業の注目度もそこまで高くありません。しかし、それが故に中国やASEANで起こっている激しい市場競争や賃金上昇といった問題も大きくありません。奪い合いが始まる前の今こそが、チャンスであるといえます。

体裁：A5判　並製　636ページ
定価：本体6,500円＋税
ISBN 978-4-88338-457-0

全国の書店で好評発売中

人気急上昇中の二大国をまとめた欲張りな1冊！

ロシア・モンゴルの
投資・M&A・会社法・会計税務・労務

公認会計士 久野康成 監修
久野康成公認会計士事務所 著
株式会社東京コンサルティングファーム 著
TCG出版 発行

ロシアは著しい経済成長が期待される新興国BRICS（ブラジル、ロシア、インド、中国、南アフリカ）に位置付けられており、日本企業にとっても非アジア新興国における今後の事業展開先として、ブラジルに次いで人気があり、未だに投資先としての高い期待感があります。

近年のロシア経済の回復を支えている要因は、原油価格の再高騰です。原油価格は、リーマンショック直後の価格よりも2倍程度上昇しています。原油価格高騰に伴う貿易黒字の増加は、経常黒字を拡大させ、ロシアの内需を押上げています。それに加え、ロシア人の対日感情は非常に良く、今後日本企業がロシアにおいて市場開拓や人材確保を進める上で大きな利点になるものと期待されます。

一方、ロシアの隣国に位置するモンゴルの投資メリットとしては、低賃金で若い労働力、豊富な天然資源、地理的優位性が挙げられます。旧ソビエト連邦の崩壊に伴う1991年の民主化以降、モンゴルはそれまでの社会主義経済を捨て、資本主義経済へと転換しました。

日本企業は1990年代から積極的に投資しており、現在も鉱物業では大きなシェアを占めています。近年では、日本企業だけではなく、世界中から多くの企業が中国とロシアの二大国と隣接している地理的優位性を活かし、サービス業での進出を果たしています。

ロシア・モンゴル進出を検討されている日本企業の一助になるべく、投資制度の活用方法をはじめ、進出に係る法務・税務、労務といった専門情報を体系的にまとめています。

体裁：A5判　並製　528ページ
定価：本体4,500円＋税
ISBN 978-4-88338-533-1

オリンピックを控えるブラジルに世界が注目！
ブラジルの投資・M&A・会社法・会計税務・労務

公認会計士 久野康成 監修
久野康成公認会計士事務所 著
株式会社東京コンサルティングファーム 著
KS International 著
TCG 出版 発行

「2014年サッカーW杯ブラジル大会」、「2016年リオデジャネイロ・オリンピック」、ビッグイベントが控えるブラジルは、経済面でも大きな注目を集めています。いまや南半球及びラテンアメリカ地域において最大の経済規模を誇り、GDPは世界第6位、将来的な順位の上昇も見込まれる大国にまで成長しています。インフレ抑制に成功し、貿易拡大、財政収支の改善などにより経済は安定し、1990年代までの重債務国の面影はなく、対外債権国へと変貌を遂げつつあります。

　ブラジルの経済成長を支えている要因の一つが、巨大な国内市場です。現在人口は1.9億人を超え、所得水準の向上により中間層の拡大が続いています。2011年の自動車販売台数は、過去最高の約363万台（世界4位）を記録しています。また、今後の国際的なイベントによる国内消費の拡大と特需が見込まれており、アメリカ、中国をはじめ、世界各国からブラジルへの投資が活発になっています。

　一方で治安に対する不安も多いかもしれません。この点は、2003年に「地域警察制度」を導入し、「州軍警察」と「文民警察」の二つの組織により、国家威信をかけた治安改善への取り組みが行われています。

　また、ブラジルの税務は世界一複雑といわれており、税法だけではなく、法律の改正自体が頻繁に行われる点、公表される政府情報のほとんどがポルトガル語である点から、外国企業にとって最新情報の把握は困難といえます。しかし、近年では情報提供機関や進出外国企業の功労により、改善が見られているといえます。

　本書は、投資、法務、税務、労務、M&Aといった専門情報を体系的にまとめたブラジルのビジネス展開に必須な情報を収録しています。

体裁：A5判　並製　404ページ
定価：本体 3,400 円 + 税
ISBN 978-4-88338-462-4

全国の書店で好評発売中

イスラム市場へのゲートウェイ！

トルコ・ドバイ・アブダビの
投資・M&A・会社法・会計税務・労務

公認会計士 久野康成 監修
久野康成公認会計士事務所 著
株式会社東京コンサルティングファーム 著
TCG 出版 発行

　近年、中東諸国では内需のマーケットをはじめ、地域統括や周辺国の調査拠点としても大きな注目を集めており、進出日本企業は高い増加率を示しています。
　日本から地理的に遠い欧州、中東イスラム圏、アフリカを直接管轄することは難しく、トルコ、ドバイ、アブダビの周辺各国への直接投資を行う際もリスクを負う可能性があります。資金的に余裕のある大企業ならともかく、中小企業がトルコ、ドバイ、アブダビに調査拠点を設けたり、製造業として進出するには、多額の初期投資が必要な上にリスクも高いことから、二の足を踏む企業も少なくありません。
　とはいえ、縮小の一途を辿る日本国内のマーケットを考えると、今後トルコ、ドバイ、アブダビ周辺各国への投資は国際化を進める日本企業が拡大を図る上で必要不可欠なものであり、タイミングや形態を含め、十分に投資戦略を練る必要があります。日本企業としていかにトルコ、ドバイ、アブダビのマーケットに参入し周辺各国に投資をしていくかが、今後、さらに両国の成長上で重要となることは間違いありません。
　本書では、投資制度の活用方法をはじめ、進出に係る法務、税務、労務などの専門情報を体系的にまとめています。また、現地駐在員が収集した最新情報を記載しているため、より実務的な内容になっています。本書が、トルコ、ドバイ、アブダビに進出を検討されている日本企業にとってさらなる両国（首長国）の関係強化の一助になれば幸いです。

体裁：A5判　並製　488ページ
定価：本体 4,500 円 + 税
ISBN 978-4-88338-534-8

国に頼られるリーダーの条件とは？
今後、世界で活躍すべき若き社会人必見の一冊！

新卒から海外で働こう！
グローバル・リーダーを目指して

久野康成 著

現在、日本経済は危機的状況に直面しています。日本の国家財政については、部分的な情報開示はされていますが、複式簿記での財政状態は整備されていないのが現状です。本書では国家財政について詳細に分析し、日本の真の財政状態を明らかにしました。

ギリシャをはじめとする欧州各国の経済危機はもはや他人事ではなくなっています。日本の借金総額はすでに1,000兆円を超え、日本銀行が国債の引受けを行うという異常事態に陥っています。にもかかわらず、依然として政治は混迷を極め、国民も安定を求め、一向に改善される様子はありません。

特に今後日本を支えていく存在となる学生、新卒者、若い社会人に向けて、若いうちから日本を飛び出して海外で働き、将来日本を牽引するリーダーになって欲しいというメッセージが込められています。

「第1章　日本の現状を把握する」では、海外就労も視野に入れなければいけない理由とは何か？　日本が置かれている現状、社会的な問題点を分析します。「第2章　グローバル・リーダーの条件」では、世界を舞台に活躍するための条件として「人間力×専門力×英語力」をあげ、その鍛え方を具体的に書いています。また、「第3章　新卒から海外で働きました！」では、実際に1年間、ミャンマー・カンボジア・インド・トルコで活躍した新卒社員の涙あり、笑いありの奮闘記を収録しています。本書は、日本経済の現状からそれを再生するグローバル・リーダーの条件に至るまでと、海外に多くの支社を持つ企業の一助となる幅広い内容となっております。

体裁：四六判　並製　376ページ
定価：本体1,200円＋税
ISBN 978-4-88338-542-3

全国の書店で好評発売中

技術だけを植え付けたら若者は3年で辞めていく。
伸びる会社は技術より心を育て、ネクストリーダーを育てる。

できる若者は3年で辞める！

久野康成 著

　急激な少子高齢化により、時代は慢性的な労働力不足に陥ろうとしています。また、かつては終身雇用制度のもと、日本人は勤勉な労働者として世界から称えられてきましたが、今や入社後3年を待たずして30%以上の人が辞めてしまう世の中となりました。つまり量的にも、質的にも労働力が不足しつつあるのです。このような時代に企業が存続し続けるには、まったく新しいマネジメント方法が必要となります。

　かつて企業は技術を詰め込んで、できる社員（専門職）を育てていれば存続しえたのでしょうが、今は技術だけを教え込んだのでは、それを身につけた時点でさっさと会社を離れていく、そんな時代なのです。企業は人づくりの場と認識し、できる社員（専門職）よりもリーダー（管理職）を育てなくてはならない。技術よりも理念の共有をしなければいけない。理念を共有できなければ、社員は報酬だけで会社を選び、次々に転職していくことになる。理念を共有することこそが企業を発展させるエネルギーだ、と著者は語ります。経営者ならずとも、部下を持つ社員ならだれしも参考となる一冊です。

本書英語版『THE REAL EMPLOYEE SATISFACTION』もamazon.co.jpで絶賛発売中！

体裁：四六判　並製　272ページ
定価：本体1,500円＋税
ISBN 978-4-88338-360-3

個人と企業を調和させることを目的とした、
全く新しいマネジメントシステムを提案するビジネス小説

もし、かけだしカウンセラーが経営コンサルタントになったら

久野康成・井上ゆかり 共著

リーマン・ショックや東日本大震災などの経済危機に直面し、どの会社も業績の悪化に必死に抵抗しようとしています。社員は、数字をあげるために、経営者に父親のように厳しく指導され、ストレスをためこみ、職場はギスギスし、うつ病に陥っている人も増えています。

一方、子育てには父親と母親の２つの役割が存在しています。父親がキツイことばで叱りながら、母親が優しい言葉で諭すように説得する。そうすることで子供は納得するようになります。逆に母親の優しさばかりでは、子供もまったくいうことを聞かなくなってしまいます。つまり父親役と母親役がバランスよく指導することが、子育ての秘訣といえるのです。

職場も子育てと一緒です。人を育てようと厳しく指導するだけでは、職場にはストレスが充満することになり、離職率があがります。もちろん優しいだけのリーダーでは、会社自体が機能しなくなります。

本書は強力なリーダーシップで牽引する父性型リーダーと、社員の精神面をカウンセリングする母性型リーダーの２トップ体制とすることによる、個人と企業を調和させることを目的とした、まったく新しいマネジメントシステムを提案するビジネス小説です。

体裁：四六判 並製　282 ページ
定価：本体 1,429 円＋税
ISBN 978-4-88338-443-3

全国の書店で好評発売中

中小企業にこそ使える M&A&Divestitures（売却）戦略。
成長の鈍化、後継者不在、企業価値の低下、売却問題。
そんな悩みをすべて解決。

あなたの会社を永続させる方法

久野康成 著

「会社を永続させる方法」とは、存在するのでしょうか？
　実際のところ、永続させる方法は存在します。
　技術的な面からいえば、その方法は簡単なものです。常に、キャッシュフローをプラスに保つ経営を行えばいいだけです。
　ですが、もう1つの方法──「事業を誰に継がせるか」という問題は、なかなか解決が難しいようです。経営者は事業承継について早い時期から考え、後継者の育成に努めることが必要でしょう。
　更に今後は、中小企業を永続させる方法の1つとして、M&Aを視野に入れることも重要になってきているのです。中小企業の経営者を常に悩ませる＜業績の停滞＞＜市場参入のタイミング＞＜早期成長の方法＞＜従業員の雇用の安定＞＜後継者を誰にするか＞＜企業価値の高め方＞などの問題──そんな悩みを本書ですべて解決！　中小企業にこそ有効なM&A、そして「D（Divestitures：売却）」の方法をお教えします。

出版社：あさ出版
体裁：四六判　並製　221ページ
定価：本体1,500円＋税
ISBN 978-4-86063-236-6

＜好評発売中＞

バングラデシュ・パキスタン・スリランカの投資・会社法・会計税務・労務

公認会計士 久野康成 監修
久野康成公認会計士事務所 著
株式会社東京コンサルティングファーム 著
KS International 著

TCG 出版 発行
体裁：A5 判 並製 636 ページ
定価：本体 6,500 円＋税
ISBN 978-4-88338-457-0

インドの投資・M&A・会社法・会計税務・労務

公認会計士 久野康成 監修
久野康成公認会計士事務所 著
株式会社東京コンサルティングファーム 著
KS International 著

TCG 出版 発行
体裁：A5 判 上製 820 ページ
定価：本体 7,500 円＋税
ISBN 978-4-88338-459-4

ミャンマー・カンボジア・ラオスの投資・会社法・会計税務・労務

公認会計士 久野康成 監修
久野康成公認会計士事務所 著
株式会社東京コンサルティングファーム 著
KS International 著

TCG 出版 発行
体裁：A5 判 並製 610 ページ
定価：本体 6,500 円＋税
ISBN 978-4-88338-460-0

フィリピンの投資・M&A・会社法・会計税務・労務

公認会計士 久野康成 監修
久野康成公認会計士事務所 著
株式会社東京コンサルティングファーム 著
KS International 著

TCG 出版 発行
体裁：A5 判 並製 392 ページ
定価：本体 3,400 円＋税
ISBN 978-4-88338-461-7

ブラジルの投資・M&A・会社法・会計税務・労務

公認会計士 久野康成 監修
久野康成公認会計士事務所 著
株式会社東京コンサルティングファーム 著
KS International 著

TCG 出版 発行
体裁：A5 判 並製 404 ページ
定価：本体 3,400 円＋税
ISBN 978-4-88338-462-4

（刊行順に掲載）

全国の書店で好評発売中

＜好評発売中＞

タイの投資・M&A・会社法・会計税務・労務

公認会計士 久野康成 監修
久野康成公認会計士事務所 著
株式会社東京コンサルティングファーム 著
KS International 著

TCG 出版 発行
体裁：A5 判　並製　436 ページ
定価：本体 3,600 円 + 税
ISBN 978-4-88338-472-3

ロシア・モンゴルの投資・M&A・会社法・会計税務・労務

公認会計士 久野康成 監修
久野康成公認会計士事務所 著
株式会社東京コンサルティングファーム 著

TCG 出版 発行
体裁：A5 判　並製　528 ページ
定価：本体 4,500 円 + 税
ISBN 978-4-88338-533-1

ベトナムの投資・M&A・会社法・会計税務・労務

公認会計士 久野康成 監修
久野康成公認会計士事務所 著
株式会社東京コンサルティングファーム 著

TCG 出版 発行
体裁：A5 判　並製　440 ページ
定価：本体 3,600 円 + 税
ISBN 978-4-88338-559-1

シンガポール・香港 地域統括会社の設立と活用

公認会計士 久野康成 監修
久野康成公認会計士事務所 著
株式会社東京コンサルティングファーム 著

TCG 出版 発行
体裁：A5 判　並製　472 ページ
定価：本体 4,500 円 + 税
ISBN 978-4-88338-535-5

インドネシアの投資・M&A・会社法・会計税務・労務

公認会計士 久野康成 監修
久野康成公認会計士事務所 著
株式会社東京コンサルティングファーム 著

TCG 出版 発行
体裁：A5 判　並製　464 ページ
定価：本体 3,600 円 + 税
ISBN 978-4-88338-531-7

海外直接投資の実務シリーズ

＜好評発売中＞

トルコ・ドバイ・アブダビの投資・M&A・会社法・会計税務・労務

公認会計士 久野康成 監修
久野康成公認会計士事務所 著
株式会社東京コンサルティングファーム 著

TCG 出版 発行
体裁：A5 判　並製　488 ページ
定価：本体 4,500 円 + 税
ISBN 978-4-88338-534-8

＜今後の発売予定＞

中国の投資・M&A・会社法・会計税務・労務

公認会計士 久野康成 監修
GGI 国際弁護士法人
　中国弁護士 呼和塔拉 監修
久野康成公認会計士事務所 著
株式会社東京コンサルティングファーム 著

TCG 出版 発行
体裁：A5 判　上製
予価：本体 5,500 円 + 税
ISBN 978-4-88338-567-6

メキシコの投資・M&A・会社法・会計税務・労務

公認会計士 久野康成 監修
GGI 国際弁護士法人 監修
久野康成公認会計士事務所 著
株式会社東京コンサルティングファーム 著

TCG 出版 発行
体裁：A5 判　並製
予価：本体 3,600 円 + 税
ISBN 978-4-88338-568-3

グローバル連結経営のための海外子会社管理の進め方

公認会計士 久野康成 監修
GGI 国際弁護士法人 監修
久野康成公認会計士事務所 著
株式会社東京コンサルティングファーム 著

TCG 出版 発行
体裁：A5 判　並製
予価：本体 3,600 円 + 税
ISBN 978-4-88338-570-6

執筆者一覧

久野康成公認会計士事務所
株式会社東京コンサルティングファーム

序	M&A概論	湊弦樹　岩城徳朗
I	インド	疋田一二美　長坂佳典
II	中国	田中勇　今一也　湊弦樹
III	香港	田中勇　東真奈美　湊弦樹
IV	タイ	長澤直毅　今井祐介　湊弦樹
V	ベトナム	浅野直　山口俊雄　深野貴大
VI	ミャンマー	田附浩明　浅野直　湊弦樹
VII	インドネシア	加藤大和　長澤直毅　浅野博哉
VIII	シンガポール	岩城徳朗　重松祥大朗　湊弦樹
IX	フィリピン	田辺健太　瀬古直央　湊弦樹
X	ロシア	ニコライ・シャホフショフ　北口実加　湊弦樹
XI	モンゴル	ムンフジャラガルザヤー　湊弦樹
XII	ブラジル	金内陽　湊弦樹
XIII	メキシコ	黒岩洋一　小林祐介　湊弦樹
XIV	ドバイ・アブダビ	パサン・ヨルモ　湊弦樹
XV	トルコ	田中隆道　藤川顕　杉田良

監修者一覧

久野康成
GGI国際弁護士法人

＊GGI（Geneva Group International）
　会計分野において世界第6位の売上規模を誇る会計士・弁護士事務所のグローバルアライアンス。世界115カ国に展開し、450のメンバーファームによって構成され、22,000名の専門家を有する（2014年11月現在）。本部は、スイスのチューリッヒ。株式会社東京コンサルティングファームおよびGGI国際弁護士法人はGGIの日本のメンバーファームである。

監修者プロフィール

久野 康成（くの やすなり）

久野康成公認会計士事務所　所長
株式会社東京コンサルティングファーム　代表取締役会長
東京税理士法人　統括代表社員
公認会計士・税理士・社団法人日本証券アナリスト協会検定会員

　1965年生まれ。愛知県出身。1989年滋賀大学経済学部卒業。1990年青山監査法人（プライス ウオーターハウス）入所。監査部門、中堅企業経営支援部門にて、主に株式公開コンサルティング業務に係わる。
　クライアントの真のニーズは、「成長をサポートすること」であるという思いから監査法人での業務の限界を感じ、1998年久野康成公認会計士事務所を設立。営業コンサルティング、IPOコンサルティングを主に行う。
　現在、東京、横浜、名古屋、大阪、インド、中国、香港、モンゴル、タイ、インドネシア、ベトナム、シンガポール、フィリピン、カンボジア、ラオス、スリランカ、バングラデシュ等、世界27カ国にて、「第2の会計事務所」として経営コンサルティング、海外子会社支援、内部監査支援、連結決算早期化支援、M&Aコンサルティング、研修コンサルティング、経理スタッフ派遣・紹介等幅広い業務を展開。国際会計事務所グループGGI（世界第6位）の日本におけるグローバルアライアンスメンバーファームに加盟。グループ総社員数312名。
　著書に『できる若者は3年で辞める！伸びる会社はできる人よりネクストリーダーを育てる』『母性の経営』『もし、かけだしカウンセラーが経営コンサルタントになったら』（以上、出版文化社）、『あなたの会社を永続させる方法 成長戦略～事業承継のすべて』（あさ出版）、『バングラデシュ・パキスタン・スリランカの投資・会社法・会計税務・労務』『インドの投資・M&A・会社法・会計税務・労務』『ミャンマー・カンボジア・ラオスの投資・会社法・会計税務・労務』『フィリピンの投資・M&A・会社法・会計税務・労務』『ブラジルの投資・M&A・会社法・会計税務・労務』『タイの投資・M&A・会社法・会計税務・労務』『ロシア・モンゴルの投資・M&A・会社法・会計税務・労務』『ベトナムの投資・M&A・会社法・会計税務・労務』『シンガポール・香港 地域統括会社の設立と活用』『インドネシアの投資・M&A・会社法・会計税務・労務』『トルコ・ドバイ・アブダビの投資・M&A・会社法・会計税務・労務』『新卒から海外で働こう！グローバル・リーダーを目指して』（以上、TCG出版）ほか多数。

クロスボーダーM&A
新興国における投資動向・法律・外資規制

2015年2月18日 初版第1刷発行

著　　　者		久野康成公認会計士事務所
		株式会社東京コンサルティングファーム
監　　　修		久野康成
		GGI国際弁護士法人
発　行　所		TCG出版
発　行　人		久野康成
発　売　所		株式会社出版文化社
		〈東京本部〉
		〒101-0051 東京都千代田区神田神保町2-20-2 ワカヤギビル2F
		TEL：03-3264-8811（代）　FAX：03-3264-8832
		〈大阪本部〉
		〒541-0056 大阪市中央区久太郎町3-4-30　船場グランドビル8F
		TEL：06-4704-4700（代）　FAX：06-4704-4707
受注センター		TEL：03-3264-8811　FAX：03-3264-8832
		E-mail　book@shuppanbunka.com
印刷・製本		株式会社倉田印刷

出版文化社の会社概要および出版目録はウェブサイトで公開しております。
また書籍の注文も承っております。→ http://www.shuppanbunka.com/
郵便振替番号 00150-7-353651
©Kuno Yasunari CPA Firm　Tokyo Consulting Firm　2015　Printed in Japan
Directed by Eiko Onda　Co-edited by Studio Spark　Ayako Ono　Masako Tsukahara
乱丁・落丁本はお取り替えいたします。出版文化社受注センターにご連絡ください。
本書の無断複製・転載を禁じます。これらの許諾については、出版文化社東京本部までお問い合わせください。
定価はカバーに表示してあります。
ISBN978-4-88338-569-0　C0034